아동생활지도

| 김이영 박남수 송나리 시옥진 이찬숙 최윤지 공저 |

수양재

머리말

아동생활지도는 모든 아동을 대상으로 아동의 잠재력 계발을 돕는 발달 촉진, 사회생활에 필요한 훈육지도, 문제예방 및 상담활동 등의 성격이 포함된 개념으로, 최근 들어 사회적 측면과 개인적 측면에서 그 중요성이 부각되고 있는 개념 중의 하나이다. 구체적으로 사회적 측면에서는 가족구조의 변화, 아동의 문제행동의 증가, 도시화 현상에 따른 변화, 환경오염에 대한 경각심 및 유아교육에 대한 연령의 하향화에 따른 아동생활지도의 필요성이 강조되고 있고, 개인적 측면에서는 아동의 올바른 성격형성, 잠재능력의 발달, 민주시민 기초 확립, 기본생활습관 형성을 위해 아동생활지도의 필요성이 강조되고 있다.

또한 아동생활지도는 상담과 심리치료와 매우 밀접한 관련이 있는 개념이며, 이 세 영역을 서로 완전히 구분될 수 있는 것이 아니고 상호 유기적인 관련성을 가지고 있는 개념이다. 즉, 넓은 의미에서 볼 때 아동생활지도에는 아동상담과 아동심리치료의 개념이 포함되어 있다. 따라서 효과적인 아동생활지도가 되기 위해서는 아동상담과 아동심리치료의 개념까지 익혀야 하고, 구체적인 상담기법과 심리치료 기법을 숙지해야 효율적인 아동생활지도가 가능하다.

이런 이유로 본 책은 현장에 있는 유아교사 혹은 예비유아교사를 위해 아동생활지도와 상담 및 구체적인 문제를 가진 아이를 지도하는 방법에 대한 이론과 기법을 소개하고자 총 3부 14장으로 집필하였다. 구체적으로 1부 아동생활지도의 이해에서는 7장으로 구성하였는데, 1장 아동생활지도의 개념에서는 생활지도의 개념, 아동생활지도의 필요성과 목표, 아동생활지도의 내용에 대해 소개하였고, 2장 영유아발달과 아동발달 및 생활지도에서는 영유아발달, 아동발달, 발달과 생활지도에 대해 기술하였으며, 3장 아동행동의 영향요인에서는 개인적 요인과 환경적 요인에 대해 살펴보았으며, 4장 아동행동의 평가방법에서는 면담법, 관찰법 및 표준화된 검사에 대해 소개하였고, 5장 표준교육과정과 생활지도에서는 3차 어린이집 표준교육과정과 영아생활지도, 누리과정과 유아생활지도에 대한 구체적인 방법을 기술하였으며, 6장 유아교육기관에서의 아동생활지도에서는 생활지도를 위한 환경구성, 기본생활습관 지도방법 및 신입원아 적응지도에 대한 구체적인 개입방안에 대해 소개하였으며, 7장 가정과 연계방법에서는 부모상담, 가정과의 연계방안에 대해 구체적인 기법들을 기술하였다.

2부 아동상담의 이해에서는 2개의 장으로 구성하였는데, 8장 아동상담의 개념에서는 아동상담의 개념, 아동상담의 대상, 아동상담의 유형, 아동상담자의 올바른 태도를 통해 교사 및 예비교사의 상담에 대한 이해를 높이도록 하였으며, 9장 상담의 이론적 배경에서는 정신분석 상담이론, 행동주의 상담이론, 인간중심 상담이론, 인지주의 상담이론 및 의사교류분석 상담이론을 통해 각 상담이론들에 따른 구체적인 상담기법들을 익힐 수 있도록 하였다.

3부 부적응 생활지도의 실제에서는 5개의 장으로 구성하였는데, 10장 사회적 부적응 생활지도에서는 공격성, 고립 및 거짓말을 하는 아이에 대한 지도방법을, 11장 정서적 부적응 생활지도에서는 분리불안장애, 감정 조절을 못하는 아이, 적대적 반항장애 및 미디어 중독과 관련된 아이들의 지도방안을, 12장 신체적 부적응 생활지도에서는 식습관, 대소변 가리기, 수면, 청결 및 안전습관, 성적행동에 대한 지도방법을, 13장 언어 · 인지 부적응 생활지도에서는 선택적 함구증, 고함치는 아이, 주의력결핍 과잉행동장애의 아동들에 대한 지도방법을, 14장 특별한 요구를 지닌 아동의 생활지도에서는 신체와 감각 및 지각문제, 아동학대 및 다양한 가족유형의 아동을 지도하는 구체적인 방법에 대해 기술하였다.

최근 부적응 아동의 증가로 인해 현장의 교사들은 문제행동을 보이는 아동에 대한 생활지도에 많은 어려움을 호소하고 있는 실정이다. 따라서 본 책에서 소개한 사례중심의 개입방안이 현장의 교사들의 아동지도에 도움이 되었으며 하는 바람과 예비유아교사로서 부적응 아동에 대한 정확한 이해와 개입방안을 익힘으로써 교사로서의 역량이 향상되고, 그 결과 미래의 주역인 아동들이 건강하게 성장하기를 간절히 희망해 본다.

마지막으로 본 책이 출판하기까지 많은 도움과 배려를 해 주신 수양재 출판사 관계자분들께 진심으로 감사의 말씀을 전한다.

2019년 2월

저자 일동

차 례

PART 1 아동생활지도의 이해

PART 3 부적응 생활지도의 실제

PART

1

아동생활지도의 이해

Chapter 1

아동생활지도의 개념

배울내용

1. 생활지도의 개념
2. 아동생활지도의 필요성과 목표
3. 아동생활지도의 내용

학습목표

1. 생활지도의 개념을 명확하게 이해한다.
2. 아동생활지도의 필요성과 목표를 설명한다.
3. 아동생활지도의 내용을 숙지한다.

1 생활지도의 개념

1) 생활지도의 정의

생활지도의 개념은 지도(guidance), 지시(direction), 이끌다(lead), 관리하다(manage) 등의 다양한 의미를 지니고 있는 용어이다. 생활지도라는 용어는 영어의 guidanace를 번역한 것으로 guidanace는 20세기 초 미국 보스턴 시에서 직업국장을 맡은 프랭크 파슨스(Frank Parsons)가 사용했던 직업지도(vocation guidance)라는 말에서 시작되었다.

직업지도는 당시 산업의 발달로 필요했던 전문적인 기술자들의 확보와 청소년들에게 직업의 기회를 제공하기 위해 시작되었으며, 그 후 보스턴 교육위원회에서 직업정보과를 두고 활동을 하기 시작하면서 학교교육에 포함되기 시작하였다. 이렇게 생활지도는 청소년들을 위한 직업지도에서 시작되었지만 현재는 교육기관에서 학습지도, 직업지도, 여가선용지도, 사회성지도, 인격지도 등의 많은 영역에 자리 잡고 있다. 학습지도가 교재를 중심으로 사회의 문화를 전달하고 습득시키는 반면, 생활지도는 학습자의 현실에 맞추어 살아가는 방법을 익히는 것이라고 할 수 있다(김성원 외, 2017). 흔히 생활지도를 문제가 있는 학생을 지도하거나 훈계하여 바람직한 방향으로 행동하도록 지도하는 과정으로 생각하는 잘못된 고정관념이 있는데, 생활지도는 모든 학습자의 성장이나 발달을 바람직한 방향으로 이끌고 안내하며 지도하는 것이다. 생활지도에 대한 여러 학자의 정의를 살펴보면 〈표 1-1〉과 같다.

표 1-1. 생활지도에 대한 정의

구분	내용
트랙슬러(Traxler)	학생들로 하여금 가지고 있는 능력을 최대한으로 발전시키는 것으로, 이는 결국 한 국가의 민주시민의식을 갖도록 하는 것이다.
로저스(Rogers)	개인의 태도와 행동을 변화시키는 것이다.
존스(Jones)	선택과 적응을 위해 개인에게 주는 조력을 의미하며 다른 사람에게 피해가 가지 않는 이상 의무와 권리가 있다고 하는 민주주의 기본 원리에 기초를 두고 있는 것이다.
정원식(1982)	모든 어린이가 그들이 일상생활에서 당면하는 여러 가지 문제를 스스로 해결함으로써 건전하게 성장할 수 있도록 돕는 것이다.
이재창(1995)	개인으로 하여금 자기 자신과 주위 세계를 잘 이해해서 건전한 사회의 일원으로 성장 · 발달할 수 있도록 하는 일련의 조력과정이다.

이처럼 생활지도에 대한 정의는 여러 학자가 기준을 어디에 두고 해석하느냐에 따라 다르게 제시하고 있음을 알 수 있다. 이상의 정의들을 종합해 보면, 생활지도란 아동들이 일상생활에서 당면하는 문제, 즉 가정적 · 교육적 · 신체적 · 정서적 · 인성적인 제반 문제를 스스로 올바른 방향으로 해결할 수 있도록 도와주는 조직적인 활동으로 정의할 수 있다. 다시 말해 생활지도는 결국 아동들로 하여금 모든 생활에 잘 적응하도록 도와주는 활동, 즉 자기지도와 자아실현을 할 수 있도록 조력하는 활동으로 볼 수 있다. 따라서 생활지도 활동은 다양한 성격을 갖기 마련인데, 기본적으로 아동들의 잠재력 계발을 돕는 발달 촉진, 사회생활에 필요한 훈육지도, 문제예방 및 상담활동 등의 성격을 갖는다. 생활지도의 대상은 개인적 문제를 가진 아동이든 아니든, 적응상의 어려움을 가진 아동이든 아니든, 유아교육기관 혹은 학교에 다니고 있는 모든 아동이 대상이 되어야 한다.

유아교육기관 혹은 학교에서 행해지는 모든 활동은 크게 "교과지도 활동"과 "생활지도 활동"으로 구분된다. 그러므로 생활지도 활동은 교과지도 활동과 마찬가지로 중요한 교육활동 중의 하나라고 할 수 있다. 교과지도 활동이 주로 아이의 인지적이고 기능적인 측면의 성장 · 발달을 도모하는 것이라면 생활지도 활동은 아이의 인격 완성을 조력하는 것이라고 볼 수 있다. 따라서 진정한 교육(전인교육)이 행해지기 위해서는 교과지도 활동과 생활지도 활동이 상호 보완적인 관계로 실천되어야 한다. 즉, 아동이 자신에 대한 이해를 증진하여 자율적이고 자주적인 생활습관을 가질 수 있고, 보다 안정되고 통합적인 발달을 이룰 수 있도록 체계적 · 지속적 · 전문적인 생활지도 활동이 이루어져야 한다.

2) 생활지도의 원리

생활지도의 원리는 일반적 원리와 실천적 원리로 구분할 수 있다. 생활지도의 일반적 원리는 크게 개인의 존엄과 수용의 원리, 자율성의 원리, 적응의 원리, 인간관계의 원리 및 자아실현의 원리로 구분되는데(Shertzer & Stone, 1981), 구체적인 내용은 〈표 1-2〉와 같다.

표 1-2. 생활지도의 일반적 원리

구분	내용
개인의 존엄과 수용의 원리	생활지도는 기본적으로 인간의 존엄성을 인정하고 모든 개인이 한 인간으로서 존중받아야 한다는 민주적 이념에서 출발한다. 그러므로 생활지도는 모든 개인의 가치를 수용하고 그들의 가능성과 현실을 인정하고 그들 나름의 발달을 할 수 있는 기회를 조성하여야 한다.
자율성의 원리	어떤 문제를 해결하는 것은 본인 스스로 문제의 핵심을 파악하고 가능한 방안을 탐색하여 본인이 최종적인 결정을 내리는 것이다. 이런 점에서 자율적 능력과 태도를 강조하는 것이다.
적응의 원리	생활지도는 개인의 생활적응을 도와준다. 적응은 개인의 능력과 인성형성에 있어서 능동적 · 적극적인 면을 강조한다. 부적응은 자신에 대한 현실적인 이해와 통찰의 부족에서 오는 것이므로 자신에 대한 이해에 의해 건전한 자아개념을 가지도록 지도해야 한다.
인간관계의 원리	생활지도는 태도와 가치관의 변화나 인성적 감화와 같은 정의적인 학습과 관련이 깊다. 정의적인 학습은 교사와 아이 사이의 참다운 인간관계, 즉 감정이 교류하는 관계가 성립될 때 가능해지며 학습도 촉진된다. 상담에 있어서 허용적인 분위기 조성이 필요한 것도 이러한 원리에 의한 것이다.
자아실현의 원리	생활지도는 개인적인 문제해결, 새로운 장래의 설계 등에 대한 나름의 완성을 기하도록 조력해야 한다. 다시 말해 생활지도의 궁극적인 목적은 개인이 자아실현을 할 수 있도록 돕는 것이다.

생활지도의 실천적 원리로는 계속성의 원리, 전인적인 원리, 균등의 원리, 과학성의 원리, 적극성의 원리, 협동의 원리 및 조직의 원리로 구분되는데(Shertzer & Stone, 1981), 구체적인 내용은 〈표 1-3〉과 같다.

표 1-3. 생활지도의 실천적 원리

구분	내용
계속성의 원리	생활지도는 한 번의 지도로 끝나는 것이 아니라 종합적 계획 아래 계속적으로 관심을 가져야 할 과정이다.
전인적인 원리 (통합성의 원리)	생활지도는 개인의 특수한 생활영역이나 기능 등의 일부분만을 다루는 것이 아니라 개인의 전체적인 면을 다루며 지도하는 것이다. 즉, 생활지도는 전인적 입장에서 다루어져야 한다.
균등의 원리	생활지도는 아동 개개인의 가능성을 최대한 발달하도록 도와주는 것이기 때문에 문제 아동이나 부적응아뿐만 아니라 전체 아동을 대상으로 이들의 잠재적 가능성을 최대로 발달시킨다.
과학성의 원리	생활지도는 아동들에 대한 올바른 이해를 위해 구체적이고 객관적인 자료를 수집하고 활용하여야 한다.
적극성의 원리	생활지도는 사후지도가 아닌 적극적 예방지도에 중점을 둔다.
협동의 원리	생활지도는 교사나 상담자만의 임무가 아닌 유아교육기관 혹은 학교의 전교직원과 가정, 지역사회와의 긴밀한 상호작용, 협동이 필요하다.
조직의 원리	생활지도는 교사를 중심으로 구체적인 조직 기구를 가지고 이루어져야 한다. 생활지도의 조직체제와 조직활동은 목표달성의 효율적인 수단이 되기 때문이다.

3) 생활지도의 과정

생활지도란 아동이 합리적인 자기이해와 자기발달을 도모할 수 있도록 돕고, 아울러 그가 직면하게 되는 생활상의 문제를 자율적으로 해결할 수 있도록 조력하는 활동이며, 이를 위해 [그림 1-1]과 같은 과정을 통해 이루어지게 된다.

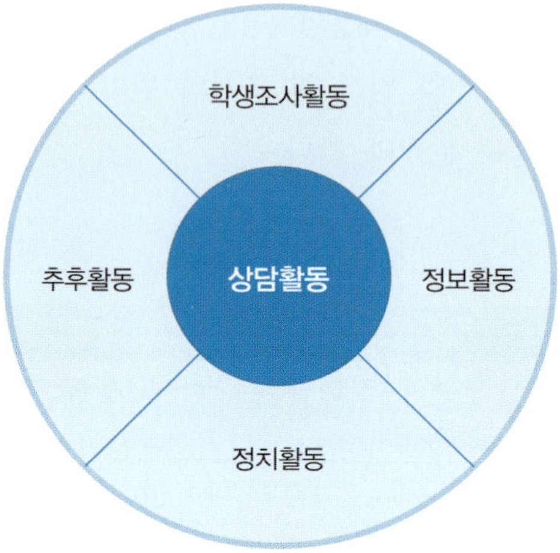

그림 1-1. 생활지도의 과정

먼저 생활지도 활동을 효율적으로 실천하기 위해 아동에 대한 정확하고 충분한 조사활동을 통해 그의 특성과 문제행동을 이해해야만 한다. 이어서 확인된 아동의 문제를 스스로 해결하는 데 필요한 유용한 정보를 제공해 주는 활동이 뒤따라야 된다. 그리고 그 문제를 실제적으로 해결하기 위한 상담활동이 체계적으로 전개되어야 한다. 다음으로 상담활동에 의해 문제가 해결되면 그 학생을 적재적소에 배치시키는 정치활동이 뒤따르게 된다. 또한 그 이후 아동이 별 문제 없이 잘 생활하고 있는지, 다른 문제를 가지고 있지는 않은지 등을 계속적으로 확인하여 필요한 조치를 취하는 추후활동이 이루어져야 한다. 즉, 체계적이고 효율적인 생활지도 활동이 이루어지기 위해서는 ① 학생조사활동(inventory service), ② 정보활동(information service), ③ 상담활동(counseling service), ④ 정치활동(placement service), ⑤ 추후활동(follow-up service) 등의 다섯 가지 활동이 상호 유기적으로 실천되어야 한다.

4) 상담과 심리치료와의 관계

생활지도의 의미를 명확하게 알기 위해 '상담'과 '심리치료'와의 관계에 대하여 알 필요성이 있다(그림 1-2).

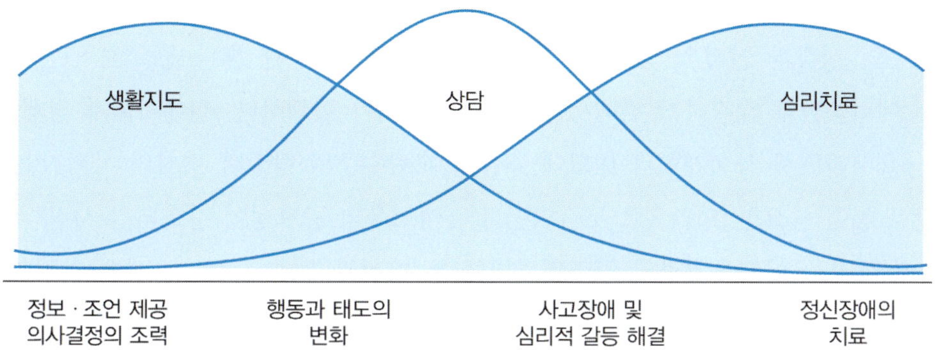

그림 1-2. 생활지도 · 상담 · 심리치료의 관계

출처: 이장호(1986). 상담심리학 입문. 박영사.

[그림 1-2]에서 보는 것과 같이 생활지도와 상담 및 심리치료는 어디에 중점을 두느냐에 따라서 의미가 구분된다. 먼저 생활지도는 주로 아동들에게 필요한 정보와 조언을 제공하고 그들의 의사결정을 도와주는 활동이라고 할 수 있으며, 상담은 아동들의 행동과 태도의 변화를 유도할 뿐 아니라 사고장애 및 심리적 갈등을 해결하는 활동으로 정의할 수 있다. 그리고 심리치료는 아동의 정신장애를 치료하는 보다 전문적인 활동으로 정의된다. 하지만 이 세 영역은 완전히 구분될 수 있는 것이 아니고 상호 유기적인 관련성을 가지고 있다. 넓은 의미에서 볼 때 생활지도에는 상담과 심리치료의 개념이 포함된다.

2 아동생활지도의 필요성과 목표

1) 아동생활지도의 필요성

아동의 성장과 발달의 가속화, 지식정보의 축적, 가치관 혼란 등으로 인한 여러 가지 어려움들을 해결하기 위해서는 아동생활지도가 필요하다. 현대사회가 경제발전을 중요시하면서 사회개혁과 변화에 대응할 교육수준의 향상과 여성의 사회진출, 경제활동 등이 중요한 요인으로 부각되면서 유아교육의 중요성이 강조되기 시작하였으며, 이는 곧 유아교육기관의 연령의 하향화를 가져왔다(김용숙, 2008). 이에 가정과 유아교육기관, 지역사회 등에서 부딪치는 아이의 다양한 문제를 스스로 해결해 나아갈 수 있도록 지도해야 할 필요성이 증대되었다.

이러한 사회 변화에 따른 아동생활지도의 필요성에 대해 사회적 측면과 개인적 측면으로 나누어 〈표 1-4〉와 같이 살펴볼 수 있다(최일선, 2004).

표 1-4. 아동생활지도의 필요성

구분	내용
사회적 측면	• 가족구조의 변화 • 문제행동의 증가 • 도시화 현상에 따른 변화 • 환경오염에 따른 변화 • 유아교육에 대한 연령의 하향화
개인적 측면	• 올바른 성격형성 • 잠재능력 발달 • 민주시민 기초 확립 • 기본생활습관 형성

(1) 사회적 측면

① 가족구조의 변화

가족은 결혼, 출산 또는 입양을 통해 맺어진 두 사람 이상의 집단으로, 사회를 이루는 가장 기본적인 단위이자 우리 삶과 가장 가까운 사회 집단이다. 특히 아동에게 있어 가족은 세상을 살아가면서 필요한 기본적인 생활습관을 배우는 곳이다. 그러나 사회 변동과 함께 사회가 분화 · 전문화되면서 현대사회에서 가족의 기능은 조금씩 변화하고 있다. 즉, 과거 가족의 주된 기능이었던 양육과 보호 및 사회화 기능은 전문화된 사회화 기관과 대중 매체로 이전하고 있다. 또한 재화를 생산하는 경제적 기능은 생산을 기업에서 주로 담당함에 따라 가족의 기능은 소비 중심으로 변화하였다.

이러한 가족구조의 변화는 가족의 해체 위기를 가져왔으며 이로 인해 이혼율은 높아졌고(그림 1-3), 저출산 시대가 초래되었다(그림 1-4). 이와 같은 가족구조의 변화는 생활지도의 필요성을 가져오게 되었다. 왜냐하면 핵가족의 증가와 여성의 사회경제적 활동의 참여 확대로 인해 공동체 의식이 약화되고 가족 해체라는 문제도 발생하게 되어 이에 대한 생활지도가 필요하게 되었기 때문이다.

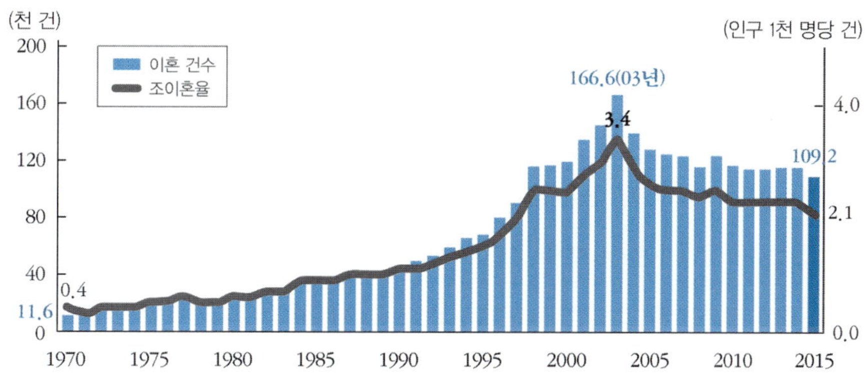

그림 1-3. 이혼 건수 및 조이혼율 추이(1970~2015)

출처: 통계청(2016). 2015년 혼인 · 이혼통계.

그림 1-4. 출산율과 인구비율 피라미드

출처: 통계청(2017). 인구로 보는 대한민국.

② 문제행동의 증가

가족구조의 변화에 따른 영향력으로 가정에서의 역할이 축소됨에 따라 그만큼 아이들은 가정보다는 학원 및 대중매체에 쉽게 빠져들기 시작하였다. 즉, 가정의 보살핌에서 점점 멀어지면서 문제행동은 점차 증가하고 있으며, 더 나아가 청소년기에 영향을 미치는 계기가 되었다. 구체적으로 우리나라 청소년의 정신건강 문제는 매우 심각한 수준으로 2005년 서울대병원 소아정신과와 서울시가 서울지역 초·중·고 학생 2,672명을 대상으로 조사한 결과, 이들 중 958명(35.9%)이 정신장애를 경험하고 있는 것으로 나타났으며, 두 가지 이상의 정신장애를 경험하고 있는 학생도 354명(13.2%)이나 되는 것으로 나타났다.

이와 같은 문제행동 및 비행의 증가에 따른 생활지도의 필요성도 증가하게 되었다. 또한 TV 등의 매체뿐 아니라 컴퓨터 등의 발달로 인해 성인범죄의 모방에 의한 비행 연령은 점차 하향화되고 있으며, 문제행동은 즉흥적·집단적·과잉화 현상을 보이며 다양화되고 있어 어느 때보다 생활지도가 필요하게 되었다.

아동기의 잘못된 생활습관은 어느 순간 고착화되어 쉽게 고쳐지지 않기 때문에 인성의 기본 성향이 완성되는 아동기부터 긍정적인 사고를 가질 수 있도록 하는 것이 무엇보다 중요하다. 아동기의 정신건강의 중요성은 조기발견이라는 점 외에도 여러 가지 이유로 강조되고 있는데, 그 이유는 〈표 1-5〉와 같다(Mash & Dozois, 2003).

표 1-5. 아동기 정신건강의 중요성

- 아동기 장애가 비교적 흔하다는 점이다. 영유아기를 비롯한 아동기 장애(문제행동 혹은 정신병리)를 추정해 보면 일반 아동 인구에서 적게는 14%에서 많게는 22%에 이르며, 진단을 내릴 정도로 심한 형태의 문제는 전체 일반아동의 약 8~10%를 차지한다.
- 많은 유형의 아동기 장애가 단지 아동기에 그치는 것이 아니라 일생을 지속한다는 사실이다. 상당히 많은 아동기의 문제가 그대로 지속하지는 않더라도 시간이 지나면서 형태나 강도를 달리하여 변화된 형태로 나타날 수 있다. 혹은 나중에 진단이 내려질 정도의 심한 정신병리가 아니더라도 아동기의 문제로 인하여 가정생활, 직업, 사회적응에 지속해서 여전히 부정적인 영향을 미칠 수가 있다.
- 최근의 여러 가지 사회변동과 상황들이 영유아를 포함한 아동들을 위험에 빠뜨릴 수 있고, 어린 연령일수록 더 심각한 발달상의 문제를 일으킬 수 있다는 점이다. 여기에는 급격한 이혼 증가를 포함한 가족해체, 만성적인 빈곤, 가정 파괴의 압력, 편부모 양육, 노숙, 농촌지역의 빈곤층, 미성숙아, 부모의 술/약물 남용 그리고 아동학대를 포함한 양육상의 문제 등이 최근 커다란 사회문제가 되고 있다.
- 아동기 정신장애와 관련하여 일생동안 겪는 후유증은 개인 및 가정이 겪는 일상생활에서의 지장이나 고통은 물론 사회경제적인 면에서도 매우 심각하다. 경제적으로도 보건, 교육, 정신건강, 사법체계에서 지불되는 비용, 이로 인한 생산성 감소, 반복적이고 장기적인 치료비용, 고통 받는 아동, 가족 및 지역사회가 겪는 고통 등을 추계한다면 매우 커다란 액수가 지불되는 것이다.
- 마지막으로 이같은 도움이 필요한 아동이나 가족들 가운데 약 70% 이상이 적절한 서비스 제공이나 치료를 받고 있지 못하다는 점이다. 아동기 정신장애 가운데 많은 부분이 적절한 치료나 서비스 제공으로 더 빨리 호전되거나 정상 발달을 덜 제한받거나 적어도 고통을 경감시킬 수 있다.

③ 도시화

우리나라는 6.25 한국전쟁 이후 경제, 문화, 정치 등 다각적인 면에서 국가를 회복시키려고 서구의 문물을 무분별하게 받아들였고, 전쟁으로 인한 피난민 이동과 정착은 도시화를 형성하게 되었다. 1960년대에는 농촌사람이 도시로 향하는 도시화 현상을 촉진하는 결과를 보였으며, 1970년대에는 새마을 운동을 시작으로 경제발전을 통해 고용기회가 증가하였고, 1970년대 후반 정부가 중화학공업을 육성하기 시작하면서 수도권 중심의 도시화 현상이 계속되었다. 도시화 현상은 생활환경을 편리하게 조성하고 전통적인 대가족이 함께 살기보다는 소수 인원의 가족이 살아가는 가족구조를 만들었다. 점차 거주지의 빈번한 이동과 경제적인 이유 그리고 자녀교육 등으로 핵가족화를 형성, 일반화시켰다. 또한 1980년 민주화운동과 1990년 문민정부의 등장은 민주주의를 향한 과도기적 경험이었으며, 이로 인해 본격적인 산업사회로 진입하게 되었다. 결국 농업사회에서 산업사회로 변화하면서 전통적인 직계가족 형태에서 점차 핵가족화되어갔으며, 생활의 대부분이 편리함과 간소함에 집중되었다. 그리고 산업화는 편리함과 간소함의 대명사인 도시화를 불러 일으켰다(권태환 외, 2006).

이런 현상으로 인해 현재 도시의 인구는 포화상태로 이에 따른 교통 혼잡, 주택부족, 공해의 문제가 발생되고 있다. 이는 결국 사회 구성원 간의 타산적 사고방식, 개인주의 성향, 가치관의 혼미 등의 부작용을 발생시키게 되었으며, 이를 위해 생활지도가 필요하게 되었다.

④ 환경오염

물질적으로 풍요로워지면서 각종 자원의 결핍과 환경오염 등으로 자연이 힘들어하고 있다. 또한 자연을 있는 그대로 활용하기보다는 가치창출로 바라보면서 생태계는 더욱 더 파괴되어 갔으며, 이는 사람들의 가치관도 변화시키게 되었다. 구체적으로 현대문명의 세계관은 크게 세 가지 이원론적 세계관, 기계론적 세계관 및 인간중심 세계관으로 변화하게 되었다(그림 1-5).

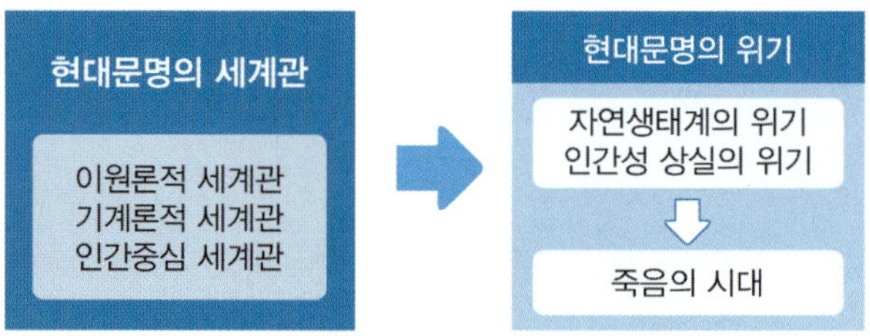

그림 1-5. 현대문명의 세계관 및 위기

이원론적 세계관과 기계론적 세계관은 정신과 물질의 분리는 우주를 분리된 객체로 구성된 기계조직으로 본다. 물질에는 목적, 생명 또는 정신이란 존재하지 않는 것이다. 분리된 객체는 기계적 법칙에 따라 움직이며, 기본적인 구성체로 환원되며, 이들 구성체의 성질과 상호작용이 모든 자연 현상을 완전히 결정한다. 이러한 세계관은 생물에게도 연장되어 생물 역시 분리된 부품으로 구성된 기계로 간주하는 것이다. 그리고 인간중심 세계관은 인간은 자연을 넘어 그 위에 존재하는 가장 우월한 존재라고 생각하는 것이다. 즉, 모든 동물 중에 인간만이 중심이고 최고이며, 인간이 모든 동물과 식물을 다스리고 지배할 권리를 가지고 있다고 생각하는 것이다.

이와 같은 세계관은 현대문명에서 자연생태계의 위기와 인간성 상실의 위기를 초래하게 되어 죽음의 시대를 초래하게 되었다. 또한 세계관의 변화로 세계는 각종 자원의 결핍과 환경오염 등의 재해로 시달리고 있으며 생태계가 파괴되고 있다. 그 결과 공기, 물, 토양 등이 오염되고 있으므로 환경의 오염으로부터 벗어나 심신의 안정을 유지하고 환경보호를 위한 사고와 자세를 길러주기 위해 생활지도가 필요하게 되었다.

■ 환경향상 체감도1)

[단위: %]

	1997	2001	2005	2008	2010	2012	2014
대기	1.7	2.3	5.9	9.3	11.3	13.7	11.5
수질	2.9	3.1	7.5	10.4	11.4	12.9	11.2
토양	10.6	7.1	11.4	8.8	10.5	11.9	10.5
소음 · 진동	4.2	3.2	4.9	7.2	8.9	10.3	8.7
녹지 환경	7.5	6.5	10.6	13.8	19.8	25.1	21.6

주석: 1) 환경향상 체감도는 조사대상인구 중 살고 있는 지역의 해당 환경문제가 1년 전에 비해 '좋아졌다'(매우 좋아졌다+약간 좋아졌다)라고 응답한 사람들의 비율임.
2) 2010년 이전 자료는 15세 이상 인구를 조사대상으로 하고, 2012년부터 13세 이상 인구를 조사대상으로 함.

환경향상 체감도는 2001년 이후 전반적으로 꾸준히 증가하는 모습을 보이다가 2012년에서 2014년 사이에 5개 분야 모두에서 하락하였다. 5개 분야를 단순 평균해서 볼 경우 '좋아졌다'는 비율은 2001년 4.4%에서 2010년 12.4%, 2012년 14.8%로 상승하였고, 2014년에는 2010년과 비슷한 12.7%로 소폭 하락하였다.

대기, 수질, 소음 · 진동 분야는 대체로 비슷한 패턴의 상승 및 하락 모습을 보이고 있으며, '좋아졌다'는 비율도 조사 연도별로 비슷한 수준이다. 녹지 환경의 경우 시계열 패턴은 앞의 세 영역과 비슷하지만, '좋아졌다'는 비율은 타 분야에 비해 월등히 높은 수준을 유지하고 있다. 반면 토양 분야는 7~12% 사이에서 등락을 반복하는 모습을 보이고 있다. 2000년대 초에는 토양 분야의 '좋아졌다'는 비율이 상대적으로 높은 수준이었지만, 2008년 이후에는 오히려 소음을 제외한 타 분야에 비해 낮은 수준을 기록하고 있다.

출처: 통계청(2015). 「사회조사」 각 연도.

⑤ 유아교육에 대한 연령의 하향화

유아교육이 점차 일반화되고 공교육화되어 가면서 교육의 기회가 확대되어짐과 동시에 일찍부터 유아교육기관에서 생활을 경험하게 되었다. 즉, 유아교육기관에 들어오는 시기와 머무는 시간이 늘어나게 만든 조기교육의 열풍과 적기교육은 생활지도의 필요성을 부각시키게 되었다.

표 1-6. 연도별 어린이집 보육 아동수와 유치원 아동수 (단위: 명)

년도	어린이집 보육 아동수	유치원 원아수
2009	1,175,049	537,361
2010	1,279,910	538,587
2011	1,348,729	564,834
2012	1,487,361	613,749
2013	1,486,980	658,188
2014	1,496,671	652,546
2015	1,452,813	682,553
2016	1,451,215	704,138

출처: 보건복지부 「보육통계」, 교육부 「교육통계」

주석: 1) 어린이집 반편성은 0세반 아동은 전년도 1. 1. 이후 출생아를 함께 편성하며, 1세반부터는 동년도 출생아(동년도 1. 1. ~ 12. 31. 출생아)를 함께 편성

2) 가정양육지원제도는 2009년 7월부터 도입되었으며, 2013년부터는 0~5세 가구로 지원대상 확대, 장애아동 및 농어촌 아동 지원 포함

---

1) 환경향상 체감도는 살고 있는 지역의 대기, 수질, 토양, 소음·진동, 녹지 환경 각각의 환경문제가 1년 전에 비해 개선되었다고 느끼는 사람들의 비율이다. 환경에 대한 주관적 지표는 국민의 웰빙 또는 삶의 질 관점에서 볼 때 중요한 의미를 갖는다. 환경과 관련하여 대표적인 주관적 지표는 환경향상 체감도이다. 이 지표는 통계청의 주기적인 조사를 통해 지속적으로 산출되고 있기 때문에 우리는 이 자료로 한국인의 생활주변 환경에 대한 주관적 만족도의 변화를 잘 알아볼 수 있다. 통계청은 주기적으로 시행하는 「사회조사」에서 대기, 수질, 토양, 소음·진동 및 녹지 환경을 포함하는 5개 분야에 대한 개선 여부를 묻는 질문을 하는데, 환경향상 체감도 지표는 전체 응답자 중에서 각 환경 분야의 상태가 1년 전에 비해 개선되었다고 응답한 사람들의 비율로 측정된다.

(2) 개인적 측면

① 올바른 성격형성

프로이트(Freud)는 유아기의 경험이 성격형성에 영향을 미친다고 주장하였으며, 에릭슨(Erikson)은 영아기(신뢰감 대 불신감), 유아기(자율성 대 수치심, 주도성 대 죄책감), 아동기(근면성 대 열등감)에 이루어야 할 과업을 제시하면서 영유아 및 아동발달의 중요성을 강조하고 있다. 즉, 영유아와 아동의 올바른 성격형성은 그들의 정신적 성장과 사회성 발달에 영향을 미칠 수 있으므로, 올바른 생활지도를 통해 올바른 성격형성을 돕는 것이 필요하다. 따라서 아이들의 올바른 성격형성을 위해 생활지도가 필요하다.

② 잠재능력 발달

인간의 발달 원리에 의하면 어느 누구나 유전과 환경의 상호작용 속에서 성장한다. 이에 아이는 생활지도를 통해 자신의 발달적 측면에 대한 이해를 도모하고, 자신의 잠재적인 능력을 발견할 수 있는 기회를 가질 수 있도록 하는 것이 중요하다. 따라서 아이들의 잠재능력 발달을 위해 생활지도가 필요하다.

③ 민주시민 기초 확립

영유아와 아동기는 기본생활습관 및 인성이 형성되는 시기이다. 또한 사회는 혼자 살아가는 것이 아니라 더불어 살아가야 한다. 앞으로의 세계는 개인의 권리와 자유를 보장해 줌과 동시에 의무와 책무도 함께 강조한다. 즉, 지 · 덕 · 체가 조화롭게 발달된 사람으로 성장시켜야 한다. 따라서 아이들의 민주시민 기초 확립을 위해 생활지도가 필요하다.

④ 기본생활습관 형성

영유아와 아동기에 형성된 기본생활습관은 쉽게 고쳐지지 않는다. 따라서 인성의 기본 틀이 형성되는 영유아와 아동기부터 올바르게 배워야 한다. 특히 기본생활습관

(몸과 주변을 깨끗이 하기, 바른 식생활하기, 건강한 일상생활하기, 질병 예방하기) 등은 학습에 의해 습득되는 것이 아닌 몸소 실천하여 자연스럽게 습득할 수 있도록 하는 것이 중요하다. 따라서 아이의 기본생활습관 형성을 위해 생활지도가 필요하다.

2) 아동생활지도의 목표

아동생활지도의 목표는 아이의 생존유지와 사회적응을 돕는 것으로 아이는 태어난 이후 독립적으로 스스로 살아남을 수 있는 생존능력을 키우고 사회에서 타인과 더불어 살아갈 수 있는 사회적 능력을 키워야 한다. 즉, 아동생활지도는 아이가 타고난 자신의 신체적 성장과 정신적 발달을 이룰 수 있도록 자조행동을 돕는 것이며, 사회 구성원들 속에서 경쟁하고 협력하며 세상을 살아갈 수 있는 사회적 적응력을 키우는 것이다. 따라서 아동생활지도의 궁극적인 목표는 무력하고 자기중심적인 특성을 가진 아동이 자율성과 독립성을 길러 사회의 구성원으로 성장·발달해 나갈 수 있도록 돕는 데 있다. 아동생활지도의 궁극적인 목표를 구체적으로 살펴보면 〈표 1-7〉과 같다.

표 1-7. 아동생활지도의 구체적인 목표

• 자기 자신의 통찰력을 통해 긍정적인 자아감을 형성하도록 한다. • 당면한 문제상황을 인식할 수 있도록 한다. • 함께 더불어 살아가는 공동체 의식을 갖도록 한다. • 아이의 잠재능력계발과 정서적 발달을 통해 바르게 성장할 수 있도록 돕는다.

출처: 서의정 외(2012). 유아생활지도 및 상담. 양서원. p.18.

아동생활지도의 궁극적인 목적은 일차적으로 아이들의 성장과 발달을 돕는 데 그 목적(직접적인 목적)이 있으며, 또한 아이들을 조력하는 목적 이외에도 교사와 유아교육기관의 아이에 대한 이해와 지도역량 강화 및 가정을 포함한 지역사회와의 협력 강화 등의 간접적인 목적을 가진다.

생활지도의 직접적인 목적은 아이로 하여금 자신의 문제를 현명하게 해결하여 건전한 적응을 도움으로써 자기지도능력을 함양하도록 하는 데 있다. 직접적인 목적은 〈표 1-8〉과 같다.

표 1-8. 아동생활지도의 직접적인 목적

- 아동 개개인으로 하여금 그들 자신을 정확하게 이해하도록 돕는다(자신의 올바른 이해 조력).
- 아동으로 하여금 그가 가진 잠재력을 발견하고, 그것들을 충분히 계발하도록 돕는다(잠재력 발견과 계발).
- 아동 자신이 당면하는 문제들을 정확히 파악하여 그것들을 스스로 해결할 수 있도록 돕는다(자율적인 문제해결능력 배양).
- 아동으로 하여금 복잡 다양한 생활환경 속에서 신체적 · 인지적 · 정의적 · 사회적인 모든 면에서 안정되고 조화로운 성장 · 발달을 하도록 돕는다(전인적인 성장 · 발달 도모).
- 아동으로 하여금 모든 환경상황에 건전하고 성숙한 적응을 할 수 있도록 돕는다(환경에의 적응 조력).
- 아동들이 그들이 속한 사회를 위해서 민주시민으로서의 나름의 공헌을 하도록 돕는다(민주시민으로서의 자질 함양).

아동생활지도의 간접적인 목적은 생활지도 활동을 통해 교사와 유아교육기관에서도 그 역량을 강화하게 된다. 간접적인 목적은 〈표 1-9〉와 같다.

표 1-9. 아동생활지도의 간접적인 목적

- 아동에 대한 생활지도 활동을 통해 교사는 아동들을 보다 정확하게 이해하고 지도할 수 있다(학생에 대한 이해 및 지도 촉진).
- 교사로 하여금 생활지도를 통해 아동의 행동을 분석하고 이해하는 기술, 즉 생활지도의 기술과 태도를 갖추게 한다(아동지도역량의 제고).
- 생활지도 프로그램은 연구활동에도 도움을 준다(연구활동 촉진).
- 생활지도 프로그램의 실천을 통하여 가정을 포한한 지역사회와의 협력 및 유대체계를 강화한다(지역사회와의 협력강화).

이상에서 살펴본 바와 같이 생활지도는 일차적으로 아이들의 성장 · 발달을 도모하도록 계획하고 실천되는 활동이기 때문에 아동을 돕는 것이 무엇보다도 중요한 목적이 된다. 나아가 교사와 유아교육기관 혹은 학교로 하여금 아동을 이해하고 효과적으로 지도할 수 있도록 하는 데 도움을 주는 것도 생활지도의 부차적인 목적이 된다.

3 아동생활지도의 내용

생활지도는 아이가 자신의 건강을 유지하고 스스로 생활할 수 있도록 기본이 되는 생활습관을 형성하고 사회적 일원으로서 타인과 긍정적인 상호작용을 할 수 있는 실제적인 능력을 기르는 것이다. 그러나 이러한 모든 능력은 어느 한 순간에 형성되는 것은 아니며, 유아기 초기부터 잘 형성되도록 지도해야 한다. 아동생활지도의 내용을 구체적으로 살펴보면 다음과 같다.

1) 기본생활습관지도

기본생활습관이란 인간이 살아가는 데 기본이 되는 생활 전반의 지식과 기술 등을 포함한 행동양식을 익혀 습관화하는 것을 의미한다. 영유아 및 아동기는 기본생활습관을 형성하는 중요한 시기로 이때 형성된 습관들은 한 번 형성되면 다음에 바꾸기가 어렵기 때문에 처음부터 올바른 습관을 바르게 형성하는 것이 중요하다. 한편 아이들의 성장에는 일정한 발달단계가 있으며, 각 발달단계에서 아이들이 배워야 할 여러 가지 생활행동이 있다. 또한 같은 연령의 아이라 하더라도 개인차에 따른 발달의 정도가 다르기 때문에 그 시기에 맞추어 적절한 생활행동을 배워야 하고 이를 습관화할 수 있도록 지도해야 한다. 기본생활습관지도의 구체적인 내용은 〈표 1-10〉과 같다.

표 1-10. 기본생활습관지도의 내용

범주	구분	내용
청결	몸을 깨끗이	자신의 몸 깨끗이 하기(이 닦기, 손·발 씻기, 세수하기, 목욕하기, 손·발톱 깎기, 머리 손질하기, 속옷 매일 갈아입기)
		계절에 맞는 옷 입기
		화장실 사용법 바로 알기
	주변을 깨끗이	음식을 소중히 여기고 깨끗이 먹기
		쓰레기 버리지 않기
		주변 정리하기
예절	가정에서의 예절	어른께 공손히 인사하기
		존댓말 사용하기
		외출 시 부모님께 허락받기
	집단에서의 예절	형제·자매와 사이좋게 지내기
		상황에 맞는 적절한 언어 사용하기
		바른 말 고운 말 쓰기
	국가에서의 예절	애국가를 부를 때 경건한 자세로 부르기
		국기를 함부로 사용하지 않기
절제	절약하기	사용이 가능한 물건 교환하기(아나바다 운동)
		재활용하기
		저축하기
	감정 조절하기	떼쓰지 않기
		양보하기
질서	차례 지키기	복도, 계단 이용 시 한 방향으로 다니기
		한 줄 서기
	약속 및 규칙 지키기	시간 약속 지키기
		놀이 규칙 지키기
협동	함께 쓰기	서로가 조금씩 양보하기
	함께 나누기	장난감 나누기
		자기가 좋아하는 것 나누기

2) 사회생활지도

인간은 태어나면서부터 사회 속에서 더불어 살아가는 사회적 동물이다. 사회에서 스스로의 생활을 영위해 나가려면 자신의 생활을 스스로 실행해 나가는 자조기술이 있어야 다른 사람과 조화를 이루어 원만한 생활이 이루어지게 되고 사회적인 적응이 가능하다. 즉, 아이가 자신과 다른 사람의 정서를 올바르게 이해할 수 있어야 하며, 다양한 사회관계 속에서 정서이해능력을 적절히 활용할 수 있어야 한다. 또한 자기 존중감 형성을 격려함으로써 스스로 서로의 소중함을 알고 자신의 일을 계획하고 실천할 수 있는 능력을 길러야 한다. 따라서 사회생활지도에서는 사회적 규범과 행동의 내면화, 도덕적 가치관 형성, 의사전달의 합리적 방법, 공동체 생활에서의 대인관계, 원만한 대인관계를 위한 협동과 봉사 등의 활동을 중심으로 지도해야 한다 (표 1-11).

표 1-11. 사회생활지도의 내용

구분	내용
가정생활	자신에 대해 긍정적으로 생각하고 자신의 소중함 알기
	가족의 소중함 알기
	형제와 사이좋게 지내기
	자기가 할 수 있는 일 하기
집단생활	친구와 사이좋게 지내기
	약속 지키기
	자신과 다른 사람의 닮은 점, 차이점 알기
	공공규칙 알고 이해하기
사회적 기술	양보하기
	문제해결과정에서 적절한 정서 활용하기
	또래와의 갈등에서 다양한 방법으로 해결하기

3) 건강생활지도

행복한 인간의 최우선적인 조건은 건강이라고 할 수 있다. 건강이란 병들지 않은 신체적 상태만을 말하는 것이 아니라 일상생활을 즐기며 살 수 있는 신체와 정신의 완전한 상태를 의미한다. 영유아기는 신체발달이 급격히 성장하는 시기이다. 이 시기는 면역체계가 약해 많은 질병에 노출되어 건강을 해치는 경우가 많다. 그렇기 때문에 신체적·정서적으로 건강한 생활을 하기 위해서는 건강 상태를 수시로 점검하여 질병을 예방하도록 해야 한다. 따라서 건강생활지도는 일상생활을 통해 생활 태도 및 습관을 기를 수 있도록 지도해야 한다. 건강생활지도의 구체적인 내용은 〈표 1-12〉와 같다.

표 1-12. 건강생활지도의 내용

구분	내용
건강관리	날씨에 알맞은 옷 입기
	손 깨끗이 씻기
	일찍 자고 일찍 일어나기
	건강에 관심 가지기
	휴식 취하기
영양관리	우리 몸에 필요한 영양분 알기
	몸에 필요한 영양분 섭취하기
	즐겁게 식사하기
	안전한 음식 먹기
	올바른 태도로 식사하기

4) 안전생활지도

안전생활지도는 사고나 재해로부터 자신을 보호하는 행동 또는 능력, 태도를 갖도록 하는 것이다. 특히 아이들은 각종 사고나 위험에 노출되어 있으므로 안전에 많은 관심을 갖고 위험에 대한 인식이나 대처능력을 지도해야 한다. 영유아는 발달 특성상 주변의 사물이나 환경에 대한 호기심이 많고 탐구하려는 충동이 강한 반면, 신체기능의 미성숙으로 인해 크고 작은 사고가 빈번하게 발생한다. 또한 성인과는 달리 영유아의 사고는 치명적인 장애 및 사망에 쉽게 이를 수 있기 때문에 더 주의를 기울여야 한다. 그러나 예측 가능한 범위 안에서 일어나는 것이 아닌 우발적인 사고로 일어나기 때문에 더 주의를 기울여야 한다(김지은 외, 2007). 따라서 안전생활지도는 문제 상황에 처하게 될 때 적절하게 대처할 수 있는 능력을 갖추고 지속적으로 교육하여 안전 수칙을 지킬 수 있도록 한다. 안전생활지도의 구체적인 내용은 〈표 1-13〉과 같다.

표 1-13. 안전생활지도의 내용

구분	내용
유아교육기관에서의 안전	놀이 규칙 지키기
	놀잇감 안전하게 다루기
	망가진 놀잇감 사용하지 않기
	시설물 안전하게 사용하기
	타인을 배려하여 안전하게 놀이하기
가정에서의 안전	아무것이나 먹지 않기
	배란다나 창문 밑에서 놀지 않기
	엘리베이터 바르게 사용하기
	가전제품 함부로 사용하지 않기

교통사고 당하는 유아·청소년 하루 69명

입력: 2018-09-28 10:52 | 수정: 2018-09-28 10:52

최근 3년간 교통사고로 사망하거나 다친 유아와 청소년이 하루 평균 69명에 달하는 것으로 나타났다. 28일 국회 행정안전위원회 조원진 대한애국당 의원은 경찰청으로부터 제출받은 '취학 전 아동 및 학생별 교통사고 사상자 현황' 자료에 따르면 2015년부터 지난해까지 교통사고로 다치거나 사망한 취학 전 아동과 학생 수는 7만 5503명으로 조사됐다. 이 가운데 사망자는 414명에 달했다. 지난해 학년별 교통사고 사상자 수는 취학 전 아동 5121명, 초등학생 6796명, 중학생 3724명, 고등학생 6888명으로 집계됐다. 지역별로는 경기 남부가 5235명으로 가장 많았고, 서울 3197명, 경북 1392명, 대구 1331명, 전남 1225명 순으로 나타났다. 조원진 의원은 "학교 주변, 학원가 등에 어린이 보호구역을 확대하고, 어른들의 교통법규 준수를 강화하는 교통안전 정책이 시급하다"고 강조했다.

이영준 기자 the@seoul.co.kr

출처: http://www.seoul.co.kr/news/newsView.php?id=20180928500043&wlog_tag3=daum

어린이집 안전사고로 5년간 46명 사망…사고피해 3만명 [국감브리핑]부딪힘·넘어짐·끼임·떨어짐 78%

(서울=뉴스1) 민정혜 기자 | 2018-10-18 14:46 송고

지난 5년간 어린이집 안전사고로 피해를 입은 영유아가 3만 명이 넘고, 사망자도 46명에 이르는 것으로 나타났다. 국회 보건복지위원회 소속 김광수 민주평화당 의원이 보건복지부·한국보육진흥원에서 받은 '2013~2017년 어린이집 안전사고'를 보면, 어린이집 안전사고로 피해를 입은 영유아는 총 3만 3839명, 사망은 46명으로 집계됐다. 연도별로 어린이집 안전사고 현황을 보면 2013년 4209명(사망 13명), 2014년 5827명(13명), 2015년 6797명(11명), 2016년 8539명(7명), 2017년 8467명(2명)으로 조사됐다. 어린이집 안전사고는 부딪힘·넘어짐·끼임·떨어짐 등이 2만 6341명으로 전체의 77.9%를 차지했다. 특히 원인미상·기타로 분류된 안전사고는 2013년 576명, 2014년 1078명, 2015년 1170명, 2016년 1342명, 2017년 1654명으로 매년 늘었다. 원인미상·기타로 분류된 안전사고는 전체의

17.1%(5,820건)였고, 사망 또한 37명에 달했다. 또 화상(636명), 이물질 삽입(616명), 통학버스 또는 교통사고(374명) 순으로 안전사고가 발생했다. 어린이집 안전사고 발생 원인은 아동 부주의가 2만 5188명(74.4%)으로 가장 많았다. 이어 아동 간 다툼 4332명(12.8%), 원인미상·기타 2934명(8.7%), 종사자 부주의 1348명(4.1%) 순으로 파악됐다. 김광수 의원은 "안전사고의 원인과 책임 소재를 파악할 수 없는 원인미상·기타 안전사고가 매년 증가하고 있다"며 "어린이집에서 관리 가능한 안전사고도 지속적으로 나타나고 있는 만큼 보건당국은 어린이집 안전대책 강화에 적극 나서야 할 것"이라고 강조했다.

출처: http://news1.kr/articles/?3453958

5) 환경생활지도

환경교육이란 자연을 보호하고 사랑함으로써 인간과 자연이 조화를 이루어 생활하도록 하는 것이다. 그러나 경제성장과 더불어 물질적으로 풍족한 삶을 살아가다 보니 어느 순간 각종 자원의 결핍과 환경오염으로 인해 생태계 파괴가 초래되었다. 즉, 우리의 삶을 위해 자연을 보호하지 않고 무분별하게 사용하게 된다면 결국 우리의 삶 자체를 위협할 것이다. 그렇기 때문에 환경에 대해 살펴보고 이를 실천할 수 있는 방안을 모색해야 한다. 유아기에 형성된 환경의 중요성에 대한 인식과 습관은 성인이 되었을 때 생활에 필요한 습관이 된다. 따라서 환경생활지도에서는 유아기부터 스스로가 자연환경에 흥미와 관심을 가지고 환경보호를 실천할 수 있도록 하는 것이 중요하다. 환경생활지도의 구체적인 내용은 〈표 1-14〉와 같다.

표 1-14. 환경생활지도의 내용

구분	내용
물과 공기, 흙의 소중함	물과 공기, 흙의 소중함 알기
	오염 원인 알기
	물과 공기, 흙의 쓰임새 알기
	물과 공기, 흙이 우리에게 미치는 영향에 대해서 알기

구분	내용
동 · 식물 보호	여러 가지 동 · 식물 종류 알기
	각각의 동 · 식물의 특성 알기
	동 · 식물 기르고 돌보기
	동 · 식물이 우리에게 주는 장 · 단점 알기

고래뱃속 쓰레기 발견..해양오염 심각

최종수정 : 2018-11-22 09:55:19

인도네시아 해안에서 죽은 채 발견된 고래 뱃속에서 플라스틱 컵 115개, 샌들(플립플랍) 2개 등 5.9kg에 달하는 플라스틱 쓰레기가 나왔다. 지난 20일(현지시간) AP통신에 따르면 인도네시아 와카토비 국립공원 측은 전날(19일) 공원 내 해변에서 마을 사람들이 부패가 진행 중인 죽은 고래를 도살하고 있다는 신고를 받고 출동했다. 현장에서 국립공원 측은 9.5m 길이의 고래 사체를 발견했다. 이후 국립공원 구조대원들과 세계자연기금(WWF) 연구원들의 조사 결과, 죽은 고래 뱃속에서 플라스틱 컵 115개 이외에도 플라스틱 병 4개, 플라스틱 백 25개, 샌들 2개, 나일론 가방 1개, 1000개 이상의 기타 플라스틱 쓰레기가 확인됐다. 고래 뱃속에서 나온 쓰레기는 총 5.9kg의 규모였다. WWF 인도네시아본부의 해양생물보존 담당자인 드위 수프라프티는 "사인을 특정할 수는 없지만 우리가 목격한 사실은 정말로 끔찍하다"고 말했다. 그는 플라스틱 쓰레기가 고래의 뱃속을 가득 채우고 있었지만 부패가 상당히 진행된 상태여서 플라스틱이 직접적 사인으로 작용했는지는 밝혀내지 못했다고 덧붙였다. 유엔은 해마다 바다로 흘러드는 플라스틱 쓰레기가 1천만 톤에 달한다며 해양 플라스틱 오염을 줄일 것을 촉구했지만, 아직 이렇다 할 진전은 없는 상태라고 한다.

김미화 기자(kimmh@metroseoul.co.kr)

출처: http://www.metroseoul.co.kr/news/newsview?newscd=2018112200027

Chapter 2

영유아발달과 아동발달 및 생활지도

배울내용

1. 영유아발달
2. 아동발달
3. 발달과 생활지도

학습목표

1. 영유아발달의 특성을 이해한다.
2. 아동발달의 특성을 이해한다.
3. 발달의 특성을 고려한 아동생활지도의 구체적인 방법을 숙지한다.

1 영유아발달

인간의 발달은 정자와 난자가 만나는 순간(수정)부터 죽음에 이르기까지의 전 생애를 통해 이루어지는 모든 변화의 양상과 과정으로 정의되고 있다. 따라서 발달과정에서 나타나는 변화의 양상과 과정에서는 두 가지 변화, 즉 긍정적인 변화와 부정적인 변화로 구분할 수 있다. 전자는 어떤 특징들이 양적으로 증대하며, 기능이 매우 효율적으로 작용하는 것을 의미하며, 후자는 어떤 특징이 양적으로 감소하며 기능과 구조가 퇴화되는 것을 의미한다.

인간발달을 태내기, 영아기 및 유아기로 구분하거나(표 2-1) 연령별로 구분하여 살펴보면 〈표 2-2〉와 같다.

표 2-1. 태내기, 영아기 및 유아기의 발달적 특징

구분	내용
태내기 (prenatal period)	정자와 난자가 만나는 순간부터 출생의 시기이며, 어머니의 자궁 내에서 태아의 신체조직이 발달하고 신체성장이 가장 큰 폭으로 일어나는 시기이다. 인간의 개인적 차이는 환경뿐 아니라 유전에 의해서 영향을 받는다. 따라서 태아에게 유전적 요인과 환경적 요인 등이 영향을 미치기 때문에 각별히 조심해야 하는 시기이다.
영아기 (infancy: 0~24개월)	출생 후 약 2주간의 기간을 신생아기라고 하며, 24개월까지를 영아기로 부른다. 이 기간의 가장 큰 특징은 성장속도가 매우 빠르다는 것이다. 영아기는 독립적으로 생활할 수 없으므로 신체적 · 심리적으로 성인에게 의존하며, 부모나 형제자매 등 돌보는 사람에게 애착행동을 보이게 된다. 영아기의 가장 큰 변화는 일어서서 이동하는 능력을 나타내는 것이다. 또한 감각운동의 시기이며, 한두 단어를 사용할 수 있게 된다.
유아기 (early childhood: 만 2~6세)	유아기는 대개 만 2세부터 만 6세가량의 기간을 말한다. 이 시기의 유아는 자기주장과 지배에 대한 욕구가 매우 강하다. 이는 개인으로서의 자신을 의식하기 시작하는 데서 비롯된 것으로 반항과 고집, 자기주장이 나타나기 시작한다. 이 시기의 유아가 경험하는 긴장은 아이의 행동을 제한하고 규제하려는 환경의 요구에서 비롯된다. 따라서 유아는 자신의 행동에 타인의 요구를 고려해야 한다는 것을 배우게 된다. 이러한 과정을 거쳐 초기에는 타인과의 상호관계를 고려하지 않는 자기중심적 존재로부터 타인과의 상호관계를 고려하는 존재로 성장해 간다. 이 시기의 유아는 자신의 고유성을 인식하기 시작하여 유아기 후반에 가면 "내 마음대로" 하는 것보다는 "내 스스로" 하는 것에 더 관심을 갖게 된다.

표 2-2. 연령별 발달의 특징

구분	내용
만 1세	혼자 걸을 수 있게 되고 성인에게 애정을 표현할 수 있으며, 자아개념이 서서히 생기기 시작한다. 10가지 정도의 단어를 말하며 두 단어를 결합시키기 시작하고 끊임없이 탐색을 시도하며 행동의 결과를 관찰하여 자신의 놀이를 발달시킨다. 또한 자신이 주로 사용하는 손이 결정되는 시기이며, 강한 행동으로 자신의 정서를 표현한다. 놀잇감이나 물건을 다른 사람과 나누는 것을 싫어하고 사물에 이름을 지으면서 어휘력이 증가하며 과거 사건을 모방할 수 있다.
만 2세	운동기능이 발달하여 신체 움직임이 유연해진다. 자신의 감정을 다른 사람이 알아주기를 원하며 친구들에게 관심을 갖기 시작하고 언어를 사용하여 어른들과 교류를 시도한다. 또한 주변을 탐색하기 위해 관찰, 질문, 조작, 분류, 측정을 하게 된다.
만 3세	기본적인 운동기능이 확립되고 자기통제를 하기 시작한다. 친구와 활발하게 놀기 시작하며 그림책 등의 줄거리를 이해하고 질문이 많아지기 시작한다.
만 4세	다소 복잡한 운동이 가능해지며 자기주장이 뚜렷해지고 성취에 기쁨을 느끼기 시작한다. 자신이 필요한 규칙은 스스로 따르고 구어가 완성되며 문자에 흥미를 갖기 시작한다. 또한 원인과 결과를 때때로 혼동하면서 이치를 알고자 생각하기 시작한다.
만 5세	가위질이 능숙해지며 성취나 경쟁적인 욕구가 충족된 일에 만족을 느끼며 집단 활동에 대한 즐거움이 증가하고 발음체계가 완성되어 구어를 완전히 습득하게 된다. 또한 알고자 하는 것들에 적극적으로 질문하여 문제를 해결하려는 사고력과 탐구력이 증가하게 된다.

1) 신체발달

출생 시 신생아의 평균 신장은 약 50cm이며 체중은 약 3~3.5kg이다. 신장은 1년 후 출생 시의 약 1.5배가 되며, 2년 후에는 성인 신장의 약 1/2로 성장한다. 체중은 1년 후에는 3배, 2년이 되면 성인 몸무게의 20% 정도가 된다. 2세 이후 신체성장 속도는 완만해 지고, 6세경 신장은 출생 시의 약 2배가 되어 100~120cm 정도 자라게 되며 매년 7cm 정도 증가한다. 체중은 18~19kg으로 출생 시의 약 6배가 되고 체중은 1년에 평균 2.7kg씩 증가한다. 10~12세 전까지는 남아가 여아보다 크지만 11~13세까지는 여아가 남아보다 더 크게 된다(김이영 외, 2017).

아이는 자라면서 신체비율도 달라지는데, 신생아 시기에는 머리크기가 신체에서 차지하는 비율이 1/4이고, 생후 2년 무렵에는 신체의 1/5이 되며, 성인이 되면 1/8이 된다. 신생아의 신체에서 가장 작은 비율을 차지하는 부위는 발인데, 신생아의 발크기는 성인의 1/5에 불과하다.

치아는 젖니와 영구치가 있다. 젖니는 20개이고, 영구치는 모두 32개이다. 젖니란 영구치가 나기 전 6~7세까지 나는 이를 말하며, 영구치는 성인이 될 때까지 사용하게 되며 젖니가 빠지면서 나기 시작한다. 생후 6개월경에 젖니가 아래 앞니부터 나기 시작하여 1년이 되면 6~8개의 앞니가 난다. 그 다음으로 첫째 어금니, 송곳니, 둘째 어금니 순으로 나게 되고 24~30개월경에는 20개의 젖니가 모두 난다.

2) 운동기능 발달

출생 후 시간이 지남에 따라 자연스럽게 아이가 해낼 수 있는 운동기능도 발달하게 된다. 운동기능은 근육의 크기와 신체부위에 따라 대근육 운동과 소근육 운동으로 나뉜다. 대근육 운동은 기기, 서기, 뜀뛰기, 걷기, 달리기, 계단 오르내리기, 공던지기와 같은 팔, 다리, 몸통과 같은 대근육을 사용하는 운동을 말한다. 소근육 운동은 물건 잡기, 손가락으로 물건 집기, 글씨 쓰기, 가위로 오리기, 단추 채우기 등의 몸의 소근육을 사용하는 운동을 말한다. 영유아의 운동기능 발달을 연령에 따라 대근육 운동발달과 소근육 운동발달을 구분하여 살펴보면 〈표 2-3〉, 〈표 2-4〉와 같다 (권화숙 외, 2018).

표 2-3. 대근육 운동발달

구분	특징
4주 이전	엎어놓으면 머리를 들려고 한다. 누워 있을 때는 머리를 한쪽으로 돌리고 있다.
4주	손은 주먹을 쥔 상태이고 팔다리는 펴는 자세일 때가 많다. 목은 아직 잘 못 든다.
16주	엎어놓으면 머리를 90도로 들 수 있고 머리를 가눌 수 있다. 반듯이 누워 있으며, 몸을 약간 자유로이 움직일 수 있다.
28주	앞으로 기울이면서 앉을 수 있고, 세우면 다리를 껑충 껑충 뛰고 뒤집을 수 있다.
40주	혼자 앉고, 기어 다니고, 붙잡고 일어선다.

구분	특징
12개월	혼자 서고, 한 손 잡고 걷는다.
15개월	혼자 걷고, 계단을 기어 올라가고, 공을 발로 찰 수 있다.
18개월	혼자 잘 걷는다. 한 손으로 잡고 계단을 걸어 올라간다. 조금씩 뛸 수 있다. 서랍을 연다.
2세	넘어지지 않고 잘 뛴다. 발로 큰 공을 찰 수 있다. 계단을 혼자 오르내린다.
5세	계속 달리면서 방향을 바꿀 수 있으며 갑자기 멈추어도 넘어지지 않는다. 멀리뛰기를 한다. 공을 던지고 잡는 것이 가능하다.
6세	줄넘기를 할 수 있고 두발자전거를 탈 수 있다.

표 2-4. 소근육 운동발달

구분	특징
4주 이전	움직이는 물체나 소리에 반응한다.
4주	움직이는 물체를 중앙선까지 따라가며 볼 수 있다.
16주	천천히 움직이는 물체를 따라서 주시할 수 있다. 장난감을 보면 잡으려고 손을 옴지락거린다. 물체를 주면 쥘 수도 있다.
28주	한 손으로 장난감을 잡을 수 있고, 잡은 장난감을 다른 손으로 옮겨 쥘 수도 있으며, 장난감을 흔들 수도 있다.
40주	숨겨진 장난감을 찾을 수 있고, 2개의 장난감을 쥐고 맞부딪쳐 소리를 내기도 하며, 미세한 동작도 약간 가능해 작은 물체를 엄지와 집게손가락으로 집을 수도 있다.
12개월	음식을 엄지와 집게손가락으로 정확히 집어서 먹을 수 있다. 장난감을 달라고 하면 주기도 한다. 공을 던질 수도 있다.
15개월	크레용으로 선을 그리는 시늉을 한다. 2개의 정육면체를 쌓을 수가 있다. 그리고 작은 조각들을 병에 담을 수도 있다.
18개월	3개의 정육면체를 쌓을 수 있고 크레용으로 종이 위에 마구 그을 수 있다.
2세	6개의 입방체를 쌓을 수 있다. 수평선을 그리고 원을 그리는 흉내를 낸다.
3세	숟가락과 젓가락을 사용하는 것이 가능하다.
4세	블록으로 탑을 높이 쌓고 신발 끈을 맬 수 있고 가위질을 한다. 혼자 옷을 벗고 입을 수 있다.
5세	블록으로 의도한 완성된 건물을 만들 수 있고 종이를 반으로 또는 1/4로 접을 수 있다. 글자나 숫자를 베낄 수 있고 크레용으로 색칠을 할 수 있다.
7~8세	숟가락, 젓가락 사용을 자유자재로 할 수 있다.

3) 인지발달

피아제(Piaget, 1954)에 의하면 인지발달은 유기체와 환경과의 상호작용으로 이루어지는 적응과정이다. 여기에는 질적으로 다른 네 개의 단계가 있으며, 질적으로 다른 이 단계들은 정해진 순서대로 진행되고, 단계가 높아질수록 복잡성이 증가하게 된다(표 2-5).

표 2-5. 피아제의 인지발달단계

발달단계	연령	특징
감각운동기	0~2세	감각운동기능에 의한 반복활동(빨기, 잡기, 물기 등)을 한다. 대상영속성의 개념을 형성한다.
전조작기	2~7세	언어를 습득하여 상징적 사고가 가능해지지만, 자기중심적이며, 직접적인 경험에 한정되어 있다.
구체적 조작기	7~11세	논리적 사고가 가능해지고, 보존개념을 획득하게 되며, 분류 및 서열에 대한 개념을 습득하게 된다.
형식적 조작기	11~15세	추상적 사고가 가능해진다. 과학적 사고를 통해 체계적인 문제해결을 하게 된다. 과거-현재-미래를 연결할 수 있다.

(1) 감각운동기

인지발달의 첫 번째 단계는 감각운동기(sensorimotor stage)로서, 출생 후부터 2세까지이다. 이 시기의 아기들은 출생 시부터 갖고 태어난 기술, 즉 빨기와 잡기를 통해 무엇이든 입안에 넣는 것을 좋아하며, 이를 통해 점차 빨 수 있는 것과 빨 수 없는 것을 구분한다. 또한 이 시기의 영아는 자신이 갖고 태어난 여러 감각 · 지각 및 반사기능을 자신의 신체적 활동을 통해 통합하는 능력을 발달시켜간다. 이러한 방법으로 영아는 그들의 경험을 범주화하고 구조화하기 시작한다. 영아는 자신이 직접 보고, 듣고, 느끼고, 행동하는 것에 의존한다. 즉, 감각기관을 통해 받아들인 정보가 인지발달의 중요한 내용이 된다.

(2) 전조작기

두 번째 단계는 전조작기(peroperational stage)로서 2세에서 7세까지이다. 이 단계에서는 논리적인 조작이 불가능하기 때문에 전조작기라 부른다. 조작이란 과거에 일어났던 사건들을 내면화시켜 서로 관련지을 수 있는, 즉 논리적인 관계를 지을 수 있는 것을 뜻한다. 이 시기의 사고의 특징은 상징놀이, 자기중심적 사고, 물활론, 직관적 사고를 하는 것 등이다.

(3) 구체적 조작기

피아제의 인지발달단계 중 세 번째 단계이며, 7세부터 11세까지 해당된다. 아동들은 전조작적 사고의 제한된 특성에서 벗어나 논리적인 사고가 시작되고, 추리능력도 정확해지며 복잡하고 융통성을 갖게 된다. 이 시기의 아동은 사고가 자신이 직접 경험한 구체적인 세계에 한정되고 추상적이고 가설적인 문제의 해결에는 아직까지 어려움을 보이기 때문에 구체적 조작기(concrete operational stage)라 부른다. 조작이란 주어진 정보를 특정한 목적을 위해 변형시키거나 관련된 사고로 통합하는 정신적 활동을 의미하는 것으로, 덧셈이나 뺄셈과 같은 능력이 이에 속한다. 구체적 조작기에서 사고의 특성은 보존개념, 조망수용 능력, 유목화, 서열화 개념 등을 습득할 수 있다.

(4) 형식적 조작기

피아제의 인지발달단계 중 마지막 단계이며, 11세부터 15세까지가 형식적 조작기(formal operational stage)에 해당된다. 이 시기가 되면 논리적 사고뿐 아니라 추상적인 방식으로 개념을 조작하고 이해할 수 있다. 이러한 능력으로 인해 세상에 대한 일반적인 법칙을 형성할 수 있으며, 가능한 일들에 대한 검증이 가능해진다. 사고는 더 이상 직접적인 경험에 의존하지 않으며, 가설적인 견지에서 추론하여 문제를 해결할 수 있다.

4) 언어발달

영유아가 자라면서 울기만 하다가 점차 짧은 단어로 의사를 전달하고 다시 완전한 문장으로 의사소통을 하는 과정에 대해 연령별로 살펴보면 〈표 2-6〉과 같다. 단어나 문장을 습득하는 시기에는 개인차가 있지만 대부분의 아이들은 언어습득에 있어 동일한 발달단계를 거치게 된다(권화숙 외, 2018).

표 2-6. 연령에 따른 언어능력 특성

연령	언어능력
2개월 무렵	울음으로 의사를 하고 끙끙거리는 듯한 소리가 '우~', '아~'와 같은 모음을 낸다.
4개월 무렵	혼자 혹은 다른 사람에게 끊임없이 옹알거리고 질문을 하듯 목소리를 높이기도 한다.
6개월 무렵	입모양을 바꿔 음을 낼 수 있다.
9개월 무렵	자기 이름이나 '안 돼'와 같은 말에 반응을 보인다.
12개월 무렵	자신만 아는 짧은 문장을 옹알거리고 2~8개의 단어를 말할 수 있다.
15개월 무렵	'이리 와'와 같은 간단한 명령에 따르고 신체 주요부위의 이름을 기억한다.
18개월 무렵	어휘력이 급증하며 하루에 12개의 단어를 습득하기 시작한다. '코 어딨어?'라는 질문에 자신의 코를 가리킬 수 있다. 자신의 이름을 지칭한다.
20개월 무렵	끊임없이 '저게 뭐야'라고 질문하고, '다 갔어'와 같은 두 단어를 결합시킬 수 있다.
24개월 무렵	어른의 억양, 행동을 흉내 낸다.
25~29개월	어휘력이 급증하며 명사와 동사를 결합한다. '나' 같은 대명사를 비롯하여 '왜'라는 질문을 던지기 시작하고 남이 하는 말에 관심을 기울인다.
30~36개월	이야기의 흐름을 이해하며 책 속에 담긴 많은 개념도 기억한다. 색깔 이름을 제대로 알아맞히는 아이도 있다.

(1) 생후 2개월 이전

아이는 언어를 사용하기 이전부터 울음, 표정, 몸짓 등 비언어적 행동으로 의사를 표현한다. 즉, 배가 고프거나 아프면 울음으로 표현하고, 큰소리로 말하면 행동을 멈추기도 한다. 언어발달의 첫 단계는 울음이다. 처음에는 울음의 분화가 이루어지지 않지만 점차 울음은 분화되어 배가 고픈지, 잠이 오는지, 화가 났는지, 아픈지를 알 수 있다. 이것은 우는 소리의 패턴이나 고저, 강도에 따라 달라지기 때문이다. 울음의 분화를 가장 잘 알아차리는 사람은 아이의 곁에 항상 같이 있는 부모이다. 놀랍게도 엄마는 아기의 울음소리만 듣고도 아이가 원하는 것이 무엇인지를 금방 알아차린다.

(2) 생후 2~12개월

언어발달은 뇌의 발달과 밀접한 관련이 있다. 생후 2~3개월 이내 영아의 신경세포는 출생 시의 20배에 달하는 10,000개의 연합이 이루어진다. 8~9개월이 되면 뇌는 거의 제 기능을 다할 수 있게 된다. 언어발달의 기반을 형성하는 옹알이는 생후 2~3개월부터 시작된다. 옹알이는 영아가 만족스러운 상황에서 가장 빈번하게 나타나며 처음에는 소리를 내는 즐거움 그 자체를 위해 옹알이를 하지만, 점차 자신의 옹알이가 환경에 주는 영향 때문에 옹알이를 한다. 즉, 자신이 옹알이를 하면 주변의 사람들이 받아주고 즐거워하는 것을 느끼기 때문이다. 만약 옹알이에 반응을 보여주지 않으면 빈도가 점차 줄어들고 반응을 많이 할수록 빈도는 늘어난다. 농아인 아기도 이 시기에는 옹알이를 한다.

전 세계적으로 생후 1년 내에 하는 옹알이는 거의 동일하다. 이것은 모든 아이가 어떤 언어라도 습득할 수 있다는 잠재력을 가지고 있음을 보여준다. 그러나 자라면서 점차 모국어와 유사한 음에 대해 강화를 받으면서 모국어를 익히게 되고 강화받지 못한 발음은 점차로 사라지게 된다. 예를 들어 아기가 '무-우'라는 발음의 옹알이를 할 때, 엄마는 '아이가 물이라고 했어' 하며 좋아한다. 이러한 반응들이 아기에게는 곧 강화가 된다. 옹알이가 거의 끝나는 생후 6개월경에는 자기 스스로 소리를 만들어 반복하는 자기소리 모방이 시작되고, 9개월경에는 주변 사람들의 말소리를 의식적으로 모방하기 시작한다.

(3) 생후 1~2년

생후 1년이 되면 영아는 하나의 단어나 어휘로 자신의 의사를 표현하게 된다. 하지만 아직 성인의 발음과는 차이가 있다. 이때 하나의 단어로 자신의 의사를 표현해야 하므로 얼굴표정이나 몸짓을 함께 사용하게 된다. 자음 하나와 모음 하나가 합쳐진 말의 반복이 대부분이며 사물이나 사건을 지칭하거나 자신의 기분이나 욕구를 표현하기 위해 주로 사용된다.

생후 2년이 되면 두 개의 단어를 사용하여 문장을 만들게 되는데, 이 시기의 영아가 사용하는 언어는 '엄마, 맘마'와 같이 조사나 접속사가 생략된 핵심적 단어로 구성되는 것이 특징이다. 한 단어 문장에 비해 보다 정교하고 명료하며 두 단어 가운데 강세의 위치가 어디에 있는가에 따라 자신이 원하는 바를 강조하기도 한다. 보편적으로 50개의 단어를 말할 수 있을 때 두 단어를 결합시키는 것이 가능하다고 한다.

(4) 생후 2~4년과 그 이후

이 무렵에는 세 단어 이상을 사용하는 시기에 들어간다. 3세 말까지 유아는 의도적으로 문법을 가르치지 않아도 문장의 기본 구조를 자연스럽게 습득하여 문법에 맞게 표현하게 된다.

4세 이후에는 6~8개의 단어로 결합된 완전한 문장을 구사할 수 있게 되고 복잡한 구문도 정확하게 사용할 수 있게 된다.

5) 사회성 발달

사회성이란 타인과 인간관계를 맺고, 집단생활이나 사회적인 활동을 하며 주변 환경에 잘 적응해 나가는 특성을 의미한다. 영유아기는 사회적 행동을 발달시킬 수 있는 가장 중요한 시기이다. 즉, 유아기는 또래친구, 교사, 부모 등 다양한 타인과의 관계를 통해서 자기중심적인 사고와 행동에서 벗어나 타인과의 상호작용이 가능해지고 인지적 성숙이 이루어지며 감정 조절 능력이 크게 향상되는 시기로서 이 시기를 통해 타인을 배려하고 이해할 줄 아는 사회적 상호작용의 기술을 발달시켜 나간다. 따라서 사회성 발달은 사회의 일원으로써 중요한 요소가 될 뿐만 아니라 성인까지 영향을 미치기 때문에 그 중요성이 더욱 강조되고 있다. 영아기 사회성 발달과 유아기 사회성 발달 특징을 살펴보면 〈표 2-7〉, 〈표 2-8〉과 같다.

표 2-7. 영아기 사회성 발달

구분	내용
웃기, 미소 짓기, 모방하기와 같은 사회적 표현 행동이 시작된다.	출생 후 반사적 근육 활동인 자발적 미소는 사라지고, 타인과 눈 맞추기를 하고, 스스로 자신의 기쁨을 남에게 전달하는 사회적 미소를 보이기 시작한다. 6개월이면 자신과 비슷한 또래에게도 관심을 갖게 되어 미소 짓거나 만지고 옹알이를 한다.
사회적 상호작용이 시작된다.	양육자와의 신뢰관계와 애착형성에서의 상호작용은 영아의 사회성 발달의 중요한 변인이다. 애정적이고 신뢰로운 관계와 안정된 애착형성은 자율성과 주도성, 독립심 등 이후의 사회성 발달과 성격발달에 긍정적인 영향을 미치게 된다.
자아인식이 발달하고, 자신의 이름을 사용한다.	인지발달의 하나인 대상영속성 개념이 자신으로 확대되이 지신과 디인 또는 사물이 별개의 존재임을 아는 자아인식이 시작된다. 자아인식이 생긴 후 영아들은 지속적인 존재로서의 자신을 나타내기 위해 이름을 사용한다.

표 2-8. 유아기 사회성 발달

구분	내용
자아개념과 자아존중감이 발달한다.	유아의 자아개념은 맨 먼저 신체적 특징으로 자신을 생각하고, 자신을 정의할 때 연령, 성과 같은 범주 속에 넣어서 표현하는 범주적 자아가 발달한다. 또한 자신의 소유물을 자기 자신으로 확장하여 소유물에 대한 강한 집착과 고집을 나타내는데, 이는 자아를 주장하는 방식의 하나이다. 그리고 독립심과 자율에 대한 주장이 늘어나면서 자신의 능력의 한계를 확인해 보려고 하는데 적절한 성취 경험을 하게 되면 긍정적인 자아개념을 가질 수 있게 된다. 이 과정에서 다른 사람, 특히 자신의 삶에서 중요한 사람들이 나의 가치를 어떻게 평가하고 있는지에 대한 정보를 이용하여 자기 자신을 평가하게 되고 자아존중감이 형성된다(김나영 외, 2005).

구분	내용
또래와의 놀이 과정을 통해 친구관계를 형성하고 사회적 기술과 개념을 발달시킨다.	유아기 초기(3~4세)에는 아직 자기중심적이고 또래 간 상호작용에 익숙하지 않아 혼자 놀기를 좋아하고 또래보다 성인과 가까이 있기를 좋아한다. 그러나 점차 또래에게 관심이 생기며, 각자의 놀이를 하지만 또래와 같은 공간에 있기를 원하는 병행놀이를 하게 되고, 점차 친구에 대한 관심이 증가하면서 친구와 함께 놀이에 관한 이야기를 주고받거나 놀잇감을 공유하는 연합놀이를 할 수 있다. 유아기 후기(4~5세)에는 타인에 대한 이해 노력이 발달하기 시작하고, 규칙을 배울 수 있다. 역할을 분담하여 조직적으로 상호작용하는 협동놀이를 하기 시작하며, 또래와 비교적 잘 어울린다. 차례 지키기, 협동하기, 돕기, 협상하기, 공유하기 등의 사회적 기술과 규칙을 배울 수 있고, 성역할, 도덕성을 발달시켜 나간다.

6) 정서발달

일반적으로 정서란 자극에 직면하여 발생하거나 수반되는 여러 가지 생리적 변화나 눈에 보이는 행동 등의 반응을 말하는데, 예를 들어 기쁨, 슬픔, 공포 등이다. 인간은 태어나면서부터 기쁨이나 슬픔과 같은 기본적인 정서를 가지고 있지만 완전히 분화된 것은 아니다. 연령이 증가함에 따라 점차 정서가 분화되고, 타인의 정서를 이해하는 능력도 가지게 된다.

정서는 우리가 행동을 준비할 수 있도록 한다. 예를 들어 행복은 상황으로의 접근을 인도하고, 슬픔은 우리를 위축되게 하며 공포는 도망치도록 하고, 분노는 장애를 극복하도록 한다. 램(Lamb, 1998)은 영아의 정서에는 두 가지 기능이 있다고 하였다. 첫째로 영아가 표현하는 정서는 영아의 상태를 다른 사람에게 알림으로써 타인으로 하여금 자신을 보살피게 하는 기능을 하며, 둘째는 특정 자극에 대해 특정한 행동을 하도록 하는 동기를 부여하는 기능을 한다.

정서발달에 있어 대부분의 학자들은 기쁨이나 슬픔과 같은 정서는 출생 때부터 존재하지만, 그것은 덜 분화된 상태에 있는 것이며, 연령이 증가함에 따라 점차 분화된다고 믿는다. 즉, 신생아의 경우 흥분상태에서 먼저 유쾌와 불쾌의 정서가 분화되고, 그 다음으로 불쾌한 정서로부터 차츰 분노, 혐오, 공포, 슬픔 등의 정서가 나타나며,

유쾌한 정서로부터 행복, 기쁨, 만족 등의 정서가 나타난다는 것이다(정옥분, 2002).

영아는 출생부터 제한적이지만 정서를 표현할 수 있다. 이는 정서의 표현이 학습되는 것이 아니라 선천적임을 말해 주는 것이다. 이러한 정서는 모든 문화권의 영아에게서 볼 수 있기 때문에 일차 정서 또는 기본정서라고 부른다(Izard, 1991, 1994). 행복, 분노, 놀람, 공포, 혐오, 슬픔, 기쁨 등은 일차정서의 예이다(표 2-9).

표 2-9. 일차 정서의 발달(기본정서)

구분	내용
기쁨(행복)	기쁨은 미소나 웃음으로 표현이 된다. 기쁨은 영아와 양육자가 따뜻하고 지원적 관계를 형성하도록 함으로써 영아의 능력발달에 기여한다. 생후 1개월경에는 갑자기 움직이는 물체들과 같은 흥미로운 외부 자극에 대해 미소를 짓고, 생후 6~10주경에는 사람의 얼굴에 대한 사회적 미소(social smile)를 보인다. 생후 3개월경에는 타인과의 상호작용을 할 때 가장 많은 미소를 보이며, 이러한 반응은 타인과의 친밀감을 강화시켜 주는 역할을 한다. 첫 웃음은 생후 3~4개월경에 나타나는데, 대단히 능동적인 자극에 반응하여 나타난다. 영아는 주로 친숙한 사람과 상호작용할 때 미소 짓고 웃으며, 이는 부모-영아의 유대관계를 강화하는 역할을 한다.
분노와 슬픔	영아들은 배고픔이나 고통스러운 자극으로 인해 불쾌한 경험에 반응하여 괴로움을 나타낸다. 분노의 표현은 영아가 성장함에 따라 달라지는데, 생후 4~6개월부터 2세까지 분노의 빈도와 강도가 증가하다가 그 이후부터 점차 감소한다. 처음에는 분노를 울음으로 표현하지만, 생후 4~6개월에는 성난 목소리를 지른다. 그러나 2세 이후, 분노를 표출하는 방식을 학습하게 됨에 따라 말로 표현을 하거나 사회적으로 수용되는 방식으로 분노를 나타내게 되며, 분노표출의 빈도가 줄어들게 된다. 유아기가 되면 분노의 표현방식이 떼쓰기, 고집부리기, 폭발행동 등 여러 가지 방식으로 나타나지만, 대표적인 분노의 표출방식이 공격성이다. 공격성에는 신체적인 해를 입히는 공격성과 욕하기, 위협, 조롱 등의 언어적 공격성이 포함된다.
공포	공포는 신체적 · 심리적 위협에 대한 반응으로 나타난다. 영아는 스스로를 보호할 수 없기 때문에 양육자의 보호를 받고 있으므로, 영아기 초기에는 공포를 유발하는 자극을 접할 경우가 거의 없다. 생후 6개월경에 최초의 공포가 나타나는데, 이는 친숙한 사람과의 분리나 낯선 사람과의 만남에서 유발된다. 한편 유아기에는 자신이 직접 경험한 사건과 연관되어 공포를 경험하게 된다. 또한 유아기에는 상상력이 발달하여 경험하지 않은 상황에 대해서도 상상을 통해 불안을 느낄 수 있으며, 동생을 얻게 되면 부모의 사랑을 빼앗길 수 있다고 생각하기 때문에 불안을 느끼기도 한다.

이차 정서는 생후 2세 말경에 나타나는데, 생후 18~24개월 사이에 아이는 수치심과 당황 그리고 자랑스러움을 경험하기 시작하고 3세경에는 질투심과 죄책감이 나타난다(장휘숙, 2001). 이차 정서는 자기인식과 연결되는데, 루이스와 연구진(Lewis et al., 1992)의 연구에서 3세 유아에게 어려운 문제와 쉬운 문제를 해결하도록 했을 때, 보다 어려운 문제를 해결했을 때는 자랑스러움을 보였으나, 쉬운 문제를 실패하였을 때는 수치스러워 하는 것으로 나타났다.

2 아동발달

아동기에는 학교경험이 시작됨으로써 유아기보다 복잡한 사회적 영향을 받게 된다. 아동기 이전의 시기인 학령전기까지 유아는 거의 전적으로 가족의 영향에 놓여 있다. 학교는 아동에게 가족 이외의 외부로부터의 평가, 성공과 실패의 기회, 또래 집단과의 경험 등을 제공하는 중요한 영향력의 원천이 된다. 아동기는 대략 아동이 일반적으로 유아교육기관에 들어가는 연령인 6세부터 초등학교를 졸업하는 12세 정도까지의 시기이다(권화숙 외, 2018).

1) 신체발달

(1) 신체적 성장

아동기의 신체발달은 성장급등기라고 할 수 있는 영유아기나 사춘기에 비해 완만한 편이지만 성장은 지속적으로 이루어지고 있다. 그러다가 청소년기에는 또 다시 성장급등이 일어나게 된다. 신체 비율 면에서 보면 아동기에 이르면 신체의 다른 부분이 빨리 성장하기 때문에 신체의 비율에 변화를 가져온다. 팔다리의 성장은 몸통의 성장보다 빨라서 아동기의 전형적인 특징인 팔다리가 가늘어지고 기다란 형태를 보이게 된다. 머리는 아직까지 체격에 비해 약간 큰 편이지만 얼굴의 크기가 전체면적에 비해 10% 정도 줄고 머리는 성인의 약 95%까지 발달한다. 그리고 코와 입이 커지고 넓어져 전체적인 얼굴 모습도 변화된다. 신장과 체중 면에서 보면 아동기에 이르면 신장은 남녀 구별 없이 유아기와 비슷하게 1년에 5~6cm 정도 자라며 11세경에는 147cm 정도가 된다. 신장은 사춘기가 시작되기 전 아동기 말에는 성장급등으로 인하여 급격히 자란다. 체중은 1년에 평균적으로 2.7kg 정도 늘어나며 11세경에는 40kg 정도가 된다. 일반적으로 출생 시의 체중이 두 배가 되는데 6개월 정도 걸리지만, 6세 아동의 체중이 두 배가 되려면 6년 정도 걸린다는 것은 아동기의 신체 성장의 진행 속도가 영아기에 비하면 매우 느리다는 것을 보여준다.

골격과 근육 면에서 보면 아동기에 이르면 근육이 성장하는 시기이므로 지방보다는 근육의 증가로 인하여 체중이 늘어난다. 이 기간 동안 10~20%의 아동은 근육이 당기는 듯한 느낌이 오는 통증, 다시 말해서 성장통(growing pains)을 경험하게 되는데, 이러한 성장통은 보통 밤에 심하지만 아침이 되면 사라진다(정옥분, 2002). 성장통의 원인은 정확히 알려져 있지는 않지만 뼈의 빠른 성장에 의한 주위 근육이 적응하려고 하는 근육의 통증이나 아동이 일상생활에서 받는 스트레스로 인한 결과로 추측한다. 그리고 근육조직의 발달은 남아가 여아보다 늦게 발달하는데 여아는 12~15세, 남아는 15~16세에 현저하게 발달한다. 또한 아동기에는 골격은 크기가 증가하고 근육이 발달함에 따라 대체로 남아는 여아보다 신체적으로 강해지는 경향이 있지만 여아는 지방조직이 남아보다 많아지는데 이러한 특성은 성인까지 지속된다.

치아 면에서 보면 아동기에 이르면 치아는 유치에서 영구치로 바뀌기 시작하는데 그것은 6세에 1~2개, 8세에 10~11개, 10세에 14~16개, 12세에 24~26개, 13세에 27~28개 그리고 17세에서 25세 사이에 개인에 따라서 나머지 4개의 사랑니가 난다. 이와 같이 영구치가 나면 입의 모양이 달라지고 얼굴의 하부가 커지므로 어릴 때의 모습이 사라지는 경향이 있다(강문희 외, 2009). 한편 6~12세 사이에 젖니 20개가 모두 영구치로 바뀌는데 여아가 남아보다 먼저 바뀐다. 순서는 제일 먼저 아래쪽 치아가 먼저 빠지고 그 다음은 위쪽 앞니가 빠지게 된다. 영구치는 유치보다 훨씬 크게 나온다. 그러한 영향으로 얼굴턱과 아래턱의 골격뼈가 자라면서 점점 얼굴이 길어지고 입이 넓어지면서 새로 솟아나는 치아를 갖추게 된다(전남련 외, 2014).

(2) 운동기능의 발달

아동기에는 유아기에 획득되었던 운동기술이 더욱 세련되고 정교하게 협응하는 시기이다. 연령이 증가함에 따라 원하는 대로 신체를 자유롭게 움직이게 되고, 공을 멀리 던지고 잘 받을 수 있게 되며, 위로 뛰어오르거나 멀리뛰기를 더욱 잘하게 된다(박영아, 2010). 아동기의 운동기능의 발달은 신체적 · 지적 · 정서적 · 사회적 발달과 밀접한 관계가 있다. 유아기에 비해 아동기의 운동기능은 속도, 정확성, 안전성, 호응성, 역량 등이 더욱 발달된다(강문희 외, 2009). 학령기가 시작되는 시기인 아동기에는 대근육과 소근육의 기본적인 운동기능이 거의 발달할 뿐만 아니라 운동의 속도와 강도도 증가한다.

대근육 운동기능의 발달로 이 시기 대부분의 아동은 유아기에는 잘 수행하지 못했던 수영, 줄넘기, 스케이팅, 구기종목, 자전거 타기 등의 운동기능을 수행할 수 있다. 아동은 대근육을 사용하는 운동을 하면서 운동의 기본적인 기술뿐만 아니라 또래와 함께 하는 놀이와 스포츠 게임 규칙을 준수하는 방법을 터득하게 된다(조성연 외, 2009).

아동기에는 중추신경계의 수초화가 증가하면서 아동기의 소근육 운동기능도 더 빨리 전달되게 해 주고 근육을 더 잘 통제하게 만든다(Pausetal, 1999; 정옥분, 2005 재인용). 그리하여 손과 손가락을 사용하는 소근육 운동의 증가로 인하여 아동은 6세경에는 스스로 신발끈을 묶고 옷을 여밀 수 있으며, 7세경에는 비교적 손의 움직임이 안정되어지고 머리 손질도 잘 할 수 있으며, 8세경에는 쥐는 힘이 강해지면서 망치와 같은 도구를 사용하고 먼지털기와 쓸기와 같은 집안일을 도울 수 있으며, 9세경에는 손을 사용하는 기술이 더욱 발달하여 원활해지며 글자의 크기가 더 작아지고 일정해지며,

10세경에는 여아가 남아보다 소근육을 사용하는 기술이 앞서 나가면서 음식을 만들 수 있고 유용한 물건이나 도구를 만들 수 있으며, 11세경에는 자신의 머리를 스스로 감을 수 있으며 정교한 공예품을 만들 수 있다.

2) 인지발달

피아제(Piaget, 1954)에 의하면 인지발달은 유기체와 환경과의 상호작용으로 이루어지는 적응과정이다. 여기에는 질적으로 다른 네 개의 단계가 있으며, 질적으로 다른 이 단계들은 정해진 순서대로 진행되고, 단계가 높아질수록 복잡성이 증가한다고 하였다(표 2-5 참조).

아동기는 피아제의 인지발달단계 중 세 번째 단계이며, 7세부터 12세까지 해당된다. 아동들은 전조작적 사고의 제한된 특성에서 벗어나 논리적인 사고가 시작되고, 추리능력도 정확해지며 복잡하고 융통성을 갖게 된다. 이 시기의 아동은 사고가 자신이 직접 경험한 구체적인 세계에 한정되고 추상적이고 가설적인 문제의 해결에는 아직까지 어려움을 보이기 때문에 구체적 조작기(concrete operational stage)라 부른다. 조작이란 주어진 정보를 특정한 목적을 위해 변형시키거나 관련된 사고로 통합하는 정신적 활동을 의미하는 것으로, 덧셈이나 뺄셈과 같은 능력이 이에 속한다. 구체적 조작기에서 사고의 특성은 보존개념, 조망수용 능력, 유목화, 서열화 개념 등을 습득할 수 있다는 것이다(표 2-10).

표 2-10. 구체적 조작기의 특징

구분	내용
보존개념	학령기의 아동은 폭과 넓이가 다른 두 잔의 물의 높이가 다르더라도 양이 동일하다는 것을 알게 되는데, 이는 유아기에는 높이나 폭의 한 차원밖에 고려할 수 없으나, 아동기에는 두 가지 차원을 모두 고려할 수 있게 되기 때문이다. 일반적으로 수에 대한 보존개념이 가장 먼저 획득되고, 길이, 면적, 양, 무게, 부피의 순서로 획득된다.

구분	내용
조망수용	아동기에는 자기중심적인 사고에서 벗어나 타인의 입장, 감정, 인지 등을 추론할 수 있는 조망수용(perspective taking) 능력을 습득하게 된다. 피아제의 '세 개의 산' 실험에서 이 시기의 아동은 인형이 보는 산 모양, 즉 타인의 위치에서 보는 공간적 시각을 추론할 수 있다. 또한 특정 상황에서 타인의 감정을 추론하는 것이 가능하다.
유목화	구체적 조작기의 아동은 대상물이 지니고 있는 공통적인 속성에 따라 물체를 분류할 수 있다. 물체를 한 가지 속성에 따라 분류하는 단순 유목화(simple classification), 물체를 두 가지 속성에 따라 분류하는 다중 유목화(multiple classification)의 개념이나 상위유목과 하위유목 간의 관계를 이해하는 유목포함(class inclusion)의 개념을 습득하게 된다.
서열화	구체적 조작기의 또 다른 특성은 사물을 영역별로 차례대로 배열할 수 있는 능력을 획득하는 것이다. 아동기에는 특정한 속성에 따라 유목으로 나누면서, 동시에 거의 시행착오 없이 상호관계에 따라 순서대로 배열하는 것이 가능하다. 아동은 한 가지 속성에 따라 대상을 비교하면서 순서대로 배열하는 단순 서열화(simple seriation)뿐만 아니라, 두 가지 이상의 속성에 따라 대상을 비교해서 순서대로 배열하는 다중 서열화(multiple seriation)도 가능하다.

3) 언어발달

유아기는 상당히 많은 언어능력을 획득하지만 언어적 유능성을 판가름하는 중요한 발달은 보통 아동기에 이루어진다(Shaffer, 1999). 아동의 언어능력은 언어발달의 기초가 되며 타인의 말을 듣고 이해하는 수용언어능력과 자신의 생각이나 지식, 의견 등을 문자, 구어, 수화 등의 체계가 있는 상징적인 기호로 표현하고 대화의 상대나 상황에 따라 적절하게 이야기할 수 있는 표현능력이 급격히 발달하는 시기이다. 또한 아동기에는 학교교육의 결과로 문자언어, 발표력, 문법력, 독해력의 발달이 이루어진다.

4) 사회정서발달

아동은 자신의 에너지를 내면화하여 사회문화적 기술을 익히는 데 사용하게 되며 자신에 대한 개념을 형성하게 된다. 또한 아동의 활동범위가 가정을 벗어나게 됨에 따라 부모나 형제뿐만 아니라 또래집단이나 주위환경이 사회정서발달에 영향을 미치게 된다.

(1) 정서발달

아동기가 되면, 정서표현이 외부의 기준에 의한 것뿐 아니라 스스로의 규준에 의한 표현이 가능해진다. 즉, 자신이 잘한 일에 대해서는 스스로 자랑스러움을 느끼게 되는 반면, 잘못한 일에 대해서는 죄책감 내지 수치심을 느끼게 된다. 또한 아동기가 되면 사람들이 실제로 경험하는 정서와 표현하는 정서가 다를 수 있다는 것을 이해하게 되며, 사람이 동일한 상황에서 한 가지 이상의 정서를 경험할 수 있다는 것을 이해하게 된다. 즉, 사람들은 동시에 긍정적인 정서와 부정적인 정서를 경험할 수 있으며, 그 강도가 다를 수 있다는 것을 인식한다(Wintre & Vallence, 1994).

아동기가 되면 정서규제 능력은 급격하게 발달을 하게 되는데, 이는 또래집단 내에서 아동이 자기의 부정적 정서를 표출하게 되면 함께 어울리는데 어려움이 발생하기 때문이다. 이 시기가 되면 정서규제는 자기통제(self-control)로 변화해 가는데, 이는 목표를 달성하기 위해 순간적인 충동이나 욕구, 행동을 스스로 억제할 수 있는 능력을 말한다. 아동이 미래의 성취를 위해 즉각적인 욕구만족이나 충동을 억제하는 일은 성숙한 인간으로 성장하는 과정에서 매우 중요한 의미가 있다(정옥분, 2002). 하터(Harter, 1990)는 자기통제능력은 상당히 안정적인 특성일 뿐만 아니라 청년기 자아존중감을 예측해 주는 인지적 능력, 사회적 기술, 자신감 등의 특성과 관련이 있다고 하였다.

(2) 또래관계 형성

또래관계는 성인의 지시나 주도에 의하여 일방적으로 형성되는 수직적인 관계가 아니라 또래끼리 서로의 의견을 자유롭게 표현하는 수평적인 관계이다. 그래서 아이들은 또래와 효과적으로 관계를 형성하고 유지하는 능력을 습득하는 방법을 터득해야 한다. 그리고 아이들은 이러한 또래와의 상호작용을 통하여 많은 지식과 기술을 습득하고 또래로부터 여러 가지 사회적 지원을 제공받는다. 그 외에도 아이들은 또래와의 관계에서 사회적 역할과 규범을 배우고 사회적 조망능력을 발달시키며 사회적 기술을 습득하게 된다(문혁준 외, 2013). 아이들은 또래와의 상호작용을 통하여 자기중심성에서 벗어나 또래와의 관계를 이해하게 되고, 또래와의 관계에서 나타나는 다양한 문제를 해결할 수 있는 능력을 발달시킬 수 있게 된다. 그리고 아이에게 새로운 형태의 행동을 가르치고 상황에 따라서 어떠한 행동이 적합한지를 알게 하므로 아이 자신의 유능성을 평가할 수 있는 기준을 형성하게 된다. 더불어 아이는 자신감도 형성하게 된다(강란혜, 2008).

(3) 학교생활

학교는 가정과 더불어 가장 중요한 사회화 기관이다. 우리는 흔히 학교를 공부하는 곳으로만 생각하기 쉽지만, 학교는 아동들에게 매우 중요한 사회적 활동의 장이다. 오늘날 학교의 영향은 전 세대에 비해 더 크다고 할 수 있다. 즉, 현대사회에 접어들면서 가정의 교육적 기능이 약화됨에 따라 학교는 아동의 사회화 과정에서 매우 중요한 역할을 하게 되었다.

3 발달과 생활지도

영유아 및 아동의 발달을 고려한 생활지도의 기본지침을 구체적으로 살펴보면 다음과 같다(김나영 외, 2005).

1) 신체발달

아이가 태어나 1년 동안은 생애에서 가장 급격하게 성장하는 시기로 출생 시 몸무게의 3배, 키는 1.5배 정도 성장하게 된다. 뒤집기를 하고, 앉고 기고 서는 등 운동능력 또한 급격하게 발달한다. 발달은 보편적인 순서를 따르지만 과업을 이루는 시기는 아이마다 차이가 있으므로 월령을 절대적인 기준으로 삼기보다는 순서와 과정을 위주로 참고하는 것이 좋다. 또한 영아기에는 불안정하게 뒤뚱뒤뚱 걷던 아이들은 좀 더 균형 잡힌 걸음으로 걷고 뛸 수 있게 된다. 그러나 주변을 주의 깊게 살피거나 속도나 방향을 순발력 있게 조절하는 것은 어려우므로 부모와 교사는 이 점에 유의해서 보살펴야 한다.

2) 운동기능 발달

영아기는 눈과 손의 협응능력이 점차 발달하여 2세 정도가 되면 서툴지만 혼자 숟가락을 사용하려고 시도하는 등 일상생활에 필요한 여러 가지 행동을 할 수 있다. 아이는 스스로 할 수 있는데 부모와 교사가 옆에서 일일이 다해 주는 경우가 많다. 부모와 교사입장에서는 입으로 들어가는 것보다 흘리는 양이 더 많아서, 고사리 손으로 애쓰는 모습이 안쓰러워서, 시간이 오래 걸리고 결국 다시 해야 하는 경우가 많아서 등의 이유를 말한다. 그러나 아이들은 자발적인 반복을 통해서 근육의 기능과 운동능력을 익혀나가는 것이므로 스스로 할 기회를 마련해 주는 것이 중요하다.

유아기에는 가위질을 하거나 모양을 따라 그리는 것, 정교한 블록 형태를 만드는 것, 젓가락질 등의 활동이 가능할 정도로 소근육이 발달하게 된다. 뿐만 아니라 골격과 근육이 발달하면서 힘도 세지고 속도를 조절하거나 몸의 균형을 잡는 것도 잘하게 된다. 이 시기 신체운동능력이 잘 발달한 아이들은 또래와의 놀이에 더 잘 참여하게 되고 그 과정에서 다양한 사회적 경험을 하게 되며, 친구 관계나 사회성 발달에도 영향을 미치게 된다. 따라서 게임이나 스마트 기기에만 몰두하는 놀이가 아닌, 바깥

활동을 통해 에너지를 발산하고 체력과 운동능력을 키울 수 있는 놀이 환경을 제공해 주는 것이 좋다.

3) 인지발달

물고 빠는 것을 가르쳐주지 않아도 영아들은 열심히 입에 넣고 탐색을 한다. 영아기는 감각을 통해 주변세계를 인식해나가는 시기이기 때문이다. 기어 다니고, 붙잡고 서서 돌아다니고, 손에 닿는 대로 잡고 흔드는 것 등 모든 신체운동능력의 발달은 인지발달로 이어진다. 따라서 오감을 충분히 활용할 수 있는 환경을 마련해 주고, 탐색활동을 제한하기보다는 안전한 환경에서 탐색할 수 있도록 위험 요소를 제거해 주어야 한다.

누워만 있던 아이들이 스스로 움직일 수 있게 되고, 말을 하게 되는 것은 모두 뇌와 관련이 있다. 인간은 많은 뇌세포를 갖고 태어나지만 뇌세포 간의 연결이 되어 있지 않기 때문에 태어나 할 수 있는 것이 제한적이다. 아이의 이름을 불러주고, 노래를 들려주고, 부드럽게 마사지를 해 주는 등 아이와 상호작용하는 모든 것은 아이의 뇌에 불을 밝히는 자극이 된다. 보고, 듣고, 만지고, 맛보고, 냄새 맡는 등의 감각적인 경험을 제공하고 애정을 담아 아이와 교감을 나누는 것이 아이 두뇌를 건강하고 똑똑하게 자라도록 도와준다.

아이들은 스스로 호기심을 갖고 탐색하는 활동을 통해 성인이 가르쳐 주는 것보다 훨씬 많은 것을 배워간다. 무조건 양만 늘리는 것이 아니라 반복을 통해 지식을 탄탄하게 하는 것이 좋다. 따라서 놀이를 통해 자연스럽게 반복을 즐기고 확장할 수 있도록 환경을 마련해 주어야 한다.

유아기에는 인지와 사고가 점차 발달하여 감각에 의존하는 것이 줄어들게 된다. 즉, 겉으로 보이는 특성을 기준으로 판단하거나 자기중심적으로 사고하는 경향이 강하다가 점차 속성을 이해하고 다른 사람의 입장이나 관점에서 이해하는 능력이 생긴다. 그러나 여전히 머릿속으로만 생각하고 이해하는 것에는 한계가 있으므로 구체적인 실체를 관찰하고 만지고 직접 부딪치는 경험을 통해 배우는 것이 필요하다. 수의 보존이나 분류 등의 어려운 개념도 아이들 자신에게 익숙한 물건이나 상황을 통해 접근하면 훨씬 더 잘 받아들이게 된다. 실제적이고 맥락적인 상황에서 생각과 느낌을 나누며 이야기를 하는 것이 아이의 논리적인 사고발달이나 도덕적 사고발달을 돕는다.

4) 언어발달

영아의 언어발달은 말을 시작하기 전에 언어발달의 기초가 되는 울음, 쿠잉, 옹알이, 한 단어 문장 및 두 단어 문장을 통해 발달하게 된다. 그리고 유아기가 되면, 어휘(수용어휘, 표현어휘), 문자언어(읽기, 쓰기)가 발달하면서 의사소통능력도 발달하게 된다. 영유아기의 언어발달에 영향을 미치는 요인으로는 가정환경과 교육환경 등이 영향을 미친다. 따라서 가정에서는 다양한 경험을 통해 언어가 발달할 수 있도록 양육자와의 상호작용(함께 집중하고, 자녀의 관심을 추적, 영유아와 교대하기 등)과 영유아의 정서적이고 언어적인 반응에 주의를 기울여야 한다. 그리고 교육환경에서는 교사의 언어행동, 즉 목소리, 발음, 어휘, 단어선택, 문장구조 등이 언어학습에 영향을 미치기 때문에 교사는 영유아의 현재 발달수준 및 요구, 흥미 등에 적합한 어휘들을 제시하고 개방적인 질문을 사용하여, 영유아들에게 허용적인 분위기 속에서 스스로 자신의 이야기를 자유롭게 말할 수 있는 환경을 제공해 주어야 한다.

5) 사회성 발달

사람은 일생을 통해 문화를 만들고 다음 세대로 전달해 주는 사회적 동물이다. 다른 사람들과의 협력과 경쟁 속에서 삶을 살아가기 위해서는 대인관계를 형성하고, 사회적 제도에 맞추어 행동하는 것이 필요하다. 이런 영유아의 사회적 적응과정을 사회성 발달이라고 한다. 사회성 발달에 영향을 주는 요소는 개인의 기질과 가정환경(부모의 양육태도, 형제자매의 영향과 출생순위 등)이 영향을 미치게 된다.

영유아의 사회성 발달을 지원하기 위해서는 주양육자와 유대관계가 안정적일 수 있도록 애착관계를 잘 형성하여야 하며, 긍정적인 자아개념을 형성할 수 있도록 도와야 하고, 자신에 대해 자아존중감을 높일 수 있도록 교사와 부모는 영유아에게 긍정적인 피드백을 제공해야 한다.

6) 정서발달

정서란 사람이나 사건의 영향을 받아 자극에 직면하여 발생하거나 자극에 수반되는 다양한 생리적 변화(심장박동, 맥박수, 호흡의 변화)라든가 가시적으로 보이는 행동(미소, 찡그림, 울음) 등의 반응을 말한다. 흔히 우리가 경험하는 기쁨, 분노, 공포 및 슬픔의 정서와 같은 인간의 정서를 기본정서라 하고 시간이 지남에 따라 사람들과의 관계 속에서 형성되는 자부심, 수치심, 죄책감 등은 이차 정서라고 한다. 유아기는 영아기에 비해 정서가 분화 · 발달되어 정서가 세분화되며 언어능력, 자아개념, 사회적 기술발달과 더불어 자신과 타인의 정서를 인식하고 상황에 맞게 자신의 부정적이거나 긍정적인 정서를 효과적으로 표현하여 타인과의 상호작용을 위한 관계 맺기 과정 속에서 사회에 적응해 나가게 된다.

영유아들이 다른 사람의 정서를 이해하고 원만한 또래관계를 형성해 정서적인 유능감을 향상시킬 수 있도록 부모와 교사가 지원하는 데 필요한 요소로는 공감(타인의 사고와 감정과 같은 내적 심리 상태에 대해 이해하는 것), 온정(영유아에게 관심을 보이는 것, 친근하게 대하는 것, 반응해 주는 것), 존중(영유아가 스스로 판단할 수 있는 능력이 있다는 믿음), 수용(아이의 개인적 속성, 가정의 배경이나 행동에 상관없이 아이를 수용하고 관심을 기울이는 것) 및 진정성(진실된 말을 하고, 합리적이며, 격려해 주는 말을 하는 것)의 태도로 영유아를 대하는 것이 중요하다.

Chapter 3

아동행동의 영향요인

배울내용

1. 개인적 요인
2. 환경적 요인

학습목표

1. 아동행동에 영향을 미치는 개인적 요인을 이해한다.
2. 아동행동에 영향을 미치는 환경적 요인을 이해한다.

1 개인적 요인

1) 기질

기질은 태어난 직후부터 나타나는 한 개인의 안정되고 일관된 특성이며, 다양한 환경적 영향에 대해 예견된 방식으로 나타나는 개인적 성향을 의미한다. 따라서 영아들은 출생부터 다른 기질적 특성을 보인다. 즉, 어떤 영아는 조용하고 느린 반면, 어떤 영아는 활기차고 행동이 민첩하다. 영아의 기질을 형성하는 심리적 특성이 성인기 성격의 토대가 되기 때문에 영아기의 기질은 중요한 의미를 지니게 되며, 영아의 기질과 조화를 이루는 부모의 양육행동이 중요하다(정옥분, 2002).

기질은 타고난 것으로 유전의 영향을 많이 받는다고 믿는데, 일란성 쌍생아의 경우도 유전계수가 .40 정도인 것으로 보아 영아의 기질에 있어 환경의 영향도 중요한 영향을 미친다는 것을 알 수 있다. 또한 영아의 기질은 유아기, 아동기, 심지어 성인기까지도 영향을 미치는 것으로 나타났다. 즉, 낯가림이 심한 영아는 유아기에도 여전히 낯선 사람을 두려워하고, 아동기에도 여전히 까다로운 성향을 보여 주고 있다.

토마스(Thomas)와 체스(Chess)에 의해 1956년에 시작된 뉴욕종단연구(New York Longitudinal Study, NYLS)는 생후 1개월 된 141명의 영아를 대상으로 아동기까지 연구를 실시하여 〈표 3-1〉과 같이 기질을 세 유형으로 분류하였다.

표 3-1. 기질의 유형

구분	내용
순한 아동 (easy child)	연구대상 중 약 40%의 아이들이 이 유형에 해당된다. 규칙적인 생리적 리듬을 가지고 있으며, 명랑하고 새로운 상황에 쉽게 적응하는 특성이 있다. 수면 습관도 좋고, 음식을 잘 먹으며, 먹는 양과 식사시간이 규칙적이다. 혼자서도 잘 놀며, 새로운 환경과 상황에 잘 적응하며 좌절에 순응을 한다.

구분	내용
까다로운 아동 (difficult child)	연구대상의 약 10%의 아이들이 이 유형에 해당된다. 생물학적 기능이 불규칙적이기 때문에 수면시간과 식사시간에 민감하고 예민하다. 새로운 사람이나 상황에 위축되며 변화에 대한 적응이 느리다. 기분은 거의 항상 가라져 있고 지나치게 강하게 반응하거나 적대적이고 부정적으로 반응하는 경향이 있다.
반응이 느린 아동 (slow to warm up child)	연구대상 중 약 15%의 아이들이 이 유형에 해당된다. 수동적이고 활동적이지 못하며, 새로운 상황에 대해 움츠러드는 경향을 보인다. 즉, 환경적 자극에 대하여 활발한 반응을 나타내지 않고, 때로는 불안하거나 부정적인 상태를 보이며, 적응하는 데 시간이 오래 걸린다. 이들의 기분은 저조하고 점진적으로 흥미를 느낄 수 있는 상황에서만 관심을 가진다.

순한 아동, 까다로운 아동 및 반응이 느린 아동을 제외한 나머지 35%의 아동은 여러 기질적 특성이 혼합되어 있는 아동이다. 이러한 기질의 유형은 약 70%가 성인이 된 이후에 문제행동을 나타내는 반면, 순한 기질의 아동은 약 18%만이 성장 후에 문제행동을 나타내는 것으로 보고되고 있다. 이와 같은 결과는 아동의 기질과 양육자의 양육방식 간의 조화가 발달초기에서부터 일생을 통해 인간발달에 영향을 미치는 것으로 해석되고 있다.

2) 애착

영아기에 일어나는 가장 중요한 형태의 사회적 발달이 애착인데, 애착은 관계를 지속하기 원하는 두 사람 사이의 애정적 유대관계를 의미한다. 그러나 발달심리학적 용어로 애착은 영아와 양육자 간에 형성되는 친밀한 정서적 유대감을 의미한다(장휘숙, 2001). 대부분 영아는 일차적 양육자인 어머니와 애착을 형성하며, 영아의 기질, 영아와 부모의 특성, 양육의 질 등이 애착형성에 영향을 미치는 요인이 된다.

애착은 애착대상이 선택적이기 때문에 어떤 다른 사람보다 특정한 애착대상과 함께 있는 것을 더 좋아한다는 것을 의미한다. 이러한 애착이 형성되는 이유와 애착의 발달과정은 정신분석이론, 학습이론, 인지발달이론 및 동물행동학이론으로 설명할 수 있다(표 3-2).

표 3-2. 애착이론

구분	특징
정신분석 이론	• 수유를 모-자의 친밀한 정서적 유대 형성으로 봄 • 젖을 빨면서 배고픔과 구강적 욕구를 충족시킴 • 엄마와의 접촉을 통해 엄마가 일차적 애정의 대상이 됨 • 만족감을 주는 부모의 양육행동이 애착형성에 중요한 요건이 됨 • 부모-자녀의 정서적 유대가 이후 사회적 관계의 기초가 됨
학습이론	• 애착행동도 경험의 결과로 발생하는 학습이라고 설명함 • 수유를 통한 따뜻한 신체접촉이 반복되면서 엄마가 이차적 강화인의 지위를 획득함 • 엄마의 관심을 끌기 위한 행동(미소, 울기, 옹알이, 따라하기)을 시도함 • 엄마의 적절한 반응이 친밀감을 형성하여 애착이 됨
인지발달 이론	• 사회적 애착을 형성하는 능력은 인지발달과 밀접한 관련이 있음 • 애착 형성을 위하여 친숙한 대상과 낯선 대상을 구분하기 위한 지각적 변별력을 갖게 됨 • 안정애착이 되려면 대상영속성 개념을 획득해야 함
동물행동학 이론	• 애착행동은 생물적 뿌리를 가지며, 생존을 위한 본능적 반응의 결과로 볼 수 있음 • 애착이론에서 엄마와 근접하기 위한 특유의 행동을 구비하고 태어난다고 가정함 • 부모-자녀가 서로에게 호의적으로 반응하거나 밀착된 애착을 형성하여 생존의 가능성을 높이게 됨 • 할로우(Harlow)의 연구를 통해서 사회적 상호작용과 접촉의 중요성을 증명함

출처: 진정민(2017). 영유아발달. 학지사. p.164.

보울비(Bowlby)의 애착이론을 경험적 연구를 통하여 확장한 아인스워스(Ainsworth, 1973)는 영유아의 애착행동을 기초로 애착의 발달단계를 〈표 3-3〉과 같이 4단계로 구분하였다(장휘숙, 2001).

표 3-3. 애착의 발달단계

단계	특징
제 1단계 (출생~2, 3개월)	영아는 울음, 발성, 미소, 응시 및 시각적 추적으로 양육자와 접촉을 시도하고 양육자를 그들 곁에 머무르게 하려고 한다. 아직까지 영아의 시각체계가 완전히 기능하지 못하기 때문에 영아는 감각적 접촉에 의해 양육자의 독특한 특성을 인지한다.
제 2단계 (2, 3개월~6, 7개월)	영아의 신호와 지향반응은 몇 사람의 친숙한 성인에게 한정된다. 영아는 일차적 양육자는 물론 한두 사람의 다른 성인도 구별할 수 있다. 친숙한 사람이 나타나면 미소 짓고 좋아하며 그가 떠나면 싫어하는 표정을 짓는다.

단계	특징
제 3단계 (6, 7개월~3, 4세)	양육자에 대한 최초의 분명한 애착을 형성한다. 영아는 길 수 있기 때문에 어머니 가까이 머물기 위하여 어머니에게 능동적으로 접근한다. 어머니가 떠나면 저항하고 되돌아오면 어머니를 반갑게 맞이한다. 최초의 애착을 형성한 대부분의 영아는 수주 내에 아버지, 형제자매, 조부모 및 규칙적으로 만나는 사람에게도 애착을 형성한다. 생후 18개월까지 단지 한 사람에게만 애착을 형성하는 영아는 거의 없으며 대부분 여러 사람에게 애착을 형성한다.
제 4단계 (3, 4세 이후)	이제 유아와 양육자는 협력자 관계를 형성할 수 있다. 유아는 인지능력의 증대와 함께 타인의 소망이나 목표를 탐지하고 예상할 수 있으며 사회적 관계에 대한 기본이해를 획득한다. 따라서 이 연령의 유아는 부모의 계획과 목표를 고려할 수 있고 애착인물과 최적의 근접을 유지하기 위해 그들의 행동을 조절할 수 있다. 이러한 애착관계의 양상은 일생동안 계속된다.

아인스워스와 연구진(Ainsworth et al., 1978)은 애착을 질적으로 상이한 세 가지 양식 -안정된 애착(secure attachment), 회피적 애착(avoidant attachment), 불안/양가적 애착(anxious/ambivalent attachment)으로 구분하였고, 메인과 솔로몬(Main & Solomon, 1990)이 세 가지 양식 중 어느 것에도 포함되지 않는 제 4의 애착양식을 발견하고 그것을 불안/혼란된 애착(inseure/ disorganized attachment)으로 명명하였는데, 그 특징은 〈표 3-4〉와 같다.

표 3-4. 애착의 질적 특성

구분	특징
안정된 애착	이 유형의 아이들은 부모를 안전기지로 사용하여 능동적으로 환경을 탐색하고 낯선 사람과도 상호작용한다. 그러나 아이들은 낯선 사람보다는 부모에 대해 더 강한 선호를 나타낸다. 약 65%의 아이들이 이 유형에 속한다.
회피적 애착	이 유형의 아이들은 부모와 함께 있을 때도 부모에게 무반응적인 것처럼 보이며 부모가 나가도 슬프하지 않으며, 낯선 사람에게도 무반응적으로 행동한다. 짧은 분리 후 재결합하여도 부모를 회피하거나 천천히 부모를 반긴다. 약 20%의 아이들이 이 유형에 속한다.
불안/양가적 애착	분리되기 전에 이 유형의 애착양식을 갖는 아이들은 부모 가까이 있으려 하고 탐색을 하지 못한다. 부모가 돌아오면, 그들은 화를 내고 저항적 행동을 하며 자주 발로 차고 미는 행동을 한다. 안아주어도 계속해서 울고 쉽게 달래지지 않는다. 약 10~15%의 아이들이 이 유형에 속한다.

구분	특징
불안/혼란된 애착	가장 큰 불안정성을 나타내는 애착유형으로 이 유형의 아이들은 재결합 시에 여러 가지 혼란되고 모순된 행동을 보인다. 부모가 안아주면 다른 곳을 바라보거나 대단히 활기 없고 우울한 표정으로 부모에게 접근하기도 하고 때로 부모로부터 도망쳐서 벽에 머리를 기대기도 한다. 이 아이들은 대부분은 멍한 표정을 짓고 있어 무엇을 생각하는지 알 수가 없다. 약 5~10%의 아이들이 이 유형에 속한다.

2 환경적 요인

1) 가족

아이가 출생하면서 가장 먼저 만나게 되는 인간관계 중의 하나가 가족이며, 처음 접하게 되는 환경이 바로 가족 환경이다. 따라서 아이들의 사회적 관계는 부모, 형제와 같은 소수의 중요한 인물들과의 관계로 한정된다. 이와 같이 아이들은 세상에 태어나서 맨 처음 자신의 존재를 인식하게 되고 나아가 세상에 관한 최초의 지각을 형성하는 시기에 가족과의 관계를 맺음으로써 자신의 존재에 대한 긍정과 타인에 대한 믿음을 가지고 안정된 관계를 형성해가는 바탕을 이룰 수도 있다. 하지만 이 시기에 관계형성이 잘 이루어지지 못하면 자신에 대한 부정적 존재감과 타인에 대한 불신감이 만들어질 수도 있는 중요한 시기에 해당한다.

(1) 부모의 양육태도

아이들이 어떤 식으로 성장하느냐는 아기를 누가 돌보느냐보다는 어떤 가정에서 자라느냐에 따라 사회성 발달에 차이가 있다고 주장한다. 즉, 부모가 어떤 양육태도를 가지고 아이와 어떻게 상호작용하는지가 중요하다는 것이다. 부모가 아이와 같이 있을 때 아이의 요구에 민감하게 반응할수록 결합은 더 단단해진다. 즉, 아이를 지극정성으로 보살피면 아이의 정서적 건강이나 사회성이 좋아지는 것은 물론이고 인지능력도 발달할 수 있다.

바움린드(Baumrind, 1971)는 부모의 양육행동과 아이들의 사회적 능력 간의 관계를 알아보기 위해 구조화된 실험실과 자연스러운 현장인 가정에서 부모와 아이 간의 상호작용을 관찰한 결과 〈표 3-5〉와 같은 부모의 양육행동과 그에 따른 아동의 행동특성을 발견하였다.

표 3-5. 부모의 양육행동과 아동의 행동 특성

구분	부모 특성	아동 행동 특성
권위있는 양육행동	애정적 태도와 통제적 태도 모두 많은 양육행동이다. 가장 바람직한 양육행동으로 아이의 양육행동에 규칙이 있으며 규칙을 명확히 전달한다. 그리고 아이의 고집에 굴복하지 않으며, 잘못된 행동은 엄격히 통제하고 아이의 관점을 이해하고 존중하며 애정적이고 반응적이다.	자신감이 높고 책임감이 높으며 자기통제력이 발달되어 있고 사회활동 수준이 높다. 그리고 명랑 쾌활하며 또래 친구와 잘 지낸다. 스트레스에 잘 대처하고 새로운 환경에 흥미와 호기심이 높으며, 성인과 협조적이며 사회성이 높다. 또한 목적이 있고 성취도도 높다.
독재적인 양육행동	통제적 태도는 많으나 애정이 없는 양육행동이다. 이러한 양육행동의 부모는 규칙을 맹목적으로 강요하고 나쁜 행동을 즉각 지적하고 처벌한다. 그리고 분노와 불쾌감을 그대로 아이에게 표현하고 논리적으로 설명하지 않으며, 심한 처벌과 훈육을 가한다. 또한 애정과 긍정적인 관심이 낮으며, 아이와 함께 하는 활동이 없는 편이고 칭찬에 인색하다.	전반적인 발달과 행동에서 부정적인 모습을 보인다. 공포와 두려움이 있으며 부정적인 자아개념을 가지고 있고 자신감이 낮다. 그리고 긴장하고 항상 불안해하며 직접 표출하지는 않으나 적의적이고 배타적이며 지나치게 복종적 · 의존적이거나 반대로 반항적인 행동을 보일 수 있다. 또한 대인관계능력이 부족하고 사회성이 낮다.
허용적인 양육행동	애정적 태도는 많으나 통제적 태도가 없는 양육행동이다. 이러한 부모는 규칙을 명시하거나 부과하지 않으며 아이에 대한 통제가 거의 없고 아이의 울음, 고집에 굴복한다. 또한 나쁜 행동을 무시하거나 수용하며 애정적이다.	어른에 대한 저항이나 불복종을 보이며 자기중심적이고 자기 통제력이 부족한 편이다. 그리고 충동적이고 공격적이며 쉽게 화내지만 회복도 빠른 편이다. 또한 목적이 없거나 목표지향적 활동이 적으며 자립심 및 성취 수준이 낮고 규칙을 무시하고 제멋대로 행동한다.

구분	부모 특성	아동 행동 특성
무관심한 양육행동	애정적 태도와 통제적 태도 모두 없는 양육행동이다. 이러한 부모는 아이에 대한 애정이 부족하거나 표현이 부족하며 규칙을 명시하거나 부과하지 않는다. 그리고 아이에 대한 통제가 거의 없으며 냉담하거나 무관심하고 칭찬하거나 처벌하지 않는다. 또한 아이와 함께 하는 활동이나 대화가 매우 부족하다.	자기 통제력이 부족하고 적개심이 많으며 반항적이다. 그리고 혼란스러워하고 좌절감을 많이 느끼며 세상과 타인에 대한 불신이 높으며 학업성취도가 낮다. 그리고 장기적인 목표를 갖지 못하고 반사회적 행동을 많이 한다.

출처: 하수연 외(2015). 유아사회교육. 공동체. pp.90-92.

(2) 형제자매

형제자매는 서로 간의 양면적 감정으로 때로는 아주 친밀한 동반자가 될 수도 또 때로는 경쟁하고 질투하는 적대적 관계를 나타낼 수도 있다. 이들 관계의 특성에 중요한 요인으로 작용하는 것 중의 하나가 출생순서이다. 즉, 순서의 위를 차지하는 형제자매들은 동생을 위해서 희생적인 행동을 하는 경우가 많다. 예를 들어 동생의 학습행동을 안내하고 지도하는 부모의 역할을 대신하기도 한다. 비고츠키(Vygotsky)의 이론에 따르면 비슷한 또래의 지도를 통한 근접발달영역으로의 학습이 용이하다. 이런 점에서 위의 형제자매는 아주 훌륭한 학습지도자가 될 수 있다. 이들은 동생의 학습을 위해서 설명하고 격려하고 지지하며 때로는 동생의 행동을 엄격하게 통제하기도 한다. 따라서 동생은 형을 통해서 효과적인 학습을 할 수 있으며, 형은 리더십 혹은 책임감과 같은 사회적 능력을 학습할 기회를 갖는다.

형제자매 관계는 형제의 수, 출생의 순서 등에 따라 아동의 성격형성에 다른 영향을 미칠 수 있다. 먼저 형제의 수가 많으면 형제 간의 인간관계가 사회적 관계를 경험하는 장으로서의 역할을 하기 때문에 원만한 대인관계 능력의 습득에 기여하게 된다.

형제의 순서에 관한 팔울후스(Paulhus, 2008)의 연구에 따르면, 순서의 맨 위에 해당하는 첫 번째 아이는 가장 총명하며 성취 지향적이고 성실하다. 동생은 반항적이고 진보적이며 동조적이라고 주장한다. 그러나 장휘숙(2009)의 연구에 따르면 첫 아이의 경우는 유순하고 높은 자기 통제력을 지니며 타인을 도우는 경향이 높게 나타나지만 성격적 특성과 출생순서의 관련성은 그렇게 크지 않다고 보고하고 있다.

2) 가족유형의 다양화

저출산 고령화사회의 변화와 더불어 나타난 사회적 변화로는 첫째, 기혼 여성의 취업 증가와 맞벌이 가족의 증가로 남성의 역할변화 및 자녀 양육을 기관이나 타인에게 맡기는 대리양육이 증가하게 되었다. 둘째는 이혼의 증가로 한부모가족과 재혼가족이 증가하게 되었다는 것이다.

(1) 여성 취업률의 증가

전통사회에서 아버지와 어머니는 그 역할이 엄격하게 구분되어 있었으며, 이는 자녀양육에서도 마찬가지로 적용되었다. 즉, 아버지는 가족을 부양하기 위한 도구적인 역할을 수행한 반면, 어머니는 자녀양육을 담당하는 표현적인 역할을 수행하여 왔다. 그러나 최근 여성들의 자녀양육은 부모의 직업적 성취에 종속되는 경향을 보이고 있다. 즉, 결혼 이후에도 자신의 직업적 성취를 고려하여 자녀출산을 연기하거나 아예 출산을 하지 않음으로 인해 나타나는 저출산률의 문제가 심각한 수준이다.

[그림 3-1]에서 보는 것과 같이 여성 고용동향을 보면, 2012년 경제활동 참가율이 55.2%에서 2016년 58.4%로 해마다 증가하고 있는 것으로 나타났으며, 2016년 합계출산율에서 우리나라는 1.25명으로 OECD 국가 중 최하위 수준에 머물고 있는 것으로 나타났다. 또한 자녀를 한 명만 둔 맞벌이 부부들(Double Income One Kid Families, DIOKs)은 자녀에 대한 양육에서 지나치게 과잉보호하거나 허용적인 태도를 보여 한국판 "소황제 증후군"도 문제시 되고 있다. 이들은 자녀를 위한 투자를 아끼지 않을 뿐만 아니라 이러한 투자가 자녀의 인지발달에 치중해 있기 때문에 자녀가 부모의 기대수준에 미치지 못하는 경우에 나타나는 갈등도 심각한 문제로 대두되고 있다.

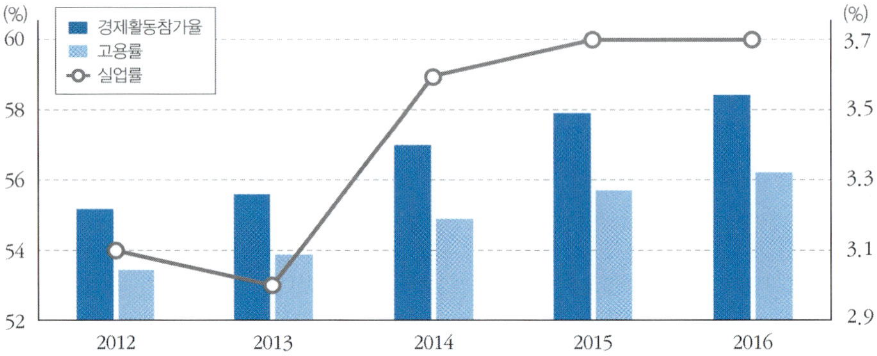

구분	2012	2013	2014	2015	2016
경제활동참가율	55.2	55.6	57.0	57.9	58.4
실업률	3.1	3.0	3.6	3.7	3.7
고용률	53.5	53.9	54.9	55.7	56.2

그림 3-1. 여성 고용동향

출처: 통계청(2017). 경제활동인구조사.

(2) 이혼가족의 증가

우리나라는 2002년부터 이혼률이 급속하게 증가되었다가 2005년부터 다소 낮아지는 경향을 보이고 있다. 이혼은 부부만의 문제가 아니며, 자녀에게도 영향을 미치게 된다. 먼저 이혼한 부부에게 미치는 영향들을 살펴보면, 경제적인 문제이다. 이혼으로 생활수준이 낮아지는데 여자에게 더 큰 영향을 미친다. 여자의 경우 저임금과 취업기회의 제한 등으로 노동시장에서 불리한 위치에 있기 때문에 자녀를 양육할 경우 경제적 어려움은 자녀의 영양과 건강에 부정적인 결과를 초래하게 된다. 둘째는 정서적인 문제를 경험한다. 이혼이 개인에게 실패자라는 느낌이 들게 하고, 더하여 분노, 우울, 상실감, 자존감 저하, 불안감을 겪게 한다. 마지막으로 친척 및 사회관계의 문제이다. 결혼으로 맺어진 친인척 간의 교류가 자연히 사라지게 된다. 또한 이혼으로 심리적 상처를 입은 사람은 인간관계를 두려워하며, 사회적 모임까지도 회피함으로써 사회관계망이 약화되기 쉽다(박선환 외, 2010).

또한 자녀를 둔 가족의 이혼은 자녀에게 큰 심리적 상처를 남길 수 있다. 이혼 가족의 아이들은 개인내적 발달과정뿐 아니라 이혼으로 달라진 가정변화에도 적응해야 한다는 부담감을 가지게 된다. 그리고 자녀들은 부모의 이혼이 자기 자신 때문이라고 생각하는 경우가 많기 때문에 공격적이고 반항적인 행동적 특성과 불안이나 우울의 정서적 장애 및 자존감의 저하의 인지적 장애를 경험할 가능성이 매우 높다. 따라서 이혼가정의 자녀들에 대해서는 스트레스 대처 교육과 대안적 지지체계를 마련해주는 것이 매우 중요하다고 할 수 있다.

(3) 한부모가정의 증가

한부모가정이란 이혼, 사별, 유기, 미혼모에 의해 발생되는 가정으로 현재 18세 미만의 자녀와 살면서 자녀를 부양하고 부모 역할을 담당하고 있는 한부모와 자녀의 가정을 의미한다. 현대사회는 이혼의 증가로 인해 한부모가정이 증가하는 추세를 보이고 있다. 이러한 증가 추세와는 달리 이들에 대한 사회적 인식은 매우 낮다.

한부모가정은 현대사회에 나타나고 있는 다양한 형태의 가족 구성이기 때문에 한부모가정에 대한 부정적 시각을 버려야 한다. 한부모가정은 배우자와의 이혼이나 사별 등으로 심리적인 갈등 상태에 놓여 있는 것이 사실이지만 이러한 갈등 상황은 한부모가정이 발생한 후 1~2년 사이에 거의 사라지고, 가족의 지지와 사회의 지원만 제공된다면 현실에 잘 적응해 나갈 수 있다.

(4) 재혼가정의 증가

최근 남녀 모두 초혼 구성비는 감소하고 있지만 재혼은 계속 증가하는 추세를 보이고 있다. 재혼가정에 대한 연구결과들을 살펴보면, 재혼은 가족생활에 대한 현실적인 기대를 가지게 되며, 이전 가정에 대해 느끼는 상실감을 인정하고 수용 지지할 수 있기 때문에 재혼 생활의 만족도는 비교적 높은 것으로 보고되고 있다. 즉, 재혼은 비교적 정서적으로 성숙한 상태에서의 결혼이기 때문에 다소 적응력이 높고, 초혼에서 얻은 교훈을 바탕으로 결혼생활을 하기 때문에 만족감이 더 높을 수 있다.

그러나 동반 자녀가 없이 재혼하는 경우에도 여러 가지 문제가 발생할 수 있는데, 재혼하는 성인에게 동반자녀가 있을 경우에는 훨씬 복잡한 가족관계가 나타나기 때문에 재혼생활에 영향을 미치게 된다. 따라서 행복한 재혼 생활을 위해서는 부부 간의 노력뿐만 아니라 자녀들의 입장에서 이해하고 그에 따른 적절한 도움이 필요하다. 재혼가정의 자녀들이 경험하게 되는 특징은 발달단계에 따라 좀 다르게 나타난다. 학령기 이전의 아이들은 현실과 상상을 구분할 수 있는 능력이 부족하기 때문에 자신의 잘못으로 인해 가족이 분리되었다고 생각하여 죄책감을 경험할 수 있다. 학령기(초등학교) 시절은 친부모의 재결합을 강하게 꿈꾸기 때문에 한쪽 부모의 재혼은 상실감을 느끼게 하여 우울해하거나 공격성향을 나타낼 수 있다. 마지막으로 청소년기 자녀들은 발달단계상 자아정체성을 발달시키고 성에 대해 관심이 높아지는 시기이기 때문에 자녀와의 약해진 친밀감과 이성가족에 대한 거리감을 재혼한 부모와 가족에 대한 거부감으로 오해하고 지나치게 친밀해지려고 노력하거나 가족관계가 매우 어색해 질 수 있다. 따라서 자녀의 발단단계에 따른 특징을 이해하고 이에 대해 적절하게 대처하여 행복한 재혼가정을 이룰 수 있도록 노력해야 한다.

3) 또래와의 관계

아이는 성장하면서 가정 내 가족들과 맺었던 관계의 범위가 또래관계 및 사회관계로 확대되어 간다. 즉, 어린이집, 유치원 혹은 학교에 입학하고, 지역사회의 다양한 사람들과의 접촉을 통해 자신과 타인과의 관계에 대해 배우게 된다. 특히 부모-자녀 관계와는 다른 또래들과의 수평적인 사회적 관계를 통해 균형적인 상호작용을 하며, 비슷한 행동을 추구하게 되고, 신체 · 언어 · 인지 · 사회 · 정서 등 전 영역에 걸쳐 발달이 이루어지게 된다.

1세 이전의 영아는 또래와의 관계를 맺기보다는 놀잇감 탐색이 주를 이룬다. 또래와 함께 있다고 해도 장난감에 더 많은 관심을 보이며, 또래와의 상호작용은 자기중심적이고 초보적인 수준으로 단순하며 지속시간이 짧다. 하지만 생후 9~12개월 사이에 이르게 되면 다른 영아들의 머리카락이나 옷을 잡아 당기면서 관심을 표시하거나 또래에게 장난감을 건네주는 등 친구다운 관계를 형성하기 시작한다.

영아기 또래관계는 1세 이후 급격하게 발달하기 시작한다. 13~18개월 사이 영아들은 다른 영아들의 웃음, 울음을 모방하고, 나란히 앉아 비슷한 놀이를 할 수 있다. 또한 2세가 되어 자유롭게 이동할 수 있게 되면서 타인과의 기초적인 의사소통이 가능해진다. 점차 부모와 떨어져서 친구에게 신체적 접촉과 만지는 행동을 하면서 적극적인 관심을 표현하고 놀면서 우정을 형성하기 시작한다. 하지만 영아기의 우정은 일시적이고 시간이 지나면 금방 잊어버리기 때문에 비연속적이고 제한적인 편이다(전정민 외, 2017).

유아는 또래와 사회적 상호작용을 하면서 보내는 시간이 많아진다. 특히 유아들의 사회성 발달은 놀이를 통해 이루어진다. 유아들은 전화기, 인형 등의 장난감을 가지고 혼자놀이를 하던 영아기를 벗어나 3세경이 되면 또래들과 놀기 시작한다. 처음에는 혼자놀이를 하면서 방관자적 역할을 하던 유아들은 점차 친구들과 병행놀이와 연합놀이, 협동놀이가 가능해지게 된다(표 3-6).

표 3-6. 파튼의 놀이발달

구분	내용	특징
비사회적 놀이	혼자놀이 방관자놀이	• 2~3세 • 같은 공간에는 있지만 각자 다른 장난감을 가지고 놀이함 • 또래와 가까워지기 위한 노력을 기울이지 않음
제한된 사회적 놀이	병행놀이	• 3~4세 • 옆의 또래와 동일한 장난감을 가지고 독립적으로 놀이함 • 같은 공간, 같은 놀이이지만 또래와는 교류가 없음
사회적 놀이	연합놀이	• 4~5세 • 또래와 장난감을 나누고, 대화하며 놀이함 • 자기중심성 경향이 있어 자신의 뜻대로 놀이함
	협동놀이	• 5세 이후 • 공동의 놀이과제를 가지고 함께 놀이함 • 서로 협력하고 역할을 나누어 놀이함

흥미로운 것은 3세 미만의 유아들은 같은 공간에서 동일한 장난감을 가지고 놀이를 하더라도 또래들과의 상호작용이 이루어지지 않는다는 것이다. 유아들은 4~5세가 되어서야 하나의 장난감을 가지고 놀이를 할 수 있고, 소꿉놀이, 미용놀이 등의 가상놀이의 형태로 발전하게 된다. 5세 이후가 되면 서로 협동하며 역할을 나누어 놀이를 하게 된다. 이처럼 유아는 또래들과 상호작용을 하며 사회화 기능을 학습해 나간다.

(1) 또래의 기능

또래는 주로 나이, 학년 등과 같은 영역에서 동등한 지위에 있는 동년배 집단을 의미한다. 이들은 정신적 · 신체적 발달과 행동이 유사하고 사회적 관계도 동등함으로써 유아발달에 중요한 영향을 미친다.

또래관계는 성인의 지시나 주도에 의하여 일방적으로 형성되는 수직적인 관계가 아니라 또래끼리 서로의 의견을 자유롭게 표현하는 수평적인 관계이다. 그래서 아이는 또래와 효과적으로 관계를 형성하고 유지하는 능력을 습득하는 방법을 터득해야 한다. 그리고 아이들은 이러한 또래와의 상호작용을 통하여 많은 지식과 기술을 습득하고 또래로부터 여러 가지 사회적 지원을 제공받는다. 그 외에도 아이들은 또래와의 관계에서 사회적 역할과 규범을 배우고 사회적 조망 능력을 발달시키며 사회적 기술을 습득하게 된다(문혁준 외, 2013). 또한 아이들은 또래와의 상호작용을 통하여 자기중심성에서 벗어나 또래와의 관계를 이해하게 되고, 또래와의 관계에서 나타나는 다양한 문제들을 해결할 수 있는 능력을 발달시킬 수 있게 된다. 그리고 아이에게 새로운 형태의 행동을 가르치고 상황에 따라서 어떠한 행동이 적합한지를 알게 하므로 아이 자신의 유능성을 평가할 수 있는 기준을 형성하게 된다. 더불어 아이가 자신감도 형성하게 된다(강란혜, 2008).

한편 부모는 자녀의 또래관계에 다양한 방식으로 영향을 미칠 수 있다. 부모는 자녀와의 상호작용, 부모가 자녀의 생활에 관여하는 방법, 자녀에게 주는 기회 등을 통해 자녀의 또래관계에 영향을 미친다. 그리고 긍정적인 부모와 자녀와의 관계는 아이에게 있어서 또래관계를 탐색하고 즐기도록 이끌어 준다. 다시 말해 부모가 아이에게 건네는 따뜻한 말 한마디, 부모가 아이에게 좋은 기회를 제공하기, 앞으로 아이에게 다가올 사회적 승인과 같은 것들은 아이의 또래관계에 긍정적인 영향을 미친다. 반대로 부정적인 부모와 자녀와의 관계는 아이에게 있어서 또래관계를 공격적으로 이끌어 갈 수 있다. 예를 들어 부모가 아이에게 부정적이고 권위주의적이며 가족관계에서 불안정한 경우 아이는 또래에게 공격적인 행동을 한다.

(2) 또래 수용

또래 수용(peer acceptance)은 또래들에게 받아들여지는 정도, 즉 한 개인을 좋아하거나 싫어할 가능성을 측정하는 것을 말한다. 일반적으로 또래 수용은 사회측정기법(sociometric techiques)이라는 자기보고를 통해 측정되며, 〈표 3-7〉과 같이 크게 다섯 유형으로 나뉜다.

표 3-7. 또래수용의 유형

구분	내용
인기 있는 아이	인기 있는 아동은 많은 또래가 좋아한다. 놀이상황에서 주도적이며, 상황에 따라 자신의 행동을 조절하기 때문에 그룹 내에서 방해를 주거나 거부되는 행동 없이 지내게 된다. 또한 의사소통기술이 뛰어나 또래의 관심을 주도하고 유지하는 능력을 가지고 있다. 갈등이 발생할 경우 비공격적인 방법으로 해결하려고 하며, 상대 또래의 특성을 파악하여 갈등을 해결하고자 한다. 따라서 인기 있는 아동들은 또래들에게 리더자로 평가받게 된다.
배척되는 아이	배척되는 아동들은 대부분 부정적이고 불쾌감을 많이 표현한다. 또래들과 상호작용을 할 때 공격적인 행동을 보이거나 과잉행동을 보여 또래로부터 적대적인 감정을 느끼게 된다. 또한 미성숙한 사회적 행동을 자주 보이고, 또래들과 부정적인 상호작용이 반복되면서 또래들의 의도를 파악하는 기술을 얻지 못한다. 따라서 또래들을 회피하고 혼자놀이를 하는 행동패턴을 보인다. 더욱이 성장하면서 반사회적 행동 및 적응문제를 보일 가능성이 크다.
논란이 되는 아이	논란이 되는 아이는 소위 특이한 아동으로 평가받는다. 이들은 또래로부터 좋아하는 아동으로도 지명 받고, 싫어하는 아동으로도 지명 받는다. 즉, 논란이 되는 아동들을 두고 어떤 또래들은 긍정적인 평가를 하는 동시에 다른 또래들은 부정적인 평가를 하기도 한다. 따라서 논란이 되는 아동은 인기아동과 배척아동의 특징을 동시에 보인다.

구분	내용
무시된 아이	무시된 아동은 언뜻 보면 배척아동과 비슷한 특징을 보이는 것처럼 보이지만 이들은 또래집단 내에서 좋다거나 싫은 친구로 지명을 거의 받지 못하는 아동이다. 즉, 또래로부터 비교적 관심을 덜 받는 아동이다. 이들은 적극적으로 또래들과 상호작용하는 경우가 드물고, 혼자놀이를 하거나 자신에게만 집중하며, 공격적인 행동을 보이지 않는다. 무시된 아동 중 일부는 배척아동보다 부적절한 행동을 보이거나 주도성이 부족하지만 대부분 사회적으로 잘 적응된 아동인 경우가 많다.
평균지위 아이	사회측정기법으로 또래 수용을 분석해보면, 인기아동, 배척아동, 논란이 되는 아동, 무시된 아동들은 2/3를 차지하는 반면, 그 나머지 1/3의 아동들은 평균 지위 아동에 속한다. 즉, 또래로부터 좋아하는 아이와 싫어하는 아이의 중간 정도로 지명을 받는 아동들이다.

출처: 진정민(2017). 영유아발달. 학지사. pp.271-272.

4) 미디어의 영향

"2~5세 유아 39% 매일 TV 시청" …공격적 행동·수면 문제 등 우려

입력: 2018.05.30.(10:15) | 수정: 2018.05.30.(10:16)

우리나라 2~5세 유아 39%가 TV를 매일 시청하고, 12%는 스마트폰을 매일 사용한다는 조사결과가 나왔습니다. 아주대병원 소아정신건강의학과 신윤미 교수팀은 경기도에 사는 만 2~5세 유아(평균나이 3.85세)의 부모 390명을 대상으로 가정 내 전자미디어 사용빈도를 조사한 결과 이같이 나타났다고 30일 밝혔습니다. 연구팀은 가정 내 전자미디어 기기를 6가지(스마트폰, TV, 컴퓨터, 태블릿PC, 비디오 콘솔, 휴대용 게임기) 유형으로 나눠 유아들의 하루 평균 사용빈도를 조사했습니다. 이 결과 전체의 39.3%가 TV를 거의 매일 시청했으며, 1주일에 사흘 이상 TV를 보는 유아는 70%에 달했습니다. TV를 시청하는 유아 중에는 평일 평균 1시간 이상 시청이 48%를 차지했습니다. 주말 기준으로 평균 1시간 이상 TV를 보는 경우가 63.1%였습니다. 전체의 66.5%가 만 두 살이 되기 전에 TV 시청을 시작한 것으로 분석됐습니다. 스마트폰의 경우 조사 대상 유아의 12%가 매일 사용하는 것으로 집계됐습니다. 36.5%가 1주일에 사흘 이상 사용했고, 만 1살(12개월)이 되기 전에 스마트폰을 사용한 유아가 12.2%, 2살(24개월) 이전은 1살 이전을 포함해 31.3%였습니다. 이처럼 어린 나이에 전자미디어에 노출되면 건강에 해가 될 우려가 있습니다. 각종 연구결과에 따르면 TV와 스마트폰에 일찍 노출되고, 스크린을 보는 시간이 과도한 아이일수록 언어지체, 집중력(주의력) 저하, 비만, 공격적인 행동, 수면 문제 등이 생길 위험이 크다는 의학보고가 있습니다.

이 때문에 외국에서는 생후 24개월 전에 아예 전자미디어를 쓰지 못하도록 권고하고 있으며, 이런 문제가 적발되는 경우 벌금을 물리는 나라도 있습니다. 신윤미 교수는 "30~40대인 부모들이 스마트폰 등의 미디어 기기와 매우 친숙하다 보니 자녀들도 조기에 노출되는 것으로 보인다"고 설명하며 "만 2세 이전에는 가급적이면 전자미디어 기기를 쓰지 않도록 하고, 이후에 쓰게 되더라도 아이가 어떤 프로그램을 사용하는지 부모가 관심을 갖고 올바르게 사용하도록 지도해야 한다"고 조언했습니다. 이 연구결과는 대한신경정신의학회가 발행하는 국제학술지 '정신의학 연구(psychiatry investigation)' 5월호에 실렸습니다.

엄진아 기자

출처: KBS NEWS(http://news.kbs.co.kr/news/view.do?f=o&ncd=3657020&ref=D)

(1) TV

아이의 행동 양상 변화 중 TV가 아동의 생활에 미치는 영향은 엄청나게 크다고 할 수 있다. 이러한 영향이 부정적이냐, 긍정적이냐에 대한 논의가 많이 되고 있지만 어떻게 할 것인가에 대해서는 스스로 결정하도록 하는 것이 바람직하다. TV가 아이의 발달에 미치는 영향을 살펴보면 〈표 3-8〉과 같다.

표 3-8. TV가 아이의 발달에 미치는 영향

부정적인 영향	긍정적인 영향
• 창의성이나 상상력이 개발되지 못한다. • 폭력적인 장면에 그대로 노출되면 공격적인 성향을 강화시킨다. • 시청시간이 길어지면서 독서나 취미생활, 운동, 가족 간의 상호작용이 소홀해져 대인관계형성에 문제가 발생할 수 있다.	• 즐거움을 주어 일상생활에서 오는 권태로움으로부터 벗어날 수 있다. • 다른 사람의 대화의 소재로 유용하게 활용한다. • 다양한 언어적 경험을 통해 언어발달에 긍정적인 영향을 미친다. • 모방을 통해 친사회적 행동을 배울 수 있다.

① 공격적인 행동 학습

많은 문헌연구에서 TV가 아동의 공격적인 행동 학습에 영향을 준다는 주장이 지속적으로 보고되고 있다. 그 중 대표적인 것으로는 반두라(Bandura, 1977)의 연구로써 아동들에게 공격적인 행동의 모델을 단기간 보여준 후에 이를 시청한 아동들의 행동이 보다 공격적이 된다는 주장이다. 그러나 TV의 폭력적인 장면이 모든 아동에게 똑같이 부정적인 행동 학습으로 연결되는 것은 아니다. 아이의 성격이 이미 공격성이 강한 아이들만이 공격적인 행동모델을 관찰한 경우 더욱 심한 폭력적 반응을 나타낸다는 것이다.

한편 폭력적인 TV를 시청한 아동들의 장기적인 효과에 대해서 종합적으로 분석해 보면, 역시 폭력적 장면의 TV 시청과 공격적인 행동 학습 사이에는 상관성이 있는 것으로 나타났다. 특히 8세를 전후로 TV를 시청한 아동이 성인이 되었을 때 반사회적 행동양식을 많이 나타내었기 때문에 폭력물 시청의 효과가 성인기까지 지속되는 민감기는 8세 전후인 것으로 분석되었다.

② 친사회적 행동 학습

TV의 프로그램 중 친사회적 행동의 내용이 아동에게 미치는 효과에 관한 연구도 꾸준히 계속되고 있다. 이에 관한 종합적인 견해로는 이들 프로그램 시청을 통해 아동들은 나누어 갖기, 협력하기, 자기통제하기 또는 타인의 감정 존중하기 등의 친사회적인 행동습득이 가능하다는 것이다. 따라서 문제로 등장하는 분명한 사실은 프로그램 제작자와 교육 전문가의 협조로 친사회성이 강한 프로그램을 아동들에게 공급함으로써 이들 행동학습의 기회를 보다 증대하는 것이다.

(2) 스마트폰 중독

스마트폰 중독은 스마트폰을 지나치게 사용하여 스마트폰 사용에 대한 금단과 내성을 갖고 있으며, 이로 인해 정상적인 생활을 할 수 없는 상태를 말한다. 어린아이들의 경우 '유아 스마트폰 증후군'이라고 부른다. 다시 말해 유아 스마트폰 중독 증후군은 6세 미만 영유아가 스마트폰의 영상 · 게임 등에 장시간 노출되어 뇌가 불균형적으로 발달하는 정신적 질환을 일컫는 말이다. 유아 스마트폰 증후군이 발생하는 이유를 뇌과학적으로 설명하면, 0~6세까지는 비언어적인 기능(눈짓, 몸짓 등)을 담당하는 우뇌가 먼저 발달하고 언어적인 기능을 담당하는 좌뇌는 3세부터 발달한다. 그런데 영유아기에 스마트폰에 과도하게 노출되면 좌뇌만의 기능이 활성화되고 우뇌는 발달할 여지가 줄어들어 반복적이고 단순한 것에 쉽게 빠지는 성향이 생긴다는 것이다. 뇌가 균형 있게 발달하지 않으면 초기에는 한 가지 행동이나 물건에 집착하는 행동, 또래보다 말이 늦는 등의 증상으로 나타나면서 다양한 질환을 야기할 수 있다고 주장한다(그림 3-2).

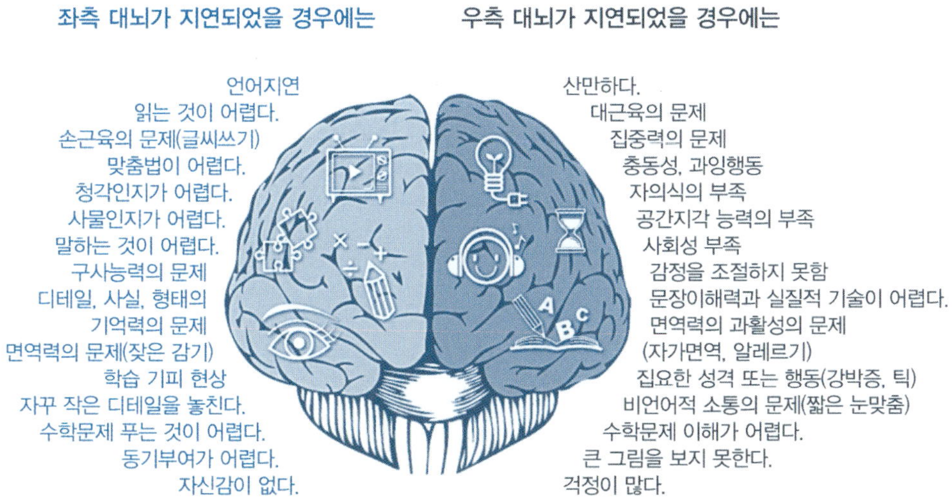

그림 3-2. 지연된 좌우반구의 뇌발달의 특징

이러한 현상이 계속 반복되면 주의력결핍 과잉행동장애(ADHD)나 틱장애, 발달장애로 이어질 수 있다. 또한 현실에 무감각해지고 주의력은 떨어져 팝콘처럼 강한 자극에만 반응을 하는 '팝콘 브레인' 현상을 나타내기도 한다. 즉, 뇌가 스마트폰 동영상이나 게임처럼 빠르고 강한 정보에는 익숙하고, 현실의 느리고 약한 자극에는 반응을 하지 않게 되는 것이다. 즉각적인 것에만 반응하다 보니 사고 과정이 사라져 인지발달을 저해하게 된다.

표 3-9. 스마트폰 중독 측정 척도

내 용	전혀 그렇지 않다	그렇지 않다	그렇다	매우 그렇다
	1	2	3	4
1. 식사나 휴식 없이 화장실도 가지 않고 스마트폰을 한다.	①	②	③	④
2. 스마트폰을 하다가 그만 두면 또 하고 싶어 한다.	①	②	③	④
3. 스마트폰을 못하게 하면 안절부절못하고 초조해한다.	①	②	③	④
4. 스마트폰을 할 때만 생기 있어 보이고 집중한다.	①	②	③	④
5. 스마트폰을 안 할 때는 집중하지 못하고 불안해 보인다.	①	②	③	④
6. 다른 일이 있어도 스마트폰만 가지고 논다.	①	②	③	④
7. 스마트폰을 못하면 지루해하고 재미없어 한다.	①	②	③	④
8. 스마트폰을 하는 시간이 하루 중에 가장 편안해 보인다.	①	②	③	④
9. 정해진 시간만 사용하겠다고 약속 해지만 대부분 약속을 지킨다.	①	②	③	④
10. 스마트폰을 오래 하느라 아이의 체중이 변한 거 같다.	①	②	③	④
11. 스마트폰을 못하게 하면 화를 내거나 짜증을 낸다.	①	②	③	④
12. 정해진 사용시간을 잘 지키지 못한다.	①	②	③	④
13. 스마트폰 사용으로 생활이 불규칙해졌다.	①	②	③	④

- 44점 이상일 경우 고위험사용자군으로 중독 성향이 높아 치료가 필요함
- 29~43점 이하는 잠재적 위험 사용자군으로 스스로 조절하고 계획적으로 사용할 수 있도록 보호자의 노력이 필요함
- 29점 이하는 건전한 사용을 위해 보호자의 지속적인 점검이 필요함

① 유아 스마트폰 증후군의 발생원인

유아 스마트폰 증후군의 발생원인을 살펴보면 〈표 3-10〉과 같다.

표 3-10. 유아 스마트폰 증후군의 발생원인

구분	내용
접근성	스마트폰이 널리 보급되기 이전에는 가정에서 주로 컴퓨터나 TV를 많이 사용하였기 때문에 사용시간에 대한 제한도 비교적 수월하고 집 밖을 나서면 전자기기를 접할 가능성도 매우 낮았다. 그러나 손 안에 쏙 들어오는 스마트폰은 아이들이 언제 어디서나 휴대할 수 있다는 점이다. 따라서 집에서나 밖에서나 쉽게 스마트폰에 노출되고 가정에서, 또는 학교에서 스마트폰 사용을 통제하는 것이 힘들어지게 되었다.
환경적 요인	아이들이 공공장소에서 울면서 떼를 쓰면 부모들이 곤란함을 느껴 아이에게 스마트폰을 주는 경우가 있다. 이런 경우 대부분의 아이들은 스마트폰 영상에 빠짐과 동시에 울음을 그치게 된다. 하지만 이와 같은 상황이 잠시 동안 아이의 울음을 멈추게 하는 데는 좋은 방법일 수 있으나 이런 상황이 반복된다면 아이가 스마트폰 없이는 울음을 그치지 않을 수도 있다는 점에 유의해야 한다.
심리적 요인	또래와의 유대감이 커지고 강한 자기주장을 나타내는 청소년의 시기에는 SNS 활동을 통한 관계 형성을 중요하게 생각하게 된다. 친구들 사이에서 소외되지 않기 위해 무작정 스마트폰을 사달라고 투정을 부리기도 하고, 더 좋은 게임 캐릭터를 얻기 위해서 스마트폰 사용시간을 늘리기도 한다. 스마트폰 보급률이 80%를 넘어가는 시대에서 또래 친구들의 대화나 관심사가 모두 스마트폰에서 이루어지다 보니 또래관계에서 소외되지 않기 위해 스마트폰에 집착하는 것은 어쩔 수 없는 현상일지도 모른다.
기술의 발달	점점 늘어나는 다양한 애플리케이션과 그 속에서 발전하는 여러 기능들은 아이들의 흥미를 쉽게 사로잡을 수 있다. 화질과 음향의 향상으로 더 자극적이고 박진감 넘치는 게임과 영상 등을 통해 아이는 스마트폰에 쉽게 질리지 않고 계속해서 더 많은 욕구를 가지게 된다.

② 유아 스마트폰 증후군 문제

유아 스마트폰 증후군이 유발하는 다양한 문제들을 살펴보면 〈표 3-11〉과 같다.

표 3-11. 유아 스마트폰 증후군의 문제

구분	내용
충동장애	스마트폰을 지속적으로 사용하게 되면 과도한 영상 자극에 노출되어 이성적 판단으로 충동을 조절하고 억제하는 기능이 발달하지 못해 주의력결핍 과잉행동장애를 보일 수 있다.
우뇌 증후군	스마트폰을 지속적으로 사용하게 되면, 스마트폰의 자극이 우뇌의 발달을 저하시키는 우뇌 증후군을 유발할 수 있다. 우뇌는 면역기능을 억제하는 브레이크 역할을 하고 좌뇌는 면역기능을 촉진하는 엑셀과 같은 역할을 하는데, 만약 좌우 뇌의 기능이 균형을 갖추지 못하면 면역기능에 이상이 생기면서 ADHD나 틱장애와 같은 질환이 생길 수 있으며 균형감각이나 공간지각능력에 문제가 생길 수 있다.
팝콘브레인	미국 연구발표에 따르면, 지나치게 스마트 기기에 노출된 아이는 현실에 무감각해지는 팝콘브레인으로 뇌 구조가 변한다는 결과를 발표하였다. 스마트폰에서 나타나는 영상들은 빠르고 강한 정보이기 때문에 이것에 익숙해진 아이들은 현실의 약한 자극에는 반응을 하지 않는 것이 바로 팝콘브레인의 증상이다.
VDT증후군	VDT증후군(Visual Display Terminal Syndrome: 컴퓨터단말기 증후군)은 스마트폰, 태블릿 PC나 컴퓨터 모니터와 같은 영상기기를 오랫동안 사용해 생기는 현대병을 의미한다. 가장 큰 원인으로 지목받는 것이 스마트폰이다. 특히 스마트폰 사용에 따라 생길 수 있는 나쁜 자세는 아무리 유연한 아이들이라 할지라도 경추 압박을 받게 된다. 미국 뉴욕의 척추전문의사인 케네투 한스라이 교수 연구진이 국제외과기술저널(Surgical Technology International)에 보고한 논문에 따르면, 스마트폰을 사용하면서 고개를 숙이는 각도에 따라 성인의 경우 최대 27kg의 부담이 가해지는 것으로 나타났다.
사회성 · 정서 발달	표현을 잘하지 못하여 말을 할 때도 눈을 잘 마주치려 하지 않고 자기만의 세계에 빠져 또래와의 대화나 놀이에 흥미를 느끼지 못하게 되어 사회성 및 정서 발달에도 부정적인 영향을 미치게 된다.
성장장애	스마트폰을 볼 때 눕거나 엎드려서 사용하면 체형이 삐뚤어지고 척추측만증 등이 생겨 학습능력이 떨어지고 성장장애를 나타낼 수도 있다. 또한 눈 깜박임이 줄어 안구건조증이나 근시도 가져올 수 있고 휴대전화의 전자파가 뇌에 침투할 수 있다.

Chapter 4

아동행동의 평가방법

배울내용

1. 면담법
2. 관찰법
3. 표준화된 검사

학습목표

1. 면담법의 필요성을 이해하고 구체적인 기술을 숙지한다.
2. 관찰법의 종류를 이해하고 사용되는 목적 및 기술을 숙지한다.
3. 표준화된 검사의 종류를 이해한다.

아동 개개인의 보다 나은 전인적 성장 · 발달을 도모하기 위한 생활지도가 되기 위해 선행되어야 할 것은 아동의 행동에 대한 정확한 평가가 이루어지도록 하는 것이다. 아동 행동을 평가하는 방법은 형식적 평가 방법과 비형식적 평가 방법으로 구분된다. 전자는 표준화 과정을 통해 신뢰도와 타당도가 제시된 표준화 검사를 사용하여 개별 아동의 특성을 파악하는 방법이며, 후자는 개인의 성장 및 발달을 알아보기 위해 부모와 아동의 면담, 행동관찰, 교사제작 검사, 아이의 작업 표본 및 비디오나 사진 등을 사용하는 평가방법이다.

이와 같이 아동 행동에 대한 평가는 형식적 평가와 비형식적 평가로 구분되지만, 이는 개념상의 구분일 뿐 실제에서는 두 가지 평가방법을 명확하게 구분 짓기가 쉽지 않다. 즉, 두 가지 평가방법을 명확하게 구분하기가 어렵다. 중요한 것은 아동을 평가할 수 있는 방법이 다양하며, 각 평가 도구의 특징 및 장단점도 다르기 때문에 평가 시 상황에 따라 적절한 평가방법이 사용되어져야 한다는 것이다. 또한 단 하나의 평가방법만으로는 아동에 대한 정확하고 신뢰성 있는 정보를 얻지 못하므로 동일 아동에 대해서도 다양한 평가방법을 활용해야 한다(교육과학기술부, 2009). 아동의 행동을 평가하기 위한 방법으로 비형식적 평가 방법인 면담법과 관찰법, 그리고 형식적 평가 방법인 표준화된 검사에 대해 살펴보면 다음과 같다.

1 면담법

아동의 정보를 수집하기 위해 사용되는 방법 중의 하나가 면담법이다. 아동의 정보를 얻기 위해 실행되는 면담에는 부모면담과 아동면담으로 구분할 수 있다. 먼저 부모면담에서는 아이의 발달과업이 이루어진 시기를 중심으로 발달력, 병력, 유아교육기관의 적응 상황, 또래관계에 대한 정보를 얻는다. 또한 부부와의 관계, 형제자매 및 전반적인 가족환경에 대해 알아보고, 양육에서 아이에 대해 부모가 어떻게 반응해 왔는지 등에 관한 전반적인 훈육방법에 대한 정보를 수집한다. 초기 부모면담에서 수용적이고 온정적이며 신뢰로운 관계를 맺는 것은 이후 아동 개입에서의 성패를 좌우하는 중요한 요인이기 때문에 면담관계를 촉진할 수 있는 면담기법을 익히는 것이 매우 중요하다.

둘째, 부모면담에서 아이와 관련된 배경 정보를 얻은 후 아동면담이 진행되는 것이 일반적이다. 아동면담에서 가장 중요한 요인 중의 하나는 좋은 면담관계를 형성하는 것이다. 왜냐하면 아이들은 아직 발달적으로 자기 행동에 대한 인식이 부족하기 때문이다. 아이의 면담 형태는 아동의 발달 수준에 따라 다르게 구조화된다. 예를 들어 언어표현 능력에 제한이 있는 어린 연령 수준에서는 영유아와 상호작용하며 영유아의 행동을 관찰할 수 있는 놀이실에서 면담이 이루어지는 것이 일반적이다. 반면에 언어를 사용할 수 있는 아동의 경우 면담은 놀이보다 이야기 나누기에 더 초점을 두고 진행하게 된다(강혜경 외, 2017).

2 관찰법

관찰(observation)은 자연스러운 다양한 상황에서 아동들의 사회적 기술, 태도, 가치 등을 파악하고 교육의 목표를 성취했는가를 평가하는 방법 중의 하나이다. 관찰법은 평가의 대상을 주의 깊게 관찰하고 기록하는 것으로 다른 방법에서는 얻기 어려운 실질적인 정보를 수집할 수 있으며, 다른 방법으로 수집된 정보를 보완할 수 있다는 장점을 지닌다. 관찰할 때는 무엇을 왜 관찰하는지 목표를 명확하게 설정하고 관찰한 행동을 객관적으로 기록하며, 기록된 것을 추론과 평가의 과정을 거쳐서 편집하고 기록물에 대한 반성적 사고를 통해 교수-학습 활동에 반영하는 단계를 거치게 된다(박찬옥 외, 2010).

아동의 정보수집에 있어 관찰이 널리 사용되고 있는데, 그 이유로는 첫째, 아동들은 관찰자의 존재에 대해 크게 의식하지 않고 자연스런 행동을 보이기 때문이다. 둘째, 아동들은 발달상 언어를 통한 의사소통이 원활하지 못하기 때문에 질문지법(questionaire method)이나 면접법(interview)보다 관찰법이 더 적합한 경우가 많기 때문이다. 셋째, 아동을 대상으로 하는 평가는 윤리적인 관점에서 아동을 대상으로 실험조작을 하기가 불가능한 경우가 많기 때문이다. 이런 점에서 관찰법은 아동에게 어떤 조작을 가하지 않아도 되기 때문에 어떤 방법보다도 관찰법이 아동에 대한 정보를 수집하는 데 더 용이하다. 넷째, 관찰법은 자료수집과정에서 아동의 언어적 표현이나 비언어적 표현이 행동의 관찰을 통해 연구자가 중요한 정보를 얻을 수 있기 때문에 아동의 정보수집에 용이한 방법 중의 하나이다.

관찰을 통해 또래친구나 교사와의 상호작용, 문제행동, 의사소통 형태, 놀이행동 등에 대한 정보를 얻을 수 있다. 이때 관찰자는 사전에 행동의 어떤 측면을 어떻게 평가할 것인지에 대해 미리 결정하고 훈련 받는 것이 중요하다. 아동을 대상으로 하는 관찰법에는 표본기록법, 일화기록법, 시간표집법, 사건표집법, 평정척도법 및 행동목록법 등이 있는데, 구체적으로 살펴보면 다음과 같다.

1) 표본기록법

표본기록법은 관찰대상과 장면, 시간을 미리 선정한 후 그 장면에서 일어나는 모든 행동과 상황을 일어난 순서대로 가능한 한 자세하고 정확하게 객관적으로 기록하는 방법이다. 표본기록법의 목적은 있는 그대로의 원자료를 가능한 한 많이 수집하는 것이며, 아동의 행동과 언어를 자세하고 객관적으로 기록함으로써 아동의 발달을 여러 측면에서 볼 수 있도록 하는 것이다. 표본기록법 작성 시 고려사항은 〈표 4-1〉, 표본기록법 관찰기록 양식은 〈표 4-2〉, 표본기록법의 장단점은 〈표 4-3〉과 같다.

표 4-1. 표본기록법 작성 시 고려사항

- 아동의 행동이 관찰된 시간, 관찰장소를 기록한다.
- 1회의 관찰은 보통 10분 내외가 적당하며, 30분을 초과하지 않도록 한다.
- 관찰대상 아동의 말과 행동뿐만 아니라 그 아동과 상호작용하고 있는 사람들의 말과 행동도 기록한다.
- 사건이 일어난 순서대로 기록한다.
- 아동의 행동 지속시간이나 관찰장면이 바뀔 때마다 시간을 표시해 둔다.

표 4-2. 표본기록법 관찰기록 양식

- 아동성명: • 생년월일: • 성별:
- 관 찰 자: • 관 찰 일:
- 관찰장소 및 장면:

시간	기록	해석

요약

표 4-3. 표본기록법의 장단점

구분	내용
장점	• 관찰대상의 모든 것을 기록하므로 관찰대상에 대한 많은 정보를 얻을 수 있다. • 기록용지와 필기도구만 있으면 되므로 준비가 간단하다. • 일어난 사건을 순서대로 기록하기 때문에 사건의 전후관계를 알 수 있다.
단점	• 기록하고 그 결과를 정리하여 분석하는 데 시간이 많이 걸린다. • 한 번에 한 명 정도로 적은 숫자의 대상만을 관찰할 수 있다. • 주관적인 해석이나 추론이 개입될 수 있다.

2) 일화기록법

일화기록이란 짧은 내용의 사건이나 행동에 대한 사실적인 기록이다. 일화기록은 미리 정해진 범주의 행동이 일어나거나 교사가 기록해 놓을 만한 가치가 있다고 판단될 때 사용한다. 즉, 아동의 성격 및 행동 특성, 적응양식을 이해하기 위해서 구체적인 행동사례를 가능한 한 상세하게 기록하는 방법이다. 일화기록은 한 가지 행동이나 상황에 초점을 맞추어 기록하며, 다양한 상황에서 아동의 자연적 행동에 관한 정보를 제공해 주기 때문에 아동의 기본적이고 중요한 성격 특성을 이해하는 데 도움이 된다(최윤희 외, 2018).

일화기록은 간단하게 메모하는 등 관찰된 직후에 작성하거나 수업이 끝난 후 자세하게 기록하게 된다. 메모를 할 때는 아동의 행동을 육하원칙에 따라 작성하는 것이 좋다. 교사는 한 달에 한 번, 분기에 한 번, 학기에 한 번 등과 같이 아동의 행동에 대한 지속적이고 체계적인 일화기록 자료를 통하여 일반적인 해석을 하는 것이 바람직하다. 일화기록법 작성 시 고려사항은 〈표 4-4〉, 일화기록법 관찰기록 양식은 〈표 4-5〉, 일화기록법의 장단점은 〈표 4-6〉과 같다.

표 4-4. 일화기록법 작성 시 고려사항

- 아동의 행동, 반응, 대화 등을 사실적이고 구체적으로 기록한다.
- 주기적으로 관찰하여 기록이 누적될 수 있도록 한다.
- 발달의 구체적인 예를 기록한다.
- 행동의 패턴이나 변화, 특이한 사항 등을 기록하며, 날짜와 시간, 장면과 교육적 환경 등을 객관적으로 기록한다.

표 4-5. 일화기록법 관찰기록 양식

• 아동성명:	• 생년월일:	• 성별:
• 관 찰 자:	• 관 찰 일:	
• 관찰장면, 시간 및 관찰초점:		

기록:
해석:

표 4-6. 일화기록법의 장단점

구분	내용
장점	• 관찰대상이 어떻게 말하고 행동하는지에 집중적으로 초점을 맞춤으로써 명확하고 분명하게 상황을 확인할 수 있다. • 기록용지와 필기도구만 있으면 되므로 준비가 간편하다. • 여러 번에 걸쳐 모인 일화기록들은 다른 기록들과 비교될 수 있으며, 관찰대상의 독특한 발달패턴, 변화과정, 흥미, 능력, 필요 등을 정확하게 이해할 수 있다.
단점	• 표본기록에 비해 상황묘사가 적고 사건을 중심으로 기록되므로 사건의 전후관계를 알 수 없다. • 관찰대상의 행동 중 일부분을 기록하기 때문에 해석 시 오류가 발생할 수 있다. 즉, 바람직하지 못한 행동이나 관찰자의 눈에 잘 띄는 행동들이 주요 기록 대상이 될 경우 그 행동이 관찰대상의 모든 것을 대표하는 것처럼 판단될 수 있는 과잉 일반화 문제가 발생할 수 있다. • 시간이 지난 후 상세하게 기록을 할 경우 관찰자의 편견이 들어가거나 그때의 상황을 잊어버리거나 왜곡할 가능성이 있다.

3) 시간표집법

관찰자가 관찰행동을 미리 선정하여 정해진 시간 동안 일정한 시간 간격(30초, 1분 등)을 두고 여러 차례 관찰하여 그 빈도를 기록하는 방법이다. 즉, 관찰자가 관찰을 할 때 미리 정해놓은 시간 간격에 맞추어 그 시간 동안 관찰자가 관심을 갖고 있는 특정한 행동이 발생했는지 또는 관찰 횟수는 얼마나 되는지를 기록하는 것이다. 이 방법은 어떤 행동의 특정한 측면에 대해 일정한 간격을 두고 일정한 시간 단위씩 측정하여 관찰함으로써 그 측정치를 통해 과정 전체를 추정하려는 직접관찰의 한 방법이다(최윤희 외, 2018). 시간표집법 작성 시 고려사항은 〈표 4-7〉, 시간표집법 작성의 예시는 〈표 4-8〉, 시간표집법의 장단점은 〈표 4-9〉와 같다.

표 4-7. 시간표집법 작성 시 고려사항

- 시간표집법은 자주 나타나는 행동을 기록하는 데 적합하다.
- 관찰자는 조작적 정의를 통해 다른 사람들이 모든 용어를 분명히 이해할 수 있도록 한다.
- 기록자는 쉽고 단순하게 기록한다.

표 4-8. 협동놀이 상황에서 친사회적 행동의 관찰 시간 및 기록 예시(집단별)

관찰일	2018.11.30(금)			관찰시간		09:00~09:05				관찰장소		햇님반 교실				
아동명	20″	40″	60″	80″	100″	120″	140″	160″	180″	200″	220″	240″	260″	280″	300″	합계
김OO	//		/		/				///	/	/					9
이OO	/												/	//	///	7
박OO					///	//	////	//					/	/	/	14

표 4-9. 시간표집법의 장단점

구분	내용
장점	• 서술적인 관찰방법에 비해 시간과 노력이 덜하며 효율적으로 관찰할 수 있다. • 특수한 행동에 초점을 두고 있는 연구일 경우 시간표집법은 다른 어느 관찰 유형보다 신뢰도, 객관성, 대표성이 높다. 이는 관찰하는 시간의 한계가 분명하고 관찰하려는 행동에 대한 조작적 정의로 인해 통제가 이루어지는 관찰이기 때문이다.

구분	내용
	• 단시간 내에 많은 정보를 얻을 수 있다. 이것은 일정한 시간 내에 대표성 있는 행동을 표집하기 쉽게 해 준다. • 행동이나 사건 발생 빈도를 파악함으로써 행동수정 프로그램을 작성하거나 평정척도 같은 측정 도구를 만드는 데 기초자료가 될 수 있다. • 시간표집은 수량화가 용이하다. 시간표집의 결과로 수집된 자료는 통계적으로 처리될 수 있으며 다른 변인과의 관계를 발견하고자 할 때도 도움이 된다. • 관찰대상 아동들의 일상생활을 방해하지 않고서도 기록과 채점이 가능하다.
단점	• 시간표집법은 자주 나타나는 비교적 높은 빈도로 발생하는 행동과 외현 행동에는 적합하며 그렇지 못한 경우에는 적용이 어렵다(예를 들어 어떤 행동이 최소한 15분에 한 번 정도는 나타나야 시간표집에는 적용될 수 있으나 관찰자가 시각적으로 분별하기 어려운 사고나 백일몽 등 인간 내적 기능이나 활동은 기록하기에 부적합하다). • 자료를 기록체계에 따라 기록하지 않으면 행동이 어떤지 알 수 없으며, 그 질에 관한 정보를 얻을 수 없다. • 시간표집법은 측정행동에만 초점을 두기 때문에 수많은 인간 행동 간의 상호관계를 밝히기 어렵다. • 체크리스트 관찰 형식에 미리 정해 놓은 범주만 사용함으로써 관찰의 내용을 편견으로 이끌 가능성이 있다. • 인과관계를 밝혀 주지 못한다.

4) 사건표집법

사건표집법은 단순히 어떤 행동의 발생 유무만을 관찰하기보다는 행동의 순서를 자세히 기술하려는 기록방법이다. 즉, 어떤 특정 행동이나 사건이 나타나기를 기다렸다가 그 행동이나 사건이 일어나면 그때 일정한 형식에 따라 기록을 남기는 방법이다. 사건표집의 방법은 어떤 행동이나 사건 그 자체에 있으므로 사건이 발생하기를 기다렸다가 관찰하는 것이 특징이다. 따라서 관찰자가 관찰할 때 미리 정해놓은 시간 간격에 맞추어 그 시간 동안 관찰자가 관심을 가지고 있는 특정한 행동이 발생했는지 또는 관찰횟수는 얼마나 되는지를 기록하는 것이다(최윤희 외, 2018). 사건표집법 작성 시 고려사항은 〈표 4-10〉과 같다.

표 4-10. 사건표집법 작성 시 고려사항

- 관찰자는 관찰하고자 하는 아동 행동을 명확히 규정할 수 있도록 조작적 정의를 내린다.
- 아동들의 행동을 관찰할 장소나 시간에 대해 충분히 숙지해야 한다.
- 기록하고자 하는 정보나 자료의 종류를 결정한 후 기록한다.
- 관찰기록지는 가능한 한 쉽고 편리하게 만들어진 것을 사용한다.

(1) ABC 서술식 사건표집법

ABC 서술식 사건표집법은 어떤 행동의 원인이나 전후 상황에 대한 정보를 알고자 할 때 사용하는 관찰방법이다. ABC 서술식 사건표집법의 기록방법은 관찰하려는 사건이나 행동이 일어나기 전의 상황(Antecedent Event: A), 사건이나 행동 그 자체(Behavior: B) 그리고 사건이나 행동이 일어난 후의 결과(Consequence: C)를 시간 순서대로 기록하는 것이다. ABC 서술식 사건표집법의 관찰기록 양식은 〈표 4-11〉, ABC 서술식 사건표집법의 장단점은 〈표 4-12〉와 같다.

표 4-11. ABC 서술식 사건표집법의 관찰기록 양식

- 아동성명: • 생년월일: • 성별:
- 관 찰 자: • 관 찰 일:
- 관찰행동:

시간	사건 전	사건	사건 후

요약:

표 4-12. ABC 서술식 사건표집법의 장단점

구분	내용
장점	• 관찰하고자 하는 사건이나 행동과 그와 관련된 전후 상황을 모두 기록하기 때문에 사건이나 행동의 발생원인, 발생상황, 발생정도 등에 관한 질적 수준의 정보를 얻을 수 있다. • 관찰기록을 토대로 관찰 대상별 문제점과 원인 등을 분석할 수 있어 개별적 교수전략을 세우는 데 유리하다. • 어떤 종류의 행동이든 관찰이 가능하기 때문에 종류가 다양하고 행동의 범위에는 제한이 없다.
단점	• 서술 형식으로 기록하기 때문에 관찰자료의 수량화가 어렵다. • 뚜렷한 관찰 초점을 가지고 행동을 보게 되므로 교사가 마음속으로 결론을 내리고 관찰을 하게 되면 관찰내용이 왜곡될 수 있다. • 다른 서술 형식의 관찰방법과 마찬가지로 시간과 노력이 많이 든다.

(2) 빈도 사건표집법

빈도 사건표집법은 도표를 가지고 미리 정해진 범주와 행동이 일어날 때마다 기록하여 관찰하고자 하는 행동이나 상황이 얼마나 자주 일어나는지를 알아보는 방법이다. 서술식 사건표집법이 질적인 정보를 제공해 준다면 빈도 사건표집법은 양적인 정보를 제공해 준다. 이 방법은 아동의 행동에 대해 정확하고 객관적인 정보를 주기 때문에 교사가 어떤 선별된 행동이나 사건이 얼마나 자주 일어나는지를 알아보고자 할 때 가장 유용하며, 이를 통해 생활지도 전략을 세울 수 있다. 빈도 사건표집법의 작성 예시는 〈표 4-13〉, 빈도 사건기록법의 장단점은 〈표 4-14〉와 같다.

표 4-13. 빈도 사건표집법의 작성 예시

관찰아동	김 ○ 민	생년월일	2014.2.7	성별	여
관찰날짜	2018.11.30	관찰영역	자유선택활동영역	관찰자	홍길동

관찰 사건	유아-유아 간 갈등 쟁점 유형	
갈등의 쟁점	발생횟수	계
소유의 문제	正正正正正	25
언행의 문제	正正正正	20
불일치의 문제	正正	10
합계	55	

표 4-14. 빈도 사건기록법의 장단점

구분	내용
장점	• 특정한 사건이 발생할 때만 주의를 요하므로 관찰자의 시간이 절약된다. • 다른 관찰방법에 비해 기록하는 데 시간과 노력이 덜 들어 편리하다. • 자료를 수량화할 수 있어 분석이 용이하다. • 상당히 융통성이 있기 때문에 광범위하게 여러 가지 주제에 대해 사용할 수 있다.
단점	• 행동이나 사건의 출현 빈도에 주요 관심을 두기 때문에 행동이나 사건의 발생 원인을 알아내는 데는 적합하지 않다. • 행동이나 사건의 양적인 자료는 제공해 줄 수 있으나 개인의 질적인 정보를 제공해 주기는 어렵다.

5) 평정척도법

관찰에서 얻은 자료를 수량화하기 위해 고안된 방법이다. 평정척도는 연속성이 있는 어떤 행동의 차원 또는 영역에 대해서 아동의 행동을 관찰한 후 일정한 위치에 평정하도록(수량화된 점수를 부과하도록) 작성된다. 평정척도법은 관찰과 동시에 행할 수 없고 관찰을 충분히 한 후에 그 결과를 요약하는 수단으로 사용된다. 평정척도의 대표적인 유형으로는 기술 평정척도, 숫자 평정척도, 도식 평정척도, 표준 평정척도 등이 있다(표 4-15). 평정척도법 작성 시 고려사항은 〈표 4-16〉, 기술 평정척도 관찰기록 양식은 〈표 4-17〉, 숫자 평정척도 관찰기록 양식은 〈표 4-18〉, 도식 평정척도 관찰기록 양식은 〈표 4-19〉, 표준 평정척도 관찰기록 양식은 〈표 4-20〉, 평정척도법의 장단점은 〈표 4-21〉과 같다.

표 4-15. 평정척도법의 종류 및 특징

구분	내용
기술 평정척도	행동의 한 차원을 연속성 있는 몇 개의 범주로 나누어 기술하고 관찰자로 하여금 대상의 행동을 가장 잘 나타내는 진술문을 선택하는 방법이다. 이때 진술문은 가능한 행동으로 기술되어야 하며 범주 간 차이를 구분할 수 있어야 한다. 일반적으로 한 행동에 대해 흔히 3~5개의 기술적인 범주에 따라 평정한다.
숫자 평정척도	각 척도치에 숫자를 부여함으로써 측정된다. 이때 숫자는 일종의 점수로써 평정된 자료를 수량화하고 통계적 분석을 가능하게 한다(3, 5, 7점 척도). 숫자를 배정하는 일반적인 규칙은 가장 긍정적인 척도치에 가장 높은 점수를 주는 것이다. 즉, 5점 척도인 경우 5, 4, 3, 2, 1로 점수를 부여한다.

구분	내용
도식 평정척도	도식 평정척도는 관찰자의 판단을 돕기 위해 기술적 유목에 어떤 선을 첨가시킨 형태를 말한다. 도식 평정에서 일정한 직선을 제시하고 직선상의 위치에 따라 판단을 할 때 관찰자는 직선을 하나의 시각적 단서로 활용하여 관찰하는 행동의 연속성을 가정하게 된다. 선은 일반적으로 횡축을 많이 사용한다. 선의 형태는 동간(같은 간격)으로 나누어진 선 또는 나누어지지 않은 선, 연속선 또는 점선 등으로 다양하다. 대체로 척도치에 따라 몇 개의 동간으로 나누어진 가로 직선을 많이 사용한다.
표준 평정척도	관찰자에게 평정의 대상을 다른 일반 대상과 비교할 수 있도록 구체적 준거를 제시하는 방법이다. 이 유형은 기술 평정에서의 각 범주를 보다 객관적인 유목으로 기술한 형태라 할 수 있다.

출처: 최윤희 외(2018). 보육교사인성론. 양성원. pp.191-192.

표 4-16. 평정척도법 작성 시 고려사항

- 개인의 편견이 개입되지 않도록 한다.
- 평정척도법은 관찰행동의 존재 유무와 존재하는 행동의 질적 특성이 어느 정도인지를 파악하도록 한다.

표 4-17. 기술 평정척도 관찰기록 양식

- 아동성명: • 생년월일: • 성별:
- 관 찰 자: • 관 찰 일:

*각 문항에서 아동의 행동을 가장 잘 진술한 범주에 V 표시를 하고 관찰일시를 기록한다.
*만일 진술문 중 그 어느 것도 현재 유아의 행동을 설명하지 못하거나 덧붙일 사항이 있으면 기타 란에 기록한다.

아이가 어려운 문제에 직면했을 때 어떻게 해결하는가?(관찰일시: 월 일 시)
( ) 문제가 무엇인지 잘 파악하지 못한다.
( ) 문제가 무엇인지 파악하나 해결하려고 하지 않고 대개는 포기해 버린다.
( ) 문제가 무엇인지 파악하고 한 가지 방법으로 풀다가 잘 안 되면 포기한다.
( ) 끈기 있게 여러 가지 방법을 이용해서 문제를 해결한다.
기타:

아이가 교실의 규칙들을 잘 지키는가?(관찰일시: 월 일 시)
( ) 규칙을 전혀 지키지 않는다.
( ) 규칙을 가끔 지킨다.
( ) 교사의 지시가 있으면 규칙을 지킨다.
( ) 교사의 지시가 없어도 스스로 알아서 규칙에 따라 행동한다.
기타:

표 4-18. 숫자 평정척도 관찰기록 양식

• 아동성명: • 생년월일: • 성별:

• 관 찰 자: • 관 찰 일:

아이의 자조성에 대해 다음과 같이 1~5로 평가하여 해당 숫자에 ○ 표를 하세요.

	아주못함	못함	보통	잘함	아주잘함	관찰못함
	1	2	3	4	5	n/o
옷입기						
간식 먹은 책상 치우기						
화장실 가기						
손 씻기						
장난감 치우기						
자신의 의사 표현하기						
활동을 스스로 선택하기						
갈등 상황 해결하기						

요약:

표 4-19. 도식 평정척도 관찰기록 양식

• 아동성명: • 생년월일: • 성별:

• 관 찰 자: • 관 찰 일:

다음의 각 항목을 읽고 관찰하는 아이의 사회 · 정서적 행동에 대해 평정한다.

1. 공격성	사소한 일에도 친구들을 밀거나 때린다.		아무리 화가 나도 친구들을 신체적으로 공격하는 일은 없고 말로 해결한다.
2. 공포심	큰 소리, 새로운 장소, 동물들을 무서워한다.		어떤 경우에도 겁이 없는 편이다.
3. 동정심	친구가 다쳤거나 울고 있을 때 거의 무관심하게 지나친다.		친구가 다쳤거나 울고 있으면 언제나 동정심을 표현하고 도와준다.

요약:

표 4-20. 표준 평정척도 관찰기록 양식

• 아동성명: • 생년월일: • 성별:
• 관 찰 자: • 관 찰 일:

다음의 각 항목을 읽고 관찰하는 아이의 사회 · 정서적 행동에 대해 평정한다.

항목	최하위	하위	중간	상위	최상위
1. 언어이해능력	최하위 5%	하위 20%	중간 50%	상위 20%	최상위 5%
2. 의사소통능력	최하위 5%	하위 20%	중간 50%	상위 20%	최상위 5%
3. 대인관계능력	최하위 5%	하위 20%	중간 50%	상위 20%	최상위 5%

요약:

표 4-21. 평정척도법의 장단점

구분	내용
장점	• 평정척도 작성에 시간과 노력이 비교적 적게 들고 사용하기 편리하다. • 관찰에 시간이 많이 들지 않으면서도 많은 발달 영역을 한꺼번에 평가할 수 있다. • 관찰을 하면서 바로 기록하지 않고 편리한 시간에 기록할 수 있다. • 관찰자료를 쉽게 수량화해서 아동 간 비교를 할 수 있다.
단점	• 각 행동이 관찰되는 상황에 대한 설명 없이 단지 행동의 수준만을 기록하기 때문에 행동에 대한 원인이나 전후 사정을 설명해 주지 못한다. • 관찰결과에 대한 판단을 요구하는 것이므로 개인의 편견이 개입될 여지가 많다. • 관찰내용을 직접 현장에서 기록하는 것이 아니라 이후에 판단하기 때문에 관찰자의 기억이나 지각적 속성에 오류가 생길 수 있다. • 관찰자가 나타내고자 하는 것을 정확하고 객관적으로 표현되는 항목을 개발하는 것이 쉽지 않다. 또한 다른 사람이 만든 평정척도를 이용할 때 관찰하는 행동에 적합한 항목이 없는 경우가 생길 수 있다.

6) 행동목록법

사전에 관찰할 행동목록을 만들어 놓고 관찰하면서 해당하는 행동이 나타날 때마다 체크로 표기하는 방법이다. 관찰 시 사용하는 기록양식을 행동목록 또는 행동목록표(behavior checklist)라고 한다. 이 방법은 관찰시간이 절약되고, 아동의 행동을 쉽게 관찰할 수 있으며, 그 결과를 학습계획 및 아동의 행동평가 등에 간편하게 적용할 수 있는 장점이 있지만 목록에 없는 아동의 행동은 평가를 할 수 없다는 단점을 가지고 있다(최윤희 외, 2018). 행동목록법 작성 시 고려사항은 〈표 4-22〉, 행동목록법 관찰기록 양식은 〈표 4-23〉, 행동목록법의 장단점은 〈표 4-24〉와 같다.

표 4-22. 행동목록법 작성 시 고려사항

• 체크리스트에 포함된 관찰문항은 관찰 가능한 구체적 행동을 나타내는 것이어야 한다. • 문항 간 중복이 없도록 한다. • 행동목록 문항은 일정한 체계에 맞게 논리적으로 작성되어야 한다. • 행동목록법은 관찰행동의 유무에 관심을 둔다.

표 4-23. 행동목록법 관찰기록 양식

• 아동성명: • 생년월일: • 성별:
• 관 찰 자: • 관 찰 일:

각 행동 목록에 있는 행동이 나타나면 V로 표시를 하고, 요약을 하세요.

관찰일	1회	2회	3회	4회

영역	내용	1회	2회	3회	4회
기본 생활 습관	1. 간식/식사 전에 손을 씻는다.				
	2. 음식을 골고루 먹는다.				
	3. 혼자서 옷을 입을 수 있다.				
	4. 화장실 사용 후 뒷정리를 혼자 한다.				
	5. 물건을 소중히 다루고 아껴 쓴다.				
	6. 정리정돈을 할 수 있다(장난감, 작업, 간식 책상).				
	7. 규칙(차례, 약속)을 잘 지키는 편이다.				
	8. 어른에게 존댓말을 사용한다.				
	9. 교사의 지시를 잘 이해하고 따른다.				
	10. 고마워, 괜찮아, 미안해 등의 말을 적절하게 사용한다.				

요약	1회	2회	3회	4회

표 4-24. 행동목록법의 장단점

구분	내용
장점	• 특별한 훈련을 받지 않아도 실시할 수 있으며, 유아의 행동을 가장 단순한 방법으로 기록할 수 있다. • 행동발달의 단계 및 유아 개인의 단계적인 발달상을 기록하고 관찰하는 데 유용하다.
단점	• 행동의 출현 빈도나 질적 수준에 대한 정보를 얻을 수 없다. 즉, 행동의 출현 여부는 알 수 있지만 어떻게 그 행동이 일어났는가에 대해서는 전혀 알 수가 없다. • 예외적인 경우를 표시할 수 있도록 행동목록의 내용을 수정하는 데 제한이 있다. 즉, 출현 유무 이외의 사실을 확인하더라도 이것을 행동목록에 포함시킬 수 없다. • 행동목록은 사용하기 쉽지만 이를 유용성 있게 체계적으로 사용하기에는 사전에 시간과 노력이 많이 들고, 관찰자의 경험에 따라 그 유용성이 결정된다.

3 표준화된 검사

진단평가를 통해 정확한 평가가 이루어지기 위해서는 평가 도구들에 대한 이론적인 가정, 측정내용들과 함께 심리적 특성을 변별해 줄 수 있는 진단검사 도구들의 기능을 파악하는 것이 중요하다. 또한 검사를 통해 얻어진 결과가 신뢰롭기 위해서는 검사가 표준화되어 있어야 한다. 표준화(standardization)란 검사의 실시와 채점, 해석의 방법이 일정하게 정해져 있어 누가 검사를 사용하더라도 동일한 절차에 따라 진행하도록 하는 것이다. 이렇게 표준화된 절차에 따라 검사가 진행될 때 그 검사의 신뢰성이 높아지게 된다. 영역별 진단도구 검사는 매우 다양하게 보고되고 있는데, 그 중 발달검사, 인지 영역 검사, 정의 영역 검사 및 신경심리 검사를 중심으로 살펴보면 〈표 4-25〉, 표준화 검사의 장단점은 〈표 4-26〉과 같다.

표 4-25. 발달 영역별 표준화된 진단 검사

구분	검사도구
발달 검사	한국 베일리 영아 발달 검사(K-BSID II), 한국형 덴버 발달 검사 II(K-DDST-II), 한국 영유아 발달선별검사, 한국판 아동 행동척도(K-CBCL), K-SIB-R 한국판 적응행동검사
인지 영역 검사	한국 웩슬러 아동지능 검사(K-WISC-III), 한국 유아용 웩슬러 지능 검사(K-WPPSI), 카우프만 아동용 지능검사(K-ABC), 한국판 종합학습능력진단검사, 한국판 기초학습능력검사, 유아용 종합 창의성 검사(K-CCTYC)
정의 영역 검사	유아성격검사, 한국아동인성검사(KPI-C), 아동용 주제통각검사(CAT), HTP 그림검사, 동작성 가족화 검사, 벤더 게슈탈트 시지각 검사(BGT), 한국판 사회성숙도 검사
신경심리 검사	연속수행검사(CPT), TOVA, 위스콘신 카드분류검사, ADS

출처: 강혜경 외(2017). 원장일반직무교육(심화). 양성원. p.179.

표 4-26. 표준화 검사의 장단점

구분	내용
장점	• 표준화 검사는 전문가에 의해 제작되었기 때문에 신뢰도와 타당도가 검증되어 있다. • 검사의 실시와 채점을 위한 검사 실시 요강이 마련되어 있으며, 원점수를 규준점수로 전환하는 방법이 제시되어 있다. • 검사자는 한 아동의 현재 성취 수준을 이전과 비교(개인 내 비교)해 볼 수 있고, 한 아동의 성취 수준을 연령이 비슷한 다른 아동들과 비교(개인 간 비교)해 볼 수 있다. • 좋은 표준화 검사는 신뢰와 안정된 결과를 제공해 준다. 다만 대상 아동들의 연령이 어릴수록 검사점수의 안정성이 낮아지는 경향이 있다. • 어떤 표준화 검사는 진단적 정보를 제공해 주기 때문에 유용하다. • 검사 실시 요강에는 검사에 관한 유용한 연구 자료가 제시되어 있다.
단점	• 아동의 검사 장면에 대한 비친숙성, 검사자-아동 간 상호작용의 차이, 아동의 개인 간 혹은 개인 내 발달 패턴이나 속도의 차이점 등으로 인해 아동에게 표준화 검사를 사용하는 것이 부적절할 경우가 있다. • 표준화 검사는 평가의 과정에서 교사의 판단을 극소화시키도록 고안되어 있어 표준화 검사의 과다한 사용은 교사의 판단보다 표준화 검사 결과가 더 가치 있다는 메시지를 주어 교사의 전문가로서의 권리를 약화시킬 가능성이 있다. • 표준화 검사 문항은 단순히 기계적인 암기 위주인 경향이 있어 아동의 능력을 정확히 반영하지 못하며, 실생활의 경험과 연결되어 있지 못하고 고차원의 사고능력을 측정하지 못한다.

1) 발달검사

(1) 한국 베일리 영아 발달 검사(K-BSID II)

BSID(Bayley Scale of Infant Development) 검사는 2~30개월 영아들의 발달 정도를 평가하고 정상 발달에서의 일탈 여부 및 일탈 정도를 파악하기 위하여 베일리(Bayley)와 연구진에 의해 개발되었으며, 우리나라에서도 이에 대한 표준화가 이루어져 사용되고 있다(박주영, 2010). K-BSID-III는 생후 16일에서 42개월 된 영유아의 발달적 기능을 평가하는 도구로 인지척도(cognitive scale), 언어척도(language scale), 운동척도(motor scale), 사회-정서척도(social-emotional scale), 적응행동척도(adaptive behavior scale)의 5개 척도로 세분화하여 아동의 주요 발달 정도를 평가하도록 구성되어 있다.

(2) 한국형 덴버 발달 검사 II(K-DDST-II)

DDST(Denver Development Screening Test)는 생후 2주부터 6세 유아를 대상으로 발달지체 혹은 장애의 조기 발견을 목적으로 개발된 검사이다. 우리나라에서는 신희선 등(2002)이 한국형 덴버-II를 표준화하였다. 이 검사는 개인-사회발달 영역 22문항, 미세운동-적응발달 영역 27문항, 언어발달 영역 34문항, 운동발달 영역 27문항 등의 4영역에 110개 항목으로 구성되어 있다. 직접 관찰할 수 없는 문항은 부모의 보고에 의해 판단한다. 검사에는 평균 15~20분 정도 소요된다. 검사의 각 문항에 대하여 합격, 불합격으로 판정한 후 의문시됨, 의뢰, 검사불능, 정상의 네 범주로 최종 판정한다.

(3) 한국 영유아 발달선별검사

한국 영유아 발달선별검사(Korean Developmental Screening Test for Infants & Children, K-DST)는 다양한 영역에서 습득하는 발달기술을 종합적으로 평가하여 발달의 문제가 있는 영유아를 선별하기 위한 부모보고식 검사이다. 이 발달선별검사 도구는 취학 전 연령인 6세 미만 영유아(4~71개월)를 대상으로 실시할 수 있다. 시간이 적게 걸리면서 부모가 쉽게 아이의 행동을 평가하여 답할 수 있는 부모 작성형 설문지 형식이며, 인쇄된 검사 용지를 사용할 수도 있으나 인터넷을 이용하여 웹상에서도 사용 가능한 발달선별 검사도구이다. 그리고 이 도구는 영유아 건강검진 사업에도 사용할 수 있으며, 의료기관 진료 현장에서나 영유아들에 대한 보육시설 등에서도 영유아의 발달을 스크리닝하려는 목적으로 쉽게 사용할 수 있도록 만들어졌다.

(4) 한국판 아동 행동척도(K-CBCL)

아헨바흐(Achenbach, 1991), 아헨바흐와 에델브록(Achenbach & Edelbrock, 1983)이 제작한 CBCL은 부모 또는 아동과 함께 생활하는 어른이 아동의 문제행동과 사회적 능력을 표준화된 형태로 기록하는 행동평가 도구이다. K-CBCL(Korea-Child Behavior Checklist)은 임상 장면이나 학교 등 아동 개인의 평가자료를 필요로 하는 다양한 상황에서 실제적으로 활용이 가능할 뿐 아니라 역학조사, 병인론 연구, 치료효과 연구 등 다양하게 활용될 수 있다. 즉, 평가대상이 각 평가치들에서 또래집단에 비해 얼마나 일탈되었는지, 사회능력척도와 문제 행동증후군 척도의 총점이 준거집단에 비해 얼마나 일탈되어 있는가를 평가하고 그 정도가 임상 범위에 있는지 혹은 정상 범위 내에 있는지를 판별하는 진단자료로서 활용될 수 있다.

(5) K-SIB-R 한국판 적응행동검사

한국판 적응행동검사(Korean-Scales of Independent Behavior-Revised)는 표준화된 규준지향 평가도구로서 인지 및 학교생활과 관련된 발달에서의 적응 기능을 측정하며, 심층적으로 지적장애 아동의 영역별 행동 수준 및 강점과 약점에 대한 정확한 진단을 통해 구체적인 정보를 제공하고, 개별 아동의 고유한 목표 및 프로그램 목표를 설정하기 위해 개발된 검사도구이다.

2) 인지 영역 검사

(1) 한국 웩슬러 아동지능 검사(K-WISC-III)

K-WISC-III(Korean Wechsler Intelligence Scale for Children-Third Edition)는 미국의 웩슬러(Wechsler)에 의해 개발된 WISC의 세 번째 개정판을 곽금주 등(2001)이 표준화한 검사이다. K-WISC-III는 13개의 소검사로 구성되며, 이 중 6개 항목은 언어적 능력을 측정하는 언어성 검사이며, 7개 항목은 시간, 공간 능력을 측정하는 동작성 검사로 나뉜다. 언어성 검사는 추상적 대상을 처리할 수 있는 능력, 교육을 통해 받은 지식의 정도, 언어적 기억 능력, 언어 유창성 등을 측정하고, 동작성 검사는 비언어적 능력, 시 · 지각적 능력과 운동 반응의 통합 능력, 작업 수행 속도, 구체적 상황에서의 작업 능력을 측정한다.

(2) 한국 유아용 웩슬러 지능 검사(K-WPPSI)

K-WPPSI(Korean-Wechsler Preschool and Primary Scale of Intelligence)는 웩슬러 지능검사로 측정하기 어려운 3~7세 유아의 지능을 측정하기 위해 개발된 검사이다. K-WPPSI는 WISC와 마찬가지로 언어성 검사와 동작성 검사로 구성되며, 12개의 하위검사로 이루어진다.

(3) 카우프만 아동용 지능검사(K-ABC)

K-ABC(Korean Version of the Kaufman Assessment Battery for Children)는 미국의 카우프만(Kaufman) 부부에 의해 개발된 지능검사를 문수백과 변창진(1997)이 한국의 정상 및 특수 아동을 대상으로 표준화한 검사이다. 전통적인 지능검사에서 문제점으로 지적된 부분을 보완하여 지능과 습득도를 함께 측정할 수 있는 도구로 개발되었으며, 비언어적 과제의 비중을 높게 두어 의사소통에 문제가 있거나 문화권이 다른 아동에게도 실시할 수 있도록 제작되었다. 신경생리학적 이론에 기반을 두고 제작되어 동시적·순차적 문제해결과정을 측정하는 검사이다.

(4) 한국판 종합학습능력진단검사

유아부터 초등학교 고학년까지 아동의 학습과 관련된 기본 능력과 성취된 학습결과를 측정하기 위해 1995년 제작된 검사이다(문용린, 1995). 10개의 검사문항으로 구성되어 있으며, 6개는 지적능력(지각능력, 주의집중능력, 기억능력, 언어능력, 수리능력, 추리능력)을 측정하고, 나머지 4개는 정의적 특성과 사회성 발달의 특징 및 수준(사회성숙도, 정서안정성, 학습긴장도, 지각된 양육태도)을 측정한다. 이 검사는 지각능력, 주의집중 수준, 기억능력, 언어능력, 수리능력 등 학습에 기초가 되는 능력의 발달 정도를 확인할 수 있는 자료로 활용될 뿐만 아니라, 생활지도, 부모-자녀 관계를 이해하는 데도 도움을 받을 수 있다.

(5) 한국판 기초학습능력검사

유아부터 초등학교 6학년까지 아동을 대상을 기초학습능력을 측정하기 위해 1989년에 개발된 검사이다(박경숙 외, 1989). 아동의 학습 수준이 학년기준, 연령기준에 비추어 정상과 떨어져 있는 정도를 확인하여 향후 개인별 교육계획을 수립하기 위한 목적으로 개발되었다. 정보처리기능, 언어기능, 수기능을 측정하고, 이들 기능을 5개의 하위검사로 측정하도록 구성되어 있다.

(6) 유아용 종합 창의성 검사(K-CCTYC)

K-CCTYC(Korean Comprehensive Creativity Test for Young Children)는 창의성의 주요 요소인 유창성, 융통성, 독창성, 상상력을 측정하는 도구(전경원, 2000)로 언어, 도형, 신체영역에서의 창의성을 측정하기 위한 4개의 소검사로 구성되어 있다. 유창성은 특정한 상황에서 가능한 한 많은 양의 아이디어나 해결책을 산출해내는 능력이다. 반응의 질보다는 양이 중요하므로 가능한 한 많은 양의 아이디어를 내는 것이 중요하다. 융통성은 고정적인 사고방식이나 시각을 변화시켜 다양하고 광범위한 아이디어나 해결책을 산출해내는 능력이다. 문제를 해결하는 데 한 가지 방법에만 집착하지 않고 여러 가지 방법으로 접근하여 반응하려는 유연하고 융통성 있는 사고 유형이다. 독창성은 기존의 사고에서 탈피하여 참신하고 독특한 아이디어나 해결책을 산출하는 능력이고, 상상력은 과거의 경험에 기초하여 앞으로의 행동을 계획하도록 새로운 표상을 만들어내는 능력을 말한다. 이들 네 가지 창의성 요소는 언어, 도형, 신체영역으로 나누어 측정한다.

3) 정의 영역 검사

(1) 유아성격검사

송인섭(1994)은 4~7세 유아의 성격을 진단할 수 있는 유아성격검사를 개발하였다.

이 검사는 유아의 성격 특성을 파악하는 것과 더불어 부정적인 방향으로의 아동행동 발달 가능성 여부를 판단하여 이를 미리 예방하기 위한 목적으로 개발되었다. 검사의 내용은 5개 영역에 30개 문항으로 구성되어 있다.

(2) 한국아동인성검사(KPI-C)

임상 장면에서 아동의 정신과적인 문제를 선별 · 진단하고 학교 장면에서 심리적인 도움을 필요로 하는 아동들을 조기에 발견하여 도움을 주는 데 목적이 있는 검사(Korean Personality Inventory for Childern)이다. 검사는 최근 6개월간 아동과 함께 생활한 보호자가 수행을 하며, 아동의 발달, 정서, 행동, 대인관계, 현실 접촉 등에 대해 응답하여 다차원으로 평가할 수 있다. 4개의 타당도 척도, 1개의 자아탄력성 척도, 11개의 임상척도로 구성되어 있다.

(3) 아동용 주제통각검사(CAT)

CAT(Children's Apperception Test)는 3~10세를 대상으로 한 투사적 성격검사로 벨락(Bellak)에 의해 개별화 검사로 개발된 것이다. 성인용 주제통각검사(Thematic Apperception Test: TAT)와 달리 동물들을 등장시켜 아동들이 주요 인물이나 충동에 대해 대응해 나가는 방식을 이해할 수 있도록 구성되어 있다. CAT를 통해 대인관계, 사회적 상호작용, 동일시 양식과 같이 구체적인 문제들에 대한 아동의 반응을 알 수 있으며, 반응 내용을 분석하여 공포, 공격성, 애정의 원천이나 대상, 반응 기제 등에 대한 단서를 얻을 수 있다.

(4) HTP 그림검사

HTP(House/Tree/Person: 집, 나무, 사람 그림검사)는 벅(Buck, 1948)이 인간의 심리 상태에 대한 정보를 알기 위해 집, 나무 그리고 사람을 하나로 묶어서 검사로 제작한 것이다. 이후 해머(Hammer, 1958)에 의해서 임상적 적용이 확대되었다. HTP는 일종의 투사적 성격검사로서 평가자의 지시에 따라 아동이 흰 종이 위에 집과 나무와 사람을 그리게 되며, 그 그림에 대하여 솔직하고 자유롭게 설명하게 된다. 이 검사는 친숙한 소재를 통해 아동의 생각이나 내부의 욕구 상태, 자아개념, 부모와의 관계나 가족관계, 현재 보이는 정서적 상태 등에 대하여 알아볼 수 있다는 장점이 있다.

(5) 동작성 가족화 검사

번스와 카프만(Burns & Kaufman, 1970)은 아동에게 그의 가족 구성원이 어떤 활동을 하고 있는 장면을 그리도록 요구하는 동작성 가족화 검사(Kinetic Family Drawing, KFD)를 창안하였다. K-F-D는 흰 종이 위에 가족들이 무엇인가를 하는 활동들을 그리게 되는 투사검사의 일종으로 가족관계에서의 문제나 역동에 대하여 알아볼 수 있다. 특히 피검자가 가족관계에서 느끼는 자신의 위치나 가족들에 대한 감정 상태 등에 대해 알 수 있다는 장점을 가지고 있는 검사이다.

(6) 벤더 게슈탈트 시지각 검사(BGT)

BGT(Bender Gestalt Test for Young Children) 검사는 형태심리학의 원리에서 발달된 검사로서 성인들의 정신병과 기질적인 문제를 탐색하기 위해 실시되어 왔으나 최근 아동용 신경심리평가 도구 중 하나로 주로 선별(screening)검사로 사용된다. 이 검사는 9개의 기하학적 도형을 하나씩 보여주면서 그리게 하는 것으로, 점으로 구성된 선과 원, 교차하는 2개의 곡선 등으로 구성되어 있다. 현재는 뇌손상이나 시각 운동 협응에 대한 평가 그리고 지각적 성숙뿐만 아니라 정서적 혼란이나 성격 특성의 평가 및 아동의 학업성취에 대한 예측이나 대략적인 지능 추정을 위한 목적으로도 사용되고 있다.

(7) 한국판 사회성숙도 검사

바인랜드 사회성숙척도(Vineland Social Maturity Scale)를 1985년에 한국에서 표준화하였고(김승국·김옥기, 1985), 1995년에 개정되었다. 0세에서 30세까지의 사회적 능력을 평가하기 위해 6개의 하위검사에 117개 문항으로 구성되어 있으며, 연령에 따라 적용되는 문항이 달라진다.

4) 신경심리검사

(1) 연속수행검사(CPT)

지속적 주의력은 상대적으로 긴 시간 동안 특정 과제 수행을 위해 주의집중을 유지하는 능력으로 정의된다. 이러한 지속적 주의력 연구에 가장 널리 사용되는 실험 과제는 연속수행검사(Continuous Performance Task: CPT)이다. 지속적 주의력을 측정하기 위하여 제작된 프로그램은 X-CPT(표적자극과 방해자극 모두 알파벳으로 구성되어 있으며, 알파벳 X에 대해 반응을 하도록 하는 방법)와 같은 유형의 검사이다.

(2) TOVA

TOVA(Test of Variables of Attention)는 주의력결핍 과잉행동장애를 가진 아동과 성인의 진단 및 약물효과를 평가하기 위해 제작된 일종의 연속수행검사(CPT)이다. TOVA는 컴퓨터를 사용하여 실시하는 표준화된 검사로서, 목표자극은 배경이 되는 직사각형 내부의 위쪽에 정사각형이 위치해 있는 것인데, 피검자는 목표자극이 나타날 때마다 반응을 하도록 지시를 받는다. 전체 수행시간은 약 20~40분이며, TOVA 결과를 통하여 아동의 부주의성, 충동성, 과제에 대한 정보처리 속도, 주의력의 비일관성의 심한 정도를 알 수 있다. 즉, 아동의 연령과 약물복용 여부에 따른 다양한 기준에 따라 주의력결핍 과잉행동장애의 여부를 결정하게 된다.

(3) 위스콘신 카드분류검사

WCST(Wisconsin Card Sorting Test) 검사의 목적은 전두엽의 실행기능을 측정하는 검사이다. 이를 위해 필요한 재료는 4개의 자극카드 세트와 64개의 반응카드 세트(2벌)

그리고 기록지이다. 실시하는 방법은 한 개의 빨간색 삼각형, 두 개의 초록색 별, 세 개의 노란색 십자가, 네 개의 청색 원이 그려진 4개의 자극카드를 피험자 앞에 일렬로 놓고 피험자로 하여금 검사자가 정해진 기준에 따라 반응카드 더미를 배열하도록 요구하는 것이다. 피험자의 과제는 각각의 반응카드 64개를 하나씩 4장의 반응카드 앞에 놓는 것이다. 반응카드들을 어디에 놓아야 하는지는 피검자가 스스로 판단해야만 하고 검사자는 놓은 위치가 맞았는지 틀렸는지에 대한 정보만 준다. 분류기준은 색깔, 모양, 수이며, 피험자가 10장의 카드를 연속적으로 올바르게 놓으면 분류기준이 바뀐다. 검사는 6번의 성공적인 범주(색깔, 모양, 수가 각각 2번)가 완료될 때까지 또는 128장의 카드 모두가 분류될 때까지 계속한다.

(4) ADS

주의력 장애 진단 시스템은 아동의 주의력 문제를 진단하는 전산화된 도구이다. ADS(ADHD Diagnostic System)는 주의력 평가를 위해 사용할 수 있는 객관화되고 표준화된 연속수행검사로서 시각 버전과 청각 버전으로 구성된 비언어적 검사이다. 일정한 간격으로 자극과 비자극이 혼합되어 제시되고 피검자는 자극에 대해서만 반응하여야 한다. 시각자극과 청각자극에 대하여 각각 15분간 검사하게 된다. 단 5세는 5분, 6세는 10분이다.

Chapter 5

표준보육과정과 생활지도

배울내용

1. 3차 어린이집 표준보육과정과 영아생활지도
2. 누리과정과 유아생활지도

학습목표

1. 0~2세 영아의 생활지도를 위한 어린이집 표준보육과정의 내용 탐색 및 구체적인 지도방법에 대해 이해한다.
2. 3~5세 유아의 생활지도를 위한 누리과정의 내용 탐색 및 구체적인 지도방법에 대해 이해한다.

본 장에서는 0~2세 영아를 위한 어린이집 표준보육과정 및 3~5세 유아를 위한 누리과정의 내용 속에서 생활지도와 관련된 내용을 탐색해 보고 구체적인 지도방법을 알아보고자 한다. 즉, 영아를 위한 표준보육과정 내용 중 생활지도와 관련되어 있는 기본생활, 사회관계영역을 중심으로 교육과정 내용 및 구체적인 지도방법을 알아보고, 누리과정 역시 생활지도 내용을 포함하고 있는 신체운동·건강, 사회관계 영역을 중점으로 내용을 살펴보고자 한다. 이를 통해 교사는 교육과정의 내용을 보다 자세히 이해하게 되며 교육과정을 기초로 한 구체적인 아동생활지도 방법을 모색할 수 있을 것이다.

1 3차 어린이집 표준보육과정과 영아생활지도

어린이집의 표준보육과정은 1991년 「영유아보육법」이 제정되어 보육의 법적 토대를 구축하였고, 2004년에 개정된 「영유아보육법」에 의거하여 표준보육과정 개발 및 보급을 위한 근거를 마련하였다. 따라서 2007년에 처음으로 고시된 1차 표준보육과정은 2세 미만 보육과정, 2세 보육과정, 3~5세 보육과정으로 구성되어 보육현장에 적용되어 왔다. 이후 2011년 어린이집과 유치원이 공통과정인 5세 누리과정을 제정하여 고시하게 되면서 표준보육과정은 5세를 제외하고 0~4세 영유아를 대상으로 한 2차 표준보육과정을 2012년 2월에 고시하게 되었다. 5세 누리과정이 제정된 이후 2013년부터 3~4세까지 누리과정을 확대하게 되며 표준보육과정은 0~1세 보육과정, 2세 보육과정으로 나누어 다시 한 번 보육과정을 개정하게 되었다. 이와 같은 과정을 통해 2013년 1월에 제3차 어린이집 표준보육과정이 고시되게 되었다(보건복지부·육아정책연구소, 2013).

3차 어린이집 표준보육과정은 기본생활, 신체운동, 의사소통, 사회관계, 예술경험,

자연탐구 등 6개 영역으로 구성되어 있다. 이 중 영아를 위한 생활지도 내용을 포함하고 있는 기본생활 및 사회관계영역을 중심으로 각 영역의 구체적인 내용과 이에 따른 영아생활지도 방안에 대해 모색해 보면 다음과 같다.

1) 기본생활영역

기본생활영역은 0~1세 영아의 편안한 수면 및 휴식, 수유 및 건강한 식사 등 영아의 일상생활과 관련되어 있으며 안전하게 놀이하도록 하는 영역이다. 영아가 스스로 건강과 안전에 관련된 습관을 기르기 위한 기초를 형성하여 건강하고 안전한 일상생활을 경험하도록 지원해야 한다.

2세 영아 역시 수면과 식사, 배변 등 건강한 일상을 즐길 수 있도록 하고 위험한 상황과 위험한 것을 조심하며 어른의 지시를 따라 안전한 생활을 경험할 수 있도록 하는 영역이다. 또한 일상생활에서 지켜야 하는 위생과 청결을 익히고 바른 식생활 태도를 갖추며 질병에 대해 알고 스스로 건강한 생활습관을 기를 수 있도록 지도하는 것이 필요하다.

(1) 0~1세 기본생활영역 내용 및 영아생활지도

0~1세 기본생활영역은 '건강하게 생활하기'와 '안전하게 생활하기'의 두 가지 내용범주로 구성되어 있다. '건강하게 생활하기'는 몸을 깨끗이 하기, 즐겁게 먹기, 건강한 일상생활하기를 통해 건강하고 편안한 일상생활을 경험하는 내용으로 구성되어 있다. 또한 '안전하게 생활하기'는 안전하게 지내기, 위험한 상황에 반응하기로 구성되어 영아들이 안전하게 놀이하고 생활하도록 하는 데 중점을 두고 있다.

① 건강하게 생활하기

건강하게 생활하기는 0~1세 영아가 몸을 깨끗이 하고 즐겁게 수유 및 이유식을 섭취하며 건강한 일상생활을 하는 내용으로 구성되어 있다(표 5-1).

표 5-1. 건강하게 생활하기의 내용

<table>
<tr><th>내용범주</th><th>내용</th><th>1수준</th><th>2수준</th><th>3수준</th><th>4수준</th></tr>
<tr><td rowspan="10">건강하게 생활하기</td><td rowspan="3">몸을 깨끗이 하기</td><td colspan="4">몸이 깨끗해졌을 때 기분이 좋음을 안다.</td></tr>
<tr><td colspan="4">도움을 받아 손을 씻는다.</td></tr>
<tr><td></td><td colspan="3">도움을 받아 이를 닦는다.</td></tr>
<tr><td rowspan="3">즐겁게 먹기</td><td>편안하게 안겨서 우유(모유)를 먹는다.</td><td>이유식에 적응한다.</td><td>고형식에 적응한다.</td><td>다양한 음식을 먹어본다.</td></tr>
<tr><td colspan="2"></td><td colspan="2">도구로 음식을 먹어 본다.</td></tr>
<tr><td colspan="4">즐겁게 먹는다.</td></tr>
<tr><td rowspan="4">건강한 일상생활하기</td><td colspan="4">수면을 충분히 취한다.</td></tr>
<tr><td colspan="4">편안하게 쉰다.</td></tr>
<tr><td colspan="4">하루 일과에 편안하게 참여한다.</td></tr>
<tr><td colspan="2"></td><td colspan="2">배변 의사를 표현한다.</td></tr>
</table>

'몸을 깨끗이 하기'는 영아가 위생과 청결에 대한 기본적인 감각을 기르고 영아가 청결한 생활을 습관화하도록 하는 내용이 포함되어 있다. 교사는 영아의 몸을 씻겨주고 닦아주며 영아가 몸이 깨끗해졌을 때 기분이 좋다는 사실을 알게 하여 청결을 유지하는 습관을 형성하도록 해야 한다. 또한 하루 일과 중 수유, 식사 전후, 놀이 전후, 배변 후 등 손을 씻어야 하는 상황을 영아가 인지하고 도움을 받아 손을 씻을 수 있도록 지도한다. 0~1세 영아의 경우 아직 치아가 완전히 나지 않았다 하더라고 구강위생을 청결히 하는 것이 중요하다. 따라서 교사는 수유나 식사 후 깨끗한 손수건이나 실리콘 칫솔 등 영아의 월령에 맞는 것을 이용하여 잇몸과 이를 부드럽게 닦아주는 것이 필요하다(고정곤 외, 2017).

'즐겁게 먹기'는 영아가 먹는 것에 대한 즐거움을 알고 모유 또는 우유에서 시작하여 점차 이유식, 고형식 등 다양한 음식을 섭취하는 과정을 경험하게 하는 내용이다.

이 외에도 영아가 기본적인 도구를 사용하여 음식을 먹으며 식사 시간을 즐겁게 느낄 수 있도록 지도해야 한다. 교사는 영아가 수유하는 과정에서 정서적인 안정감을 느낄 수 있도록 영아를 안고 미소를 짓거나 부드러운 말을 건네며 수유를 하는 것이 중요하다. 이유식은 약 6개월 정도가 되면 시작하게 되는데 영아가 다양한 맛을 경험할 수 있도록 하며 젖병이 아닌 숟가락 사용에 익숙해지도록 지도해야 한다. 이유식 이후에는 영아가 성인 음식에 적응할 수 있도록 고형식을 제공하는데, 이때 여러 가지 음식을 한꺼번에 제공하기보다는 한 번에 한 가지 정도를 제공하는 것이 좋다. 이를 통해 영아는 편식하지 않는 습관을 형성할 수 있게 된다. 영아가 다양한 음식을 먹게 되면서 수저와 식기, 식탁 등을 사용하여 식사를 할 수 있도록 하여 기본적인 식사예절을 지도하는 것도 필요하다. 마지막으로 교사는 영아가 식사 시간을 즐거운 시간으로 인식할 수 있도록 통제는 되도록 적게 하면서 다른 사람의 식사를 방해하지 않도록 올바른 식사예절을 함께 지도하도록 한다.

'건강한 일상생활하기'는 영아가 어린이집에서 하루 일과에 편안히 참여하고 수면, 휴식, 배변 등의 일상생활을 건강하게 편안하게 지낼 수 있도록 하는 내용으로 구성되어 있다. 0~1세의 영아는 일상생활 중 수면이 매우 중요하기 때문에 교사는 영아가 충분하고 편안하게 수면을 취할 수 있도록 지도해야 한다. 따라서 영아가 숙면을 취할 수 있도록 안락하고 조용한 수면장소를 마련하는 것이 필요하다. 또한 영아마다 수면시간에 차이가 있기 때문에 이를 고려하여 수면시간을 갖도록 한다. 영아는 활동량이 많고 신진대사가 왕성하기 때문에 충분한 수면과 함께 휴식을 취하는 것이 중요하다. 하지만 영아의 경우 스스로 휴식 시간을 갖는 것이 어렵기 때문에 하루 일과 중 일정 시간을 휴식시간으로 제공한다. 또한 쿠션, 깔개, 인형 등을 제공하고 영아의 눈높이에 가족, 친구 등의 사진을 붙여서 심리적으로 편안함을 느낄 수 있도록 환경을 구성해 주는 것이 필요하다(고정곤 외, 2017). 이외에도 영아들이 하루 일과에 편안하게 참여할 수 있도록 교사는 쾌적한 보육실 환경을 마련하여 영아들이 즐겁게 놀이에 참여하며 생활하는지를 관찰해야 한다. 이때 교사는 부드러운 말씨와 표정으로 영아를 지도하는 것이 중요하다. 마지막으로 배변훈련을 하기 전 영아들을 위해 교사는 기저귀가 젖었는지를 수시로 확인하고 영아가 울음으로 불편함을 표시했을 때 이에 즉각적으로 반응을 해 주는 것이 필요하다. 또한 영아가 배변훈련을 자연스럽게 시작할 수 있도록 배변 의사를 표현하게 하고 이를 표현했을 때는 칭찬과 격려를 제공한다.

② 안전하게 생활하기

안전에 대한 교육은 영아기부터 시작되어야 한다. 이를 위해 0~1세 영아의 안전하게 생활하기는 영아들이 안전하게 지낼 수 있는 환경을 조성하는 것과 위험한 상황을 인식할 수 있도록 하는 내용으로 구성되어 있다(표 5-2).

표 5-2. 안전하게 생활하기의 내용

<table>
<tr><th>내용범주</th><th>내용</th><th>1수준</th><th>2수준</th><th>3수준</th><th>4수준</th></tr>
<tr><td rowspan="4">안전하게 생활하기</td><td rowspan="3">안전하게 지내기</td><td colspan="3">안전한 상황에서 놀이한다.</td><td>놀잇감을 안전하게 사용한다.</td></tr>
<tr><td colspan="4">안전한 장소에서 놀이한다.</td></tr>
<tr><td colspan="4">차량 승하차 시 안전 장구를 착용한다.</td></tr>
<tr><td>위험한 상황에 반응하기</td><td></td><td>위험하다는 말에 반응을 보인다.</td><td colspan="2">위험하다고 알려주면 주의한다.</td></tr>
</table>

'안전하게 지내기'는 영아가 안전한 상황과 장소에서 놀이하고 놀잇감을 안전하게 사용하도록 지도하고 차량을 이용할 때 안전하게 이용할 수 있도록 지도하는 내용이 포함되어 있다. 먼저 교사는 영아들이 안전한 상황에서 놀이를 할 수 있도록 보육실의 환경을 점검하는 것이 무엇보다 중요하다. 따라서 위험한 물건이나 놀잇감이 없는지를 수시로 확인하는 것이 필요하다. 특히 영아의 경우 무엇이든지 입에 넣어서 물건을 탐색하기 때문에 이물질 흡입에 의한 질식사고가 일어나지 않도록 삼킬 수 없으며 모서리가 날카롭지 않은 놀잇감을 제공해야 한다. 또한 실내 · 외 놀이장소가

안전한지 미리 점검하여 영아가 안전한 장소에서 놀이를 할 수 있도록 세심하게 주의를 기울이도록 한다. 영아가 등하원 시 차량을 이용하게 될 경우 영아에 맞는 안전장구를 착용하도록 하여 교통안전 습관을 형성할 수 있도록 지도하는 것 역시 중요하다.

'위험한 상황에 반응하기'는 영아가 여러 위험한 상황에서 위험하다는 것을 알고 적절히 반응하도록 하는 내용이다. 영아의 경우 아직 자신의 처한 상황이 위험한지를 인식하는 데 어려움이 있다. 따라서 이때 교사가 영아에게 위험하다고 이야기를 해 줄 때 영아가 이를 알아듣고 위험한 행동을 멈추거나 조심할 수 있도록 지도하는 것이 필요하다. 이에 더 나아가 영아가 위험하다고 알려주었을 때 영아가 이를 피하고 주의할 수 있도록 지도하는 것이 중요하다. 이를 위해 교사는 보육실, 화장실 등에 위험한 곳이 없는지를 사전에 파악하고 영아가 위험한 물건이나 장소를 알게 해서 함부로 만지거나 가까이 하지 않도록 지도한다.

(2) 2세 기본생활영역 내용 및 영아생활지도

2세 기본생활영역은 0~1세와 마찬가지로 '건강하게 생활하기'와 '안전하게 생활하기'의 두 가지 내용범주로 구성되어 있다. '건강하게 생활하기'는 몸을 깨끗이 하기, 바르게 먹기, 건강한 일상생활하기, 질병에 대해 알기로 구성되어 영아가 건강한 생활습관과 태도를 형성하고 질병의 위험을 아는 내용을 포함한다. '안전하게 생활하기'는 일상생활에서 안전하게 놀이하기, 교통안전 알기, 위험한 상황알기의 내용으로 영아들이 안전하게 놀이하고 생활하도록 지도해야 한다.

① 건강하게 생활하기

2세 영아를 위한 건강하게 생활하기 내용은 청결과 위생, 바른 식생활, 건강한 일상생활, 질병의 위험에 대해 아는 내용으로 구성되어 있다(표 5-3).

표 5-3. 건강하게 생활하기의 내용

내용범주	내용	1수준	2수준
건강하게 생활하기	몸을 깨끗이 하기	스스로 손과 몸 씻기를 시도한다.	
		스스로 이 닦기를 시도한다.	
	바르게 먹기	음식을 골고루 먹는다.	
		도구를 사용하여 스스로 먹는다.	
		정해진 자리에서 먹는다.	
	건강한 일상생활하기	일과에 따라 규칙적으로 잠을 잔다.	
		정해진 시간에 알맞게 휴식한다.	
		하루 일과에 즐겁게 참여한다.	
		정해진 곳에서 배변한다.	화장실에서 배변한다.
	질병에 대해 알기	질병의 위험을 안다.	

'몸을 깨끗이 하기'는 영아가 스스로 손과 몸을 씻는 것과 이를 닦는 내용을 포함하고 있다. 2세 영아의 경우 스스로 손과 몸을 씻을 수 있게 되기 때문에 영아가 바르게 손을 씻고 손을 씻어야 하는 때(식사 전후, 놀이 전후, 배변 후 등)를 알고 스스로 씻으려고 노력할 수 있도록 지도한다. 영아들이 스스로 손 씻기를 할 수 있도록 화장실 세면대 앞에 손을 씻는 방법과 순서를 사진이나 카드로 제작하여 제공해 준다. 또한 충치 예방을 위하여 스스로 이 닦기를 하도록 지도하는 것도 필요하다. 아직 영아가 스스로 완벽하게 양치질을 하는 것에는 어려움이 있기 때문에 교사는 먼저 영아가 시도해 보도록 하고 뒷마무리를 교사가 해 주는 방법으로 이 닦기를 지도할 수 있다. 이를 통해 영아는 청결한 습관을 기를 수 있다.

'바르게 먹기'는 2세 영아가 건강을 유지하기 위하여 음식을 골고루 먹고 바르게 도구를 사용하여 스스로 먹으며 바른 식습관을 형성할 수 있도록 지도하는 내용이다. 2세가 되면 음식에 대한 선호가 생기게 되는데, 이때 편식하게 될 경우 영양적인 불균형으로 인해 영아가 건강하게 성장할 수 없다. 따라서 영아가 건강하게 성장할 수 있도록 하기 위하여 다양한 음식의 맛과 향, 질감을 경험할 수 있도록 하는 것이 중요하다. 교사는 식습관 지도를 위하여 부모를 통해 영아의 평소 식생활습관, 식사량, 체질 및 특이사항을 미리 파악하고 알맞게 지도한다. 특히 알레르기로 인해 섭취하면 안 되는 음식이 있을 경우 영아에게 제공되지 않도록 주의한다. 또한 2세 영아는 수저와 식기를 사용하여 스스로 음식을 먹을 수 있게 된다. 아직 소근육 발달이 미숙하여 식기 사용에 서툴 수도 있지만 교사가 먹여주기보다는 스스로 해 볼 수 있는 경험을 제공한다. 바른 식습관 형성을 위해 영아가 정해진 자리에서 음식을 먹을 수 있도록 지도하도록 한다.

'건강한 일상생활하기'는 영아가 건강한 생활습관을 형성하기 위해 적절한 수면과 휴식, 바른 배변습관을 길러주도록 지도하는 내용이다. 2세 영아는 0~1세 영아와 달리 이제 오후에 1회 정도 낮잠을 자게 된다. 따라서 교사는 매일의 일과 중 영아가 규칙적인 시간에 낮잠을 잘 수 있도록 지도하며, 이때 영아가 편안하게 잠들 수 있도록 개별 침구 등을 미리 준비한다. 또한 교사는 영아마다 다른 수면 습관이나 시간을 파악하여 개별적인 지도를 하는 것이 필요하다. 이 외에도 영아가 정해진 시간에 휴식을 할 수 있도록 하여 쌓인 피로를 해소할 수 있도록 지도하는 것도 필요하다. 영아가 건강을 유지하기 위해서는 신체적 건강뿐만 아니라 정신적 건강이 중요하다. 따라서 교사는 영아들이 지내는 보육실의 환경이 편안할 수 있도록 하여 영아들이 하루 일과에 즐겁게 참여하고 친구들과 즐겁게 놀이에 참여하도록 하는 것이 필요하다. 마지막으로 2세가 되면 배변훈련이 시작되거나 끝나게 된다. 영아가 배변훈련을 할 때 교사는 영아가 정해진 곳에서 배변을 할 수 있도록 지도하는 것이 필요하고 무엇보다 중요한 것은 영아가 스트레스를 받지 않도록 지도하는 것이다. 따라서 배변하는 장소를 청결하게 유지하고 영아가 배변 욕구를 표현할 때 화장실에서 배변을 할 수 있도록 배려하고 격려해 주는 것이 필요하다.

'질병에 대해 알기'는 면역력이 약한 영아들이 질병의 위험에 대해 알 수 있도록 지도하는 내용이다. 교사는 영아가 등원할 때 전날의 건강 상태, 기분 등을 잘 파악하는 것이 필요하다. 또한 영아의 경우 자신이 몸이 아픈 것을 표현하는 데 어려움이 있기 때문에 세밀하게 영아의 상태를 살펴보도록 하며 몸이 아플 때는 어른에게 알려서 적절한 도움을 받을 수 있도록 지도하는 것이 필요하다. 또한 보육실을 자주 환기하고 정기적인 소독, 장난감 세척 등을 통하여 위생적인 환경을 제공하는 것이 필요하다.

② 안전하게 생활하기

2세 영아들은 0~1세 영아보다 더욱 몸을 활발하게 움직일 수 있게 되지만 아직 안전에 대한 인식이 부족하고 자신의 몸을 능숙하게 조절할 수 없기 때문에 안전사고의 위험이 매우 큰 시기이다(표 5-4).

표 5-4. 안전하게 생활하기의 내용

<table>
<tr><th>내용범주</th><th>내용</th><th>1수준</th><th>2수준</th></tr>
<tr><td rowspan="5">안전하게 생활하기</td><td rowspan="2">안전하게 놀이하기</td><td colspan="2">놀이기구나 놀잇감을 안전하게 사용한다.</td></tr>
<tr><td colspan="2">안전한 장소에서 놀이한다.</td></tr>
<tr><td>교통안전 알기</td><td>교통수단의 위험을 안다.</td><td>교통수단의 위험을 알고 조심한다.</td></tr>
<tr><td rowspan="2">위험한 상황알기</td><td>위험한 상황과 위험한 것을 안다.</td><td>위험한 상황과 위험한 것을 알고 조심한다.</td></tr>
<tr><td colspan="2">위험한 상황 시 어른의 지시에 따른다.</td></tr>
</table>

'안전하게 놀이하기'는 영아가 실내 · 외에서 여러 가지 놀이기구나 놀잇감을 안전하게 사용하고 안전한 장소에서 바르게 놀이하는 태도를 형성하도록 하는 내용으로 구성되어 있다. 교사는 영아가 놀이기구나 놀잇감을 바른 방법으로 이용할 수 있도록 지도하는 것이 필요하다. 따라서 놀이기구나 놀잇감의 바른 사용 방법에 대해 미리 알려주고 실제로 바르게 사용할 수 있도록 지도한다. 영아의 특성상 아직 장난감을 공유하거나 나눠 쓰는 등의 활동이 어렵기 때문에 동일한 장난감을 여러 개 준비하는 것이 바람직하다. 또한 영아들이 던지거나 떨어졌을 때 다칠 수 있는 무거운 재질의 장난감보다는 부드럽고 가벼운 재질의 장난감을 준비해 준다. 이 외에도 교사는 영아가 안전한 장소에서 놀이할 수 있도록 위험한 장소(예를 들어 찻길, 도로변)를 알

려주어 영아들이 위험한 상황에 노출되지 않도록 예방하는 것이 필요하다.

'교통안전 알기'는 영아가 바른 교통안전습관을 형성하기 위한 내용으로 영아들이 이용하는 교통수단의 위험성을 알고 스스로 조심할 수 있도록 지도하는 것이 중요하다. 영아가 교통안전에 이해할 수 있도록 교통수단의 이름, 인도와 차도, 횡단보도, 신호등, 안전벨트 등을 이해할 수 있도록 한다. 또한 어린이집의 차량을 이용할 경우 안전벨트를 착용하고 실제 횡단보도를 통해 길을 건너는 경험 등을 제공하여 영아들이 실제 교통안전을 체험할 수 있도록 지도한다.

'위험한 상황 알기'는 영아가 위험한 상황과 위험한 것에 대해 알고 조심하며 위험한 상황에서 어른의 지시에 따를 수 있도록 지도하는 내용으로 구성되어 있다. 교사는 영아가 여러 가지 재난과 사고, 화재, 학대, 유괴 등의 상황에 대해 알고 이러한 상황의 위험성을 인식할 수 있도록 지도해야 한다. 뿐만 아니라 안전과 관련된 안전교육을 통하여 영아가 조심할 수 있도록 지도한다. 또한 아직 영아의 경우 위험한 상황에서 어떻게 대처해야 하는지 잘 알지 못하기 때문에 어른의 지시에 따라 대처하도록 교육한다.

2) 사회관계영역

사회관계영역은 영아가 자신을 다른 사람과 다른 존재로 인식하고 스스로에 대해 긍정적인 느낌을 가지고 자신의 감정을 적절히 표현할 뿐만 아니라 다른 사람의 감정을 인식하도록 하는 내용으로 구성되어 있다. 영아기는 자신과 다른 사람을 구분할 수 있게 되며 자신이 좋아하는 것이 생기며 자아개념 및 자아존중감을 형성해 나간다. 이때 형성된 자아개념 및 자아존중감은 이후 평생에 지속적으로 영향을 미치기 때문에 영아가 긍정적인 경험을 통해 스스로를 소중한 존재로 인식하도록 하는 것은 매우 중요하다. 또한 영아가 자신과 다른 사람 모두 다양한 감정이 있음을 인식하고 이에 적절히 반응할 수 있도록 지도하는 것이 필요하다. 그리고 주양육자와 안정된 애착관계를 형성하고 가족의 소중함과 특별한 애정과 관심을 표현하도록 하는 내용으로 구성되어 있다. 이 외에도 또래 친구를 인식하고 관심을 보이며 자신이 생활하는 반과 교사에 관심을 가지도록 지도하는 내용들이 포함되어 있다. 마지막으로 정리정돈, 차례 지키기, 인사하기, 약속 지키기 등 기본적인 사회적 가치를 이해하고 이를 지킬 수 있도록 지도하는 영역이다.

(1) 0~1세 사회관계영역 내용 및 영아생활지도

사회관계영역은 '나를 알고 존중하기', '나와 다른 사람의 감정알기', '더불어 생활하기'의 세 가지 내용범주로 구성되어 있다. 이는 영아가 자신을 알고 소중하게 여기며 자신의 감정과 다른 사람의 감정을 알고 반응하는 내용이 포함되어 있다. 마지막으로 영아가 자신의 주변 사람들과 함께 생활하는 데 필요한 능력을 기를 수 있도록 한다.

① 나를 알고 존중하기

0~1세 영아의 경우 다른 사람을 인식하기 전 내가 누구인지 인식하도록 지도하는 것이 필요하다(표 5-5).

표 5-5. 나를 알고 존중하기의 내용

<table>
<tr><th>내용범주</th><th>내용</th><th>1수준</th><th>2수준</th><th>3수준</th><th>4수준</th></tr>
<tr><td rowspan="3">나를 알고 존중하기</td><td>나를 구별하기</td><td colspan="2">거울 속의 나에게 관심을 가진다.</td><td colspan="2">거울 속의 나를 알아본다.</td></tr>
<tr><td rowspan="2">나의 것 인식하기</td><td colspan="4">자기 이름을 부르는 소리에 반응한다.</td></tr>
<tr><td colspan="2"></td><td colspan="2">친숙한 자기 물건을 안다.</td></tr>
</table>

'나를 구별하기'는 영아가 주양육자와 자신을 분리된 존재로 인식하고 다른 사람과 자신을 구별하는 내용이다. 구체적으로 영아는 거울에 비친 자신의 모습을 보며 자기와 다른 사람의 모습에 관심을 가지고 점차 구별해 나갈 수 있다. 보육실에 큰 안전거울을 제공하여 영아와 거울을 보며 자주 이야기를 나누도록 한다. 또한 교사는

손으로 영아를 가리키거나 곤지곤지 잼잼 놀이 등을 하는 것을 통해 영아가 자연스럽게 자신의 모습을 인식하도록 지도할 수 있다.

'나의 것 인식하기'는 영아가 자신의 이름과 친숙한 물건을 알도록 돕는 내용으로 구성되어 있다. 교사는 영아를 수유하거나 이유식을 먹일 때 기저귀를 갈거나 놀이할 때 등 영아의 이름을 부드럽게 불러 주어서 자신의 이름을 인식하도록 한다. 이 외에도 영아가 사용하는 자기만의 기저귀, 옷, 자기 사물함 등을 사용하는 경험을 통해 자신이 다른 사람과 독립된 존재로 인식할 수 있도록 한다.

② 나와 다른 사람의 감정 알기

나와 다른 사람의 감정 알기는 나에 대해서 인식한 영아가 나에게 다양한 감정이 있다는 것을 이해하고 이후 다른 사람의 감정에 주의를 기울이는 내용으로 구성되어 있다(표 5-6).

표 5-6. 나와 다른 사람의 감정 알기의 내용

내용범주	내용	1수준	2수준	3수준	4수준
나와 다른 사람의 감정 알기	나의 감정을 나타내기	나의 욕구와 감정을 나타낸다.			
	다른 사람에게 주의 기울이기	다른 사람의 말과 표정, 몸짓에 주의를 기울인다.		다른 사람이 나타내는 여러 가지 감정에 주의를 기울인다.	

'나의 감정을 나타내기'는 영아가 자신에게 여러 가지 감정이 있으며 이를 자연스럽게 표현할 수 있도록 하는 내용이다. 영아는 기본적으로 배고프거나 배변을 했을 경우, 피로 등의 이유로 자신의 감정을 표현하게 된다. 이때 교사는 영아의 욕구에 민감하고 따뜻하게 반응해 주는 것이 중요하다. 이러한 경험을 통해 영아는 자신의 욕구와 감정 표현에 익숙해지게 된다.

'다른 사람에게 주의 기울이기'는 영아가 자신의 감정뿐 아니라 다른 사람의 욕구나 감정에도 관심을 갖도록 하는 내용이다. 이를 통해 영아는 자신과 다른 사람이

분리되어 있으며, 자신과 다른 사람의 감정이 다를 수 있음을 이해할 수 있게 된다. 교사는 0~1세 영아가 다른 사람에게 주의를 기울이게 하기 위해 다른 사람의 말과 표정, 감정에 주의를 기울이도록 지도해야 한다. 이를 위해 교사는 영아가 다른 사람의 얼굴과 목소리에 관심을 가지고 상대방의 몸짓을 살펴볼 수 있는 기회를 제공한다. 또한 다른 또래가 표현하는 감정을 보고 나에게 다양한 감정이 있는 것과 같이 다른 사람도 여러 가지 감정을 느끼고 밖으로 나타낸다는 것을 인식할 수 있도록 상호작용해 주는 것이 필요하다. 구체적으로 교사는 영아에게 "친구가 정말 기뻐하고 있구나", "친구가 엄마가 보고 싶어서 너무 슬퍼서 우는구나" 등과 같은 감정과 관련된 단어를 사용하여 상호작용한다.

③ 더불어 생활하기

더불어 생활하기는 0~1세 영아가 양육자와 안정적인 애착을 형성하고 또래에 관심을 갖으며 자신이 속한 어린이집, 반, 교사에 대해 인식할 수 있도록 하는 내용으로 구성되어 있다. 이 외에도 기초적인 사회적 가치를 인식하고 실천해 보는 내용을 포함하고 있다(표 5-7).

표 5-7. 더불어 생활하기의 내용

<table>
<tr><th>내용범주</th><th>내용</th><th>1수준</th><th>2수준</th><th>3수준</th><th>4수준</th></tr>
<tr><td rowspan="6">더불어 생활하기</td><td rowspan="2">안정적인 애착형성하기</td><td>양육자와 시선을 맞춘다.</td><td colspan="3">양육자에게 적극적으로 관심과 욕구를 표현한다.</td></tr>
<tr><td colspan="2">주변의 친숙한 사람의 얼굴과 목소리를 인식한다.</td><td colspan="2">주변의 친숙한 사람에게 애정을 표현한다.</td></tr>
<tr><td>또래에 관심갖기</td><td colspan="4">다른 영아와 함께 지내는 것을 경험한다.</td></tr>
<tr><td>자신이 속한 집단 알기</td><td colspan="2">담임교사를 구별한다.</td><td colspan="2">자기 반에서 지내며 안정감을 가진다.</td></tr>
<tr><td rowspan="2">사회적 가치를 알기</td><td colspan="2"></td><td colspan="2">친숙한 물건의 자리를 안다.</td></tr>
<tr><td colspan="4">만나고 헤어지는 인사를 해 본다.</td></tr>
</table>

'안정적인 애착 형성하기'는 영아가 주양육자와 정서적인 유대감을 형성하는 것으로 영아가 심리적으로 안정을 느끼고 자신이 보호받고 있다는 것을 인식하도록 하는 내용으로 구성되어 있다. 요즘 어린이집에 오는 영아의 연령은 점점 어려지고 보육시간은 긴 특징을 가지고 있다. 따라서 영아와 애착을 형성하는 대상 중 하나로 교사의 역할이 중요해지고 있다. 교사는 영아가 양육자의 얼굴과 목소리에 관심을 가지고 긴밀한 상호작용을 할 수 있도록 하며 영아가 표현하는 욕구에 적극적으로 반응해 주도록 한다. 또한 이와 더불어 주변의 친숙한 사람(예를 들어 매일 만나는 기타 가족원, 어린이집 원장 등)의 얼굴이나 목소리를 인식하여 심리적 안정감을 느끼는 사회적 대상을 확장할 수 있도록 돕는 것도 필요하다. 그리고 영아가 낯선 사람과 친숙한 사람을 구분하고 친숙한 사람에게는 인사, 포옹 등을 통해 애정을 표현하고 도움을 요청할 수 있도록 지도한다.

'또래에 관심 갖기'는 어린이집 교실에서 교사 외에 다른 영아와 지내는 경험을 하게 하여 자연스럽게 자신과 구별되는 다른 존재로서 또래를 인식하도록 하는 내용이다. 교사는 영아가 자신뿐 아니라 다른 영아도 교사와 접촉이나 교류를 하는 대상이라는 점을 인식할 수 있도록 도와야 한다. 이를 위해 영아가 놀이를 할 때 주변에 있는 다른 영아와도 놀이를 할 수 있도록 지도하는 것이 필요하다. 또한 다른 영아의 요구를 들어줄 때 잠시 기다려야 한다는 점도 인식할 수 있도록 한다.

'자신이 속한 집단 알기'는 영아가 담임교사를 구분하도록 하고 자기 반에서 안정감을 가지며 지낼 수 있도록 하는 내용을 포함하고 있다. 영아는 자신의 요구에 민감하게 반응해 주는 경험을 통해 담임교사를 인식할 수 있다. 따라서 교사는 영아의 요구를 충족시켜 주고 온정적인 태도를 보여주는 것이 필요하다. 또한 영아가 보육실에서 불편함 없이 지낼 수 있도록 안락한 환경을 제공하고 영아들에게 친숙한 놀잇감, 규칙적인 하루 일과를 제공하여 영아들이 편안한 감정을 느낄 수 있도록 지도한다.

'사회적 가치를 알기'는 영아가 사회관계에서 기본적으로 알아야 할 사회적 가치를 일상생활 속에서 경험해 볼 수 있도록 하는 내용이다. 이를 위해 0~1세 영아는 보육실에서 자주 사용하는 놀잇감이나 자신의 물건을 정해진 장소에 두어야 한다는 점을 인식할 수 있도록 한다. 또한 교사는 영아가 주양육자 또는 친숙한 사람과 만나거나 헤어질 때 인사를 하도록 하여 자연스럽게 만남과 헤어짐을 경험할 수 있도록 하고 다시 만났을 때 애정을 표현할 수 있도록 돕는다.

(2) 2세 사회관계영역 내용 및 영아생활지도

2세 사회관계영역은 '나를 알고 존중하기', '나와 다른 사람의 감정 알기', '더불어 생활하기'의 내용으로 구성되어 영아가 자신과 다른 사람을 구분할 줄 알고 자신이 선호하는 것을 표현하도록 한다. 또한 영아가 자신의 여러 감정을 말과 행동으로 표현할 수 있도록 하며 다른 사람의 감정에 반응하는 내용을 포함한다. 마지막으로 영아가 자신의 가족을 알고 또래에 관심을 보이고 함께 놀며 자신이 속한 반과 교사를 인식하고 기본적인 사회적 가치를 알고 실천할 수 있도록 하는 데 중점을 두고 있다.

① 나를 알고 존중하기

2세 영아를 위한 사회관계영역의 나를 알고 존중하기는 영아가 다른 사람과 나를 구별하는 내용과 자신이 좋아하는 것을 스스로 선택하여 실천해 보는 내용으로 구성되어 있다(표 5-8).

표 5-8. 나를 알고 존중하기의 내용

내용범주	내용	1수준	2수준
나를 알고 존중하기	나를 구별하기	나와 다른 사람의 모습을 구별한다.	
	좋아하는 것 해 보기	내가 좋아하는 것을 찾아본다.	
		좋아하는 놀이나 놀잇감을 선택해 본다.	스스로 선택한 놀이나 놀잇감을 즐긴다.

'나를 구별하기'는 영아가 자신과 다른 사람을 구별함으로써 자신의 존재를 인식하게 하는 내용으로 2세 영아는 점차 자신과 다른 사람의 모습이나 주요한 신체 특징을 구별할 수 있도록 지도한다. 영아가 나와 다른 사람을 구별할 수 있도록 우리반 친구들의 사진을 붙여 놓아서 영아들이 자연스럽게 자신과 다른 사람을 찾아보는 등의 활동을 진행할 수 있다.

'좋아하는 것 해 보기'는 영아가 자신이 좋아하는 것이 무엇인지를 알고 좋아하는 것을 즐기는 경험을 통해 자신에 대해 긍정적으로 인식할 수 있도록 지도하는 것이 중요하다. 교사는 영아가 자신이 좋아하는 것과 덜 좋아하는 것, 싫어하는 것이 무엇인지를 알 수 있도록 도와주도록 하며, 이를 통해 영아가 자신의 독립성을 인식하도록 한다. 또한 영아가 자신의 선호에 따라 좋아하는 놀이와 놀잇감을 스스로 선택하고 즐길 수 있는 기회를 제공한다. 이를 통해 영아는 자신의 선택이 존중받는 경험을 하게 되고 이는 자기 자신을 존중하는 태도로 이어질 수 있다.

② 나와 다른 사람의 감정 알기

나와 다른 사람의 감정 알기는 자신의 다양한 감정을 나타내는 것과 다른 사람의 감정을 이해하고 적절한 반응을 보이는 내용으로 구성되어 있다(표 5-9).

표 5-9. 나와 다른 사람의 감정 알기의 내용

<table>
<tr><th>내용범주</th><th>내용</th><th>1수준</th><th>2수준</th></tr>
<tr><td rowspan="2">나와 다른 사람의 감정 알기</td><td>나의 감정을 나타내기</td><td colspan="2">여러 가지 감정을 말과 행동으로 나타낸다.</td></tr>
<tr><td>다른 사람의 감정에 반응하기</td><td colspan="2">다른 사람이 나타내는 여러 가지 감정에 반응을 보인다.</td></tr>
</table>

'나의 감정을 나타내기'는 영아가 자신의 욕구나 감정을 적합한 방법을 통해 표현할 수 있도록 하는 내용이다. 앞에서 살펴본 바와 같이 0~1세 영아에게는 자신이 다양한 감정을 느끼는 것처럼 다른 사람도 여러 감정을 느낀다는 것을 알도록 지도했다면, 2세 영아는 자신의 감정을 간단한 말이나 적절한 행동으로 표현할 수 있도록 지도해야 한다. 따라서 교사는 자신이 원하는 것을 얻기 위해 울거나 떼쓰는 방법보다는 교사에게 와서 바르게 이야기를 하는 것이 보다 적합한 방법임을 알려주어야 한다. 또한 영아가 보이는 감정에 대해 교사가 감정을 나타내는 어휘로 표현해 주어서 영아가 자연스럽게 감정을 나타내는 말을 인식할 수 있도록 한다.

'다른 사람의 감정에 반응하기'는 영아가 다른 사람이 보이는 긍정적인 감정(예를 들어 기쁨, 즐거움 등)뿐만 아니라 부정적인 감정(예를 들어 슬픔, 화남, 두려움, 아픔 등)을 인식하고 이에 적절하게 반응하는 것을 지도하는 내용으로 구성되어 있다. 교사는 영아가 다른 사람의 감정에 초보적인 수준에서라도 공감할 수 있도록 지도해야 한다. 이를 위해 영아가 다른 사람의 감정이 무엇인지를 인식할 수 있도록 하고 자연스럽게 관심을 기울이고 함께 느끼며 공감할 수 있도록 지원한다. 그리고 영아가 공감하고 적절한 반응을 보였을 경우(예를 들어 울고 있는 친구를 위해 휴지를 가져다 준다거나 손을 잡아 주는 등의 행동) 영아의 행동을 격려해 준다.

③ 더불어 생활하기

더불어 생활하기는 영아가 가족에 대한 특별함을 느끼고 또래와 관계를 형성하는 내용, 자신이 속한 집단에 대한 인식하기와 스스로 물건을 정리하거나 규칙을 지키는 등과 같은 기본적인 사회적 규칙을 알고 실천하는 내용으로 구성되어 있다(표 5-10).

표 5-10. 더불어 생활하기의 내용

내용범주	내용	1수준	2수준
더불어 생활하기	내 가족 알기	내 가족에게 애정을 표현한다.	내 가족에게 다른 사람과는 구별된 특별한 감정을 갖는다.
	또래와 관계하기	또래에게 관심을 보인다.	또래의 모습과 행동을 모방한다.
		또래의 이름을 안다.	또래가 있는 곳에서 놀이를 한다.
	자신이 속한 집단 알기	자신이 속한 반과 교사를 안다.	자신이 속한 반의 활동에 즐겁게 참여한다.
	사회적 가치를 알기	도움 받아 물건을 정리한다.	스스로 물건을 정리한다.
		자기 순서를 안다.	순서를 기다린다.
		바른 태도로 인사한다.	
		간단한 약속을 지킨다.	

'내 가족 알기'는 영아가 가족이 있음을 알고 가족에게 소속감과 애정을 갖고 표현할 수 있도록 지도하는 것이 필요하다. 이를 위해 교사는 영아가 어머니와 아버지 외에 형제나 자매, 조부모 등도 가족이라는 사실을 인식할 수 있도록 도와주며 애정과 소속감, 자랑스러움 등을 느낄 수 있도록 한다. 또한 가족에게 애정을 표현(예를 들어 미소, 몸짓, 신체적 접촉 등)하거나 힘들 때는 위로를 받을 수 있는 존재임을 알도록 한다. 따라서 교사는 영아의 가족사진을 제시하여 구성원을 이해할 수 있도록 하거나 가족역할 놀이, 부모님 얼굴 꾸미기 활동 등을 제공하여 가족이 다른 사람들과는 구별되는 특별한 존재를 인식하도록 지도한다.

'또래와 관계하기'는 영아가 또래와 함께 생활하고 놀이하는 자연스러운 경험을 통해 또래에게 관심을 가지고 또래의 행동을 모방하는 내용으로 구성되어 있다. 영아가 또래와 상호작용을 시작하는 것은 사회적 관계에 필요한 초보적인 사회적 기술을 습득하는 과정으로 교사는 영아가 주변의 또래에게 관심을 보이고 또래의 모습과 행동을 모방할 수 있는 기회를 제공한다. 또한 우리반 친구의 이름을 인식할 수 있도록 이름을 자주 불러주고 영아의 사진을 제공하여 이름을 부르며 손가락으로 가리켜 보는 활동을 진행한다. 2세 영아의 특성으로 인해 영아들이 협동하여 놀이를 하는 것은 어렵지만 점차 교사가 놀이에 개입하여 또래와 함께 놀이하고 상호작용할 수 있도록 지원해 주는 것이 좋다. 또한 친구와 함께 놀이하거나 활동하는 모습을 사진으로 찍은 후 벽면에 게시를 해 주어서 영아들이 자연스럽게 또래에 관심을 갖도록 지도할 수 있다.

'자신이 속한 집단 알기'는 영아가 자신이 다니는 어린이집의 우리 반 이름, 담임교사, 자기 반의 하루 일과에 참여함으로써 집단에 대한 기본적인 소속감을 느낄 수 있도록 지도하는 내용이다. 교사는 영아가 자신이 소속된 보육실과 교사를 알 수 있도록 보육실에 반 이름, 교사와 또래들과 함께 찍은 사진 등을 게시해 주도록 한다. 또한 영아들이 자신의 보육실에서 즐겁게 활동에 참여할 수 있도록 물리적인 환경을 잘 구성하고 규칙적인 하루 일과를 제공한다. 이를 통해 영아들은 안정감을 느끼고 즐겁게 활동에 참여할 수 있게 된다.

'사회적 가치를 알기'는 영아가 정리정돈이나 순서 지키기, 인사하기, 약속 지키기 등과 같은 질서, 예절, 규칙 등을 습득하도록 하는 내용으로 구성되어 있다. 영아가 직접 자신이 가지고 놀았던 놀잇감이나 자신의 물건 등을 처음에는 교사의 도움을 받아 정리하도록 하고 이후에는 스스로 정리할 수 있도록 지도해야 한다. 이를 위해 교사는 흥미영역의 교구장에 놀잇감과 같은 사진을 붙여 주고 영아의 개인 사물함에도 영아의 사진과 이름을 붙여 주어서 스스로 정리할 수 있도록 한다. 또한 영아가 여러 사람이 동시에 한 가지 일을 하기 원할 때는 순서를 기다려야 하며, 이를 기다릴 수 있도록 구체적으로 지도하는 것이 필요하다. 화장실에서 손을 씻거나 실외놀이터에서 놀이기구 등을 이용할 때와 같이 영아의 실제 삶과 밀접한 관련이 있는 기회를 통해 영아들이 순서를 지킬 수 있도록 지도하는 것이 바람직하다. 이 외에도 영아가 어린이집 교사나 친구를 만났을 때와 헤어질 때 공손하고 따뜻하게 인사할 수 있도록 도와야 한다. 마지막으로 어린이집에서 즐겁게 지내기 위해서는 지켜야 할 간단한 약속(예를 들어 친구 때리지 않기, 친구의 놀잇감을 빼앗지 않기 등)이 있다는 사실을 인식하고 실천할 수 있도록 한다. 이때 교사는 영아의 발달수준과 특성을 고려한 약속을 영아와 직접 상의하여 정하도록 한다. 이렇게 했을 때 영아들은 보다 약속을 잘 지켜나갈 수 있다.

2 누리과정과 유아생활지도

2012년부터 유치원과 어린이집에 다니는 만 5세 유아는 공통의 '5세 누리과정'을 적용하게 되었다. 이를 통해 유치원과 어린이집에 만 5세 자녀를 보내는 모든 학부모에게 유아 학비 · 보육비 지원을 하여 부모들의 경제적 부담을 경감시켜 주었다. 이후 정부는 2013년부터는 만 3~4세까지 연령을 확대하여 누리과정을 적용하였다. 이와 같은 누리과정은 현재 유치원과 어린이집으로 이원화되어 있는 교육 · 보육과정을 통합하여 유아기 단계에서 교육의 질을 제고하고 생애 초기 출발점 평등을 보장하는 데 그 의의가 있다고 할 수 있다(교육과학기술부 · 보건복지부, 2013).

누리과정은 3차 표준보육과정과 연계되었으며 만 3, 4, 5세 유아에게 필요한 기본능력과 소양을 기를 수 있는 내용을 선별하여 신체운동 · 건강, 의사소통, 사회관계, 예술경험, 자연탐구 5개 영역별 세부 내용으로 구성되었다. 특히 누리과정은 기본생활습관과 질서, 배려, 나눔, 협력 등 다른 인성 지도를 강조하는 특징을 가지고 있다. 누리과정의 5개 영역 중 유아생활지도와 관련된 신체운동 · 건강, 사회관계 영역을 중점으로 내용을 살펴보고자 한다.

1) 신체운동 · 건강영역

신체운동 · 건강영역은 유아가 자신의 신체를 긍정적으로 인식하고 신체활동에 즐겁게 참여함으로써 유아기에 필요한 운동능력과 기초 체력을 기르는 영역이다. 이를 통해 유아는 건강한 신체 및 정신을 유지하게 되며 자신에 대한 긍정적인 인식을 형성하게 되고 이는 대인관계에도 영향을 미칠 수 있다. 뿐만 아니라 신체운동 · 건강영역은 유아가 바른 식습관을 형성하는 내용으로 구성되어 있다. 이 외에도 생활 속에서 자연 재해나 안전사고의 위험이 증가하고 있기 때문에 유아가 건강하고 안전한 생활습관을 기르도록 지원하는 것이 중요하다.

(1) 3~5세 신체운동 · 건강영역 내용 및 유아생활지도

신체운동 · 건강영역의 내용 범주는 '신체 인식하기', '신체 조절과 기본 운동하기', '신체 활동에 참여하기', '건강하게 생활하기', '안전하게 생활하기'의 다섯 가지 내용 범주로 구성되어 있다. 이 중 유아가 건강하고 안전한 생활습관을 형성 할 수 있도록 하는 내용이 포함된 '건강하게 생활하기'와 '안전하게 생활하기'의 두 범주의 내용을 세부적으로 살펴보면 다음과 같다.

① 건강하게 생활하기

건강하게 생활하기는 청결과 위생, 바른 식생활하기, 규칙적이고 건강한 일상생활하기를 통해 건강한 생활습관과 태도를 형성할 수 있도록 하며, 질병을 예방할 수 있는 능력과 태도를 형성하는 내용으로 구성되어 있다(표 5-11).

표 5-11. 건강하게 생활하기의 내용

내용 범주	내용	세부내용		
		3세	4세	5세
건강하게 생활하기	몸과 주변을 깨끗이 하기	손과 이를 깨끗이 하는 방법을 알고 실천한다.		스스로 몸을 깨끗이 하는 습관을 기른다.
		주변을 깨끗이 한다.	주변을 깨끗이 하는 습관을 기른다.	
	바른 식생활하기	음식을 골고루 먹는다.		적당량의 음식을 골고루 먹는다.
		몸에 좋은 음식에 관심을 갖는다.	몸에 좋은 음식을 알아본다.	몸에 좋은 음식을 선택할 수 있다.
		바른 태도로 식사한다.	음식을 소중히 여기고 식사예절을 지킨다.	
건강하게 생활하기	건강한 일상생활하기	규칙적으로 잠을 자고, 적당한 휴식을 취한다.		
		하루 일과에 즐겁게 참여한다.		
		스스로 화장실에서 배변한다.	바른 배변습관을 가진다.	규칙적인 배변습관을 가진다.
	질병 예방하기	질병의 위험을 알고 주의한다.	질병을 예방하는 방법을 알고 실천한다.	
		날씨에 맞게 옷을 입는다.	날씨나 상황에 알맞게 옷을 입는다.	

'몸과 주변을 깨끗이 하기'는 유아가 질병을 예방하기 위하여 손과 몸을 깨끗이 씻고 나아가 주변을 깨끗이 하는 습관을 기르도록 하는 내용이다. 만 3, 4세 유아의 청결한 생활습관은 자신의 신체를 항상 청결하게 유지하는 것에서부터 시작된다. 따라서 손과 치아를 깨끗이 씻을 수 있도록 교사는 구체적인 씻는 방법에 대해 교육하고 유아가 실천할 수 있도록 하는 것이 필요하다. 그리고 이러한 태도가 습관으로 이어질 수 있도록 지도한다. 유아가 건강하게 생활하기 위해서는 자신의 몸뿐만 아니라 유아를 둘러싼 주변을 청결하게 하는 것도 중요하다. 여기서 주변이란 좁은 의미로 유아가 개인적으로 사용하는 개인장과 교실을 말하며 넓은 의미로는 유아교육

기관을 비롯하여 유아가 이용하는 공공시설이나 공간까지를 모두 일컫는다. 만 3세 유아들은 주로 자신의 소지품과 생활공간을 깨끗이 유지할 수 있도록 지도하며 만 4세와 5세 유아에게는 자신이 사용한 물건을 스스로 정리정돈하고 청결하게 유지하는 습관을 형성하도록 지도하는 것이 필요하다.

'바른 식생활하기'는 유아의 식습관과 관련된 내용으로 유아가 건강을 유지하기 위해 음식을 골고루 먹을 수 있도록 지도하며 몸에 좋은 음식을 구별할 수 있도록 하는 내용이 포함된다. 이와 함께 유아가 바른 식사예절과 태도를 알고 실천할 수 있도록 지도하는 것이 중요하다. 유아가 신체 건강을 유지하기 위해 편식하지 않고 음식을 골고루 먹을 수 있도록 지도해야 한다. 유아의 경우 특이한 질감이나 향에 음식을 거부하기도 하기 때문에 다양한 조리 방법을 사용하여 유아들에게 제공하는 것도 필요하다. 유아가 편식하지 않는 것도 중요하지만 자신이 먹을 수 있는 음식의 양을 적절히 조절하는 것도 중요하다. 따라서 교사는 유아 개인별 식사량을 확인하고 개인차를 고려한 적정 급식량을 배식함으로써 자신에게 알맞은 적당량의 음식을 골고루 먹을 수 있도록 지도한다. 이 외에도 건강을 유지하는 데 좋은 음식과 그렇지 못한 음식이 있다는 것을 알고 건강과 영양과의 관계를 이해할 수 있도록 지도한다. 최근 소아비만 등의 문제는 유아들이 인스턴트 식품이나 단 음식을 지나치게 섭취함으로써 생기게 된다. 따라서 유아가 음식에 포함된 기본적인 영양분에 관심을 갖고 신체 발달에 필요한 칼슘, 비타민, 단백질 등이 풍부한 음식을 선택할 수 있도록 지도한다.

'바른 식생활하기'에는 유아가 바른 태도로 식사하는 습관을 길러주기 위한 내용도 포함되어 있다. 즉, 유아가 식사할 때 지켜야 할 예절인 식사 도중에 돌아다니지 않기, 음식이 있는 상태에서 말하지 않기, 음식을 먹을 때 소리 내지 않기 등 기본적인 예절을 알고 지키도록 지도한다. 만 4세와 5세 유아들에게는 식품의 생산과 공급, 조리과정에 많은 사람의 노고가 있었음을 이해하고 음식의 소중함을 알고 음식을 남기지 않도록 지도하는 것도 필요하다.

'건강한 일상생활하기'는 유아가 건강한 생활습관을 형성하는 데 필요한 규칙적인 수면과 휴식, 배변습관을 형성하도록 하는 내용이다. 유아에게 적당한 휴식과 수면은 매우 중요하다. 따라서 교사는 연령과 개인적인 특성을 반영하여 낮잠과 휴식 시간을 적절히 제공하도록 한다. 그러나 낮잠을 자려고 하지 않는 유아가 있을 경우 억지로 자거나 누워 있도록 하기보다는 조용히 책을 보는 등의 방법으로 휴식을 취할 수 있도록 하는 것이 바람직하다. 유아가 건강을 유지하기 위해서는 신체적인 건강뿐만 아니라 정신건강을 유지할 수 있도록 하는 것도 중요하다. 따라서 교사는 유아가 활동에 적극적으로 참여하고 활동 과정에서 느끼는 다양한 감정과 느낌을 적절한 방법으로 표현할 수 있도록 하여 하루 일과에 즐겁게 참여할 수 있도록 지도한다. 이 외에도 유아가 스스로 화장실에서 배변하며 바르고 규칙적인 배변습관을 가질 수 있도록 해야 한다. 이를 위해 교사는 하루 일과 중 화장실에 가는 시간을 제공하는 것이 필요하고 배변의 욕구를 참고 놀이하는 유아가 없는지를 세심하게 살펴보는 것이 필요하다. 또한 유아가 화장실을 사용하고 난 후에는 물을 내리거나 손을 씻는 등 화장실을 깨끗이 사용할 수 있도록 지도한다. 그리고 규칙적인 배변습관이 건강의 기본이기 때문에 바른 식습관과 운동을 통해 규칙적인 배변습관을 갖도록 지도한다.

'질병 예방하기'는 전염병에 대한 면역력이 약한 유아가 질병의 위험을 알고 주의하며 날씨와 상황에 알맞은 옷을 입을 수 있도록 지도하는 내용으로 구성되어 있다. 유아가 건강하게 생활하기 위해서는 질병의 위험을 알고 예방할 수 있는 태도를 기르도록 해야 한다. 유아들에게 질병에 걸리지 않기 위해 규칙적인 생활습관을 형성할 수 있도록 하고 예방주사를 맞거나 모기에 물리지 않는 예방방법의 내용을 알고 실천할 수 있도록 지도한다. 이 외에도 질병을 예방하기 위해서는 날씨와 계절에 맞는 옷을 적절하게 입는 것도 중요하다. 그러나 만 3세의 경우 스스로 외부 온도나 날씨에 알맞게 옷을 입기보다는 자신이 원하는 옷을 입으려는 경향이 강하기 때문에 이에 대한 지도가 필요하다. 교사는 날씨나 상황에 적절한 옷차림을 했을 때 활동을 하는 데 편리하며 건강도 유지하게 된다는 것을 이해할 수 있도록 지도한다.

② 안전하게 생활하기

안전하게 생활하기는 유아가 일상생활에서 안전하게 놀이하는 습관을 기르도록 하고 교통규칙을 알고 지키며 재난이나 사고 등 비상사태에서 안전하게 대처하는 방법을 알고 실천하도록 하는 데 중점을 두고 있다(표 5-12).

표 5-12. 안전하게 생활하기의 내용

<table>
<tr><th rowspan="2">내용 범주</th><th rowspan="2">내용</th><th colspan="3">세부내용</th></tr>
<tr><th>3세</th><th>4세</th><th>5세</th></tr>
<tr><td rowspan="7">안전하게 생활하기</td><td rowspan="3">안전하게 놀이하기</td><td colspan="2">놀이기구나 놀잇감, 도구를 안전하게 사용한다.</td><td>놀이기구나 놀잇감, 도구의 바른 사용법을 알고 안전하게 사용한다.</td></tr>
<tr><td>안전한 놀이장소를 안다.</td><td colspan="2">안전한 장소를 알고 안전하게 놀이한다.</td></tr>
<tr><td>TV, 인터넷, 통신기기 등을 바르게 사용한다.</td><td colspan="2">TV, 인터넷, 통신기기 등의 위해성을 알고, 바르게 사용한다.</td></tr>
<tr><td rowspan="2">교통안전 규칙 지키기</td><td>교통안전 규칙을 안다.</td><td colspan="2">교통안전 규칙을 알고 지킨다.</td></tr>
<tr><td colspan="3">교통수단을 안전하게 이용한다.</td></tr>
<tr><td rowspan="2">비상 시 적절히 대처하기</td><td>학대, 성폭력, 실종, 유괴상황을 알고 도움을 요청한다.</td><td colspan="2">학대, 성폭력, 실종, 유괴상황 시 도움을 요청하는 방법을 알고 행동한다.</td></tr>
<tr><td>재난 및 사고 등 비상 시 적절하게 대처하는 방법을 안다.</td><td colspan="2">재난 및 사고 등 비상 시 적절하게 대처하는 방법을 알고 행동한다.</td></tr>
</table>

'안전하게 놀이하기'는 실내와 실외에서 여러 가지 놀이기구나 놀잇감, 도구를 안전하게 사용하는 방법에 대해 지도하며 안전한 장소에서 놀이할 수 있도록 하는 내용이 포함되어 있다. 이뿐 아니라 전자 미디어를 안전하게 사용하는 데 필요한 지식, 기능, 태도를 형성하는 내용으로 구성되어 있다. 어린이집에서 유아들은 실내·외 놀이기구나 놀잇감, 도구를 사용하게 되는데, 이때 유아들이 안전한 사용법 및 규칙을 지켜 놀이할 수 있도록 지도해야 한다. 따라서 만 3세와 4세 유아에게 놀잇감이나

도구를 사용하기 전에 안전에 필요한 사항을 미리 알려 주고 스스로 안전하게 이용할 수 있도록 지도한다. 만 5세 유아 역시 놀이나 놀잇감, 도구를 어떻게 사용해야 안전한지, 왜 그렇게 사용해야 하는지 등을 알고 실제 안전하게 사용할 수 있도록 해야 한다. 또한 유아들이 안전한 장소를 알고 안전하게 놀이할 수 있도록 지도하는 것이 필요하다. 특히 만 3세 유아의 경우 안전하게 놀이하도록 하기 위해서는 안전사고 위험요인들이 미리 제거된 안전한 놀이 공간과 시설을 제공하도록 한다. 또한 유아가 찻길이나 도로변과 같은 위험한 장소를 이해할 수 있도록 지도하여 일상생활 속에서 위험에 노출되지 않도록 지도한다. 이 외에도 안전하게 놀이하기에는 올바른 전자 미디어 사용법을 알려주고 사용하도록 하는 내용도 포함되어 있다. 이와 같은 내용을 지도하기 위해 만 3세에게는 정해진 시간에만 바른 자세로 전자 미디어를 바르게 사용할 수 있도록 지도한다. 또한 반드시 사용시간을 정하고 지킬 수 있도록 지도하는 것이 중요하다. 반면 만 4세와 5세 유아는 전자 미디어의 순기능뿐 아니라 역기능에 대해서도 인식하고 자기 스스로 조절 능력을 가지고 멀티미디어를 사용할 수 있도록 지도해야 한다. 이를 위해 전자 미디어와 관련된 다양한 문제 상황 및 문제 해결 방법에 대해 알아보고 실천방법을 모색해 보도록 한다. 그리고 이러한 전자 미디어 교육은 반드시 가정과 연계되어 지도하여 가정에서 유아들이 바르게 전자 미디어를 이용할 수 있도록 한다.

'교통안전 규칙 지키기'는 유아가 교통안전 규칙의 중요성과 자동차 사고의 위험을 인식하고 사고로부터 자신을 보호할 수 있도록 하는 내용이다. 유아가 교통안전 규칙을 알고 지킬 수 있도록 지도하기 위하여 등·하원 길의 안전과 골목길에서 안전하게 보행하는 방법, 신호등이 있는 횡단보도와 신호등이 없는 횡단보도를 안전하게 횡단하는 방법, 기본적인 교통 표지판의 의미를 알고 지킬 수 있도록 지도한다. 특히 교통안전 규칙을 왜 지켜야 하며 지키지 않을 경우 어떤 일이 생길지에 대해서 유아가 알고 실제 실천할 수 있도록 지도하는 것이 중요하다. 이 외에도 유아가 일상생활에서 쉽게 접할 수 있는 승용차, 버스, 지하철 등을 승차해 보는 경험을 제공하고 각각의 교통수단에서 지켜야 할 규칙을 인식하고 실천하게 한다. 이를 위해 어린이집 통학 버스를 이용하는 것부터 시작될 수 있다. 이후 점차 대중 교통수단을 안전하게 이용할 수 있는 방법에 대해 의논하여 유아가 자율적으로 안전하게 교통수단을 이용하도록 지도한다.

'비상 시 적절히 대처하기'는 학대, 성폭력, 실종, 유괴와 같은 상황과 재난 및 사고 등의 비상 상황을 알고 적절하게 대응하는 방법에 대해 알아봄으로써 자신을 보호하는 데 필요한 지식, 기능, 태도를 형성할 수 있도록 하는 내용이다. 유아에게 학대, 성폭력, 실종, 유괴 상황의 가능성을 알려주고 이러한 일이 생겼을 경우 도움을 요청하며 나아가 적절한 대처 방법을 실천할 수 있도록 지도해야 한다. 이를 위해 영상물 홍보자료, 방송이나 신문기사, 그림자료, 동화 등을 통해 유아와 함께 왜 이런 상황이 생기는지, 누구에게 도움을 요청해야 하는지, 어떻게 대처해야 하는지에 대해 의논하고 실천해 볼 수 있도록 한다. 또한 단순한 지식 전달이 되지 않도록 하기 위해 상황극을 통해 실제 유아들이 도움을 요청해 보는 등의 연습을 할 수 있도록 지도한다. 이 외에도 유아에게 태풍, 홍수, 지진(해일), 화재, 폭염, 폭설, 한파, 방사능 등에 대비한 재난 대피 방법 및 사고가 발생할 수 있는 위험한 상황을 알려주어 스스로 자신을 보호할 수 있도록 지도한다. 이를 위해 비상시를 대비한 정기적인 훈련을 실시하여 유아가 실제 상황에서 당황하지 않고 연습한 대로 대비할 수 있는 능력을 기르도록 한다.

2) 사회관계영역

사회관계영역은 유아가 자기 자신에 대해 이해하고 소중하게 여기는 태도를 갖으며 가족, 또래와 함께 원만하게 지내는 방법을 알도록 한다. 또한 공동체에서 함께 살아가는 방법을 익히고 사회에 관심을 가지며 적응해 나갈 수 있는 기초능력을 기르기 위한 영역이다. 사회관계영역의 내용을 통해 유아가 자신과 타인에 대한 존중과 배려, 협력, 질서 등 타인과 더불어 살아가기 위해 필요한 기초예절과 소양을 기를 수 있다. 또한 유아가 원만한 대인관계 속에서 건강한 자아를 가진 유아로 성장할 수 있도록 인성교육에 중점을 두고 있다.

사회관계영역은 '나를 알고 존중하기', '나와 다른 사람의 감정 알고 조절하기', '가족을 소중히 여기기', '다른 사람과 더불어 생활하기', '사회에 관심 갖기'의 다섯 가지 내용 범주로 구성되어 있다. 이 중 생활지도와 관련 있는 '나를 알고 존중하기', '나와 다른 사람의 감정 조절하기', '가족을 소중히 여기기', '다른 사람과 더불어 생활하기'의 내용을 중점으로 생활지도방법에 대해 모색해 보고자 한다.

(1) 나를 알고 존중하기

유아가 자신을 아는 것으로부터 출발하여 자신을 소중히 여기는 태도를 갖게 하며 이러한 자아존중감을 바탕으로 자신의 일을 스스로 계획하고 실천하는 자기 주도성을 형성하는 내용으로 구성되어 있다(표 5-13).

표 5-13. 나를 알고 존중하기의 내용

<table>
<tr><th rowspan="2">내용 범주</th><th rowspan="2">내용</th><th colspan="3">세부내용</th></tr>
<tr><th>3세</th><th>4세</th><th>5세</th></tr>
<tr><td rowspan="5">나를 알고 존중하기</td><td rowspan="3">나를 알고 소중히 여기기</td><td>나에 대해 관심을 갖는다.</td><td colspan="2">나에 대해 알아본다.</td></tr>
<tr><td>나와 다른 사람의 차이에 관심을 갖는다.</td><td>나와 다른 사람의 차이점을 알아본다.</td><td>나와 다른 사람의 신체적, 사회적, 문화적 차이를 존중한다.</td></tr>
<tr><td>나를 소중하게 여긴다.</td><td colspan="2">나에 대해 긍정적으로 생각하고 나를 소중하게 여긴다.</td></tr>
<tr><td rowspan="2">나의 일 스스로 하기</td><td>내가 할 수 있는 일을 알아본다.</td><td>내가 할 수 있는 일을 해 본다.</td><td>내가 할 수 있는 일을 스스로 한다.</td></tr>
<tr><td>내가 하고 싶은 일을 선택해 본다.</td><td colspan="2">하고 싶은 일을 계획하고 해 본다.</td></tr>
</table>

'나를 알고 소중히 여기기'는 나에 대하여 관심을 갖고 알아보며 나와 다른 사람의 차이를 알도록 한다. 특히 나와 다른 사람의 신체적, 사회적, 문화적 차이를 알고 존중하며 자기 자신을 소중하게 여기도록 지도하는 내용을 포함하고 있다. 유아가 나의 몸에는 무엇이 있으며, 하루 동안 무엇을 하고 지내는지, 무엇을 먹는지, 어디서 누구와 사는지 등을 이야기해보며 자신에 대해 관심을 가지도록 한다. 또한 아기 때 사진, 입었던 옷이나 신발 등을 현재와 비교해 보며 자신이 성장하고 있음을 이해하고 앞으로도 변화된다는 것을 알 수 있도록 지도한다. 그리고 이렇게 나에 대해서 알아본 것을 토대로 나와 다른 사람의 차이에 대해 관심을 갖고 알 수 있도록 지도한다. 특히 만 5세 유아는 사람은 누구나 생김새나 성격, 성별, 사고방식, 문화 등에 차이가 있는 서로 다른 고유한 존재라는 사실을 알고 그 차이를 존중할 수 있도록 지도하는 것도 필요하다. 또한 유아가 자신이 소중한 사람이라는 자존감과 자신감을 가질 수 있도록 자신의 작품을 친구에게 소개하거나 유아의 장점을 격려해 주도록 한다. 만 4, 5세 유아들은 친구관계를 통해 자신을 둘러싼 사람들에게 사랑받고 소중하게 여겨지고 있다는 사실을 확인할 수 있도록 지도한다.

'나의 일 스스로 하기'는 내가 할 수 있는 일에는 어떤 것들이 있는지를 알아보고 직접 해 볼 수 있도록 지도한다. 그리고 여러 가지 일들 중에서 내가 하고 싶은 일을 선택하고 계획 및 실행으로 연결해 보도록 하는 내용이다. 유아가 할 수 있는 일이란 식습관, 청결, 휴식, 배변, 의생활 등 일상생활에 필요한 기본생활습관과 관련된 내용으로 구체적으로 음식을 제자리에 앉아서 먹기, 식사 후 뒷정리하기, 손 씻기, 필요할 때 휴식하기, 스스로 옷 입고 벗기 등과 관련되어 있다. 따라서 교사는 유아가 이러한 일을 스스로 할 수 있도록 지도하고 격려한다. 이 외에도 내가 하고 싶은 일이 무엇인지 생각해 보고 자율성을 향상시킬 수 있도록 지도하는 것이 필요하다. 만 3세의 경우 자유선택활동 시간에 무엇을 할지 생각해서 선택하고 실제 놀이를 진행할 수 있도록 지도한다. 반면 만 4세와 5세 유아들에게는 자신이 하고자 하는 일들을 스스로 계획하고 시작한 일에 대해서는 끝까지 마무리 할 수 있도록 지도하여 유아의 자율성을 키워주도록 한다.

(2) 나와 다른 사람의 감정 알고 조절하기

유아가 자신의 감정을 인식하고 나아가 다른 사람의 감정에 대해서도 이해하고 자신의 감정을 상황에 맞추어 적절하게 표현할 수 있는 내용으로 구성되어 있다. 이러한 내용은 다른 사람과의 관계를 원만하게 형성하는 데 기초가 된다(표 5-14).

표 5-14. 나와 다른 사람의 감정 알고 조절하기의 내용

<table>
<tr><th rowspan="2">내용 범주</th><th rowspan="2">내용</th><th colspan="3">세부내용</th></tr>
<tr><th>3세</th><th>4세</th><th>5세</th></tr>
<tr><td rowspan="3">나와 다른 사람의 감정 알고 조절하기</td><td rowspan="2">나와 다른 사람의 감정 알고 표현하기</td><td>자신에게 여러 가지 감정이 있음을 안다.</td><td colspan="2">자신의 감정을 알고 표현한다.</td></tr>
<tr><td>다른 사람의 감정에 관심을 갖는다.</td><td>다른 사람의 감정을 안다.</td><td>다른 사람의 감정을 알고 공감한다.</td></tr>
<tr><td>나의 감정 조절하기</td><td colspan="2">자신의 감정을 조절해 본다.</td><td>자신의 감정을 상황에 맞게 조절한다.</td></tr>
</table>

'나와 다른 사람의 감정 알고 표현하기'는 나에게 여러 감정이 있음을 알고 자신의 감정을 상황에 맞게 적절하게 표현해 보는 내용으로 구성되어 있다. 더 나아가 다른 사람의 감정에 관심을 가지고 타인의 감정에 공감하는 내용까지를 포함하고 있다. 교사는 유아가 자신에게 기쁘고, 슬프고, 화나는 등의 다양한 감정이 있음을 알도록 지도해야 한다. 그리고 다양한 상황에 따라 감정이 다르게 나타나기도 하며 때로는 속상하면서 슬프고 너무 기뻐서 눈물이 나는 등의 복합적인 감정이 있음을 이해할 수 있도록 한다. 또한 자신의 감정에 맞게 적절하게 표현할 수 있도록 지도하는 것도 필요하다. 유아에게 자신의 감정을 이해하고 다른 사람의 감정에 대해 관심을 갖도록 지도하는 것도 중요하다. 따라서 자신과 마찬가지로 타인에게도 기쁘고, 슬프고, 화가 나는 등의 다양한 감정이 있다는 것을 인식하고 이해할 수 있도록 지도한다. 만 5세 유아에게는 단순히 이해하는 것을 넘어서 다른 사람의 감정에 공감할 수 있도록 지도한다. 이를 위해 자신 외에 다른 사람의 다양한 감정을 느껴 보고 이해하며

자신이 이해한 타인의 감정을 표현해 봄으로써 공감을 경험해 보도록 한다.

'나의 감정 조절하기'는 유아가 자신의 감정과 타인의 감정에 대한 이해를 바탕으로 부정적인 정서를 그대로 표현하기보다는 조절하여 적절하게 표현할 수 있도록 하는 내용이다. 따라서 유아에게 감정을 긍정적으로 표현하는 방식과 부정적으로 표현하는 방식에 차이가 있음을 이해하고 부정적인 표현을 긍정적으로 조절할 수 있도록 지도한다. 만 5세 유아에게는 자신이 가지고 있는 다양한 감정을 상황에 맞게 적절하게 표현해야 하고 사회적으로 수용될 수 있는 올바른 감정 표현 방식에 대하여 알도록 지도한다. 예를 들어 '소피가 화나면, 정말 정말 화나면'이라는 동화를 활용하여 소피와 같이 화가 났던 경험에 대해 이야기 나누고 소피가 화를 풀기 위해 사용했던 방법을 알아보며 나의 화나는 감정을 어떻게 표현하면 바람직할지에 대해서 이야기 나누거나 토론 등의 방법으로 진행할 수 있다.

(3) 가족을 소중히 여기기

유아가 가족의 의미를 이해하고 가족을 사랑하고 아끼는 마음을 갖도록 하는 내용이다. 또한 가족이 행복하게 지내기 위해서 가족 구성원이 해야 할 각자의 역할을 이해하고 실천할 수 있도록 하는 내용을 포함하고 있다(표 5-15).

표 5-15. 가족을 소중히 여기기의 내용

내용 범주	내용	세부내용		
		3세	4세	5세
가족을 소중히 여기기	가족과 화목하게 지내기	가족의 소중함을 안다.		가족의 의미와 소중함을 안다.
				가족과 화목하게 지낸다.
	가족과 협력하기	가족 구성원을 알아본다.	가족 구성원의 역할에 대해 알아본다.	다양한 가족구조에 대해 알아본다.
		가족을 위하여 내가 할 수 있는 일을 알아본다.	가족을 위하여 내가 할 수 있는 일을 알아보고 실천한다.	가족은 서로 도와야 함을 알고 실천한다.

'가족과 화목하게 지내기'는 가족의 소중함과 의미에 대해 알고 화목하게 지내는 방법과 관련된 내용이다. 이를 위해 유아와 개인적인 경험을 바탕으로 가족의 고마움과 소중함에 대해 이야기를 나눈다. 우리 가족이 행복했던 때, 우리 가족만의 자랑거리 등을 알아보고 이를 표현해 보는 경험을 통해 가족의 소중함을 인식하도록 한다. 만 5세 유아의 경우에는 유아가 가족과 화목하게 지내기 위해 부모, 형제, 자매 그리고 조부모에게 어떻게 예의를 갖추어 행동하며 애정과 신뢰를 쌓아가는지 알아보는 내용을 포함한다.

'가족과 협력하기'는 유아가 자신의 가족 구성원과 각자의 역할에 대해 알아보며 다양한 가족의 구조에 대해 알아보는 내용을 다루고 있다. 나아가 내가 가족을 위해 할 수 있는 일을 찾아보고 실천하며 가족 간에 서로 도울 수 있는 방법을 알아보는 내용으로 구성되어 있다. 교사는 유아에게 가족이란 누구를 말하는지 알아보고 집에 함께 살지 않더라도 가족에 포함시킬 수 있는 구성원에 대해 알아본다. 그리고 각 구성원이 어떠한 역할을 하는지 알아보고 같은 반 친구의 가족 구성원들의 역할과 비교해 본다. 또한 가족 구성원 내에서 자신의 역할에 대하여 알아봄으로써 자신에 대한 긍정적인 인식발달과 우리 가족에 대해 자랑스러움을 갖도록 지도한다. 만 5세 유아에게는 오늘날 가족의 형태가 매우 다양하여 한부모가족, 조손가족, 입양가족, 다문화가족 등 다양한 가족이 있음을 알고 자기 가족과 다른 가족에 대한 편견을 갖지 않도록 지도한다. 이 외에도 가족과 협력하기 위하여 가족을 위해 내가 할 수 있는 일을 알아보고 실천하도록 지도하는 것이 필요하다. 부모님이 집안 일로 힘들어 하실 때, 몸이 아플 때, 형제가 속상한 일이 생겼을 때 등 가족에게 도움이 필요한 구체적인 상황을 알아보고 적절한 도움의 방법을 찾아본 후 실천하도록 지도한다. 이러한 경험을 통해 가족 구성원으로서의 자부심을 갖게 되며 가족이라는 공동체 생활에 대한 바른 가치를 인식할 수 있게 된다.

(4) 다른 사람과 더불어 생활하기

우리 사회는 다른 사람과 함께 살아가는 공동체라는 것에 대해 유아가 인식하고 다른 사람과 협력하며 화목하게 지내도록 하는 내용을 다루고 있다. 이를 위해 친구와 사이좋게 지내는 방법과 도움이 필요한 사람을 돕는 방법, 기본 예절과 기초 질서 및 공공 규칙을 익힐 수 있도록 하는 내용이 포함되어 있다(표 5-16).

표 5-16. 다른 사람과 더불어 생활하기의 내용

<table>
<tr><th rowspan="2">내용 범주</th><th rowspan="2">내용</th><th colspan="3">세부내용</th></tr>
<tr><th>3세</th><th>4세</th><th>5세</th></tr>
<tr><td rowspan="9">다른 사람과 더불어 생활하기</td><td rowspan="2">친구와 사이좋게 지내기</td><td>친구와 함께 놀이한다.</td><td colspan="2">친구와 협동하며 놀이한다.</td></tr>
<tr><td>나와 친구의 의견에 차이가 있음을 안다.</td><td colspan="2">친구와의 갈등을 긍정적인 방법으로 해결한다.</td></tr>
<tr><td rowspan="2">공동체에서 화목하게 지내기</td><td></td><td>도움이 필요할 때 다른 사람과 도움을 주고받는다.</td><td>다른 사람과 도움을 주고받고, 서로 협력한다.</td></tr>
<tr><td colspan="3">교사 및 주변 사람과 화목하게 지낸다.</td></tr>
<tr><td rowspan="5">사회적 가치를 알고 지키기</td><td></td><td colspan="2">정직하게 말하고 행동한다.</td></tr>
<tr><td>다른 사람의 소유물을 존중한다.</td><td>다른 사람의 생각, 행동을 존중한다.</td><td>다른 사람을 배려하여 행동한다.</td></tr>
<tr><td></td><td colspan="2">친구와 어른께 예의 바르게 행동한다.</td></tr>
<tr><td>약속과 규칙을 지켜야 함을 안다.</td><td colspan="2">다른 사람과 한 약속이나 공공규칙을 지킨다.</td></tr>
<tr><td></td><td colspan="2">자연과 자원을 아끼는 습관을 기른다.</td></tr>
</table>

'친구와 사이좋게 지내기'는 유아가 친구와 함께 놀이하고 협동하는 내용을 다루고 있다. 만 3세 유아의 경우 유아가 친구들에게 다가가서 친밀감을 표현하며 친구들을 사귀고 협력하여 함께 놀이하는 기쁨을 느낄 수 있도록 한다. 반면 만 4세와 5세 유아에게는 친구와 협동하며 놀이하는 기쁨과 공동체 의식을 경험할 수 있도록 지도한

다. 이 외에도 친구와 함께하는 과정에서 서로 생각이 다르고 차이가 있으며 이로 인해 갈등이 생길 수 있다는 점을 인식하고 스스로 문제를 해결해 나가도록 지도하는 것 역시 필요하다. 특히 갈등을 해결하는 과정을 통해 배려, 양보, 타협 등 친구와 사이좋게 지낼 수 있는 사회적 기술을 익힐 수 있도록 지도한다.

'공동체에서 화목하게 지내기'는 도움이 필요할 때는 다른 사람과 서로 도움을 주고받을 수 있으며 상호 협력할 수 있다는 것을 아는 내용이다. 또한 교사와 주변 사람과 화목하게 지내는 내용으로 구성되어 있다. 유아가 혼자 노력하는 것도 중요하지만 혼자만의 힘으로는 모든 일을 다 할 수 없으며 때로는 도움이 필요할 때가 있고 이럴 때 도움을 주고받는 것이 다른 사람과 바람직한 관계를 형성하는 데 도움이 될 수 있다. 따라서 유아가 도움을 요청하고 서로 도와주는 등의 경험을 통해 협력의 중요성을 인식할 수 있도록 지도한다. 어린이집에서 유아가 공동체를 이루는 대상은 또래 외에 교사 및 주변 사람이 될 수 있다. 따라서 이들과 친밀감을 갖고 잘 어울릴 수 있도록 다양한 경험을 통해 긍정적인 마음을 갖도록 하며 다른 사람들과 친밀감을 형성할 수 있도록 지도한다.

'사회적 가치를 알고 지키기'는 정직하게 말하고 행동하기, 다른 사람의 소유물을 존중하기, 다른 사람의 행동을 존중하고 배려하기, 예의바르게 행동하기, 공공규칙을 지키고 자원을 아끼는 습관을 기르는 내용 등으로 구성되어 있다. 유아가 정직하게 말하는 것과 행동하는 것의 중요성을 알고 어떤 경우에도 정직하게 말하고 행동하도록 지도하는 것은 매우 중요하다. 따라서 유아에게 항상 솔직함에 대해 이야기 나누어서 정직과 솔직함의 긍정적 효과에 대해 알고 정직한 행동 양식이 우리가 더불어 살아가는 데 밑거름이 된다는 것을 인식하도록 한다. 또한 유아가 자신과 다른 사람의 소유물을 구분하고 인정하도록 지도한다. 구체적으로 유아가 자신의 소유물과 타인의 소유물을 구분하여 함부로 만지거나 갖지 않는 것과 허락을 구한 후 만지거나 빌려왔을 경우 사용 후에는 돌려주어야 한다는 것을 지도한다. 그리고 다른 사람의 생각, 행동을 존중하고 배려하여 행동할 수 있도록 하기 위해 다른 사람의 말과 행동, 생각이 나와 차이가 있음을 이해하고 먼저는 이를 인정하고 존중하며 수용할 줄 아는 태도를 길러준다. 이후 배려는 도움이나 보살핌이 필요한 사람에게만이 아니라 일상에서도 규칙을 지키거나 예절을 지키는 등 다른 사람을 불편하지 않게 하는 것이 배려임을 알 수 있도록 하여 공동체가 조화롭고 행복하게 살아가기 위해 배려가 필요하다는 점을 강조한다.

사회적 가치를 알고 지키기 위해 유아는 예의 바른 행동과 말이 다른 사람에 대한 배려와 존중, 친절을 표현하는 방법임을 알고 웃는 얼굴로 인사하고 예의를 갖추어 행동하도록 지도한다. 또한 다른 사람과 지켜야 할 약속과 규칙에는 무엇이 있는지에 대해 알고 공공장소에서 지켜야 할 규칙 등을 알고 실천하도록 지도하는 것까지 포함된다. 오늘날 환경 오염 문제가 점점 심각해지고 있는 상황에서 자연과 자원의 가치 및 소중함을 알고 보호하는 태도를 기르며 유아 자신도 자연의 일부임을 알고 자연과 더불어 살아가야 한다는 것을 인식하도록 지도한다. 구체적으로 자연과 자원을 아끼고 보호하는 습관을 기르도록 하며 실천으로 이어지도록 지도한다.

Chapter 6

유아교육기관에서의 아동생활지도

배울내용

1. 생활지도를 위한 환경구성
2. 기본생활습관 지도방법
3. 신입원아 적응지도

학습목표

1. 아동생활지도를 위한 보육실의 물리적 환경 구성의 원리에 대해 안다.
2. 아동생활지도를 위한 심리적 환경 구성의 원리에 대해 안다.
3. 영유아의 기본생활습관 형성을 위한 지도방법을 이해한다.
4. 신입원아의 어린이집 적응을 위한 교사의 역할에 대해 이해한다.

본 장은 유아교육기관에서 생활지도를 하기 위한 구체적인 방법에 대해 모색해 보기 위해 보육실의 환경을 구성하는 방법과 영유아의 기본생활습관 형성을 위한 지도방법 및 신입원아의 적응을 위한 구체적인 지도방법에 대해 살펴보고자 한다. 생활지도를 위한 환경을 구성하는 방법으로 교사는 물리적 환경과 심리적 환경을 구성할 수 있으며, 이를 위한 구체적인 구성 원리와 운영방안에 대해 살펴본다. 또한 영유아기의 기본생활습관 형성을 위한 지도방법에 대해 전반적으로 살펴보고, 마지막으로 신입원아들이 어린이집에 쉽게 적응할 수 있도록 도와주는 교사의 역할과 환경구성 방법 등에 대해 살펴보고자 한다.

1 생활지도를 위한 환경구성

아동은 하루 중 대부분의 시간을 유아교육기관에서 보내기 때문에 교사는 아동이 편안하고 즐겁게 생활하며 다양한 교육활동이 이루어질 수 있는 교실환경을 구성하는 것이 필요하다. 뿐만 아니라 아동의 생활지도 측면에서도 문제행동을 예방할 수 있는 환경을 조성하는 것은 매우 중요하다(권정윤 외, 2016). 즉, 문제행동이 일어나지 않도록 예방적 환경을 조성하는 것이 효과적인 생활지도 전략이 될 수 있다는 것이다. 아동의 생활지도를 위한 환경구성은 물리적 환경과 심리적 환경으로 나누어볼 수 있다. 이에 대한 구체적인 운영방안에 대해 모색해 보면 다음과 같다.

1) 물리적 환경

아동기는 신체, 언어, 인지, 사회 · 정서 발달의 결정적 시기이며, 환경과의 상호작용을 통해 발달해 나가게 된다. 아동들이 어떠한 환경에서 지내느냐에 따라 그들의 행동이 달라질 수 있기 때문에 질적으로 우수한 교실환경을 구성해야 한다. 교사가 이상적인 환경을 제공할 때 아동은 육체적·인지적·감정적·사회적 욕구가 충족되며, 만족감과 성공의 가능성을 느끼고 좀 더 적은 문제행동을 보이게 된다(Kaiser & Rasminsky, 2012). 또한 아동을 위한 교실환경이 잘 구성될 경우 아동은 또래와 성인과 보다 긍정적인 상호작용을 하게 된다. 따라서 교사는 교실을 다양한 흥미영역으로 구성하여 아동의 활동 선택권을 확대하고 자발적인 참여를 이끌어낼 수 있도록 해야 한다(보건복지부·육아정책연구소, 2013). 또한 사고나 위험으로부터 아동을 보호하고 편안하게 놀이에 참여할 수 있도록 적절한 환경을 구성해야 한다. 교실환경 구성의 일반적인 원리 및 유의사항은 〈표 6-1〉과 같다(박찬옥 외, 2015).

표 6-1. 교실환경 구성의 일반적인 원리 및 유의사항

- 영아에게는 물리적 환경의 영향이 크기 때문에 교사의 환경구성 능력이 무엇보다 중요하다.
- 영아에게 교실환경은 일상적인 공간(예를 들어 먹기, 자기, 씻기 등)인 동시에 교육적인 공간(예를 들어 탐색 및 놀이)이다. 따라서 일상적인 생활과 교육이 동시에 이루어질 수 있는 환경구성이 필요하다.
- 영아를 위한 교실환경을 구성하기 위해서 무엇보다 가장 중요하게 고려되어야 할 점은 안전과 위생이다. 또한 영아들이 편안함을 느낄 수 있도록 포근하고 안정감 있는 환경을 구성한다.
- 영아의 발달에 적합한 놀이영역을 구성하고 발달에 적합하고 놀잇감을 다양하고 풍부하게 제공해야 한다.
- 영아의 경우 놀잇감을 공유하거나 양보하기 어렵기 때문에 놀잇감에 대한 분쟁이 자주 일어나게 된다. 이러한 갈등을 줄이기 위해 동일한 놀잇감을 여러 개 준비해 주는 것이 바람직하다.
- 유아를 위한 교실환경을 구성할 때는 흥미영역을 중심으로 교육적이고 정서적으로 안정된 환경을 제공한다.
- 초기에는 교사가 배치해 주지만 점차적으로 유아들의 의견을 반영하여 재배치할 수 있다.
- 유아들이 휴식을 할 수 있으며 개인적 생활이 보장되는 공간이 마련되어야 한다.
- 생활주제에 맞게 흥미영역을 구성하고 적절한 교재교구 및 활동을 제공하도록 한다.
- 영유아가 놀잇감의 자리를 알도록 놀잇감의 모습과 동일한 사진 등을 이용하여 놀잇감 자리를 표시하여 놀이 후 스스로 정리할 수 있도록 한다.

(1) 흥미영역 구성

교실의 흥미영역은 아동의 심리적 안정, 신체적 안전, 발달적 적합성, 다양성 등을 고려하여 구성해야 한다. 교육과학기술부와 보건복지부(2013)에서 제시한 환경 구성 원리에 대해 살펴보면 〈표 6-2〉와 같다.

표 6-2. 환경 구성 원리

- 공간은 유아가 활동할 수 있을 만큼 충분히 넓어야 한다.
- 시설 설비와 교구는 유아의 연령 및 신체 발달에 적합하여 유아가 성인의 도움 없이 스스로 사용하고 정리할 수 있도록 한다.
- 유아에게 매력적이고 교육적으로 의미 있는 활동을 제공하도록 환경을 구성한다. 이를 위해 유아에게 활동선택권을 주는 다양한 흥미영역을 실내 · 외 공간에 배치할 수 있다.
- 청결하고 안전한 환경을 제공하고 적정 온도나 습도를 유지해야 한다.
- 환경은 유아의 발달 특성에 적합하여야 한다. 예를 들어 유아의 연령이 낮을수록 일상적이고 개별적인 보살핌을 위한 환경 구성이 필요하고, 감각적인 경험의 기회가 많이 포함되는 환경을 제공한다.
- 유아가 장시간 어린이집에 머물 경우 혼자 놀거나 쉴 수 있는 공간이 필요하며 일상적인 보살핌이나 낮잠을 위한 물건이나 놀잇감을 위한 저장 공간을 마련한다.

교실의 흥미영역은 쌓기놀이 영역, 언어 영역, 역할놀이 영역, 수 · 조작 영역, 과학 영역, 음률 영역, 미술 영역 등으로 구성된다. 이러한 교실의 환경이 서로 다른 교과의 통합을 유도하지 않고 아동의 자율성이 보장되지 않을 때, 아동들 간의 갈등이나 문제행동이 유발될 수 있다(Maxwell, 2007). 따라서 교사는 아동의 연령별 특징, 흥미, 호기심과 동기유발, 또래 간의 긍정적인 상호작용 및 놀이가 촉진될 수 있으며 문제행동을 줄일 수 있는 흥미영역을 구성해야 한다. 교실의 흥미영역의 구성할 때 각 영역별로 고려할 점을 살펴보면 〈표 6-3〉과 같다(보건복지부, 2014).

표 6-3. 교실의 흥미영역의 구성할 때 각 영역별 고려할 점

- 언어 영역은 조용하고 밝은 곳에 배치하고 자료를 영유아들이 편안한 자세로 볼 수 있도록 비치한다. 또한 교실의 공간이 협소할 경우 휴식공간을 겸하여 설치한다.
- 수 · 조작 및 과학 영역은 가능한 조용한 곳에 책상과 함께 배치하도록 한다. 특히 과학 영역은 식물이나 동물을 키우기 때문에 볕이 잘 드는 곳에 배치하고 영유아가 관찰할 수 있도록 한다.
- 음률영역은 활동적이고 소리가 많이 나기 때문에 조용한 영역과 떨어진 곳에 배치한다.

- 미술 영역은 다양한 재료를 이용하여 표현해 보고 완성된 작품을 감상하는 기회를 제공하기 위하여 조용하고 밝은 곳에 배치하는 것이 좋다. 영유아들이 자료를 쉽게 꺼내고 정리할 수 있도록 자료장을 구비하고 완성된 작품을 말리거나 전시할 수 있는 공간을 제공한다. 또한 물을 쉽게 사용할 수 있는 곳에 배치하는 것이 좋다.
- 역할놀이 영역과 쌓기놀이 영역은 놀이 확장이 가능하도록 가까이 배치하고 소음과 움직임이 많으므로 다른 놀이를 방해하지 않도록 배치하되 다수의 영유아들이 참여할 수 있도록 공간을 충분히 확보한다.

(2) 개별 공간 구성

유아교육기관에 머무는 시간이 길어질수록 아동들은 피곤함과 스트레스를 받기 마련이다. 이럴 경우 아동은 교실에서 지켜야 하는 규칙이나 교사의 요구를 따르는 데 어려움을 가지게 된다. 따라서 교사는 교실에 아동이 개별적으로 휴식을 취하며 쉴 수 있는 공간을 마련하는 것이 필요하다. 아동들을 위한 개별 공간을 구성할 때 고려해야 할 점은 〈표 6-4〉와 같다(권정윤 외, 2016).

표 6-4. 개별 공간을 구성할 때 고려해야 할 점

- 포근하고 안락함을 느낄 수 있는 공간을 제공한다.
- 쿠션, 담요, 책, 가족사진, 거울 등을 비치해 주도록 한다.
- 활동에 집중하지 못하는 아동이 있을 경우 자유롭게 쉴 수 있도록 배려해 준다.
- 아동이 정서적으로 편안하고 안정감을 느낄 수 있도록 환경을 구성한다.

2) 심리적 환경

아동의 생활지도를 위해 물리적 환경 구성만큼이나 심리적으로 안정된 환경을 제공하는 것이 필요하다. 대부분의 교사는 아동의 신체적 안전에는 많이 주의를 기울이고 적절한 환경을 구성하려고 노력하지만 심리적으로 안정을 주는 환경 구성에 대해 주의를 기울이지 못하는 경우가 발생하기도 한다(김성원 외, 2017). 특히 문제행동을 가지고 있는 아동은 교사와의 관계가 긍정적이지 못하거나 교실의 분위기나 하루 일과 등이 안정되지 못할 경우 문제행동이 증가될 수 있다. 따라서 교사는 생활지도를

위한 심리적 환경에 관심을 가지고 이러한 환경을 제공하기 위해 노력해야 한다. 생활지도를 위한 심리적인 환경구성을 심리적인 안정을 주는 교실 환경구성과 교사와의 긍정적인 관계형성으로 나누어 살펴보면 다음과 같다.

(1) 심리적인 안정을 주는 교실 환경구성

아동들이 심리적으로 안정감을 느끼는 교실환경을 구성하기 위해 고려해야 할 점은 다음과 같다(김성원 외, 2017; 전남련 외, 2015). 첫째, 신뢰감을 증진시키는 교실환경을 구성한다. 신뢰감을 키워 주는 교실환경이란 영아가 놀고, 먹고, 자고 하는 일과에 있어 개별 요구에 따라 차이를 두며 개별적인 욕구가 충족되는 것을 의미한다. 따라서 교실환경을 구성할 때 놀이공간과 먹고 자는 공간이 분리되어야 하고 각 공간 내에서도 다른 영아에 의해 방해받지 않도록 구성한다. 또한 신뢰감을 주는 교실환경은 주변의 사물들이 항상 정해진 곳에 비치되어 있어서 영아들이 쉽게 예측 가능한 환경을 제공하는 것이 필요하다. 둘째, 교실의 분위기는 가정과 같이 편안함을 느낄 수 있도록 구성한다. 영아의 경우 처음으로 가정을 떠나 유아교육기관에서 생활을 하기 때문에 심리적으로 큰 불안을 느끼게 된다. 따라서 교사는 영아들이 아늑함을 느낄 수 있도록 포근한 이불이나 쿠션 등을 준비해 준다. 셋째, 교실의 모든 놀잇감과 교재·교구는 청결해야 한다. 특히 영아들의 경우 입을 통해 사물을 탐색하기 때문에 청결하게 소독하고 관리하는 것이 무엇보다 중요하다. 뿐만 아니라 교실에 적당한 온도와 습도를 조절하고 자주 환기를 시켜 주는 것도 필요하다. 넷째, 하루 일과를 예측 가능하고 일관성 있게 진행하도록 한다. 교사가 하루 일과를 안정되게 운영하여 아동들이 다음의 일과를 예측하고 준비할 수 있도록 하는 것은 문제행동을 예방하는 측면에서도 중요하다.

(2) 심리적인 안정을 주는 교사와 아동의 관계

유아교육기관에서 지내게 되는 동안 교사와 아동이 맺게 되는 관계가 아동의 생각과 행동에 큰 영향을 미치게 된다. 아동이 교사와 긍정적인 관계를 형성하게 되면 유아교육기관에 잘 적응하고 자신이 보호받고 있다고 느끼며 교사를 신뢰하게 된다. 반면 교사와 갈등관계에 놓인 아동은 심리적으로 불안감을 느끼게 되고 이럴 경우 문제행동을 보일 가능성도 증가하게 된다. 따라서 교사는 아동과 긍정적인 관계를 형성하기 위해 노력해야 한다. 교사와 아동이 긍정적인 관계를 형성할 수 있는 구체적인 방법은 다음과 같다(권정윤 외, 2016).

첫째, 아동과 관계를 형성한다. 아동과의 관계를 형성하기 위해서는 함께 놀기, 이야기 들어 주기, 안아 주기, 손잡아 주기, 식사 시 대화하기, 반갑게 맞아 주기 등의 방법이 있다. 둘째, 아동이 결석 후 등원할 때 교사는 아동에게 그동안 아동을 얼마나 기다렸는지, 교사가 많이 염려했다는 것을 알 수 있도록 상호작용하고 맞이한다. 이를 통해 아동은 교사가 자신을 많이 사랑하고 있다는 것을 알게 된다. 셋째, 교사는 아동의 어려움에 공감하고 이야기를 나눈다. 아동에게 슬프고 속상한 일이 생겼을 경우 교사가 많이 걱정하고 있음을 아동이 알 수 있도록 이야기를 나눈다. 또한 아동이 잘 극복할 수 있도록 격려하고 자신감을 심어주는 이야기를 나눈다. 넷째, 교사의 관심사와 삶을 공유한다. 아동은 교사에게 관심이 많으며 교사의 이야기를 궁금해 한다. 따라서 교사의 가족이나, 주말 지낸 이야기, 아동의 겪는 일과 관련된 교사의 경험 나누기 등 교사의 생활을 아동과 나누도록 한다.

① 교사와 아동의 애착관계

교사와 아동이 긍정적인 관계를 형성하기 위해서는 교사와 아동이 안정적인 애착을 맺는 것이 무엇보다 중요하다. 아동은 자신이 사랑받지 못하거나 거부 당한다고 생각할 때 부적절한 행동을 하게 된다. 또한 아동과 교사가 안정적인 애착을 형성하지 못하게 되면 유아교육기관에 적응하는 데 어려움을 보이고 스트레스를 잘 조절하지 못하며 자기효능감 등에도 부정적인 영향을 미치게 된다(김희수 외, 2011; 박가희 · 정계숙, 2011; 홍계옥, 2006). 특히 교사와 아동의 관계가 갈등이 있으며 친밀감이 적을 경우 아동은 불안감과 위축행동을 보이며 공격성, 과잉행동과 같은 문제행동을 보이게 된다(권정윤 외, 2016). 따라서 교사는 아동의 문제행동을 예방하기 위하여 아동과 안정적인 애착관계를 형성하기 위해 노력해야 한다.

② 교사의 상호작용

교사가 아동과 어떤 상호작용을 하는지는 아동의 문제행동과도 밀접한 관련이 있다. 즉, 교사가 아동과 반응적이고 존중적 상호작용을 할 때 아동의 산만한 행동이 감소되며 놀이 상황에서도 문제행동이 감소하는 것으로 나타났다(김영미 외, 2010). 교사가 아동과 나누는 상호작용에는 정서적 상호작용, 언어적 상호작용, 행동적 상호작용, 환경적 상호작용이 있다(이은해 · 이기숙, 1993).

첫째, 정서적 상호작용이란 교사가 아동에게 따뜻한 미소를 보이고 아동의 개별적인 요구나 감정에 대해 민감하게 반응해 주는 것을 의미한다. 이를 위해 교사는 아동이 자신의 느낌이나 생각을 자유롭게 표현할 수 있는 분위기를 조성하도록 하며 아동의 이야기에 귀를 기울이고 반응을 보여주도록 한다. 둘째, 언어적 상호작용이란 아동과 안정감 있는 목소리로 이야기하고 아동이 질문이 했을 때 민감하게 반응해 주는 것을 의미한다. 따라서 교사는 아동이 자신의 생각을 적극적으로 표현할 수 있도록 하고 그에 따른 적절한 피드백을 제공하도록 한다. 셋째, 행동적 상호작용은 교사가 아동과 눈높이를 맞추어 대화를 나누고 친밀한 스킨십을 나누는 것을 의미한다. 교사는 항상 아동의 이야기에 귀를 기울이고 손을 잡거나 안아 주는 등의 신체적인 접촉을 자주 하도록 한다. 넷째, 환경적 상호작용은 일과 중 아동을 위한 다양한 활동을 마련하고 아동이 스스로 참여할 수 있도록 다양한 기회를 제공하는 것을 말한다. 따라서 교사는 아동의 인지적 발달을 촉진할 수 있는 활동을 제공하고 교실 환경을 융통성 있게 구성하도록 한다.

2 기본생활습관 지도방법[1]

아동기는 인간이 살아가면서 필요한 생활습관을 형성하는 시기이며 한 번 익히게 된 기술은 습관이 되어 평생에 영향을 미칠 수 있다. 즉, 바른 생활습관이 형성되지 못하거나 잘못 고착하게 되면 성인이 된다고 하더라도 수정하기가 어렵다. 이러한 점을 잘 보여주는 예가 바로 우리나라 속담 중 하나인 '세 살 버릇이 여든까지 간다' 일 것이다. 특히 오늘날 어린이집에 오는 영아의 연령은 점점 낮아지고 기관에 머무는 시간은 길어지는 상황 속에서 교사는 영아들이 바른 기본생활습관을 형성할 수 있도록 관심을 가지고 지도해야 한다.

1) 기본생활습관의 구성요소

기본생활습관이란 한 개인이 일상생활을 하기 위해 기본이 되는 것을 익히고 습관화하는 것을 의미(이원영 외, 1992)하며 개인이 한 사회의 구성원으로 다른 사람과 어울려 살아가기 위해서는 바른 생활습관을 형성하는 것이 필요하다. 특히 기존 생활습관이 중요한 이유는 개인적 차원에서 건강을 유지하게 하고 사회생활을 원만히 유지할 수 있게 하여 개인의 성장 및 행복 자아실현에도 영향을 미치기 때문이다(박세랑, 2006).

(1) 예절

예절이란 나 아닌 다른 사람에게 이해와 존중, 사랑과 공경을 행동으로 나타내는 표현으로, 이를 일상생활에 접목시켜서 다른 사람과 사회적 관계를 맺으며 더불어

---

1) 구체적인 기본생활습관 지도방법은 3부 아동 부적응 생활지도의 실제를 참조하기 바람

살아가는 인간관계를 위해 필요하다. 공동생활에 필요한 예절교육은 자기중심적 사고에서 벗어나게 하며, 다른 사람들과 더불어 사는 데 중요한 덕목이다. 어린이들의 예절에 대한 마음가짐과 그 마음에서 우러나오는 예절행위는 어른들로부터 모방이나 의도적인 학습에 의하여 이루어질 수 있다. 무엇이나 잘 받아들이는 어린이들에게 가정생활에서의 좋은 본보기를 보이고 교사들에 의해 계획된 교육과정에 의도적인 학습을 통해 좋은 예절습관을 형성시키는 것이 바람직한 예절교육이라 할 수 있다. 그 내용으로는 첫째, 가정생활에서의 예절로써 부모와 웃어른 존경하기, 형제자매와 사이좋게 지내기이다. 둘째, 집단에서의 예절로써 기본예절, 친구와 사이좋게 지내기, 다른 사람의 권리와 의견존중하기이다(김혜정, 2006).

(2) 질서

질서는 공공생활의 출발점이 되는 동시에 사회를 유지시키는 데 기본이 되는 개념이다. 특히 사물의 질서란 유아들로 하여금 집단생활을 위한 공공규칙이 있음을 알고 이를 지켜야 함을 이해시켜 행동으로 규범을 지킬 수 있도록 하는 것이며, 주위사람들과 협동해서 생활해 나갈 수 있도록 하는 것이다. 질서 교육의 내용은 차례 지키기(시간 지키기, 식사 때 줄서서 차례 지키기, 복도, 계단, 교실 등에서 조용히 다니기, 실내의 놀이기구를 이용할 때 차례 지키기), 약속이나 규칙 지키기(놀이규칙 지키기, 친구와 어른과의 약속 지키기), 교통규칙 지키기(교통표지판 알기, 횡단보도 건너기, 거리에서 놀지 않기, 차 안에서 안전벨트 하기) 등으로 구성되어 있다(이순천, 2012).

(3) 절제

절제는 일상생활을 하면서 자신의 행동과 생각을 알맞게 조절하는 것을 뜻한다. 유아들이 자신의 충동과 요구에 따라 행동을 하다보면 자신의 감정을 다스릴 수가 없을 뿐만 아니라 남에게 피해를 줄 수도 있다. 따라서 절제교육에는 물자 절약을 토대로 하여 낭비를 하는 습관을 경계하고 나보다 다른 사람을 위해서 자신의 마음을 다스리고 행한 일에 대해 반성하게 하는 훈련을 몸에 익히도록 하는 것이다. 절제교육 내용으로 물건을 간수하고, 휴지 아껴 쓰기, 물과 전기 절약하기, 옷이나 놀잇감 아껴 쓰는 여러 가지 방법 알기, 장소나 상황에 따라 감정을 조절하여 표현하기로 구분할 수 있으며, 물건의 바른 사용법을 알고 사용하기, 물건을 소중히 다루기, 저축하기, 다시 쓸 수 있는 물건 찾아보기, 갖고 싶은 것 조절하기, 참기 등으로 구성되어 있다(이순천, 2012).

(4) 청결

청결은 건강과도 밀접한 관계가 있으므로 유아 스스로 자신의 몸을 깨끗하게 유지하도록 하고 주변을 깨끗이 하며 청결에 관심을 가지고 유아 스스로 해결할 수 있도록 지도하여 건강하고 깨끗한 사회를 지킬 수 있도록 하기 위해서 필요하다. 청결교육내용으로는 첫째, 자기 몸에 대한 청결로 이 닦기, 세수하기, 손 씻기, 손발톱 깎기, 머리손질하기, 속옷 갈아입기 등이 있고, 둘째, 아이가 이용하는 시설에 대한 청결로써 사용한 물건 제자리에 정리하기, 쓰레기 분류하여 휴지통에 버리기, 집 안 청소, 집 주변 청소, 적절하게 옷 입기(계절과 상황에 맞추어 옷 입기), 바른 식생활하기, 질병 예방하기, 즐겁게 생활하기 등과 같은 생활주변의 환경보전에 관한 청결로 구성되어 있다(김혜정, 2006).

2) 기본생활습관 지도방법

아이들은 도덕적 규범의 중요성이나 규칙에 대한 의미를 제대로 알고 행동하기보다 교사가 계획을 세워서 규범과 규칙에 대한 반복학습 및 칭찬과 보상의 강화방법, 모방학습을 통하여 행동하는 단계이므로 기본생활습관을 습관화하기에 적절한 시기이다(교육부, 1991). 그러므로 부모와 교사들은 좋은 습관과 관련된 모범적인 행동으로 영유아에게 모범을 보여 주어야 하고 일관성 있게 반복학습을 지도해야 한다.

기본생활습관은 생활 전반에 걸쳐 반복적으로 꾸준히 지도하여 아이가 바른 생활습관을 자연스럽게 형성하도록 한다. 교사는 좋은 모범을 보이도록 하며, 특히 가정에서 기본생활습관의 기초가 이루어지므로 유아교육기관 혹은 학교와 가정에서의 교육이 일관성 있는 교육이 되도록 학부모와 밀접한 관계를 갖고 협력하여 지도해야 한다. 또한 아이가 다양한 사회적 관계를 경험할 수 있도록 여러 가지 교육방법을 활용하여야 한다. 교사는 언어적 설명이나 지시보다는 따뜻한 격려와 직접적인 문제제기, 문제해결을 위한 유도, 확산적 질문 등을 사용하도록 한다. 그리고 공동 작업, 협동 게임, 소집단 토의 활동, 극화 활동 등을 통해 아동들 간의 갈등과 경쟁을 극복하여, 경험을 공유하고 협동하는 능력을 기르도록 해야 한다. 또한 현장을 견학하거나 지역사회 인사를 초빙하여 일터의 소중함과 일하는 사람의 보람 등을 직접 공감하는 기회를 갖도록 한다. 아이의 좋은 생활습관을 형성시키기 위하여서는 다음의 요소가 중요하다.

첫째, 부모나 교사가 좋은 습관과 관련된 행동으로 아이에게 모범을 보여야 한다. 일상적으로 행하는 언어를 통한 일방적인 지시나 훈육은 좋은 습관 형성에 도움이 되지 못한다. 기본적인 좋은 습관에 대한 어른들의 좋은 습관을 몸에 지니게 하는 것이 중요하다.

둘째, 일관성 있게 반복연습을 시켜야 한다. 바람직한 생활습관형성을 위하여 아이 하나 하나의 행동을 반복 연습시킴으로써 그 습관이 형성되고 생활 속에 정착될 수 있도록 매일 규칙적으로 연습시켜야 한다.

셋째, 아이 스스로 하고자 하는 동기유발을 시켜야 한다. 아이에게 좋은 습관을 형성시켜 주기 위해서는 스스로 하고자 하는 마음을 조성시켜 주어야 한다. 또한 아이가 자기 스스로 바람직한 행동을 나타내 보였을 때는 부모나 교사는 아낌없는 보상을 제시해 주어야 한다.

넷째, 좋은 습관을 형성시키기 위해서는 아이 개인의 발달단계나 습관 형성 시기를 충분히 고려해야 한다. 아이 개개인의 능력이 다르기 때문에 생활습관교육에 있어서도 아이 개개인의 발달단계가 충분히 고려되어야 한다.

위와 같이 생활습관은 하루아침에 형성되는 것이 아니라 오랜 시간을 두고, 고착되는 것이므로 지도에 임하는 부모나 교사들은 조급하게 서두를 것이 아니라 끈기 있게 참을성을 가지고 지도하려는 노력이 필요하다.

3 신입원아 적응지도

대부분의 시간을 가정에서 보내던 영아가 처음 부모의 품을 떠나 낯선 유아교육기관에 입원하는 일은 영아와 부모 모두에게 큰 변화로 불안을 느낄 수 밖에 없다. 따라서 유아교육기관에서는 신입원아들이 유아교육기관에 잘 적응하고 교사 및 또래와 적절한 관계를 형성할 수 있도록 적응 프로그램을 계획하고 지도할 수 있어야 한다.

표준보육과정에서는 영아의 안정적인 유아교육기관 적응을 영아가 울지 않고 주양육자와 헤어지며 급·간식과 배변, 낮잠 등의 일상적 양육과 보육활동에 무리 없이 참여하는 것을 의미한다(보건복지부, 2013). 영아의 경우 기질이나 개인적 특성에 따라 개인차가 있지만 영아의 적응 프로그램은 최소 1주일에서 1~2달까지 여유를 두고 실행하며 연령이 어릴수록 융통성 있게 적응기간을 진행한다. 영아를 위한 적응과정의 예를 제시하면 〈표 6-5〉와 같다.

표 6-5. 영아를 위한 적응 과정의 예

<table>
<tr><th>기간</th><th>내 용</th><th colspan="2">적응정도에 따른 보육시간</th></tr>
<tr><td rowspan="2">1~2주</td><td rowspan="2">짧게 방문하기
보호자와 함께 놀이하기
오전 간식 먹기</td><td>적응 시</td><td>10:00 ~ 12:00</td></tr>
<tr><td>부적응 시</td><td>10:00 ~ 11:00</td></tr>
<tr><td rowspan="10">1~2주</td><td rowspan="2">오전 놀이와 점심식사</td><td>적응 시</td><td>10:00 ~ 식사 후 13:00</td></tr>
<tr><td>부적응 시</td><td>10:00 ~ 12:00 이전</td></tr>
<tr><td rowspan="2">보호자와 잘 헤어지기
선생님과 놀이하기</td><td>적응 시</td><td>10:00 ~ 식사 후 13:00</td></tr>
<tr><td>부적응 시</td><td>10:00 ~ 12:00 이전</td></tr>
<tr><td rowspan="2">보호자와 웃으며 안녕하기
낮잠 자 보기</td><td>적응 시</td><td>9:30 ~ 낮잠 잔 후 15:30</td></tr>
<tr><td>부적응 시</td><td>9:30 ~ 식사 후 13:00</td></tr>
<tr><td rowspan="2">친구들과 함께 놀이하기
편안한 마음으로 낮잠 자기</td><td>적응 시</td><td>9:30 ~ 낮잠 잔 후 17:00</td></tr>
<tr><td>부적응 시</td><td>9:30 ~ 식사 후 14:00</td></tr>
<tr><td rowspan="2">하루종일 지내기</td><td>적응 시</td><td>9:30 ~ 낮잠 잔 후 18:00</td></tr>
<tr><td>부적응 시</td><td>보호자와 상담 후 귀가시간 조정</td></tr>
</table>

출처: 보건복지부(2013).

1) 신입원아 적응과정

0~2세 영아가 유아교육기관에 잘 적응할 수 있도록 하기 위해 교사가 어떤 내용을 중점으로 적응과정을 진행해야 하는지 구체적으로 살펴보면 〈표 6-6〉과 같다(보건복지부, 2013).

표 6-6. 연령별 적응과정

연령	적응과정
0세 영아	• 보호자와 함께 어린이집 탐색 • 교사와 안정애착 형성하기 • 적절한 거리 두고 접근하기 • 보호자와 안정적인 분리
1세 영아	• 보호자와 함께 어린이집 탐색 • 보호자와 분리 • 교사와 안정적으로 일상생활 및 놀이하기 • 교사와 안정애착 형성하기 • 교사의 도움으로 일상생활 및 놀이하기 • 보호자와 안정적으로 헤어지기
2세 영아	• 보호자와 함께 어린이집 탐색 • 교사와 관계 맺기 • 놀이 즐기기 • 보호자와의 점진적 분리 • 또래와 관계 맺기 • 하루 일과 적응하기(급·간식, 낮잠, 배변 등)

0세 영아의 적응을 지도하기 위한 첫 시작은 보호자와 함께 등원하여 유아교육기관을 탐색하는 것으로부터 시작된다. 이때 교사가 영아에게 성급하게 다가가기보다는 적절한 거리를 두고 접근하는 것이 좋다. 0세 영아의 경우 교사와 안정애착을 형성하기 전까지 보호자와 함께 등원하고 점차 시간을 줄여 안정적인 분리가 이루어질 수 있도록 한다.

1세 영아가 유아교육기관에 잘 적응할 수 있도록 도와주기 위해 앞에서 살펴본 0세 영아의 적응 내용과 유사하게 이루어지며 1세 영아의 특징을 이해하고 지도하도록 한다. 1세 영아의 경우 자신에게 안전기반을 제공하고 자신이 일상생활과 놀이를 하는 데 도움을 줄 성인을 필요로 하게 된다. 따라서 교사는 이러한 역할을 이해하고 충실히 해야 한다.

2세 영아는 보육실을 구성하는 교사, 또래, 놀이 등 다양한 요인과 관계를 맺음으로써 유아교육기관에 적응한다. 또한 또래와 관계 맺기를 시작하며 놀이에 참여하고 하루 일과에 적응해 나간다. 이 과정에 교사는 개별적인 특성과 요구를 파악하고 개별적으로 지원하도록 한다.

2) 적응을 돕는 교사의 상호작용

영아가 유아교육기관 적응을 돕기 위해서는 교사가 영아의 개별적인 특성을 이해하고 적절하게 상호작용을 해 주는 것이 필요하다. 이와 관련된 교사의 상호작용의 내용은 〈표 6-7〉, 〈표 6-8〉, 〈표 6-9〉와 같다(박찬옥 외, 2014).

표 6-7. 0세: 교사와 관계를 형성하는 데 도움을 주는 상호작용

교사와의 활동	상호작용의 예
선생님의 따뜻한 손길을 느낄 수 있는 활동	• ○○의 발은 어디 있을까요? 예쁜 발~ • ○○의 발가락은 어디에 있을까요? 하나, 둘, 셋, 넷, 다섯 • ○○의 손은 어디에 있을까요? • ○○의 손가락은 어디에 있을까요?
선생님의 따뜻한 품을 느낄 수 있는 활동	• ○○를 안아 주자. 안아서 흔들 흔들! ○○도 흔들 흔들! 선생님도 흔들 흔들! • ○○의 등을 토닥 토닥! ○○의 엉덩이도 토닥 토닥! • 선생님의 품은 따뜻해요. ○○를 꼬옥 안아 줘요.
선생님과 함께 하는 놀이 (감각을 활용한 놀이)	• 딸랑이를 흔들면 딸랑 딸랑 소리! • 인형을 누르면 꾸욱 꾸욱 소리나요. • 공을 구르면 떼구르르 • 모빌의 버튼을 누르면 노래가 나와요. 라라라~ • 책을 펼치면 무엇이 보일까?
또래를 인식하게 하는 상호작용	• 우리 반에 누가 있을까? • ○○가 울고 있네. '친구야 울지마'라고 이야기해 주자. • ○○가 방긋 웃고 있네. 웃고 있는 ○○의 얼굴이 참 예쁘구나. • ○○가 지금 교실에 들어오네. 친구야 안녕! • ○○가 자동차를 가지고 놀고 있네. 붕붕 자동차를 밀어요.

표 6-8. 1세: 감각적인 활동과 움직임의 욕구 실현을 돕는 상호작용

탐색과 움직임을 실현할 수 있는 활동	상호작용의 예
어린이집 환경 이해하기	• 안녕하세요? ○○야, 교실로 들어가는 길이 어떻게 되는지 들어가 볼까? 여기 바닥에 발바닥 자국을 따라서 걸어 보자. • 와~ 밖이 보이는구나. 밖에 무엇이 있지? • ○○, 지금 나무 보고 있어요? 나무 안녕! • 거울 속에 누가 있니? ○○가 있어요. ○○가 손을 흔드니까 거울 속에 ○○도 손을 흔드네.
감각적인 활동	• 그릇 안에 무엇이 있지? 빨간색, 노란색, 파란색 밀가루 점토가 있구나. 한 번 만져볼까? • ○○는 밀가루를 손으로 꽉 눌렀구나. 그렇게 비틀기도 했어? 밀가루 점토를 막 주물러 볼까? 어, 밀가루가 울퉁불퉁해 졌네.

탐색과 움직임을 실현할 수 있는 활동	상호작용의 예
선생님과의 관계 형성	• 여기 스티커를 떼어서 어디에 붙일까? 이렇게 선생님 코에 붙여야지. ○○도 스티커 떼어서 붙여 보자. • ○○는 선생님 뺨에 스티커를 붙였네. • 와, 선생님 얼굴에 스티커가 여러 개 붙여 있네. • ○○도 얼굴에 붙일래? 어디에 붙일까? ○○ 이마에 스티커 붙었네.
신체 놀이를 통한 긴장 해소	• 음악이 나오네. 우리 같이 춤을 춰 볼까? • ○○아, 우리 매트 위에서 쿵쿵 뛰어볼까? 더 높이 뛰어보자. ○○가 정말 신나는구나. • ○○가 블록을 여러 개를 올려놓았네. 조심조심! 와~ ○○가 하나를 더 올려놓았네. 블록이 높아졌어요.

표 6-9. 2세: 인지적 이해와 자율적 탐색을 돕는 상호작용

인지적인 이해와 자율적 탐색	상호작용의 예
각 영역 소개하기	• 수조작 영역은 무엇을 하는 곳일까? 여기서 ○○가 퍼즐을 가지고 놀이하고 있구나. 이곳을 수조작 영역이라고 불러요. 이곳에는 이렇게 퍼즐과 맞추기 놀잇감, 끼우기 놀잇감 등이 있지. • 이 영역에는 무엇이 있지? 여러 가지 음식, 그릇, 테이블, 의자, 냉장고, 싱크대, 가스레인지도 있고, 모형집도 있어요. 모형집 안에는 무엇이 들어 있지? 이불도 있고 베개도 있구나. ○○가 음식 모형을 가지고 음식을 차려 주었네. 와~ 맛있겠다. 고마워 잘 먹을게.
선생님 알기	• 선생님 이름은 ○○○야. ○○반 선생님 ○○○! • 선생님은 여기 교실에서 너희들과 함께 재미있는 놀이도 하고 같이 간식도 먹고 너희들이 화장실에 갈 때 함께 가서 너희들이 쉬하는 것도 도와주고 하지. • 선생님의 얼굴에는 무엇이 있을까? • 선생님의 머리는 어디에 있지?
또래 알기	• 여기 벽에 사진을 선생님이 붙여 놓았는데 너희들 누구의 모습인지 알겠니? • 먼저, 이 사진을 볼까? 이 친구는 누굴까? • ○○는 지금 쌓기 놀이를 하고 있구나. ○○는 블록을 좋아하지? • ○○야, 간식 먹을 시간이네. 같이 간식 먹자.
신체 놀이를 통한 긴장 해소	• ○○는 모래를 펐다가 다시 쏟는구나. • ○○는 그네가 타고 싶어서 기다리고 있구나. 선생님이 그네를 밀어 줄까? • ○○는 미끄럼틀을 타려고 위로 올라갔네. 선생님이 밑에서 기다려 볼게. 와~ ○○가 선생님한테 내려왔네. 안녕!

3) 영아의 적응 지도 시 유의할 점

영아의 적응을 지도하기 위해 교사가 유의해야 할 점을 구체적으로 살펴보면 〈표 6-10〉과 같다(박찬옥 외, 2014).

표 6-10. 영아의 적응 지도 시 유의할 점

구분	내용
분리불안을 극복하도록 돕는다	영아가 어린이집 적응에 가장 어려움을 느끼는 부분 중 하나가 애착이 형성된 주양육자와의 '분리'이다. 분리불안은 영아의 건강한 정서발달을 보여주는 것으로 영아가 특정한 대상과 애착을 형성하고 있음을 보여주는 증거이다. 분리불안을 표현하는 방법은 영아마다 다르게 나타날 수 있다. 보통 큰 소리로 울거나 소리를 지르고, 교실 문을 열어서 나가는 등의 모습이나 교실 구석에 앉아 무기력한 모습을 보일 수도 있다. 따라서 교사는 영아가 이 상황을 이해할 수 있도록 부드럽게 이야기해 주고 영아를 지지해 주며 따뜻한 태도를 보여주는 것이 중요하다.
학기 초 교실 내에서 영아의 소유물을 인정해 준다	적응 기간 동안 영아는 가정에서 가지고 놀이하던 개별 놀잇감 및 이불, 인형 등과 같은 애착물을 가지고 등원할 수 있다. 이는 교실이라는 낯선 공간과 영아를 연결해 주는 매개물로써 역할을 하며 영아들에게 심리적인 안정감을 줄 수 있다. 하지만 이러한 애착물은 다른 영아들과 분쟁이 되고 이를 뺏기게 된 영아는 오히려 불안이 가중될 수 있다. 따라서 교사는 영아의 개인 소유물을 인정해 주고 다른 영아들과의 관계에서 개별적인 물건의 소유권이 유지될 수 있도록 지도한다.
해결할 수 없는 위로를 하지 않는다	불안해하는 영아를 위로하기 위해 교사는 "엄마가 많이 보고 싶구나. 엄마 빨리 오세요라고 이야기할게~" 등과 같은 상호작용을 할 수 있는데 이는 당장 해결할 수 없는 문제이다. 따라서 교사는 영아의 부정적인 정서에 집중하여 상호작용하기보다는 교실이 주는 긍정적인 느낌을 가질 수 있도록 영아가 흥미를 가질 수 있는 다양한 활동을 제공하고 영아가 자율적으로 선택할 수 있도록 하는 것이 필요하다.
보호자가 교실에 머무는 것을 적절히 조절한다	분리불안으로 힘들어 하는 영아를 위해 교실에 보호자가 들어올 수 있는데 이렇게 될 경우 영아는 보호자도 교실을 구성하는 요인으로 인식할 수 있다. 또한 다른 영아들에게 오히려 불안을 줄 수도 있다. 따라서 보호자가 교실에 오랜 시간 동안 머무르지 않도록 하는 것이 바람직하다.

4) 적응을 위한 환경구성

영아의 적응을 돕기 위해 교사는 영아들이 안정감과 편안함을 느껴 쉽게 적응할 수 있도록 적절한 환경을 구성하는 것이 필요하다. 특히 분리불안을 경험하는 영아들이 이를 극복하고 활동에 적극적으로 참여할 수 있으며 다양한 감각을 자극하는 환경을 구성하도록 한다. 이를 통해 영아들이 안전함을 느끼고 신뢰할 만한 공간이라는 것을 이해할 수 있도록 한다. 영아의 연령에 따른 환경구성 내용은 〈표 6-11〉과 같다(보건복지부, 2013).

표 6-11. 영아의 적응을 위한 연령별 환경구성

연령	환경구성
0세 영아	• 영아의 담요나 푹신한 인형, 베개 등으로 가정과 유사한 안락한 공간 마련 • 영아에게 친근한 물건이나 호기심을 유발시킬 수 있는 놀잇감 배치 • 영아의 가족사진 전시 • 일상생활을 위한 시설과 설비(기저귀 갈이, 수유 등)
1세 영아	• 쿠션, 담요, 인형 등으로 안락하고 쉴 수 있는 공간 마련 • 넓은 보육실 공간 • 교구장을 벽쪽에 배치하고 신체활동을 충분히 할 수 있는 공간 • 충분한 수의 놀잇감 배치 • 영아들의 수준차를 고려한 놀잇감 배치를 통해 영아가 유능감과 만족감을 느낄 수 있는 환경 구성
2세 영아	• 조용히 쉴 수 있는 개별적인 공간 • 조용한 활동/움직임이 활발한 활동을 위한 공간 • 구조화된 움직임을 유도하는 공간/자유로운 움직임을 할 수 있는 공간 • 먹고 씻고 잘 수 있는 일상적인 욕구를 해소하는 공간

5) 신입원아, 수시 입소 및 재원아의 적응

3월에 다른 원아와 함께 적응을 하는 신입원아인지, 3월 이후 단독으로 적응 과정에 참여하는 수시 입소 원아인지, 전 연령에서 상위반으로 이동하는 재원아인지에 따라 또래 및 교사와의 관계, 보육실 분위기 등에 차이가 나타나게 된다. 각 시기별 신입원아의 특징에 대해 구체적으로 살펴보면 〈표 6-12〉와 같다(보건복지부, 2013).

표 6-12. 각 시기별 신입원아의 특징

구분	내용
신입원아	동시에 많은 영아가 함께 적응하게 되어 함께 적응기간을 보내기 때문에 많은 수의 또래가 나타내는 부적응 행동을 보게 되고 불안정한 보육실의 분위기에 영향을 많이 받는다. 따라서 가능한 적응기간 동안 동일한 시간대에 신입원아 모두가 적응 프로그램에 참여하기보다는 시간대를 달리하여 최소 일주일에서 4주 정도 적응 프로그램을 진행하도록 한다.
수시 입소 신입원아	또래들이 이미 초기 적응기간을 끝냈기 때문에 또래들이 보이는 부적응 행동의 빈도는 낮은 환경에 처하게 된다. 안정된 보육실 분위기가 유지되기 때문에 영아의 적응이 비교적 수월한 편이다. 따라서 최소 일주일 정도를 적응기간으로 운영한다.
재원아	이미 동일 어린이집에서 1년의 생활을 했기 때문에 적응이 끝난 것으로 볼 수 있겠지만 보육실 공간이 바뀌거나 교사가 달라지고 교사 대 비율이 증가하기 때문에 적응의 문제를 보일 수 있다. 또한 이때 새로운 신입원아가 적응기간을 가지며 보호자가 보육실에 들어오거나 신입원아가 울 경우 보육실의 환경은 매우 불안정하다. 따라서 재원아도 새로운 보육실에 익숙해지고 새로운 교사와 안정애착을 형성할 수 있도록 세심하게 지도를 해야 한다.

Chapter 7

가정과 연계방법

배울내용

1. 부모상담
2. 가정과의 연계방안

학습목표

1. 아동생활지도를 위한 부모상담의 중요성에 대해 안다.
2. 부모상담을 위한 준비 및 과정에 대해 이해한다.
3. 아동생활지도를 위한 가정과의 연계방안을 이해한다.

아동생활지도를 위한 성공적인 부모상담이 되기 위해 교사는 부모상담의 중요성 및 필요성에 대해 명확히 이해하는 것이 필요하다. 왜냐하면 교사가 부모상담의 중요성을 인식할 때 보다 적극적으로 부모상담에 참여할 수 있기 때문이다. 또한 교사가 부모상담을 진행하기 위해 사전에 준비해야 할 내용 및 부모상담의 과정을 알아봄으로써 부모상담에 대한 이해를 높일 수 있다. 이 외에도 아동생활지도를 위한 가정과의 연계 방안을 다양하게 모색해 보는 시간을 통해 부모상담 및 부모와 협력하여 아동을 지도하는 역량을 강화할 수 있을 것이다.

1 부모상담

아동이 보이는 다양한 유형의 문제행동을 지도하기 위해서 가정과의 협력은 필수라고 할 수 있다. 아동에 대해 가장 잘 알고 있는 사람은 부모이므로 교사는 부모를 통해 아동에 대한 이해를 기반으로 아동을 지도해야 한다. 또한 유아가 보이는 문제행동을 지도하기 위해서는 부모상담을 통해 정확한 원인을 파악하고 지도방법에 대해 함께 협력해 나가야 한다.

교사는 아동의 문제행동을 지도하기 위해 부모상담의 중요성과 구체적인 방법에 대해 이해하고 이를 실제 적용할 수 있어야 한다. 따라서 이 절에서는 아동 생활지도를 위한 부모상담의 구체적인 방법과 가정과의 연계방안에 대해 모색해 보고자 한다.

1) 부모상담의 중요성

가정에서 주로 부모와 생활하던 아동이 유아교육기관에 입학하게 되면서 교사 및 또래와 새로운 관계를 맺어 나간다. 아동은 새로운 환경에 대한 적응의 문제나 또래와의 관계를 맺으며 다양한 갈등 상황 등을 경험하게 된다. 영아의 경우 기본생활습관을 형성하는 단계이고 자신의 감정을 적절히 표현하며 협상하고 공유하는 등의 친사회적 기술이 아직 부족하기 때문에 지도가 필요한 문제들이 발생할 수 있다. 이 시기의 문제행동은 아동이 점점 성숙해 지므로 자연스럽게 해결이 되는 부분도 있지만 적절한 중재와 지원이 이루어지지 않는다면 청소년기를 지나 성인기까지 부정적인 영향을 미칠 수 있기 때문에 반드시 지도가 필요하다(권정윤 외, 2013; 송진숙·권희경, 2003; Kaiser & Rasminsky, 2012; Shaw, Gilliom, Ingoldsby & Nagin 2003).

문제행동을 지도하기 위하여 교사는 다양한 지도방법을 사용하게 되는데, 그 중 하나의 방법으로 부모상담을 통한 가정과의 연계 방법이 있다. 즉, 교사와 부모가 유아의 문제행동을 어떻게 지도할 것인지 함께 모색하여 유아교육기관과 가정에서 일관된 지도방법을 사용할 때 지도의 효과는 더욱 높아지게 된다. 이러한 점을 통해 볼 때 생활지도를 위한 가정과의 연계는 필수라고 할 수 있지만 송나리(2011)의 연구에 따르면 교사들은 문제행동을 지도할 때 문제행동에 대한 교사와 부모의 인식 차이가 있거나 부모와 협력이 잘 이루어지지 않을 때 어려움을 경험하는 것으로 나타났다. 이를 통해 볼 때 아동의 생활지도를 위해 부모와의 협력은 반드시 필요하지만 실제 부모와의 협력이 쉽지만은 않다는 점을 확인할 수 있다.

생활지도를 위해 부모상담이 필요한 이유에 대해 좀 더 구체적으로 살펴보면 다음과 같다(이영훈 외, 2017).

첫째, 아동의 문제행동이 유아교육기관에서만이 아니라 가정이나 다른 장소에서도 나타나는지를 파악할 수 있다. 교사는 유아교육기관 외의 장소에서 아동이 보이는 행동을 파악하는 데 어려움이 있다. 이때 부모와의 상담을 통해 아동이 보이는 문제행동에 대한 다양한 정보를 확인할 수 있다.

둘째, 교사는 부모상담을 통해 현재 아동이 보이는 문제행동이 어느 수준이며 이를 제대로 지도하지 않을 경우 어떤 문제가 발생할 수 있을지에 대해 부모에게 전달할 수 있다. 부모의 경우 때로는 아동이 보이는 행동문제에 대해 개인적인 기질이나 성향, 성별에 따른 차이 등으로 여겨 대수롭지 않게 생각할 수 있다. 그러나 아동기의 문제들이 제대로 해결되지 않을 경우 앞으로 친구와의 관계를 형성하거나 학업 등에도 부정적인 영향을 미칠 수 있다. 따라서 교사는 부모에게 아동기의 중요성에 대해 설명하고 이 시기에 바람직한 행동을 습득할 수 있도록 지도가 필요하다는 점을 알려야 한다.

셋째, 아동의 문제행동이 유아교육기관과 가정 등에서 동일하게 나타난다면 부모가 어떻게 지도하는지를 파악해야 한다. 생활지도를 위한 부모와의 상담에서 중요한 부분은 지금까지 아동이 보이는 행동문제에 대해 부모가 어떠한 반응을 보이며 지도해 왔는지를 파악하는 것이다. 이때 교사는 부모의 지도방법에 대해서 비난하거나 평가하지 않는 태도를 가지는 것이 중요하다.

넷째, 교사와 부모가 아동을 위한 지도방법을 함께 모색해야 한다. 부모의 지도방법을 파악했다면 교사는 아동의 문제행동에 대해 어떻게 지도를 하고 있으며 앞으로 어떤 방법으로 지도하는 것이 좋을지를 부모와 협력하여 찾아 나가야 한다. 부모가 교사보다 더 좋은 방법이나 대안을 가지고 있을 수 있음을 염두에 두고 아동을 지도하기 위한 가장 적합한 방법을 찾아가야 한다.

다섯째, 부모상담을 통해 교사가 유아교육기관에서 어떤 노력을 할 것인지 전달하고 가정에서도 함께 협력해 줄 것을 요청할 수 있다. 부모와 교사가 협력하여 아동을 지도하기 위한 지도방법을 결정했다면 가정에서도 함께 지도할 것을 요청한다. 이후 지도 결과에 대해 교사와 부모가 서로 공유하여 새로운 지도방법에 대해 모색하거나 개선된 행동이 지속될 수 있도록 지속적으로 소통하는 것이 필요하다.

2) 부모상담을 위한 준비

아동생활지도를 위한 부모상담을 진행하기 위하여 교사가 준비해야 할 사항에 대해 구체적으로 살펴보고자 한다. 이를 위해 부모상담 전에 교사가 준비해야 할 점, 부모상담을 위한 환경조성, 부모상담 시 유의할 점 등으로 나누어 알아본다.

(1) 부모상담 전 준비사항

효과적인 부모상담을 진행하기 위해 교사는 상담의 목적을 파악하고 필요한 자료 등을 준비해야 한다. 부모상담을 위해 교사가 준비해야 할 사항은 다음과 같다.

첫째, 상담의 목적 및 내용을 파악하고 부모와 적절한 시간을 정한다. 아동이 보이는 문제행동에 대한 상담은 교사 또는 부모의 요청으로 진행될 수 있다. 따라서 교사는 상담 전에 어떠한 목적으로 상담이 진행되는지를 파악하고 이에 따른 자료를 준비해야 한다. 그리고 부모에게도 어떠한 목적으로 상담이 진행될 예정인지 소개하여 부모 역시 상담에 대한 준비를 할 수 있도록 한다. 상담의 목적이 정해졌다면 부모에게 가정 통신문이나 전화 등을 통해 구체적인 상담의 날짜, 시간, 장소 등을 서로 상의하여 정한다.

둘째, 아동에 대한 자료를 정리한다. 부모상담을 진행하기 위해 교사는 아동에 대해 관찰 · 기록한 자료를 확인하고 상담 목적에 맞게 정리하는 작업이 필요하다. 이때 아동이 보이는 문제행동 만이 아니라 유아교육기관에서의 아동의 평소 생활 모습, 친구 관계, 놀이 특성 등에 대한 정보들까지 폭 넓게 준비하는 것이 좋다. 아동이 보이는 문제행동과 관련하여 상담이 진행된다면 교사의 관찰 기록이 매우 중요한 역할을 한다. 만약 부모가 아동의 행동에 대해 잘 인식하지 못하고 있을 경우 아동에 대한 이해를 넓혀주고 협조를 이끌어 내는 역할을 할 수 있다. 따라서 교사는 평소 아동에 대해 체계적인 관찰 계획을 세워 자료를 확보하는 것이 필요하다.

셋째, 아동의 가정환경에 대해 미리 파악한다. 교사는 아동의 입학원서 등을 통해 아동의 가족관계나 가정환경 등에 대해 미리 파악하도록 한다. 이러한 내용은 면담을 시작하기 전 부모와 공감대와 친밀감을 형성하는 데 도움을 줄 수 있으며 교사가 자칫 실수할 수 있는 상황을 피할 수도 있다.

(2) 부모상담을 위한 환경조성

교사가 부모상담을 위해 적절한 환경을 조성할 때 보다 효과적인 상담을 이끌어 낼 수 있다. 부모상담을 위한 시간과 장소를 어떻게 준비해야 하는지 살펴보면 다음과 같다.

첫째, 부모상담 시간은 부모와 교사 모두에게 가능한 시간으로 정한다. 부모상담을 위해 아동은 가급적 배석시키지 않는 것이 좋다. 특히 아동이 보이는 문제행동에 대해 상담이 진행될 때는 더욱 주의하는 것이 필요하다. 또한 요즘 직장을 다니는 부모가 많기 때문에 사전에 미리 상의하여 적당한 시간을 조율하도록 한다.

둘째, 상담 장소를 편안한 분위기로 조성한다. 부모상담을 위한 장소는 소란스럽거나 다른 사람들에게 방해 받지 않을 공간으로 정한다. 교실에서 상담이 진행된다면 교실을 깨끗하게 청소하고 상담을 위한 테이블 등을 준비한다. 또한 부모가 보다 면담에 집중할 수 있도록 교사가 창밖이나 복도가 보이는 자리에 앉고 반대쪽에 부모가 앉을 수 있도록 준비한다. 좀 더 부드러운 상담 분위기 조성을 위해 간단한 음료 등을 제공할 수도 있다.

셋째, 부모상담을 위한 자료를 준비하여 비치한다. 교사가 사전에 작성한 상담일지 등을 잊지 않고 준비한다. 또한 상담이 시작되기 전에 아동이 유아교육기관에서 한 작품 등을 모아 놓은 파일을 준비하여 부모가 볼 수 있도록 한다. 이를 통해 아동의 성장과정을 확인할 수 있으며 상담의 분위기를 보다 편안하게 이끌 수 있다.

(3) 부모상담 시 유의사항

교사는 부모와 상담을 진행할 때 최대한 예의를 갖추며 전문가로서 상담에 임해야 한다. 이때 교사가 유의해야 할 점에 대해 구체적으로 살펴보면 다음과 같다(김연희 외, 2018; 이영훈 외, 2017).

첫째, 부모와 밝게 인사를 나누고 편안한 분위기를 조성하고자 노력한다. 특히 아동의 문제행동과 관련하여 상담이 진행될 경우 부모는 자녀에 대해 많은 걱정과 염려를 가지고 상담에 참여하게 된다. 이때 교사가 무표정하게 부모를 맞이할 경우 부모의 걱정은 더욱 커지게 되며 이후 상담을 진행할 때도 부정적인 영향을 줄 수 있다.

둘째, 부정적인 표현보다는 긍정적인 표현을 사용하도록 하며 어휘 선택에 유의하도록 한다. 또한 지나치게 전문 용어는 사용하지 않는 것이 좋다.

셋째, 부모의 이야기에 귀를 기울이고 부모와 동반자적인 협력 관계를 맺기 위해 노력한다. 부모와의 상담은 교사와 부모가 아동에 대해 협력하는 자리이다. 교사가 자신의 지도방법을 부모에게 강요하거나 부모의 양육태도에 대해 비난해서는 안 된다. 아동에 대해 가장 잘 알고 있는 사람은 결국 부모이다. 따라서 교사는 부모의 이야기에 경청하는 자세로 상담을 이끌어 가는 것이 바람직하다. 아동의 문제행동에 대해 상담이 진행될 경우 부모와 교사가 함께 문제행동의 원인을 모색하고 바람직한 지도방법을 상의하도록 한다.

넷째, 부모의 언어적 표현뿐 아니라 비언어적 표현에도 주의를 기울이며 부모의 다양한 욕구를 파악하도록 한다. 부모와 상담을 할 때는 대화 내용뿐만 아니라 대화 과정 중에 보이는 비언어적인 표현도 중요하기 때문에 교사는 민감하게 부모의 모습을 살피도록 한다. 부모의 경우 자신의 자녀에 대해 항상 많은 부분을 궁금해 한다는 사실을 기억하고 교사는 부모에게 궁금한 점이 없는지를 물어보고 자유롭게 이야기할 수 있도록 한다.

3) 부모상담의 과정

아동생활지도를 위한 부모상담의 과정을 상담의 시작, 진행, 마무리로 나누어 각 단계에서 교사가 어떻게 진행하면 좋을지 구체적인 방법들에 대해 살펴보면 다음과 같다.

(1) 부모상담의 시작

부모상담의 시작단계에서 가장 중요한 부분은 친밀감 형성이다. 아동의 문제행동으로 상담을 해야 할 경우 부모는 어느 정도 긴장한 상태에서 상담에 참여하게 된다. 아동의 문제행동에 대해 부모가 먼저 요청하여 상담이 진행된다고 하더라도 부모의 심리적인 상태는 불안과 두려움이 있을 수밖에 없다. 그리고 교사 역시 아동의 문제에 대해 이야기를 나누어야 할 때 불안하고 걱정되는 마음을 갖게 된다. 이처럼 부모와 교사가 모두 불안한 상태에서 부모상담이 진행된다면 부모상담이 효과적으로 이루어지기 어렵다. 따라서 교사는 부모와 교사가 모두 편안한 상태에서 상담이 진행될 수 있도록 편안한 분위기를 조성하고자 노력해야 한다.

이를 위해 교사는 편안하고 밝은 모습으로 반갑게 부모를 맞이하고 아동의 성장과 발달 중 진보된 점이나 최근 친구들과의 관계, 아동의 장점, 가족에 대한 안부 등 일상적인 대화로 상담을 시작하는 것이 필요하다. 아동이 문제행동을 갖고 있을 경우 부모는 아동의 부정적인 행동에 대한 이야기를 주로 들었을 가능성이 높다. 상담을 시작할 때마저 아동의 문제에 대한 이야기로 시작된다면 부모의 입장에서 기분이 좋을 리가 없다. 따라서 교사는 상담이 진행되기 전 어떤 내용으로 상담을 시작할지 미리 계획해 놓도록 한다.

(2) 부모상담의 진행

상담이 시작되고 난 후 교사는 아동의 문제행동에 대해 부모에게 정확하게 전달하는 것이 필요하다. 이때 교사는 아동에 대한 객관적인 관찰 자료에 근거하여 지도가 필요한 행동을 가급적 정확하게 전달하는 것이 좋다. 그리고 부모에게 아동의 문제행동에 대해 알고 있는지, 어떻게 지도하고 있는지 등을 파악한다. 이후 교사는 아동의 문제행동을 지도하기 위해서는 가정과 유아교육기관이 연계하여 진행되어야 할 필요성에 대해 설명하고 부모의 적극적인 협조를 요청 드린다. 아동의 행동을 지도하기 위한 방법에 대해서 모색할 때는 교사의 일방적인 생각이나 지도방법을 강요하기보다는 가정에서의 지도방법과 유아교육기관에서 교사가 지도 했던 방법들 중 아동에게 가장 적합한 지도방법을 부모와 교사가 함께 찾아가도록 한다.

상담이 진행되는 과정 중 교사는 부모의 비언어적 태도에도 주목하며 적극적으로 부모의 이야기를 들어주도록 한다. 최대한 부모의 이야기를 많이 들어주도록 하고 적절한 질문을 통해 부모가 스스로 답을 찾아갈 수 있도록 한다. 또한 최대한 중립적인 언어를 사용하고 다른 아동과 비교하지 않도록 한다. 부모상담을 위한 교사의 역할에 대해 살펴보면 〈표 7-1〉과 같다.

표 7-1. 부모상담을 위한 교사의 역할

구분	내용
서로 존중하기	유아의 문제행동과 관련하여 부모와 상담을 진행할 때 교사는 개인적인 견해를 자제하고 부모가 적극적으로 자녀의 문제행동 지도에 참여할 수 있도록 기회를 제공하는 역할을 한다. 이때 부모가 자녀를 교육하고 있는 방법에 대해 인정해 주고 부모의 삶의 방식과 교육 방식을 이해하려는 태도를 보여주도록 한다. 교사는 자신의 지도방법에 대해 전문성이 있음을 보여주어 부모가 교사의 교육 방식을 신뢰할 수 있도록 해야 한다.
동료 교사 및 관련 전문가와 대화하기	교사는 아동의 문제행동으로 부모와 상담하기 전 동료나 전문가와 의논을 하는 것이 좋다. 이러한 과정을 통해 아동의 문제행동을 객관화하여 볼 수 있으며 지도방법에 대한 아이디어도 얻을 수 있다. 또한 유아교육기관 외에 다른 전문가와 상담이 필요한지 여부에 대해서도 면밀한 검토를 거쳐 부모에게 전달하도록 한다.
반영적 경청하기	아동의 문제행동에 부모가 인정하지 않는 경우라도 교사는 부모의 이야기를 최대한 경청하도록 한다. 또한 교사가 부모의 이야기를 주의 깊게 듣고 있다는 사실을 느낄 수 있도록 부모가 하는 이야기를 반복하는 반영적 경청하기를 사용한다.

구분	내용
지속적인 참여를 권유하기	부모가 아동의 문제행동을 받아들이지 않더라도 교사는 이 문제에 대해 지속적으로 의사소통 하고자 하는 의지를 보여준다. 이를 위해 아동의 행동과 관련된 객관적인 자료를 부모에게 제공하여 부모상담을 지속적으로 진행할 것을 권유한다. 또한 부모가 참관실이나 자원봉사 등을 통해 직접 아동의 행동을 관찰할 수 있는 기회를 제공하여 부모와 지속적인 의사소통을 이어나가도록 한다.
중재 분위기로 전환하기	아동의 문제행동에 대한 상담이 이루어질 때 항상 성공할 수만은 없다. 부모와 의견 충돌이 생기게 될 경우 무리해서 상담을 지속하기보다는 종결하고 다른 전문가(원감, 원장, 외부 전문가 등)에게 도움을 요청하는 것도 좋다. 이때 전문가는 보다 객관적으로 아동의 문제행동에 대해 부모에게 효율적으로 이야기해 주며 긍정적 방안을 찾을 수 있다. 이와 같은 대처 모습은 교사의 전문성을 보여주는 계기로 연결될 수도 있다.

출처: 권정윤 외(2016).

(3) 부모상담의 마무리

상담을 마무리하기 전 지금까지 나눈 이야기를 정리하고 부모와 교사가 함께 찾은 아동의 지도방법의 내용을 다시 한 번 재확인한다. 또한 추가적으로 논의가 필요한 부분이 있는지를 확인 후 상담을 끝낸다. 교사는 부모와 나눈 이야기를 상담일지에 가급적 바로 자세히 기록해 놓는다.

상담 후 교사는 부모와 상의한 지도방법을 실제 유아교육기관에서 적용해 보고 부모와의 전화 상담을 통해 아동의 달라진 점을 지속적으로 확인해 나간다. 이 과정을 통해 현재의 지도방법을 유지할지 새로운 지도방법을 모색해 볼지 역시 부모와 협력해 나간다. 교사와 부모가 지속적으로 연계해 나갈 경우 아동의 문제행동이 개선될 뿐만 아니라 부모는 교사에 대해 더욱 신뢰하게 될 것이다.

2 가정과의 연계방안

앞에서 아동생활지도를 위한 부모상담의 방법에 대해 살펴보았는데, 이 외에도 다양한 가정과의 연계방안이 있을 수 있다. 구체적으로 어떤 방안을 통해 아동의 생활지도를 가정과 협력해 나갈 수 있을지 그 내용을 살펴보면 다음과 같다.

1) 전화상담

전화는 유아교육기관에서 가장 손쉬우면서도 많이 이루어지는 부모와의 의사소통방법이다. 최근 맞벌이 등으로 유아교육기관에 직접 와서 상담을 진행하는 데 어려움이 있는 부모가 많기 때문에 교사가 전화상담을 효율적으로 사용하는 것이 필요하다.

전화상담을 통해 교사와 부모는 아동의 일상적인 생활에 대한 이야기와 문제행동과 관련된 상담도 진행될 수 있다. 하지만 직접 얼굴을 보고 대화를 나눌 수 없기 때문에 교사는 충분한 시간을 가지고 부모와 신뢰로운 관계를 형성하기 위해 노력해야 한다. 이를 위해 교사는 친근하고 부드러운 목소리로 통화를 하며 부모와 충분한 대화를 나눌 수 있는 시간을 사전에 파악하여 전화하도록 한다. 아동의 문제행동과 관련하여 긴 시간 대화를 나눠야 한다면 전화로 하기보다는 직접 얼굴을 보고 대화를 나눌 수 있는 상담을 요청 드리는 것이 좋다(권정윤, 2016).

아동의 문제행동에 대해 전화가 자주 이루어질 경우 부모는 교사의 전화에 부담을 느끼고 피하고 싶게 된다. 그리고 이는 교사와 부모의 관계를 긍정적으로 형성하는 데 방해요인이 될 수도 있다. 따라서 교사는 아동에게 문제가 있을 때만 전화하기보다는 평소 아동과 관련된 일상적인 부분에 대해서도 자주 이야기를 나누어서 부모와 긍정적인 관계를 형성하기 위해 노력하는 자세도 필요하다.

2) 가정통신문

가정통신문은 유아교육기관에서 가정으로 지면을 통해 여러 가지 사항에 대한 정보를 제공하고 협력을 요청하는 것을 의미한다(김성원 외, 2017). 유아교육기관에서 가정에 배부되는 교육계획안, 각종 행사 안내문, 부모나 가정의 협조를 요청하는 통신문 등이 있다. 가정통신문을 아동생활지도를 위한 가정과의 연계방안으로 활용하기 위해 어린이집에서는 부모들이 가정에서 아동을 지도하는 데 필요한 육아정보를 제공할 수 있다(표 7-2).

표 7-2. 육아정보에 대한 가정통신문의 예

일상생활 속에서 우리 아이를 지키는 10가지 방법

- **하나. 합성섬유보다는 순면직물로 된 옷과 침구를 사용하세요.**
  폴리에스테르는 가열되면 유독물질을 내뿜을 수 있기 때문에 신체가 닿는 의류나 침구에는 가능한 천연제품을 사용합니다.
- **둘. 새 옷은 한 번 세탁한 후 넣어두세요.**
  새 옷에는 화학약품 찌꺼기가 남아 있을 수 있습니다.
  세탁할 때 식초나 베이킹소다를 넣으면 유해성분을 제거할 수 있고, 정전기 발생도 막아줍니다.
  드라이클리닝한 옷도 바로 옷장에 넣지 말고 냄새와 유해물질이 날아가도록 2~3일 정도 밖에 걸어둡니다.
- **셋. 살충제 대신 모기장과 은행잎을 사용하세요.**
  여름에는 모기향보다 모기장을 활용하고 바퀴벌레와 개미를 퇴치할 때는 은행잎을 두면 효과가 있습니다.
- **넷. 취침 시엔 전자제품의 플러그를 뽑아주세요.**
  전자기장은 멜라토닌의 분비를 방해할 수 있으므로 아이가 잠잘 때 전기 사용량을 최소화합니다.
  잠자리는 가능한 한 전기회로에서 멀고 곰팡이가 덜 생기는 곳이 좋습니다.
- **다섯. TV는 2m 이상 떨어져서 시청하도록 도와주세요.**
  전자파는 거리가 멀어질수록 급격히 약해지기 때문에 TV를 시청할 때는 2m 이상, 컴퓨터는

1m 이상 거리를 두고 사용합니다. 숯이나 선인장은 음이온을 발산하여 전자파로 양이온이 많은 공기의 균형을 잡아줍니다.

- **여섯. 자연적인 소재로 냄새를 제거하세요.**
  방향제보다는 숯으로 대신합니다. 모과 · 솔가지 · 허브 등 은은한 자연의 향기를 풍기는 것도 좋습니다.
- **일곱. 세제의 사용을 줄이세요.**
  싱크대와 욕실을 청소할 때는 세제 등의 사용을 자제하고 천연세제나 베이킹소다로 자주 닦아 냅니다.
- **여덟. 가스레인지를 사용할 때에는 환기팬을 작동시키세요.**
  가스레인지를 사용하는 동안 나오는 산화탄소, 질소산화물 등의 물질은 면역기능을 약화시키고 기관지염을 일으키게 됩니다.
- **아홉. 도자기, 유리 등의 천연소재 식기를 사용하세요.**
  플라스틱 그릇에 뜨거운 것을 담으면 다량의 화학물질이 흘러나올 수 있습니다.
  음식을 보관할 때에도 폴리염화비닐로 만든 일회용 비닐백보다는 뚜껑이 있는 유리 그릇 등을 사용하는 것이 유해물질로부터 안전합니다.
- **열. 배수관에 곰팡이가 생기지 않게 자주 닦아주세요.**
  시원하고 축축한 곳을 좋아하는 곰팡이도 독성이 강한 유해물질을 만들어 냅니다.
  곰팡이가 잘 생기는 주방과 욕실의 배수관 둘레를 신경 써서 자주 닦아 줍니다.

출처: 서울시 육아정보센터(www.seoul.childcare.go.kr). 서울시 어린이집 안전수칙 매뉴얼-가정연계자료.

3) 수업참관

아동이 문제행동을 보일 때 부모가 아동의 행동을 보다 정확하게 이해하기 위하여 수업참관의 방법을 활용할 수 있다. 이를 통해 부모는 자신의 자녀를 보다 객관적으로 지켜볼 수 있으며 교사가 아동을 어떻게 지도하는지 구체적인 지도방법을 관찰할 수 있게 된다. 아동의 문제행동과 관련하여 부모와 의견의 차이가 있을 때 부모가 직접 수업참관을 하게 한다면 교사와 부모 사이의 소통의 어려움을 해결하는 데도 도움을 받을 수 있다.

수업참관의 방법은 유아교육기관의 참관실을 이용하거나 교실에 직접 참여하는 방법이 있을 수 있다. 부모가 참관을 실시할 때 아동에게 부모가 자신을 지켜보고 있다는 것을 알리지 않는 것이 좋으며 교실에서 참관을 진행할 경우에는 최대한 멀리서 자녀를 지켜볼 수 있도록 한다. 수업참관 후에는 부모에게 소감문을 작성하거나 교사와의 상담을 통해 자녀에 대해 지켜본 내용을 공유하고 앞으로 어떻게 지도하면 좋을지 지도방법을 모색해 볼 수 있다.

4) 자원봉사

아동생활지도를 위해 가정과 연계하는 방법 중 부모가 유아교육기관에서 이루어지는 행사에 자원봉사자로 참여하는 것이다. 부모가 자원봉사로 참여할 수 있는 유형으로는 교육활동 도우미, 견학 도우미, 교재 · 교구 도우미, 행사 도우미, 급 · 간식 도우미 등이 있다. 이렇게 부모가 자원봉사로 참여하게 되면 아동은 심리적으로 안정감과 자부심을 느낄 수 있으며 부모는 유아교육기관에서 자녀가 어떻게 지내는지를 면밀하게 살펴볼 수 있게 된다. 또한 수업참관과 마찬가지로 교사가 평소 아동을 어떻게 지도하는지를 파악하여 가정에서도 일관된 지도가 이루어질 수 있다.

지금까지 아동생활지도를 위해 부모와 상담을 하고 가정과 연계할 수 있는 방법들에 대해 모색해 보았다. 부모와 교사는 모두 아동이 몸과 마음이 건강한 아이로 성장하길 바라는 공동의 목표를 가지고 있다. 하지만 아직 발달적으로 성장과정에 있는 아동들은 그 과정 안에서 여러 형태의 문제행동을 보일 수 있다. 교사는 아동의 행동에 대해 면밀히 관찰하여 지도가 필요한 행동이 있을 경우 가정과 적극적으로 협력해 나가야 할 것이다. 그러나 가정과 연계하기 위해 노력하지만 때로는 오히려 부모와 갈등을 경험할 수도 있다. 하지만 교사와 부모가 지지적이고 협력적인 관계를 형성할 때 아동이 가장 긍정적인 효과의 수혜자라는 사실을 명심하고 부모와 보다 긍정적인 관계를 유지하며 공동양육자로서 지속적인 노력을 해야 한다.

PART

2

아동상담의 이해

Chapter 8

아동상담의 개념

배울내용

1. 아동상담의 기초
2. 아동상담의 대상
3. 아동상담의 유형
4. 아동상담자의 올바른 태도

학습목표

1. 아동상담의 필요성과 목표를 이해한다.
2. 아동상담의 대상에는 어떤 아동들이 있는지 확인한다.
3. 아동상담의 유형을 파악한다.
4. 아동상담자의 역할과 태도를 이해하고 올바른 태도를 연습한다.

1 아동상담의 개념

1) 아동상담의 필요성

오늘날 급격한 산업화·도시화는 사회·문화적 환경을 크게 변화시키는 계기가 되었으며, 이로 인해 사회의 가장 기본단위인 가족구조 및 기능의 약화는 사회 구성원 모두에게 여러 가지 갈등 상황과 스트레스를 증가시키게 되었다. 이와 같은 변화는 아동의 정서와 행동문제를 유발하게 되었으며, 그 결과 아동상담의 필요성이 증가되고 있는 실정이다.

특히 최근에는 유아교육기관에서 유아상담에 대한 인식이 고조되고 있다. 그 이유는 우리나라의 유아교육에 대한 개념 변화와 관련되어 있다(한임순, 1999).

표 8-1. 우리나라 유아교육 변천과정의 특징

- 유아교육기관의 역할을 교육보다는 보육에 더 큰 의미를 두었다. 1991년 12월 31일 법률 제86호 33차 개정이 이루어지기 전까지는 교육법에서도 제146조에 "유치원은 유아를 보육하고 적당한 환경을 주어 심신의 발육을 조장하는 것을 목적으로 한다"라고 되어 있었다. 그리고 유아교육 담당자도 보모로, 유아교육교사 양성기관의 학과도 보육과로 불려 왔다. 이는 전통적인 교육에 따른 이유로 일본 보육관의 영향 때문이었다. 유치원 또한 유아의 건전한 성장 발달을 도모하는 학습장소라는 인식보다 가정에서의 보육적 역할을 담당하는 곳이라는 인식이 높았다.
- 유아교육기관을 상급교육기관의 준비단계로 보았다. 유치원을 초등학교 교육의 준비 단계로 보아 이 시기 유아의 발달 특징을 무시한 채 문자교육, 수교육, 그리기, 일일학습지 공부 등을 중요하게 생각하였다. 심한 경우는 유아가 얼마나 글을 잘 읽고 쓰느냐에 따라 유치원 교육의 결과를 평가하기도 하였다. 그러나 초등학교 교육이 중학교를 가기 위한 준비교육이 될 수 없듯이 유아교육 역시 준비교육으로서의 의미는 옳지 못하다는 인식이 생겨나게 되었다.
- 유아교육기관의 기능을 훈육에 더 큰 가치를 두었다. 문자를 통한 체계적 지식전달이 어려운 시기에 교사중심 교육과정에 의해 진행되는 교육활동은 유아의 흥미와 학습적 동기를 상실하게 된다. 뿐만 아니라 교사의 지시에 대해 거부하거나 비능률적인 반응을 보이게 된다. 이러한 결과는 교사의 목적을 위한 교육방법으로 훈육을 하게 되고, 결과적으로는 유아의 창의력과 생동감 있는 욕구를 저지시키게 된다.

오늘날 유아교육기관에서는 유아의 전인적인 성장발달이라는 측면에서 유아교육은 평생교육의 일환으로 보며, 인생의 기초와 터전을 튼튼하게 마련하는 것으로 본다. 따라서 유아교육현장에서는 유아들의 전인적 성장발달에 관심을 갖게 되었고, 그 관심은 전인적 성장발달을 꾀하지 못하는 부적응 유아에 대한 보다 전문적인 지도방안을 모색하게 되었다. 즉, 모든 유아가 전인적으로 성장발달할 수 있도록 돕는 보다 전문적인 상담활동과 심리치료 활동의 필요성이 부각된 것이다. 사실 신체적·지적·정서적으로 미숙한 유아들은 그들의 발달과업에 있어 개인차가 크다. 그것은 곧 유아교육기관이나 학교, 가정이나 또래 사회에서 적응문제가 많이 야기될 수 있음을 직접적으로 나타내어 주는 것이다. 이런 사실들은 유아교육의 장에서 보다 전문적인 상담활동이 필요함을 나타내어 준다(안영진, 2009).

2) 아동상담의 정의

상담이라는 용어는 30여 년 전부터 공식화되어 사용되기 시작하였는데, 오늘날 현대인의 문제는 매우 복잡하면서 다양해졌기 때문에 혼자서 또는 주위사람들과는 간단히 해결할 수 없는 일이 대부분이다. 따라서 오늘날의 상담은 여러 가지로 복잡한 생활과정상의 문제를 전문적으로 다루게 되었다. 상담에 대한 정의를 살펴보면, 이동렬과 박성희(2001)는 "상담이란 1:1의 개인적이고 전문적인 인간관계를 맺음으로써 내담자가 자신의 문제를 해결한다든지 환경에 보다 유능하게 대처할 수 있는 새로운 행동을 익히는 체계적인 활동"으로 정의하고 있고, 박성희(2001)는 "인격적인 만남을 통해 사람들의 바람직한 변화를 돕는 과정으로, 이 과정이 때로는 사람들의 갈등과 문제를 예방하고 치료하거나 때로는 인격의 성장을 조력하고 자아실현을 돕는 형태로 나타나면서 상담은 이 모든 상황에 개입하여 도움을 주는 과정임이 분명하다. 따라서 상담의 정체성을 확보하는 일은 바로 이러한 조력과정으로서 상담이 수행하는 역할과 기능에 초점을 맞추어야 한다"고 주장하고 있다. 정원식 등(1999)은 상담이란 개인적인 문제를 해결하도록 할 뿐만 아니라 다른 문제가 제기될 때 이를 적극적으로 다루며 행복과 성공을 이루어 낼 수 있는 힘을 북돋아 주는 전문적인 봉사활동으로 보았으며, 이장호(1994)는 "상담이란 도움이 필요한 사람이, 전문적인 훈련을 받은 사람과의 관계에서 자기의 생활과정 상의 문제를 해결하고, 생각 · 감정 · 행동 측면의 인간적 성장을 위해 노력하는 학습(學習) 과정이다"라고 하였다.

이상의 정의를 종합하면, 아동상담이란 상담자와의 관계에서 촉진적인 의사소통을 통해 아동의 문제를 해결하고, 아동으로 하여금 앞으로 발생할 수 있는 삶의 문제에 대한 조망과 해결능력을 갖게 하여 자기효능감과 자존감을 느끼도록 인도하는 일련의 학습과정으로 볼 수 있다. 그러나 아동상담은 성인상담과는 달리 아동의 성, 연령 등 아동변인과 부모를 포함한 가족, 학교와 친구 등의 환경을 고려해야 한다. 즉, 아동상담자는 내담자의 연령에 따른 발달과업, 인지 및 행동양식, 사회환경이 아동에게 미치는 영향 등을 이해하고 그에 맞는 상담전략을 준비해야 한다. 아동은 대부분 이야기 중심으로 전개되는 상담과정에 쉽게 짜증내거나 침묵하기 쉽고, 이야기 주제에 오래 집중하기 어렵다. 따라서 놀이나 다양한 매체와 전략을 활용하여 아동에게 치료적 변화를 경험할 수 있는 환경을 제공하는 것이 좋다.

3) 아동상담의 문제와 목표

(1) 아동상담의 문제

아동상담의 경우 주호소 문제나 부모들이 상담을 요청할 때 그들이 요구하는 문제는 매우 다양하게 나타날 수 있다. 몇 가지의 문제로 한정지을 수 없지만 대부분의 문제점은 다음과 같다(김영숙 · 이재연, 1993).

첫째, 대인관계의 갈등에 관한 문제이다. 아동들이 부모, 형제, 교사 및 또래와의 관계에서 어려움을 겪고 있으며, 좀 더 원만한 대인관계가 이루어지기를 희망하고 있다. 둘째, 개인의 내적인 갈등 혹은 자기 자신과의 갈등에 관련된 문제이다. 아동은 의사결정상의 문제를 지니고 있으며, 그 갈등의 결과와 대안을 명료하게 하는 데 도움을 필요로 하고 있다. 셋째, 자기 자신의 정보에 관한 문제이다. 아동 자신의 지적능력, 장점, 관심, 가치관에 대해 궁금해 하고 있으며, 또한 이들에 대해 학습할 필요성이 있다. 넷째, 환경에 대한 정보를 요구하는 문제이다. 아동은 성공적인 유아교육기관 혹은 학교 생활에 관한 정보를 필요로 하고 있다. 마지막으로 기술 부족으로 인한 문제이다. 아동은 효율적인 학습방법, 주장적인 행동, 친구 사귀는 방법 같은 구체적인 기술에 대해 학습할 필요성이 있다.

이상과 같은 아동의 문제는 상담을 통해 긍정적인 행동의 변화, 부정적인 감정의 감소 및 해소, 문제해결, 의사결정, 인격의 성장 및 교정이 될 것으로 기대해 볼 수 있다(김윤옥·황선희, 2009). 결국 아동은 다른 상담자가 필요 없게 되는, 즉 스스로 자기 자신의 상담자가 되어 자기조력이 가능하게 되는 것이다.

(2) 아동상담의 목표

아동상담이란 상담자와의 관계에서 촉진적인 의사소통을 통해 아동의 문제를 해결하고, 아동으로 하여금 앞으로 발생할 수 있는 삶의 문제에 대한 조망과 해결능력을 갖게 하여 자기효능감과 자존감을 느끼도록 인도하는 일련의 학습과정으로 정의할 때, 아동상담의 목표를 〈표 8-2〉와 같이 설명할 수 있다.

표 8-2. 아동상담의 목표

- 행동의 변화이다. 상담을 통해 개인의 부적응적인 행동의 빈도를 없애거나 감소시킴으로써 좀 더 생산적이고 행복한 생활을 할 수 있도록 하는 데 그 목표가 있다.
- 정신건강의 증진이다. 상담의 목표는 단순히 부적응적인 행동의 수정이나 치료보다는 적극적으로 정신건강을 촉진하는 데 그 목표가 있다. 정신적으로 건강한 사람은 책임감이 있고, 독립적이며, 인격적으로 성숙한 사람이다. 따라서 상담에서는 정신병리의 원인이 되는 다양한 요소를 예방하고자 노력한다.
- 문제의 해결이다. 아동들에게 상담이 필요한 것은 그들에게 스스로 해결하기 어려운 문제가 있기 때문이다. 상담자를 찾아오는 사람은 자신의 문제해결에 상담자가 도움이 될 수 있다고 믿는 사람들이다. 그러므로 상담은 아동의 문제를 해결하는 것을 목표로 하여야 한다. 그러나 상담자가 자신의 입장에서 아동의 문제를 해결하거나 주위 환경에 수동적으로 적응하게 하는 것은 아동의 성장·발달에 일치하는 방향으로 이끄는 것이

아니므로 상담의 목표가 될 수 없다. 따라서 효과적인 상담이란 내담자와 상담자 간의 협력관계에 의해서만 가능하기 때문에 상담이란 어디까지나 내담자의 자발적 요구에 의해 이루어지도록 하는 것이 매우 중요하다.

- 개인의 효율성의 증진이다. 효율적인 인간은 경제적 · 심리적 · 신체적 모험을 계획하고 이를 위해 시간과 정열을 투자하고 자신을 헌신하며 그러한 모험을 기꺼이 감수하고자 한다. 즉, 효율적인 인간은 문제를 인지하고 해결할 수 있는 능력을 지니고 있으며, 독창적으로 사고할 수 있고, 자신의 행동을 통제할 수 있으며, 좌절이나 적대적인 애매한 상황에서 적절하게 반응할 수 있다. 따라서 상담을 통해 생산적인 사고를 증진시키고 적응적인 인간관계를 형성하며, 다양한 문제 상황에 효과적으로 대처할 수 있는 능력을 기르게 되면, 개인의 효율성은 증진될 수 있다.
- 현명한 의사결정이다. 상담에서는 개인이 선택하고 결정하도록 하기 위해 필요한 정보를 제공하고, 의사결정에 영향을 줄 수 있는 정서적인 문제나 심리적인 특성을 확인하고 분석하며, 장애가 되는 요소는 극복하도록 돕는다. 이러한 관점에서 상담이란 의사결정이 합리적이고 효율적으로 이루어질 수 있도록 원조하는 것을 목표로 한다.
- 잠재능력의 개발이다. 상담은 내담자의 타고난 잠재능력을 개발하여 저마다 자아를 실현하는 사람이 되도록 돕는 것이다. 인간은 무한한 잠재력이 있지만 극히 일부만 활용하고 있다. 따라서 상담은 내담자로 하여금 자기 탐색의 기회를 갖도록 하며, 이러한 자기 탐색의 과정을 통해 자신의 능력과 특성을 발견할 수 있도록 돕고자 한다.
- 긍정적 자아개념의 형성이다. 상담은 내담자로 하여금 긍정적 자아개념을 형성하도록 하는 것이다. 긍정적 자아개념을 갖게 되면 매사에 자신감을 갖고 행동할 수 있으며 타인과도 원만한 관계를 유지할 수 있다. 또한 긍정적 자아개념은 삶을 보다 긍정적으로 바라보게 만든다.

2 아동상담의 대상

아동상담의 대상은 일반적으로 정상적인 발달에서 벗어난 아이들을 대상으로 하게 된다. 즉, 앞에서 기술한 유아의 태내발달, 인지발달, 도덕성 발달, 사회성 발달 및 정서발달이 일반아이들과 다른 경우에 아동상담의 대상이 된다. 「장애인복지법」, 「장애인 등에 대한 특수교육법」 및 부적응 행동에 따른 아동상담의 대상에 대해 구체적으로 살펴보면 다음과 같다.

1) 장애인복지법

장애아동이란 영유아기 및 아동기에 발견되는 장애를 가진 경우를 말한다. 「장애인복지법」에 근거한 장애의 범주 및 종류는 2000년도에 「장애인복지법 시행령」과 「시행규칙」이 전면 개정되어 대폭 확대되면서 장애를 크게 신체적 장애와 정신적 장애로 구분하였으며, 「장애인복지법」상 장애분류는 〈표 8-3〉과 같다.

표 8-3. 장애분류표

대분류	중분류	소분류	세분류
신체 장애	외부 신체 기능 장애	지체장애	절단장애, 관절장애, 지체기능장애, 변형 등의 장애
		뇌병변장애	중추신경의 손상으로 인한 복합적인 장애
		시각장애	시력장애, 시야결손장애
		청각장애	청력장애, 평형기능장애
		언어장애	음성 기능 또는 언어 기능의 영속적인 현저한 장애
		안면변형장애	안면부의 변형으로 인한 장애가 지속되며, 이로 인하여 사회생활활동이 현저하게 제한
	내부 기관 장애	신장장애	투석치료 중이거나 신장을 이식받은 경우
		심장장애	일상생활에 현저히 제한되는 심장기능이상
		간장애	간의 기능에 장애가 지속되며, 이로 인하여 기본적인 일상생활 및 사회생활활동이 제한
		호흡기장애	폐나 기관지 등 호흡기관 기능의 장애로 일상생활 및 사회생활활동 제한
		장루장애	배변기능 또는 배뇨기능 장애로 인하여 장루 또는 요루를 시술하여 일상생활을 하는 데 있어 상당한 제약을 받는 경우
		간질장애	간질로 인한 기능 및 능력장애가 지속되며, 이로 인하여 일상생활 및 사회생활활동이 제한
정신 장애	지적장애		지능지수가 70 이하인 경우
	정신장애		조현병, 분열형정동장애, 양극성정동장애, 반복성우울장애
	자폐성 장애		소아자폐 등 자폐성장애

「장애인복지법」에서는 대분류로 신체장애와 정신장애로 구분하고 있으며, 신체장애는 외부신체기능과 내부기관장애로 분류되고, 외부신체기능장애에는 지체장애, 뇌병변장애, 시각장애, 청각장애, 언어장애, 안면변형장애가 속하며, 내부기관장애에는 신장장애, 심장장애, 간장애, 호흡기장애, 장루장애, 간질장애가 속한다. 정신장애에는 지적장애, 정신장애, 자폐성 장애로 분류된다.

유아교육현장 혹은 학교에서 교사가 장애아동을 발견하고, 대상자에게 필요한 서비스를 제공하기 위해서는 우선 장애아동의 영역별 발달특성을 이해하는 것이 무엇보다 중요하다. 장애아동의 영역별, 즉 운동기술 발달, 의사소통기술 발달, 정서·사회성기술 발달, 인지기술 발달 및 자조기술 발달로 구분하여 살펴보면 다음과 같다(김이영 외, 2017; 김송석 외, 2008).

(1) 운동기술 발달

영유아기에 있어 가장 중요하고 급격한 변화를 보이는 영역 중의 하나가 운동발달 영역이다. 여러 가지 운동기능은 영유아로 하여금 환경을 탐색하고 조절하도록 하여 주변 환경에 대해 학습할 기회를 제공하게 된다. 또한 운동기술은 식사하기, 옷입기, 대소변 가리기와 같은 자조기술, 말하기, 놀이와 같은 사회적 기술 및 인지발달에 있어 매우 중요한 기술 중의 하나라고 할 수 있다.

운동발달은 영아기를 지나 유아기를 거치면서 더욱 뚜렷해지는 특성이 있으며, 민첩성, 유연성, 균형, 협응력이 향상되는데 몇 가지 원리에 의해 발달하기 때문에 예측이 가능하다. 그러나 장애아동의 경우는 예측 가능한 발달원리가 적용되지 않기 때문에 무시되거나 발달단계를 예측하기 어렵게 된다. 그 이유로는 첫째, 운동기능의 발달은 신경 및 근육의 성숙에 의해 발달하게 되는데 장애아동의 경우 중추신경계 또는 운동신경계의 결함으로 인해 근육발달이 어렵게 되고 그 결과 운동기술의 발달에 부정적인 영향을 미치게 된다. 둘째, 운동기술 발달에는 두미발달의 원칙, 근원발달의 원리 및 대근육 발달에서 소근육 발달로 이어지는 특징을 가지고 있는데,

장애아동은 이러한 발달이 이루어지지 않기 때문에 정상적인 발달이 어렵다. 셋째, 장애아동은 감각, 지각 및 정서적 발달의 장애로 정상적인 운동기술을 모방하거나 습득하지 못하고 특이하고 비정상적인 행동을 반복하는 경향이 강하다.

(2) 의사소통기술 발달

의사소통은 다른 사람과의 사회적 관계 형성 및 학습에 결정적인 역할을 하며 또한 성공적인 의사소통은 인지적 · 사회적 · 운동적 기술의 통합과 수행의 결과라고 할 수 있다. 의사소통의 중요한 매체인 언어는 영아기 울음, 쿠잉, 옹알이로 시작해서 출생 후 1년이 되면 첫단어가 산출되며 점차 어휘수가 증가하면서 문장이 구성되고 문법이 발달함에 따라 성인의 언어와 유사해진다. 유아들이 타인의 욕구나 관점을 고려하여 사회적 언어를 사용하여 의사소통을 하게 되는데, 유아들이 사용하는 사회적 언어는 단순히 정보전달을 위한 것이 아닌 타인에게 자신의 의사를 이해시키기 위해서 질문과 다양한 반응의 형태를 내포한 다양한 의사소통을 하게 된다. 장애아동은 감각의 결함, 지적인 능력의 지체, 경험의 박탈, 정서적 문제 및 신경학적인 문제 등으로 인하여 정상적인 말이나 언어의 발달이 매우 어렵다.

(3) 정서 · 사회성기술 발달

정서란 사람이나 사건의 영향을 받아 자극에 직면하여 발생하거나 자극에 수반되는 다양한 생리적 변화라든가 가식적으로 보이는 행동 등의 반응을 의미한다. 즉, 사람에게 중요한 상황이나 타인과 상호작용을 할 때 경험되는 느낌이나 감정으로 정의된다. 사회성이란 어느 사회 집단의 구성원으로써 연령에 적합한 적응적인 행동과 대인관계를 의미한다. 올바른 사회성은 정서적인 안정이 뒷받침되어야 하므로 사회성과 정서는 매우 밀접한 관련을 가지고 있다. 그러나 장애를 가지고 있는 아동들은 다른 사람들을 향한 반응의 부족, 부정적이고 변덕스러운 감정표현, 지체되거나 비규칙적인 미소짓기, 사회적 상호작용의 결함 및 사회적 신호에 대한 인식의 부족으로 양육자와 적절한 애착관계를 형성하지 못하고 더 나아가 대인관계 및 사회적 적응기술 등의 결함으로 이어진다. 장애아동들은 또래들에게 관심이 없거나 상호작용을 하더라도 또래들이 수용하기 어려운 부정적인 상호작용을 시도하게 된다.

(4) 인지기술 발달

인지란 감각된 자료를 해석하고 이것을 기억해 두었다가 필요할 때 재생시켜서 사고, 추리, 문제해결에 이용하고 이를 기초로 환경에 대한 지식과 태도를 획득해 나가는 과정을 말하는 것으로, 인지적 활동에는 지각, 기억, 평가, 상징, 학습, 사고 및 언어 등이 포함되는 개념이다. 장애아동은 인지적 기술에 결함이 있을 뿐 아니라 인지기술과 관련하여 여러 가지 행동에 문제를 가지고 있다. 먼저 이들은 자신이 처한 문제의 해결에 도움을 주는 유용한 단서들에 예민하게 반응하지 못하고, 과제를 수행하는 데 필요한 자극에 대한 집중력이 부족할 뿐만 아니라 과제수행을 위해 필요한 전략을 사용하는 데도 결함을 가지고 있다. 또한 실패의 경험이 많기 때문에 동기유발이 잘 안 되며, 이로 인해 주의력결핍과 학습에 어려움을 경험하게 된다.

(5) 자조기술 발달

아이의 적응행동 발달은 주로 먹기, 옷 입고 벗기, 대소변 가리기, 양치하기, 손 씻기 등의 자조기술 습득에 초점이 맞추어진다. 출생 직후의 신생아들에게 있어서의 자조기술 및 적응 행동은 주로 먹기와 잠자기이며, 영유아기에는 환경과의 상호작용 시간이 점점 더 많아지면서 먹기와 옷 입기, 기타 자기 자신을 돌보는 기술 등에 있어서 점점 더 독립적인 수행을 필요로 하게 된다. 그러나 장애아동들은 대 · 소근육 운동기술의 발달에 장애를 가져오면서 자조기술 발달에서도 일반 아이와 차이를 나타내게 된다.

2) 장애인 등에 대한 특수교육법

「장애인 등에 대한 특수교육법」에서는 특수교육 대상을 시각장애, 청각장애, 의사소통장애, 지적장애, 지체장애, 자폐성장애, 정서 및 행동장애, 학습장애 등으로 구분하고 있으며, 그 행동적 특성을 살펴보면 〈표 8-4〉와 같다(김이영 외, 2017; 도미향 외, 2015).

표 8-4. 장애인 등에 대한 특수교육법

구분	내용
시각장애	시각장애는 신체발달에 간접적인 영향을 미치며, 시각적 자극의 제한, 모방학습의 제한, 환경적 요인 등이 발달에 부정적인 영향을 미치게 된다. 대체로 앉거나 서기 같은 정적 운동기능은 일반 아동과 비슷하게 발달하지만, 기거나 걷기와 같은 동적 운동은 정상적인 발달에 비해 느린 편이다. 인지적 특성에서는 경험부족으로 인해 인지발달에 어려움이 따르나 학업성취 부분에서는 비장애 아동과 비교해 볼 때 큰 차이를 보이지는 않는다. 선천성 맹아들은 시각적 자극이 제한되어 언어발달이 지연되며, 뜻을 모르고 사용하는 단어가 많다.
청각장애	청력 손실 정도, 청력 손실 시기, 지능, 가정과 지역사회의 특성, 교육적 경험에 따라 특성은 다르게 나타난다. 청각장애가 겪는 가장 큰 어려움은 의사소통인데, 특히 언어 표현 능력이 생기기 이전에 청력 손실이 발생한 경우는 구어 기술을 습득하는 데 어려움이 많다. 청각장애의 말하기 능력은 같은 또래의 아동에 비해 많이 뒤떨어진다. 청각장애는 말의 조음적 문제뿐만 아니라, 어휘와 문장 구조의 습득에도 어려움을 겪는다. 인간의 지적 성숙은 언어발달과 연관성이 높으므로 청각장애아는 인지능력에 장애가 발생하는 경우가 흔하다.
의사소통장애	의사소통장애가 있다면 의사소통과정에 어려움을 보이게 된다. 즉, 말 산출과정에 어려움이 있다면 말장애이며, 언어를 이해하고 표현하는 데 어려움이 있다면 언어장애이다. 말장애란 말을 산출하는 데 관여하는 조음, 유창성, 음성에 결함이 있는 것이며, 언어장애란 언어 상징체계를 이해하고 표현하는 데 관여하는 언어형식, 언어내용, 언어사용에 결함이 있는 것이다. 의사소통장애의 경우 이야기하기, 설명하거나 알려주기, 요청하기 및 표현하기가 부족하기 때문에 학습을 매우 어렵게 하는 경우가 흔하다.
지적장애	지적장애의 발생 원인은 생물학적(기질적) 원인과 환경적 원인으로 분류된다. 생물학적 원인으로는 21번 염색체의 이상인 다운증후군(Down's syndrome)이 있으며, 이 외에도 신생아 영양결핍, 뇌막염, 뇌염, 출산 시 두뇌 외상, 미숙아, 혹은 산모의 알코올 중독, 풍진이나 매독, 에이즈 등의 여러 가지 요인이 지적장애를 발생시킬 수 있다. 환경적 원인들로는 사회·경제적으로 불리한 입장에 있는 환경의 아동, 즉 경우 부모의 보살핌이 부족한 경우 지적장애가 발생되기도 한다. 낮은 지능으로 인해 주의집중, 기억, 언어, 적응기술, 학업성취, 동기유발의 문제점을 보일 가능성이 높다.

구분	내용
지체장애	지체장애의 신체적 발달은 개인차가 심하다. 지체장애는 장애로 인한 동작의 제한, 자세의 이상 등으로 인해 심리적 갈등을 경험할 수 있다. 지체장애가 겪는 어려움은 자신의 신체적 장애로 인한 활동의 제약으로 일상생활의 어려움과 사회·정서적 부적응이다. 또한 자신의 장애를 있는 그대로 받아들이려 하지 않기 때문에 발생되는 심리적 문제를 경험하기도 한다. 이 외에도 자신의 장애로 인한 부정적 자아개념과 과보호로 인한 의존성 등이 나타난다.
자폐성장애	자폐성장애는 언어 및 비언어적 의사소통과 사회적 상호작용에 심각한 문제를 경험하는 장애로 일반적으로 3세 이전에 나타난다. 자폐증은 환경 및 일상의 변화를 거부하며, 몸을 앞으로 계속 흔들거나 깡충깡충 뛰는 등 독특한 행동을 반복적으로 하는 특징이 있다. 자폐성장애는 복합적으로 작용되기 때문에 정확한 원인을 알 수 없지만 대체로 정신·사회학적 원인과 유전적 원인, 출산 시 뇌손상이나 신경전달물질 이상 등의 생물학적 요인이 주된 원인으로 추측되고 있다. 자폐성장애는 대인관계, 의사소통문제, 일상적 생활의 변화에 대한 저항, 지능 및 인지에 부정적인 영향을 미친다.
정서 및 행동장애	정서 및 행동장애를 일으키는 원인은 크게 생물학적 요인, 심리사회적 요인 또는 가족 요인과 학교 요인 등을 들 수 있다. 가족 요인은 부모의 일관성 없는 양육태도와 거부적 양육태도, 아이에 대한 부모의 너무 높거나 낮은 기대 등이며, 학교 요인은 아이의 개별성에 대한 교사의 무관심 등이다. 대표적인 정서 및 행동장애는 주의력결핍 과잉행동장애, 틱, 반항성장애 및 품행장애로 구분할 수 있다. 정서 및 행동장애가 보편적으로 나타내는 행동은 과잉행동, 산만성, 충동성 및 공격성이다.
학습장애	학습장애는 지능이 정상임에도 불구하고 학습이 부진한 정도를 넘어서 성적이 현저하게 낮은 경우이다. 이들은 셈하기, 말하기, 읽기, 쓰기 등 특정한 분야에서 현저히 낮은 수행능력을 보인다. 학습장애의 원인으로는 생물학적 요인, 환경적 요인을 들 수 있다. 생물학적 요인은 신경학적 요인이나 중추신경계의 기능장애이며, 환경적 요인은 어린 시기에 열악한 환경조건으로 인한 학습 기회의 부족 등이다. 학습장애의 문제로는 분열적 행동, 과제 수행 능력 부족으로 인한 좌절, 소극적으로 활동하기 등 정서적 적응문제나 사회적 결함을 보일 수도 있다. 또한 낮은 학업성취로 인한 좌절감 때문에 학교 적응에 문제를 보이기도 한다.

3) 부적응 행동

(1) 부적응 행동의 정의

현대사회는 급격한 사회 변동에 따른 가치관의 변화와 자기중심의 이기적인 생활, 인간성 상실로 인해 더불어 살아가는 삶이 점점 파괴되면서 여러 가지 문제점이 나타나고 있다. 이 현상은 아동에게도 마찬가지로 적용되며, 아동의 다양한 문제행동이나 정신병리와 같은 장애가 해마다 급증하고 있는 실정이다. 부적응 행동의 정의는 정신적 문제를 중심으로 장애가 발생하여 일정기간 이상 원만한 사회생활을 영위할 수 없는 정신적 이상 상태를 의미한다. 구체적으로 대인관계가 원만하지 못하고 기능의 상실 또는 장애를 경험하거나 심한 경우 퇴행적 행동이 나타나기도 한다. 세상에서의 자신의 위치, 자신의 성격 및 능력에 대한 불만족이 크며, 자기실현에 한계를 경험하기도 한다. 더불어 감정의 왜곡과 고갈이 나타나기도 한다. 이와 같은 부적응 행동에 대해 이해하기 위해서는 먼저 일반아동과 부적응 행동 아동을 어떤 판단기준을 사용해서 정의를 내렸는지에 대해 밝히는 것이 중요하다. 왜냐하면 건강하다고 하는 것과 건강하지 않다고 하는 것은 판단하는 사람의 관점에 따라서 달라질 수 있기 때문이다. 부적응 행동을 판단하는 데 사용되는 일반적인 기준은 통계적 관점의 기준, 주관적 불편감의 기준, 사회적 규범의 기준, 전문적 기준이다(표 8-5).

표 8-5. 부적응 행동의 판단 기준

구분	내용
통계적 관점의 기준	이 관점의 전제조건은 인간의 특성, 즉 신체적이든 정신적이든 무선적으로 선별한 집단을 대상으로 측정이 이루어진다면 정규분포곡선을 형성할 것으로 가정한다. 대다수의 사람은 중간 정도(평균)에 위치하고 있지만 소수의 특별한 특징을 가진 사람들은 양극단에 위치하게 되는데, 정상이라는 것은 평균에서 많이 떨어지지 않은 것을 의미하고, 이상행동이라는 것은 평균에서 많이 떨어진 것을 의미한다.
주관적 불편감의 기준	개인 자신이 자신의 심리적 고통을 얼마나 느끼느냐에 따라 정상과 이상을 구분하는 것으로 이 기준에 의하면 어떤 사람의 행동이 자신에게 심한 불행과 고통을 준다면, 그것이 이상행동이 될 수 있다는 것을 의미한다.
사회적 규범의 기준	사회가 만들어 놓은 규준을 위배하거나 위협 또는 불안하게 만드는 것을 이상행동이라고 정의하는 것이다. 즉, 어떤 사람이 그가 속한 사회규범을 어기고 엉뚱한 행동을 한다면 그는 적응을 못하는 사람이 될 것이고, 이렇게 한 사회의 규범에 적응하지 못하고 일탈된 행동을 하는 경우를 이상행동으로 정의한다.
전문적 기준	이상행동을 심리학적 평가나 정신과적 진단방법에 의해 판단하는 것을 말한다. 즉, 전문가가 각종 심리검사도구를 사용하여 검사한 결과를 바탕으로 이상과 정상을 결정하거나 의사가 정신과적 면접과 평가를 토대로 이상행동을 판단하는 것이다.

(2) 부적응 행동의 분류

부적응 행동에 대한 진단분류체계는 ICD-10, DSM-5, DC: 0-3체계가 있으며, 우리나라에서는 주로 국제질병분류체계(ICD-10)와 정신질환의 진단 및 통계편람(DSM-5)에 의해 진단이 내려지고 있다.

① 국제질병분류체계(ICD-10)

우리나라에서 공식적으로 사용하고 있는 분류기준의 한 가지는 세계보건기구(WHO)에서 제정한 ICD-10(International Classification of Disease: ICD-10)이다. ICD-10은 세 개의 축(임상적 진단, 후유장애, 상황적 요인)으로 이루어져 있으며, 진단서 발급, 보험료 청구 등 법률적인 행위를 할 때 이 진단기준을 주로 사용한다. 국제질병분류체계에서는 영유아와 관련된 장애를 소아기 및 청소년기에 흔히 발병하는 행동 및 감정 장애로 구분하고 있다.

② 정신질환의 진단 및 통계편람(DSM-5)

정신질환에 대한 세밀한 분류를 위해 미국정신의학회에서 제정한 것이 DSM-5이다. DSM-5에서는 정신장애를 22가지로 구분하고 있는데, 아동과 가장 관련된 분류는 신경발달장애(Neurodevelopmental Disorders)이다. 이 장애는 전형적으로 초기 발달 단계의 학령전기에 발현하기 시작하여, 개인적·사회적·학업적 또는 직업적 기능에 손상을 야기하는 발달 결함이 특징적이다. 발달 결함의 범위는 학습 혹은 집행 기능을 조절하는 것과 같은 매우 제한적인 손상부터 사회기술이나 지능처럼 전반적인 손상에 이르기까지 매우 다양하다. 이 장애에는 지적장애, 의사소통장애, 자폐스펙트럼장애, 주의력결핍 과잉행동장애, 특정학습장애, 운동장애(틱장애)가 포함된다.

③ DC: 0-3(Diagnostic Classification: 0-3)

DC: 0-3은 기존의 진단 체계가 영유아의 정신건강과 발달 문제를 충분히 다루고 있지 못하다는 문제점을 제기하면서 이를 보완하기 위해 등장한 진단체계이다. 이 진단체계는 무엇보다 영유아와 양육자 사이의 상호작용 형태, 영아나 유아발달에 가족관계가 미치는 양상, 양육태도가 영유아의 부적응적인 행동에 미치는 영향을 진단의 준거로 삼고 있다. 이와 같이 DC: 0-3은 다른 분류체계와 달리 초기의 관계 문제에 대한 중요성을 강조하고 있으며, 진단적 접근과 관계적 접근을 통합할 필요성을 강조하고 있다. 즉, 영유아를 둘러싼 이러한 관계문제를 양적인 기준과 질적인 기준을 함께 고려해서 적용할 것을 강조한다.

(3) 부적응 행동의 유형

ICD-10, DSM-5, DC: 0-3체계에 따른 아동의 부적응 행동은 매우 다양하다. 그 중에서 대표적인 불안장애, 우울장애, 주의력결핍 과잉행동장애, 공격적 행동 및 사회적 문제행동에 대해 구체적으로 살펴보면 다음과 같다.

① 불안장애

불안장애(Anxiety Disorder)는 아이에게 가장 흔히 나타나는 장애이며, 불안 경험이 생활에 지속적으로 나타날 때 발달에 부정적인 영향을 미치게 된다. 불안은 개인이 미래의 위험이나 불행을 미리 걱정하고 염려함으로써 초래된 긴장감, 강한 부정적 정서에 의한 감정 상태로 정의된다. 불안은 부정적인 정서, 즉 슬픔, 분노, 죄의식 등을 동반하게 된다. 불안은 위험을 지각하고 자신을 안전하게 지키려는 긍정적인 측면이 있는 반면에, 불안을 통제하지 못해 신체적 · 정서적 · 행동적인 반응에 부적응을 초래하게 한다. 특히 아동에게 나타나는 과도한 불안은 발달과정을 방해하기 때문에 아동의 불안을 해소하기 위한 적절한 개입이 필요하다.

영유아기에 흔히 발생할 수 있는 대표적인 불안이 분리불안장애이다. 분리불안장애(Sepatate Anxiety)는 집이나 주요 애착대상으로부터 분리되는 것에 대하여 과도한 불안을 느끼고 나이에 맞지 않게 통제하기 어려운 과잉불안을 나타내게 된다. 영유아의 분리불안이 7개월에서 6세까지는 비교적 정상적인 것이기 때문에 장애로 진단 받으려면 연령과 증상의 정도가 고려되어야 한다. 분리불안을 경험하는 영유아는 애착 대상을 갑자기 상실하게 될지도 모른다는 강한 불안을 느낀다. 즉, 사고나 재난 등으로 부모와 헤어지게 될 것이라는 비현실적이고 지속적인 두려움을 느끼며, 분리의 경험과 관련된 악몽을 반복적으로 꾸기도 한다. 이러한 증상으로 여러 가지 회피행동을 동반하기도 한다.

② 우울장애

우울장애(Depression Disorder)는 아동부터 성인기까지 나타날 수 있지만 아동의 우울증에 대해 간과하기 쉽다. 그러나 최근 아동의 우울증에 대한 연구가 활발해지면서 아동의 우울증이 갖는 위험성에 대한 증거가 나오기 시작하였다. 아동의 우울장애에서 흔히 관찰되는 증상으로는 슬픈 모습, 신체적 호소, 정신 운동 초조, 분리불안과 공포감이 나타난다. 그리고 연령이 높아질수록 무쾌감증, 절망감, 망상 및 정신운동 지체의 발현빈도가 증가된다. 모든 연령에서 우울장애는 우울감, 집중력 부족, 불면, 자살사고를 나타낸다. 아동의 우울증의 경우 감정이나 불편감을 언어로 표현하는 데 한계가 있기 때문에 신체증상으로 호소할 가능성이 높다. 때때로 현실 판단력이 부족하여 주로 부정, 무관심, 책임회피 방법을 쓰고 자기중심적이어서 현실사건을 구분하여 처리하지 못한다. 이런 아동은 죄책감을 많이 느껴 나쁜 일에 대해 환경 탓을 하는 경우가 많다. 우울증이 아동의 기분, 행동, 태도변화, 사고 및 신체적 변화에 미치는 영향은 〈표 8-6〉, 발달시기에 따른 우울증 증상은 〈표 8-7〉과 같다.

표 8-6. 다양한 우울 증상

구분	내용
기분	정상적인 슬픈 감정보다 더 과장되고 더 지속적인 슬픔의 감정을 경험하며, 자주 동반되는 감정은 흥분감, 죄책감, 수치심 등임
행동	초조함, 감소된 활동성, 느린 말 표현, 심한 울음을 나타냄. 이러한 행동이 오랫동안 지속되고 일상의 기능을 방해함. 사회적 접촉이 감소하게 되며, 부정적 행동을 통해 슬픔을 표현하기도 함

구분	내용
태도변화	낮은 자아존중감을 경험하고 걱정과 두려움은 삶의 태도에 부정적인 영향을 미치고, 그 결과 학업 수행이 낮으며, 미래에 대해 두려워하고 실패할 것이라는 확신을 가지게 됨
사고	자기에게 집중하고 극도의 자기비판과 자기의식을 느끼며 논리적 사고는 왜곡되고 미래에 대한 염세적인 관점을 표시하고, 집중하고, 기억하고, 결정하는 데 어려움을 느낌
신체변화	섭식과 수면에 어려움을 경험함. 이들은 두통, 위통, 메스꺼움과 같은 신체질환에 대한 불편과 계속되는 통증이 나타남

표 8-7. 발달시기에 따른 우울증의 증상

구분	내용
영아기	배변훈련, 수면, 인지발달 등 발달과업이 지연되고 무표정, 슬픈 표정, 눈길 피하기, 자기진정(흔들기, 손가락 빨기) 행동, 자해행동(물기, 부딪치기), 매달려 요구하기, 냉담함이 나타날 수 있음
유아기	즐거움과 흥미, 성취감을 상실하고 무감동, 언어기술 상실, 사회적 위축, 분리불안, 일부 퇴행증상, 신체적 증상, 짜증, 수면문제, 악몽, 자해행동 등이 나타남
아동기	풀이 죽어 있고, 잘 울며, 집중력이 떨어져 학교 성적이 저조하고 어른이 되어 무엇이 되고 싶다는 희망사항이 없으며 두통 복통 등의 신체증상을 많이 호소함. 또한 자신이 형편없는 존재이며, 부모에게 미안하다는 생각이 들기도 하여 죄책감을 보이는 경우가 있으며, 자존심이 많이 손상되어 열등감 속에서 생활하는 경우가 흔하게 나타남

③ 주의력결핍 과잉행동장애

주의력결핍 과잉행동장애(ADHD)는 아이가 자기 나이 수준에 비해 지나치게 주의가 산만하고, 심하게 나대거나 꼬무락거리거나, 참을성이 없어 매우 충동적인 행동을 하는 문제를 지속적으로 나타냄으로써 개인을 포함하여 부모나 형제관계, 또래관계, 학업 성취도 등에 상당한 지장을 초래하는 경우를 말한다. 즉, ADHD는 아동기에 가장 일반적으로 나타나는 장애로서, 지속적인 주의력결핍(Inattention), 과잉활동(Hyperactivity), 충동성(Impulsivity)의 특징을 가진다(표 8-8). DSM-5에서는 부주의만 있거나, 과다활동과 충동성만 있거나 또는 둘 다 있는 경우를 모두 주의력결핍 과잉행동장애로 진단한다.

표 8-8. 주의력결핍 과잉행동의 증상

주의력 결핍	과잉행동 및 충동
1. 부주의로 실수를 자주한다. 2. 집중을 오래 유지하지 못한다. 3. 다른 사람의 말을 잘 경청하지 못한다. 4. 과제를 끝까지 완수하지 못한다. 5. 계획을 세워 일을 진행하는 데 어려움이 있다. 6. 공부 및 숙제 등을 하기를 싫어한다. 7. 필요한 물건을 자주 잃어버린다. 8. 외부자극에 쉽게 흐트러진다. 9. 해야 할 일을 자주 잊어버린다.	1. 가만히 앉아 있지를 못한다. 2. 자리를 뜬다. 3. 지나치게 뛰거나 기어오른다. 4. 활동에 조용히 참석하지 못한다. 5. 목적이 없는 활동을 끊임없이 행한다. 6. 지나치게 말을 많이 한다. 7. 질문이 끝나기도 전에 대답을 한다. 8. 차례를 기다리지 못한다. 9. 다른 사람의 활동을 방해한다.
9가지 증상 중 최소 6가지 증상을 만족	9가지 증상 중 최소 6가지 증상을 만족

ADHD는 주로 영유아기인 7세 이전부터 발생하여, 다양한 기능영역(가정, 학교, 사회)에 지장을 초래하는 것으로 알려져 왔다. ADHD는 단순히 심리적인 문제가 아닌 뇌 발달의 불균형으로 일어나는 일종의 뇌 질환이다. 따라서 단순히 혼내거나 책상에 오래 앉아 있으라고 명령하거나 집중력을 강화시키는 교육을 받는다고 해서 해결되는 것이 아니고, 체계적인 치료와 관리가 필요한 질환으로 인식되고 있다.

④ 공격적 행동

성장기의 아동은 발달지연이나 스트레스, 부모의 무관심, 환경 부적응 등으로 다양한 형태의 공격성을 보일 수 있다. 이러한 아이의 공격성은 대부분 자연 치유되거나 시간이 지나면서 공격성이 점차적으로 사라지지만 일부 아이들은 공격성을 더욱 강화시키게 된다. 공격성을 보이는 아이들은 대부분 집중력이 떨어져 있거나 경미한 자극이나 외부 요소에도 민감하게 반응하는 경향이 강하다. 또한 부모 또는 주변인이 아이에게 특정 규칙을 강요하거나 아이의 공격행위를 통제하려 든다면 아이는 신경질적으로 반응하면서 자신의 공격성을 발달시키기도 한다. 이러한 공격행동의 주요 요인으로는 아이의 욕구불만, 수면부족, 정서순환의 곤란, 아동학대, 부모에 대한 관심 끌기, 발달지연 등을 들 수 있다.

아이의 공격성의 특성은 크게 3가지로 구분될 수 있다. 첫째, 공격행동을 보이는 아이들은 타인에 대한 신체적 공격을 가하게 되는데 대부분 물리적인 힘을 가하여 타인에게 상해를 입히게 된다. 둘째, 언어적으로도 아이들은 타인에게 해를 줄 수 있다. 예를 들어 타인에게 해가 되는 말이나 욕설, 폭언, 악의적인 별명을 부르면서 타인의 명예와 자존심에 상처를 주는 것이다. 셋째, 아이는 관계적인 공격행동을 할 수 있다. 예를 들어 아이는 특정 상대에게 공격행위를 가하기 위하여 또래 친구들을 이용하여 특정 상대를 따돌리거나 악의적인 소문을 퍼뜨려 상대를 공격하게 된다.

⑤ 사회적 문제행동

아동의 사회적 문제행동은 반사회적 문제행동과 비사회적 문제행동으로 구분할 수 있다. 반사회적 문제행동은 사회적인 규범이나 질서에 반하는 행동으로 범죄행동이나 비행 및 그에 유사한 행동을 의미한다. 예를 들어 폭력, 도벽, 방화, 성범죄 등 사회규범에서 일탈하는 행동들이다. 한편 비사회적 문제행동은 타인과의 사회적 접촉을 회피하거나 좁은 생활공간 또는 방어적인 행위에 사로잡혀 있는 행동을 말한다. 예를 들어 선택적 함구증, 등교 거부, 자해, 자살시도, 거식, 과식 등 여러 가지의 신경증적인 상태 등이 포함된다. 비사회적 문제행동은 반사회적 문제행동보다 발견하기 어렵거나 방치되는 경우가 흔하다.

비사회적인 아동의 사회성 향상을 위해서는 아동의 자발적인 반응과 참여를 격려하는 반구조적인 방법과 교사 주도의 구조적인 방법을 이용하게 된다. 반구조적인 방법은 교사가 아동과 상호작용을 하면서 아동의 행동에 대한 적절한 해석을 제공하고 도움이 꼭 필요할 때 개별 아동을 지지하고 보호하는 것이다. 즉, 칭찬과 인정, 격려를 하며, 신체적 · 언어적 강화를 통해 피드백을 하는 방법이다. 구조적 형태의 지도는 아동의 비사회적 행동에 대해 신체적 · 언어적 · 물질적인 강화제로서 칭찬과 인정, 격려, 토큰강화 등의 행동주의적 치료 기법들을 적용하는 것이다.

3 아동상담의 유형

상담은 상담자와 내담자가 어떤 방식으로 만나느냐 그리고 형태가 어떠한가에 따라 유형이 달라질 수 있다. 즉, 상담방식에 따라서는 대면상담, 통신상담으로 구분할 수 있으며, 상담형태에 따라서는 개인상담, 집단상담, 가족상담, 놀이치료, 미술치료 등으로 나눌 수 있다.

1) 상담방식에 따른 분류

(1) 대면상담

대면상담은 전통적으로 실시해오는 방식으로 상담자와 내담자와 직접 대면하여 어떤 문제를 다루는 것으로 대인상담, 집단상담, 가족상담 등을 예로 들 수 있다. 또한 놀이 치료, 음악치료, 미술치료 등은 각각 놀이, 음악, 미술을 매개로 하는 기법들은 대면상담방법으로 볼 수 있다.

(2) 통신상담

통신상담은 과학기술이 점차로 발전함에 따라 의사소통과정에 서신, 전화, 팩스, 컴퓨터를 활용하게 됨으로써 발전하게 되었다. 최근 컴퓨터를 통한 사이버 상담도 가능하게 되었는데, 사이버 상담은 컴퓨터 통신이 단순한 정보교환이나 의사소통의 수준을 넘어 서서 인간의 내면세계까지 다루게 된 결과, 내담자의 문제를 해결하고 성장을 촉진하는 것을 돕는 과정까지 가능해졌다. 사이버 상담은 전화상담과 마찬가지로 편리성, 경제성, 신속성, 시공의 제약 극복 등의 특징을 지닌다. 그러나 실제적인 관계를 통한 상담이 아니라는 것과 일시적인 상담으로 흐르게 되는 점 그리고 기계라는 한계 등 다양한 문제점을 갖고 있다.

2) 상담형태에 따른 분류

(1) 개인상담

개인상담이란 한 명의 상담자와 한 명의 내담자가 직접 대면을 통해 관계를 형성하고 내담자가 자기 자신과 환경에 대해 이해를 증진하도록 도움으로써, 내담자의 성장과 발전을 촉진하는 심리적인 조력의 과정을 의미한다. 이때 상담자는 내담자를 존중하고 수용하며, 자신의 감정에 솔직해야 한다. 이와 같은 상담의 촉진적인 관계 속에서 내담자는 스스로 효율적인 의사결정을 하고 여러 가지 심리적인 특성들을 긍정적인 방향으로 변화시키도록 도움을 받게 된다. 이런 절차들에 의해 결국 내담자의 성장과 발전을 촉진시키게 된다.

(2) 집단상담

집단상담이란 한 명 혹은 그 이상의 상담자와 여러 명의 집단 구성원이 일정 기간 동안 정기적인 만남을 통해 일상생활에서 부딪치는 문제에 대한 그들의 태도와 행동을 점검하고 변화시키기 위한 목적으로 현실에 대한 방향, 점검, 감정 정화, 상호 신뢰, 이해, 수용, 지지, 허용 등과 같은 치료적 기능을 포함한 의식적 상황과 행동에 초점을 둔 역동적 인간 상호관계의 과정이다. 집단상담은 개인상담에 비해 몇 가지 장점들을 가진다. 첫째, 집단상담은 자신의 감정, 경험, 현재의 상황을 아무도 이해하지 못한다는 생각을 타인에게 노출시킴으로써 힘을 얻고, 자신의 관심사를 동료들과 나눔으로써 서로의 의견을 수용하고 이해하는 과정을 통해 자아강도를 높일 수 있다. 둘째, 집단상담은 개인상담에 비해 덜 강력하고 덜 위협적이다. 개인상담의 경우는 상담자의 권위에 별로 좋지 않은 감정을 느껴 내담자가 상담자에게 불편함과 위협감을 느낄 수 있다. 그러나 집단상담의 경우는 집단 구성원들 간의 동질성, 친근감 등을 통해 불신감과 두려움을 감소시켜 줄 수 있다. 셋째, 집단상담을 통해 점차 남의 이야기를 들으려는 태도를 가지게 되고 자신에 대한 지나친 관심 또는 자기의

식에서 해방되는 경험을 하게 된다. 집단상담에서 자기에게만 주의가 집중되기 바라고 다른 사람과 공유하지 않고 독점하려는 동료에게 관심을 보이지 않음으로써, 상황을 차지하려는 내담자의 행동을 수정할 수 있다.

(3) 가족상담

가족상담은 한 명 혹은 그 이상의 상담자가 가족 전체를 하나의 단위(가족체계)로 하여 가족 간의 관계에 초점을 맞추고, 조화로운 관계를 유지하기 위해서 현재의 관계를 수정해 나가는 과정으로 정의된다. 즉, 가족을 일차적인 체계로 보고 그 체계 내의 어느 개인이 가족체계나 부부관계 또는 부모-자녀관계를 방해하는 상황을 치유하도록 한다. 가족상담과 개인상담의 차이점은 다음과 같다. 첫째, 병리적인 초점이 서로 다르다. 개인상담에서는 문제의 원인을 개인에게 두고 개인의 내적 심리과정에 보다 많은 관심을 기울인다. 그러나 가족상담에서는 개인을 둘러싼 가족이나 사회체계에 관심을 둔다. 왜냐하면 사회적 맥락 속에서 의미 있는 사람과의 역기능적 관계가 문제를 유발한다고 보기 때문이다. 둘째, 상담의 대상이 서로 다르다. 개인상담에서는 일반적으로 개인이 상담의 대상이다. 따라서 상담의 단위도 개인이다. 그러나 가족상담에서는 가족체계가 상담의 대상이 되고 가족체계 내의 많은 구성원이 상담의 단위가 된다. 따라서 가족 체계 안에 존재하는 대인관계의 양상을 변화시키려고 노력한다.

(4) 놀이치료

놀이치료는 이론적 배경에 따라 놀이치료 적용과정과 해석에는 차이가 있으나 놀이를 매개로 한다는 공통점이 있다. 놀이치료는 놀이활동을 주 매체로 활용하여 아동이 가지고 있는 심리적인 문제를 스스로 극복하고 최적의 발달을 이루도록 도와주는 치료상담의 한 형태이다. 다시 말해 훈련된 상담자가 심리적 갈등과 적응 문제를 가진 아동을 대상으로 놀이를 활용하여 아동과 관계를 맺고 의사소통을 하여 아동이 가진 잠재된 발달 가능성을 최대한 발현시켜 주는 과정이다. 아동은 놀이를 통해 내면의 불안이나 소망, 현실의 갈등을 표출하고, 상담자는 아동과의 관계형성을 통해 라포를 형성하고 놀이와의 상호작용을 통해 놀이에 대한 적절한 해석, 직면하는 과정을 함께함으로써 결국 아동이 가지고 있는 문제를 이해하고 해결하고 발달을 촉진하고 잠재능력을 발현하는 기회를 가지게 된다.

(5) 미술치료

미술치료는 미술이라는 매체를 활용하여 아동의 심리적인 문제를 해결하는 기법이다. 미술치료는 아동부터 성인에 이르기까지 폭넓은 대상에게 활용되고 내담자의 문제유형에 따라 다양하게 활용된다. 또한 미술은 아동의 발달과정에서 성취해야 하는 인지적인 능력이나 정서적인 진단도구로 사용되며 예방적 접근을 통해 아동의 건강한 정서발달에 도움이 된다. 미술치료는 미술과 치료라는 두 개념이 혼합되어 사용된다. 미술 자체만을 강조하는 것도 아니고 치료만을 강조하는 것도 아닌 미술과 치료가 동시에 강조되는 개념이다. 미술치료라는 이름이 붙여질 때는 미술활동에 치료적인 목표가 있어야 하고 미술과 치료가 모두 충실히 수행될 때 가능하다. 미술치료는 정서문제뿐 아니라 발달장애를 가진 아동의 감각 통합이나 의사소통 감정 정화를 위해서도 치료적으로 효과가 매우 큰 것으로 보고되고 있다.

4 아동상담자의 올바른 태도

상담을 하는 사람은 다른 사람을 도와주려는 동기가 강한 편이다. 그렇다고 높은 동기만으로 효과적인 상담을 할 수는 없다. 또한 어떤 이는 남의 이야기를 잘 듣고, 남의 마음을 잘 이해하는 사람이 상담도 잘 할 것으로 착각하고 있는 경우도 있다.

그리고 상담자가 되려는 이들은 대체로 인간의 행동이나 생활에 많은 관심을 가지고 있는 경우도 있다. 그러나 이런 자세만으로도 효과적인 상담이 되는 것은 아니다. 그렇다고 남을 도와주려는 동기, 남의 이야기를 잘 듣고, 잘 이해하는 것, 인간에 대해 많은 관심을 가지고 있는 것이 상담에 도움이 되지 않는다는 이야기를 하는 것이 아니다. 효과적인 상담이 되기 위해서는 이런 태도를 바탕으로 상담자로서 요구되는 태도들을 갖추어야 한다. 상담자로서 갖추어야 할 태도들에 대해 구체적으로 살펴보면 다음과 같다.

1) 수용, 이해 그리고 진실성

상담자의 태도에 있어 중요한 것은 수용(acceptance), 이해(understanding) 및 진실성(sincerity)이다. 수용이라는 특성은 인간 개인, 특히 상담실에 앉아 있는 내담자의 가치에 대한 기본적 존중과 관련되어 있다. 내담자를 수용하는 상담자는 내담자를 냉소와 경멸을 가지고 대하지 않는다. 만약 초기 면접이 끝나갈 무렵 내담자에 관한 좋은 점을 발견하지 못했다면 그 상담은 관계를 형성하는 데 있어 성공적이지 못했다고 할 수 있다.

감정적으로 이해하는 능력(또는 공감)은 내담자가 전달하고자 하는 바의 의미를 명확하고 철저하게 파악하고자 하는 노력을 요구한다. 내담자에 대한 이해를 하고자 하는 시도는 상담자가 내담자의 입장이라고 가정하고 내담자가 느끼는 그대로의 상황을 보려고 노력하는 것이다.

진실성이라는 특성은 상담자가 말하고 있는 것과 실제로 느끼는 있는 것 사이에 존재해야만 하는 조화를 일컫는다. 당신이 누군가를 수용하거나 이해할 수 있다고 해서, 진실로 그 사람이 될 수는 없다. 상담자는 단지 자신이 진실할 수 있을 뿐이다. 이것은 상담자가 자신의 내면과 부합하는 타당하고 신뢰로운 심상을 어느 정도 전달할 수 있는가 하는 정도를 말한다(이영호, 2001).

2) 효과적인 경청

효과적인 경청은 상담자가 숙달하고 지속적으로 실습해야 하는 가장 어려운 기술 중의 하나이다. 일반적으로 내담자들은 자신들의 문제를 그들 자신의 말로 충분히 진술할 기회를 갖지 못한다. 상담자들은 그 다음 질문을 하기 앞서 내담자의 말을 끝까지 들어야 한다. 내담자의 말을 경청할 때 피해야 할 것은 주로 머리로 듣고, 감정을 부인하며, 내담자가 말한 것에 관한 이성적 평가에 주로 관심을 두는 태도이다(머리로 듣는 상담자). 이런 상담자는 자신의 말이 타인에게 미치는 영향에 대해 관심이 없으며, 내담자의 말이 자신에게 미치는 영향 역시 파악할 수 없다. 또한 자신의 머리를 지나치게 적게 쓰고, 거의 전적으로 느낌만을 가지고 듣는 것도 옳지 않은 태도이다(감정으로 듣는 상담자). 이런 상담자는 타인이 말하고 있는 바를 자신이 듣거나 평가할 수 없다는 점에 불안감을 느낄 수 있다.

효과적인 경청이 되려면 자신의 믿음 중의 일부는 틀릴 수 있다는 사실에 직면하면서 다른 사람들의 생각, 가치 및 행동들에 마음을 여는 것을 말한다. 효과적인 경청을 하는 상담가의 특성은 〈표 8-9〉와 같다.

표 8-9. 경청을 잘하는 상담자의 특성

1. 반응하기에 앞서 내담자가 자신에 관해 말할 충분한 시간을 준다.
2. 비록 대수롭지 않다고 생각될지라도 내담자가 심각하게 말하고 있는 것을 그렇게 받아들인다.
3. 내담자에게 충분한 주의를 기울인다. 즉, 내담자가 이야기하고 있는 동안 간단한 사무처리를 한다든지 책상 위의 물건들을 재정리하지 않는다.
4. 때로는 고개를 끄덕이고, 미소 짓고, '음~'이라고 하면서 주의를 기울이고 있다는 것을 보여준다.
5. 필요하고 관련된 질문을 한다.
6. 내담자를 쳐다보고 자주 눈을 맞추면서, 시계를 보는 것을 삼간다.
7. 내담자가 문제점을 피력할 때 가로막지 않고, 문제점에 관한 논쟁을 피하지 않는다.
8. 주제를 바꿈으로써 내담자의 문제나 호소를 기피하지 않는다.
9. 내담자가 할 말을 찾고, 고르고 있을 때 바로 받아 잇지 않을 만큼 충분히 인내한다.
10. 말하기 전에 생각하고, '즉각적' 충고를 피한다.

3) 비밀보장

상담자를 찾아와 상담을 하는 내담자로서는 자신의 이야기가 비밀보장이 되는지에 관심을 가지고 있다. 그러므로 상담자는 내담자가 묻지 않더라도 상담 중에 이야기하는 내용은 철저하게 비밀보장이 된다는 사실을 알려줄 필요가 있다. 내담자로서는 자신의 인격이 손상되는 내용, 혹은 선생님과 부모님, 친구에 관한 이야기 등 비밀보장에 대한 확신이 없으면 이야기를 하는 데 주저하게 된다. 따라서 상담자는 어떤 종류의 상담을 하던 상담 중에 나온 모든 이야기에 대해 비밀을 지켜야 한다. 일상생활에서의 상담이든 전문 상담이든 상담자의 비밀보장은 상담관계를 유지하는 데 생명선과 같은 것이다.

Chapter 9

상담의 이론적 배경

배울내용

1. 정신분석 상담이론
2. 행동주의 상담이론
3. 인간중심 상담이론
4. 인지주의 상담이론
5. 의사교류분석 상담이론

학습목표

1. 정신분석 상담이론의 구체적인 상담기법을 익힌다.
2. 행동주의 상담이론의 구체적인 상담기법을 익힌다.
3. 인간중심 상담이론의 구체적인 상담기법을 익힌다.
4. 인지주의 상담이론의 구체적인 상담기법을 익힌다.
5. 의사교류분석 상담이론의 구체적인 상담기법을 익힌다.

1 정신분석 상담이론

정신분석 상담이론은 프로이트(Freud)가 주장한 정신분석 이론에 그 기초를 두고 있다. 프로이트는 인간은 생물학적이고 반사회적이며 비합리적인 존재이기 때문에 그의 인간 본성에 대한 관점은 결정론적 관점을 가지고 있다. 성격의 구조는 쾌락원리에 의해 작동되는 원초아(id), 현실원리에 의해 작동되는 자아(ego), 도덕 혹은 양심에 의해 작동되는 초자아(superego)로 구성되어 있으며, 이러한 체제는 서로 밀접한 관계가 있고 행동은 이들 간의 상호작용의 결과로 본다. 정신분석 이론에서는 결정론적 관점을 가졌기 때문에 생의 초기 5년의 발달이 매우 중요하다고 보았다. 생의 초기 5년은 역동이 안정되어 가는 잠재기 이전까지의 발달을 의미한다. 청소년기가 시작되면서 역동은 다시 활성화된다. 따라서 앞의 세 단계인 구강기, 항문기, 남근기를 전생식기라고 하고, 청소년기에 일어나는 성숙의 마지막 단계를 생식기라고 명명하였다.

1) 상담목표

정신분석 이론에서는 무의식으로 잠재된 갈등이 해소되지 않아 심리적 긴장상태로 남아 있어 여러 가지 부정적인 증상으로 나타난다고 본다. 따라서 정신분석 상담의 목표는 무의식적 갈등을 의식화시켜서 개인의 성격구조를 재구성하는 데 있다. 즉, 억압을 약화시킴으로써 무의식적 내면세계의 의식화 작업을 통해 의식적 기능인 자아의 힘을 강화시키는 것이 정신분석의 상담목표이다.

2) 상담과정

정신분석 상담에서 상담자는 내담자에게 과거의 경험과 매 순간 느끼는 감정을 거리낌 없이 자유롭게 털어 놓도록 격려한다. 아무리 사소하더라도 내담자의 마음속에 떠오르는 것은 무엇이든지 말하도록 하는 것이 중요하다. 이렇게 하는 것을 자유연상이라고 한다. 이 과정에서 상담자는 내담자의 증상과 관련된다고 여겨지는 무의식적 자료들을 하나씩 이끌어 내어 그 의미를 해석하게 된다. 이러한 해석을 통해 내담자는 이제까지는 몰랐던 무의식의 내용들을 이해하게 되며 이렇게 얻은 통찰은 증상을 극복하는 원동력으로 작용한다. 내담자가 무의식에 대한 완전한 통찰을 이루기까지의 과정은 오랜 시간을 필요로 한다.

(1) 시작단계

상담자와 내담자의 만남이 있게 된다. 여기서 내담자의 문제를 파악하고 정신분석의 여부를 결정하게 되며 최초의 면담도 시작 단계에 포함된다. 이 시기에는 내담자의 문제를 파악하고, 정신분석을 필요로 하는지 결정하게 되는데 일대일 면접의 상황에서 내담자는 안락의자에 누워 마음속에 떠오르는 것을 무엇이든 말하고 상담자는 그 내용 분석을 시작한다. 상담자는 내담자에게 편안함을 제공하기 위해 안락의자의 옆이나 뒤에 앉게 된다. 그리고 내담자가 쉽게 의식화할 수 있는 것들에만 한정하고 근본적인 갈등에 너무 가까이 접근하지 않도록 유의한다.

(2) 전이의 발달단계

잦은 만남을 통해서 내담자와 상담자 사이에 친숙한 관계가 형성된다. 여기서 내담자는 자신의 무의식적인 갈등의 문제를 표출하게 된다. 갈등과 관련 있는 중요한 인물에 대한 내담자의 정서적 반응이 상담자를 향하여 나타나게 되는데, 이 현상을 전이라고 한다. 상담자는 전이를 분석하여 내담자가 겪고 있는 갈등의 본질에 대한 통찰을 할 수 있다. 상담자의 편에서 나타나는 전이를 역전이라 하는데 이것은 내담자에 대한 상담자의 싫은 감정이나 지나친 애착이나 관여 때문에 나타나게 된다.

(3) 작업단계

꾸준한 만남 속에서 전이분석이 지속적으로 이루어지고 내담자의 문제에 대한 통찰을 심화한다. 철저한 지속적 활동은 반복과 정교화 그리고 확충하는 활동들로 이루어지는데, 이 과정을 통해서 내담자는 자신의 억압된 감정이나 충동을 이해하고 이해하는 바를 느끼게 되고 현실을 부정하기보다는 직면할 수 있게 되며 보다 성숙되고 효과적인 방법으로 반응하는 것을 배우게 된다. 그래서 정신분석 상담이론을 정서적 재교육이라고도 한다.

(4) 해결단계

전이의 분석이 종결되는 단계로서 전이가 해결되는데, 이는 상담자에 대한 내담자의 무의식적이고 신경증적 애착을 해결하는 것이라고 할 수 있다. 전이의 해결단계에는 내담자가 상담을 요청하게 된 원인이었던 증상들이 약화되는 현상을 보여주고 억압되어 있던 기억들이 나타나 상담의 초기에 이루어졌던 해석이나 재구성을 확고히 하고 정교화시켜 더 이상 분석의 필요성을 느끼지 않게 된다.

3) 상담관계

상담자가 자신을 노출시키지 않을 때, 내담자가 상담자에게 투사한다. 이를 전이라는 개념으로 설명되는데 정신분석에서 상담자와 내담자와의 관계를 설명한다. 상담이 진행됨에 따라 내담자의 어린 시절의 경험과 갈등들은 무의식 속에서 의식의 표면으로 떠오르기 시작한다. 따라서 내담자는 신뢰와 불신, 독립과 의존, 사랑과 증오 등 여러 가지 상반되는 감정에 대한 과거의 갈등을 회상하게 된다. 그리고 그때의 감정들을 상담자를 대상으로 해서 다시 체험하게 되는데 이때 전이가 발생한다. 예를 들어 어렸을 때 엄격하고 권위적인 아버지 혹은 매정했던 어머니에게 맺혔던 감정이 상담자에게 옮겨져 내담자의 눈에는 상담자도 똑같은 인물로 여겨진다. 이러한 전이현상은 내담자의 무의식이 의식의 표면으로 올라오고 있음을 나타내는 매우 중요한 현상이다. 현재의 인물(즉, 상담자)을 자신에게 중요했던 과거의 인물과 심리적으로 혼동하는 것은 그만큼 과거의 인물에 대한 미해결된 갈등이 내담자에게 중요하게 남아 있다는 것을 의미한다. 전이를 치료할 때 생기는 저항을 감소시키고, 합리적 통제를 할 수 있도록 하며 내담자는 장기간의 분석을 받고, 갈등을 알아내기 위해 자유연상을 하며, 대화를 통해 통찰을 얻는다. 상담자는 분석가로서 현재 행동의 의미가 과거와 연관이 있다는 사실을 가르치기 위해 해석을 한다.

4) 상담기법

중심기법은 해석, 꿈의 분석, 자유연상, 저항의 분석, 전이의 분석이다. 모든 것은 내담자가 자신의 무의식적 갈등에 접근할 수 있도록 짜여져 있고, 무의식에의 접근은 자아가 통찰과 새로운 것을 동화할 수 있도록 해 준다.

(1) 해석

해석은 자유연상이나 꿈, 저항, 전이 등을 분석하고, 그 속에 담긴 의미를 내담자에게 지적, 설명해 주는 절차로, 내담자가 자신의 무의식적 욕구나 행동을 이해하는 과정을 가속화시킨다. 이러한 상담자의 해석을 통해 내담자는 이전에 몰랐던 무의식적 내용들을 차츰 의식적으로 이해하고 받아들이게 된다. 즉, 해석의 원칙은 해석하려는 무의식적 내용이 내담자의 의식에 가까이 왔다고 판단될 때, 그가 받아들일 수 있는 내용을 해석해 주어야 하며, 해석 전에 저항이나 방어를 먼저 지적해 주어야 한다. 또한 해석과 관련하여 한 가지 주의할 점은 아무 때나 해석을 해서는 안 된다는 것이다. 아무리 타당한 해석이라도 내담자가 그것을 받아들일 수 있는 마음의 준비가 되어 있지 못한다면 소용이 없다. 따라서 상담자는 내담자의 무의식에 대한 해석을 하기 전에 우선 내담자가 그것을 받아들일 수 있는 상태에 있는지를 먼저 점검해야 한다. 해석의 주요 대상은 자유연상 자료, 꿈, 전이 및 저항현상 등이다.

(2) 꿈의 분석

프로이트는 꿈이야말로 "마음의 무의식적 영역에 이르는 지름길이며, 인간 무의식으로 통하는 왕도다"라고 표현하였는데, 정상적인 정신생활의 어떤 다른 현상도 꿈만큼 무의식적 과정을 명백하게 나타내지 못한다고 보았다. 따라서 꿈의 분석을 통해 자아의 방어적 활동에 의해 억압되어 있거나 의식에서 제외된 정신내용에 대한 이해를 할 수 있다고 보았다. 이처럼 꿈이란 무의식적 동기를 이해하는 데 중요한 수단이 되기 때문에 꿈을 중요시한다. 자신에게 낯선 무의식을 의식에 소화하고 통합하여 자기의 삶으로 받아들이게 되면 겉마음과 속마음이 가까워져서 자신에게 좀 더 정직해지고 자유로운 삶을 살 수 있게 된다고 보았기 때문에 단 하나의 꿈이라도 자신의 삶과 연결시켜 무엇을 의미하는지 이해하는 것이 필요하다고 제안하고 있다.

(3) 자유연상

상담자는 내담자에게 마음을 비우게 하고 내담자의 마음속에 떠오르는 것이면 무엇이든지 말로 표현하게 한다. "지금 당신 머리에 떠오르는 생각은 무엇입니까?" 혹은 "그것과 관련되어 머리에 떠오르는 생각은 무엇입니까?" 등으로 질문한다. 내담자가 연상하는 내용에서 상담자는 내담자의 증상과 관계되는 무의식적 자료들을 끌어내고 그 의미를 해석해 주며 내담자로 하여금 자신의 문제증상과 관련된 무의식적 내용들을 이해하게 하는 통찰을 얻도록 한다.

(4) 저항분석

저항은 무의식을 의식화하는 것을 방해하는 내담자의 모든 태도, 행동 및 언어를 총칭하는 용어이다. 예를 들어 정해진 시간에 상담에 참석하지 않거나, 상담과정에서 아무런 의미도 없는 말만 되풀이하거나, 중요한 내용을 빠뜨리고 사소한 이야기만 하는 등의 행위이다. 정신분석에서는 이러한 저항이 큰 의미를 지니고 있다고 보는데, 이는 저항하는 데는 그럴 만한 이유가 있다고 보기 때문이다. 저항은 부딪히기 어렵고 받아들이기 어려운 상상이나 경험 또는 경험에 대한 자신의 무의식적 해석 등에 대한 방어이다. 상담과정에서 저항 현상을 다루지 않으면 내담자를 깊이 만나는 것은 어렵게 된다. 그렇기 때문에 내담자의 갈등을 근본적으로 해결하기 위해서 상담자는 내담자의 저항의 이유를 지적하여 내담자로 하여금 직면하게 하여야 한다.

(5) 전이분석

전이(transference)란 과거에 의미가 있던 대상과의 관계에서 일어났던 무의식적 소망과 기대 혹은 좌절 등이 현재 여기의 대상(예컨대 상담자)과의 관계에서 활성화되면서 반복되는 현상을 말한다. 현재 상담가와의 관계에서 나타나는 전이현상에는 과거와 현재가 시간적으로 밀집되어 있고, 여러 사건이 응축되어 있을 수 있다. 이러한 전이에는 긍정적 전이와 부정적 전이가 있다. 긍정적 전이는 상담자를 특별히 좋아하고 이상적인 인물로 보게 되는 것을 말하고, 반면 부정적 전이는 내담자가 상담자를 이유 없이 두려워하거나 미워하게 되는 것을 말한다. 두 전이 모두 해결되지 않는 유아기의 갈등이 재현되고 있는 것으로 본다. 상담자의 역할은 내담자가 과거의 어린 시절 중요 타인에 대해 가지고 있는 감정과 태도를 현재의 상담자에게 느끼고 있으므로 그 감정과 태도는 시대착오적이고 왜곡된 것임을 해석해 주는 것이다. 따라서 내담자가 전이에 대한 바른 통찰력을 갖게 되면 비합리적이고 유아기적 욕구를 벗어나서 성숙하고 현실적인 관계에서 만족을 얻게 된다.

2 행동주의 상담이론

행동주의적 상담은 기본적으로 학습이론(Pavlov의 고전적 조건형성, Skinner의 조작적 조건형성, Bandura의 사회학습)에 근거한다. 즉, 행동은 학습의 산물로 본다. 환경이 우리를 만들기도 하고, 우리가 환경을 만들기도 한다고 주장하면서 인간과 환경과의 상호작용을 강조한다. 그리고 개인의 인지적 차원을 강조하고 행동의 변화를 가져오고 구체적이고 체계적인 단계를 밟아갈 수 있도록 돕는 여러 가지 행동지향적인 방법을 제공하게 된다.

1) 상담목표

행동주의 상담이 지향하는 상담목표는 학습의 새로운 조건을 조성하는 것이다. 왜냐하면 부적응적 행동을 포함한 인간의 모든 행동은 학습으로 인해 형성된 것이기 때문이다. 따라서 행동주의 상담은 부적절한 학습을 제거하고 적절한 행동의 학습경험을 제공하는 과정이다. 내담자가 상담목표를 선택하며 선택된 목표를 상담초기에 구체적으로 정의한다. 상담의 목표는 분명하고, 구체적이고, 이해할 수 있고, 내담자와 상담자가 동의할 때까지 수정 및 재수정되어야 한다. 행동주의 상담에서 상담목표를 세울 때 주의해야 할 사항은 〈표 9-1〉과 같다.

표 9-1. 상담의 목표 설정 시 주의사항

• 상담자는 목표를 세우는 이유를 설명한다. • 내담자는 상담의 결과로 얻고 싶은 긍정적 변화를 구체화한다. • 내담자와 상담자는 진술된 목표들이 내담자 자신의 변화인지를 결정한다. • 목표들이 현실적인지에 대해 함께 탐색한다. • 목표들이 성취되었을 때 있을 수 있는 이점들을 토론한다.

- 목표들이 성취되었을 때 있을 수 있는 불이익을 토론한다.
- 내담자가 진술한 목표를 기초로 상담을 계속할 것인지, 내담자의 목표들을 변경할 것인지, 혹은 다른 상담자를 찾을 것인지를 결정한다.

2) 상담관계

내담자는 능동적이고 직접적이며, 내담자에게 효과적인 행동을 가르치는 교사나 훈련자이다. 따라서 내담자는 치료과정이나 새로운 행동의 실험에 적극적으로 참여해야 한다. 상담자와 내담자의 인간적 관계는 중시하지 않지만 좋은 상담관계는 행동절차를 시행하는 데 필요하다. 행동주의 상담자들은 내담자의 환경에서 나타나는 강화에 주의를 집중한다. 예를 들어 어떤 아이가 가정에서 잘못된 행동을 한다면 행동주의 상담자는 부모에게 보다 적절한 행동을 위해 그 아이에게 보상하는 방법에 대해 가르칠 것이다.

(1) 상담자의 기능과 역할

행동주의 상담에서의 상담자의 기능은 크게 두 가지이다. 하나는 문제증상에 대한 정보를 체계적으로 수집하고 분석하는 것이며, 또 하나는 내담자에게 본보기가 되는 것이다. 행동주의 상담에서의 상담자는 다른 상담이론과는 달리 문제의 원인을 파악하는 것이 아니라 구체적인 것에 초점을 맞추어 체계적인 지침에 따라 노력하면서 상담의 목표달성 정도를 평가하는 것이다. 반두라(Bandura, 1986)는 직접적인 경험을 통해 일어나는 대부분의 학습은 타인의 행동을 관찰하는 것으로 습득될 수 있다고 주장하고 상담자는 내담자와 합의된 상담목표를 달성하기 위해서 대안을 준비하는 것이 중요하다고 주장한다. 또한 상담자의 주 기능은 모델로서의 역할이다. 내담자가 상담자의 행동을 모방함으로써 학습할 수 있게 되는 것이다.

(2) 상담에서의 내담자의 경험

다른 상담과의 달리 행동주의 상담에서는 내담자가 달성하고자 하는 목표를 위해서 상담자는 구체적이고 체계적인 대안을 준비하기 때문에 내담자는 상담자가 준비한 목표달성 계획에 따라야 한다는 것이다. 그래서 다른 상담이론과 달리 내담자의 존중이 충분히 고려되지 않고 무시되는 경향이 강하다. 그러나 행동주의 상담에서는 상담관계의 중요성을 나름대로 강조한다. 이는 상담의 목표를 내담자가 결정하도록 하는 것을 통해서도 이해가 가능하다. 다시 말해 행동주의 상담을 위해서는 고도의 기술이나 민감성 그리고 내담자와 좋은 상담관계를 형성하는 능력이 있어야 한다. 행동주의 상담자는 능동적이고 직접적이며 조언자나 문제해결자의 기능을 하려는 경향이 강하다. 하지만 행동주의 상담은 내담자가 자연환경 속에서 행동변화를 일으키도록 하기 위한 해결 모형을 사용하기 때문에 행동주의 상담자들은 내담자에 대한 인간적인 지지가 필요하다(Corey, 1998).

3) 상담기법

행동주의 상담에서 사용하는 기법으로는 이완훈련, 체계적 둔감법, 토큰경제법, 자기표현훈련, 혐오치료, 홍수법 및 타임아웃 등의 다양한 기법들을 사용하고 있다.

(1) 이완훈련

이완훈련은 이완상태와 불안은 서로 양립할 수 없다는 이론에 근거를 두고 있다. 근육의 긴장상태를 이완반응으로 해소하게 되면, 그 이완된 상태는 불안과 양립할 수 없기 때문에 불안반응은 제지된다고 보는 입장에서 출발한다. 그러므로 이 방법은 먼저 내담자를 이완하게끔 하는 방법을 훈련시키고, 이 이완상태에서 그에게 위협적 경험이 되며 불안을 조성하는 경험을 그 강도에 따라 위계를 설정해서 강도가 낮은 경험으로부터 점차적으로 하나씩 상상하게 함으로써 둔감시키는 방법이다. 이완훈련은 사람들이 일상생활에서 유발되는 스트레스에 대처할 수 있도록 가르치는 방법이다. 이는 근육과 정신의 이완을 목표로 하고 있으며 쉽게 배울 수 있다. 최대의 효과를 얻기 위해서는 내담자가 이완훈련의 기초를 배우고 나서도 날마다 연습해야 한다.

(2) 체계적 둔감법

체계적 둔감법은 울페(Wolpe, 1958, 1969, 1973)에 의해 개발된 것으로, 특히 부적응적 불안을 경감시키기 위한 기법이다. 이 기법은 내담자가 불안을 느끼는 상황을 묘사하는 상상적 장면과 이완을 짝짓는 것을 포함한다. 체계적 둔감법은 역조건형성(counterconditioning)의 원리에 근거를 두고 있다. 역조건형성은 단순히 한 유형의 반응을 다른 유형의 반응으로 대치하는 학습원리를 의미하고, 둔감법은 불안을 이완으로 대치하는 절차를 의미한다.

존스(Jones, 1924)는 체계적 둔감법을 이용하여 토끼에 대해 공포를 가지고 있는 소년을 성공적으로 치료하였다. 그녀의 피험자는 3세 된 Peter로서 토끼에 대한 공포증을 가진 소년이었다. 존스는 토끼의 모습을 Peter가 좋아하는 아이스크림을 먹는 것과 같은 유쾌한 경험과 짝지어 주었다. 즉, Peter가 방안에서 혼자 앉아 놀고 있는 동안 우리에 들어 있는 토끼를 가져다가 그가 무서워하지 않을 만큼 충분한 거리에 두었고, 그녀는 이 시점에서 Peter에게 충분한 양의 아이스크림을 먹게 하였다. 이렇게 아이스크림과 짝을 지어 매일 토끼 우리에 좀 더 가까이 가도록 하였는데, 결국 Peter는 토끼를 무서워하지 않게 되었다.

여러 연구 문헌들에서 체계적 둔감법의 효과가 검증되어 왔는데, 이 치료기법은 고소공포증, 운전공포증, 다양한 동물 및 곤충공포증, 시험공포증, 비행기공포증, 학교공포증, 다른 사람 및 권위적 인물의 거절에 대한 공포증, 주사공포증, 상해공포증, 죽음에 대한 공포증 등 공포증과 언어장애, 성적이상, 노출충동, 동성애, 천식발작, 불면증, 알코올중독, 분노발작, 몽유병, 악몽 등의 여러 장애에도 이 기법이 효과가 있음이 밝혀졌다.

(3) 행동조성법

행동조성(behavior shaping)이란 강화를 사용해 형성하고자 하는 목표행동에 점진적으로 접근하는 방법을 의미한다. 조성에는 두 가지 요소가 있는데, 그것은 차별강화(differential reinforcement)와 계속적 접근(successive approximation)이다. 차별강화는 어떤 반응은 강화를 받고 어떤 반응은 강화를 받지 못하는 것이고, 계속적 접근은 아이가 원하는 행동을 했을 때만 강화를 주는 것이다. 행동조성은 아이가 특정 행동을 할 수 있는 기능이 있으면서도 그 행동을 능률적으로 사용할 수 없을 때 효과적으로 사용될 수 있는 기법이다. 예를 들어 아이가 숟가락을 쥘 수 있는 능력이 있으면서도 혼자서 밥을 먹지 못하는 경우 숟가락을 쥐고 밥을 먹는 단계를 여러 가지 소단계로 나누어 각 소단계의 행동을 단계적으로 강화시켜 나가면서 궁극적으로 혼자서 숟가락을 가지고 밥을 먹을 수 있도록 하는 것이다.

(4) 토큰경제법

강화원리를 이용하여 행동변화를 위해 널리 사용되는 것이 토큰경제법(token economy)이다. 이 기법은 Skinner의 강화원리를 포함하여 조작적 조건형성의 원리를 적용시킨 것으로, 직접적인 강화인자를 사용하는 대신, 후에 내담자가 원하는 다양한 물건과 교환할 수 있는 상표를 보상으로 제공하는 것이다. 즉, 적절한 행동을 할 때마다 직접 확인될 수 있는 상표가 주어지는 체계적인 기법이다. 다시 말해 내담자가 바람직한 행동을 했을 때 토큰을 나누어 주고 나중에 음료수, 사탕, 입장권 등 내담자가 원하는 물건이나 권리와 바꿀 수 있도록 하는 것이다. 교사들이 유아교육기관에서 유아들에게 바람직한 행동을 하면 스티커를 주는 방법은 토큰경제법을 적용한 것이다. 이 방법은 어린이나 지적장애의 행동수정에 유용하다.

(5) 자기표현훈련

사회기술훈련(social skill training)의 한 형태로서 화나 짜증을 표현하지 못하는 사람,

거절을 못하는 사람, 겉으로 보기에 지나치게 공손하거나 다른 사람에게 이용당하기만 하는 사람, 정서와 다른 긍정적인 반응들을 표현하지 못하는 사람, 자신의 사고, 감정, 신념들을 표현할 권리가 없다고 느끼는 사람들에게 효과적이다. 자기표현훈련은 앞서와 같이 어려운 상황을 다루는 기술이나 기법을 가르쳐 주는 것 이상의 기능을 한다. 이 계획들은 표현적 결핍을 가져오는 신념에 도전하고, 건설적인 자기 진술을 하거나 표현적 행동을 낳은 새로운 신념들을 채택하도록 가르친다. 즉, 불안을 야기하는 사회장면에 초점을 두어 안전한 환경에서 어려움을 직면하고 도전하도록 실제적인 기회를 제공하는 것이다.

상담자는 내담자가 자기표현적인 사람이 되도록 하기 위해 먼저 〈표 9-2〉와 같이 세 가지의 의사소통의 차이를 명확하게 구별하도록 하는 것이 필요하다.

표 9-2. 세 가지 의사소통 유형의 차이점

구분	내용
소극적 의사소통	소극적인 사람의 행동 특징을 살펴보면, 그는 자신의 욕구나 권리를 표현하지 못한다. 직접적으로 자기를 표현하지 못하기 때문에 정서적으로 정직하지 못하고 간접적으로 표현한다. 소극적인 사람은 자기 부정적이며, 타인에게 인간적 권리를 침해하도록 허용한다. 소극적인 사람은 자신의 소극적 행동에 대하여 불안해하며, 자기에 대한 실망과 뒤늦게 분노하게 된다. 소극적인 사람은 대부분 자신의 목표를 성취하지 못한다.
자기 표현적 의사소통	자기표현적인 사람은 자신의 욕구와 권리를 정서적으로 정직하고 직접적으로 표현한다. 자기표현적인 사람은 자기 향상과 인간적 권리를 유지하나 타인의 권리를 침해하지 않는다. 따라서 자신에 대해 좋은 감정과 자신감을 가지며, 타인들도 그에 대해 존경심을 갖게 되며, 결과적으로 바라는 목표를 성취한다.
공격적 의사소통	공격적인 사람의 행동 특징을 보면, 그는 타인을 희생하여 자신의 욕구와 권리를 표현한다. 그는 정서적으로 정직하기는 하나 누군가를 희생하도록 표현한다. 그 순간에는 자기 향상을 느낄 수 있으나 부적절한 적의의 과잉반응 및 타인을 멸시하거나 창피를 주게 된다. 공격적인 사람은 당당한 우월감과 분노를 느끼지만 나중에는 대부분 죄의식을 느낀다. 타인이 그를 보고 느끼는 감정은 분노, 원한, 복수심이다. 어떻든 그는 타인을 희생하여 목표를 성취한다.

(6) 용암법

용암법(fading)이란 아이들이 특정한 행동을 할 수 있지만 행하지 않는 경우에 바람직한 행동형성을 위해 사용하는 기법 중의 하나이다. 즉, 초기학습과정에서는 단서, 조언과 같은 보조수단을 여러 번 자주 제시하고 후기 학습과정에서는 서서히 단서나 조언과 같은 보조수단의 횟수를 줄여감으로써 나중에는 보조수단 없이도 올바른 행동을 하도록 하는 점진적 접근방법이다. 용암법은 아이들에게 물건의 이름을 가르치거나 동그라미 그리기, 줄긋기, 삼각형 및 영어, 한글 가르치기에 이용될 수 있다. 한글을 가르칠 경우 먼저 자음을 쓰는 순서를 제시하여, 순서대로 아이들이 자음을 써 보도록 한다. 우선 아이에게 연필을 주고 순서대로 자음을 쓰게 하고 동시에 연필을 쥔 손을 같이 붙잡고 아이가 한글 자음을 쓰도록 도와준다. 이렇게 자음을 순서대로 맞게 작성하도록 한 뒤 강화를 준다. 여러 차례 이와 같이 한 뒤 아이가 스스로 한글 자음을 쓸 때 손을 잡아주던 손의 힘을 점차 약하게 하여 마침내는 아이 스스로 한글 자음을 쓸 수 있도록 하는 것이다.

(7) 교사나 양육자의 모범

사회학습이론가들은 인간이나 동물의 학습에 영향을 주는 요인이 관찰이라고 주장한다. 즉, 옳고 그른 것에 대한 판단력이 부족한 아이들은 타인의 행동을 관찰하고 어떤 행동을 한 후에 칭찬을 받게 되면 그 행동을 따라 할 가능성이 높으며, 어떤 행동 후에 야단을 맞는 것을 보게 되면 그 행동을 하지 않을 가능성이 높다는 것이다. 그래서 아이의 곁에 항상 가까이 있는 부모와 가족 및 교사의 행동이 중요하다. 영유아의 행동을 관찰해 보면, 초기에는 부모를 중심으로 한 성인의 행동을 모방함으로써 더 많은 행동을 배우게 되고, 유아교육기관에 들어갈 무렵이 되면 또래 아이들의 행동을 모방하기 시작한다. 모방을 통해 아이는 바람직한 행동은 물론 바람직하지 못한 행동을 배우게 되는 것이다. 반두라의 이론에 의하면 영유아는 부모 또는 자신에 대해 권위를 가진 사람 등을 모델로 선택하게 되며, 영유아 자신의 특성도 어떤 모델을 선택하느냐에 영향을 미친다고 한다. 예를 들어 남아는 여아보다 공격적인 모델을 더 좋아하며, 공격적 특성을 지닌 남아는 행동이 우호적인 남아에 비해 공격적 특성을 지닌 모델을 더 좋아하게 된다는 것이다.

(8) 혐오치료

혐오치료(aversion therapy)는 행동치료 기법으로 널리 알려진 것은 사실이지만 논쟁의 여지도 많다. 왜냐하면 행동치료에서는 기본적으로 처벌이나 부정적 결과보다 보상을 적용한 기법이 선호되기 때문이다. 혐오치료는 바람직하지 않은 행동을 부정적 경험과 연합시켜 행동변화가 일어나게 하는 방법이다. 이 치료방법은 바람직하지 못한 습관에 대하여 혐오조건화를 형성시키는 것이다. 즉, 상담자는 내담자가 바람직하지 못한 행동을 하면 유해자극을 주기도 하고, 또 그와 같은 행동을 일으키는 단서와 유해자극을 연합시키기도 한다. 조건화 불안반응은 다시 바람직하지 못한 행동과 연합시켜 양립할 수 없는, 즉 상반되는 반응을 일으키게 하므로 혐오기법은 일종의 양립할 수 없는 반응의 조건화라고 할 수 있다. 혐오자극으로는 구토제, 전기쇼크 등이 사용된다.

(9) 홍수법

상담자가 내담자를 강력하고도 지속적으로 문제 상황에 노출시키는 방법이 홍수법이다. 즉, 상담에 참여한 내담자는 관련된 문제에 마치 퍼붓는 홍수를 맞는 것과 같은 경험을 한꺼번에 받게 된다. 홍수법은 체계적 둔감화와는 대조를 이루는 불안치료법이다. 여기에는 강한 반응을 야기시킨다는 특징이 있다. 예를 들어 자동차를 무서워하는 사람이 있다고 하면, 치료자가 그를 차에 태우고 하루에도 몇 시간씩 차를 몰고 다니게 된다. 처음에는 매우 심한 불안감을 호소하지만 점차 자동차에 대한 공포는 사라지고 오히려 자동차 타는 것에 흥미를 느끼게 된다. 후에는 자동차에 대한 공포가 완전히 소실되는데 이것이 홍수법에 의한 불안치료의 기본원리다.

(10) 타임아웃

타임아웃(time out)은 체벌에 대한 인도적 대안으로 고집 센 아이를 다루는 데 효과적인 방법 중의 하나이다. 타임아웃이란 아이에게 정해진 시간동안 아무 것도 하지 못하도록 하며 격리되고 조용한 장소에 일정 시간동안 있도록 하는 일종의 벌이다. 움직임이 많은 아이로서는 무거운 벌에 해당한다. 이에 대해서 전문가들은 타임아웃을 남용해서는 안 되며 타임아웃이 끝나면 항상 아이의 잘못된 행동이 왜 나쁜 행동인지를 설명해야 하고 아이가 미워서가 아니라 나쁜 버릇을 고치기 위한 것이라고 꼭 말해 주어야 한다고 주장한다. 타임아웃의 시간은 5분에서 10분 정도가 적절하며, 타임아웃의 시간이 너무 길게 되면 아이는 심한 불안이나 좌절감을 느끼게 되어 전반적인 심리적 안정을 해치게 될 우려가 높다.

타임아웃을 사용할 때 고려해야 할 조건으로는 첫째, 문제행동이 발생하는 상황이나 장소에서 그 문제행동을 강화하고 있는 요소가 있다는 확증이 있어야 한다. 다시 말해 아이가 그 장소를 떠나기 싫어할 만큼 그 장소가 아동에게 재미있는 곳일 때 타임아웃의 효과가 나타나게 된다. 둘째, 아동이 일시 격리되어 있을 장소에는 정적 강화자극들이 없어야 한다. 즉, 아동이 보내지는 상황이나 장소는 흥미를 끌 만하거나 위험스러운 물건, 주의를 산만하게 하는 물건이 없어야 한다는 것이다. 만일 타임아웃 장소에서 재미있는 만화를 볼 수 있다든가 장난감을 가지고 놀 수 있다면 아이는 그곳으로 격리된 것이 오히려 더 재미를 느끼게 될 것이다. 셋째, 타임아웃을 실시하는 교사나 양육자의 태도로서 아이를 타임아웃 장소로 보낼 때나 다시 원래의 장소로 데리고 올 때, 말을 적게 하고 감정적인 교류를 억제하면서 담담한 태도로 임하는 것이 좋다.

3 인간중심 상담이론

로저스(Rogers)에 의해 1940년대 초에 창시된 인간중심 상담이론은 처음에는 비지시적 상담 혹은 민주적 상담이라고 불렀다. 그 후 1970년대에 이르기까지 내담자중심 상담으로 불리다가 최근에 와서 인간중심 상담이라는 말을 더 많이 사용하게 되었다. 이 상담은 현상학적 접근 혹은 자아개념을 중시하는 현상학적 심리학에 기초를 두고 있기 때문에 자아이론 접근이라고도 한다.

인간중심 상담에서는 모든 인간의 지속적인 성장에 궁극적 관심을 갖고 있으며, 인간은 누구나 이와 같은 지속적인 성장의 잠재능력을 가지고 태어났다는 관점을 갖고 있다. 따라서 상담자의 역할은 개인 속에 이미 존재하고 있는 잠재능력이 제약되고 왜곡된 상태로부터 해방시킴으로써 충분히 역할을 수행할 수 있는 성숙한 인간으로의 성장을 조력하는 것으로 보고 구체적인 문제해결기법보다는 내담자에 대한 상담자의 태도를 더 중요시한다. 즉, 인간의 잠재능력과 가능성에 대한 이와 같은 믿음은 인간중심적 상담이론의 핵심을 이룬다. 따라서 상담자의 솔직한 태도, 인간적 존중 및 공감적 이해의 태도를 내담자에게 전달하여 신뢰롭고 허용적인 분위기를 조성하는 인간관계를 통해 내담자의 변화와 성장이 실현된다는 것이다.

1) 상담목표

인간중심 상담에서 문제시되는 부적응 행동이란 개인의 자아가 왜곡된 결과라고 할 수 있다. 그러나 개인은 심리적인 부적응 요인들을 자각하는 능력과 부적응의 상태에서 벗어나 심리적 적응으로 향하는 경향성을 가지고 있으므로 상담자가 개인에게 성장할 수 있는 합리적인 조건들을 제공하면 타고난 잠재능력을 건설적으로 발달시킬 것이라고 본다. 따라서 상담자는 상호 신뢰적인 분위기를 조성하여 내담자가 거리낌 없이 자기를 표현하도록 함으로써 자신의 내면세계를 이해하고 자신의 문제를 파악하여 자기를 실현하도록 돕는 데 있다. 이런 점에서 상담의 목표는 인간의 문제가 아니라 인간 그 자체에 초점을 맞춘다. 다시 말해 단순히 내담자의 문제를 해결하는 데 그치지 않고 내담자가 현재 직면하고 있는 문제들과 앞으로의 문제들을 극복할 수 있도록 그들의 성장과정을 촉진하는 것이다.

2) 상담관계

인간중심 상담의 기본적인 가설은 만일 상담관계 내에서 상담자의 중요한 태도인 일치성, 긍정적인 존중 및 공감적인 이해 등이 유지된다면 그로 인해 내담자에게 성장적인 변화가 일어날 것이라는 가정한다. 따라서 기본적 성격변화에 대한 자유를 내담자가 경험할 수 있도록 하는 적절한 심리적 분위기를 만들어가는 것이 중요하다. 인간중심 상담이론에서의 상담관계의 특징은 〈표 9-3〉과 같다.

표 9-3. 상담관계의 조건

- 상담자와 내담자의 심리적 접촉이 있어야 한다.
- 내담자는 부조화 상태에 있다.
- 상담자와 내담자와의 관계에서 조화롭고 통합적이며 일관성이 있어야 한다.
- 상담자는 내담자에게 무조건적인 긍정적 관심과 진정한 양육적 태도를 가진다.
- 상담자는 내담자의 내적 준거 틀을 공감적으로 이해하고 이 경험을 내담자에게 전달하도록 노력한다.
- 상담자의 공감적 이해와 무조건적 긍정적 관심이 어느 정도는 전달되어야 한다.

인간중심 상담에서 상담자는 특별한 상담기법을 가지고 있을 필요는 없으며 정확한 심리진단도 불필요하다. 왜냐하면 치료가 상담자에 의해 행해지는 것이 아니기 때문이다. 로저스는 긍정적 성격변화를 이루는 필요충분조건으로 상담자의 세 가지 태도를 강조하였다.

(1) 진솔성과 일치성

진솔성 혹은 일치성이란 상담자가 내담자를 대할 때 겉과 속이 일치하고 진솔한 것을 의미한다. 진솔성에는 다음의 두 가지 측면이 있다.

첫째, 내담자를 대함에 있어 상담자가 무엇을 경험하는가이다. 내용이 어떻든 상담자는 내담자를 대하면서 드는 생각이나 느낌에 솔직하고 충실해야 한다. 그것을 더하거나 빼지 않고 있는 그대로 느끼고 경험하는 것이 중요하다.

둘째, 내담자에게 무엇을 표현하는가이다. 이는 내담자와의 관계에서 느낀 것을 표현하는 문제인데, 이때 내담자에게 느낀 것을 진솔하게 그대로 표현하는 것을 포함한다. 그 예로 내담자에 대해 느낀 것 중 긍정적인 내용만 표현하고 부정적인 내용은 숨겨버리는 것은 진솔한 태도가 아니다. 물론 부정적 감정의 표현이 내담자의 문제해결과 성장보다도 내담자와의 관계를 단절시키고 아픔과 상처만 가중시키는 것으로 작용해서는 곤란하다. 그렇다고 해서 긍정적 내용만 표현하는 것은 진솔한 태도가 아니기 때문에 진솔성의 양면성이 바로 여기에 있다. 진솔성의 의미를 올바르게 이해하지 못하면 진솔성은 자칫 상담관계를 위태롭게 하는 결과를 낳을 수도 있다.

따라서 상담자가 내담자를 진실하고 솔직하게 대하는 태도를 일관되게 유지하게 되면 내담자도 그것을 거울삼아 자신의 경험에 대해서도 진솔하게 접촉해 나갈 수 있게 된다. 다시 말해 상담자의 진솔성은 내담자 자신의 경험에의 개방과 접촉을 촉진하도록 하여 내담자의 진솔성을 위한 기폭제 역할을 한다는 의미가 있다.

(2) 무조건적 긍정적 존중

상담자가 내담자에게 전달해야 하는 두 번째 태도는 한 인간으로서 깊고 순수한 관심으로 대하는 것이다. 관심이 내담자의 감정, 사고, 행동에 대해 좋다거나 나쁘다는 평가나 판단에 의해 오염되지 않았다는 점에서 무조건적이다. 상담자는 내담자를 존중하며 조건을 달지 않고 있는 그대로의 모습을 따뜻하게 수용한다. 내담자를 상담자의 가치 조건에 비추어 판단하거나 평가하지 않고 그가 무엇을 말하고 느끼든 어떠한 행동을 하든지 내담자라는 인간은 가치 있고 존중 받을 만하다는 태도를 일관되게 유지해야 한다. 그렇다고 모든 행동을 인정하라는 말은 아니며 모든 외현적 행동에 대해 동의하거나 수용해야 한다는 것은 아니다. 예를 들어 누가 봐도 바람직하지 못한 행동을 내담자가 하고 있다면, 상담자는 그 행동을 승인하거나 옹호하지 않아도 된다. 여기에서 중요한 것은 행동, 감정 그리고 생각 그 자체가 아니라, 그런 행동을 하고 그런 감정을 느끼고 그런 생각을 하는 내담자의 인간으로서 가치를 인정해 주는 것이다.

(3) 공감적 이해

상담자의 주요 과제 중의 하나는, 상담과정 매 순간의 상호작용에서 나타나는 내담자의 경험과 감정들을 민감하고 정확하게 이해하는 것이다. 상담자는 내담자의 주관적인 경험, 특히 지금-여기의 경험을 감지하려고 노력하는 것이 중요하다.

공감적 이해란 상담자가 내담자의 감정에 빠져들지 않으면서 내담자의 감정을 자신의 감정인 것처럼 느끼는 것을 의미한다. 내담자의 경험세계로 자유롭게 여행함으로써 상담자는 이미 내담자들도 인식하고 있는 것에 대해 자신이 이해한 것을 내담자들에게 전달할 뿐만 아니라 그들이 거의 인식하지 못하고 있는 경험의 의미들을 말해 줄 수도 있다. 높은 수준의 정확한 공감이란 내담자들이 덜 분명하고 덜 명확하게 경험한 감정들에 대해서 분명한 느낌을 인식하도록 하는 것 이상의 의미를 가진다는 사실을 이해하는 것이 중요하다.

공감은 단순히 외부에서 하는 내담자에 대한 평가적 이해인 객관적인 지식이 아니라 "내담자의 내담자에 대한" 깊고 주관적인 이해이다. 그것은 내담자에 대한 인간적인 동일시이다. 상담자는 내담자의 감정과 비슷하게 느낌으로써 내담자의 주관적인 세계를 공유할 수 있게 된다. 로저스는 상담자가 자신의 주체성을 잃지 않고 내담자가 보고 느끼는 사적 세계에서 현재 함께 경험할 수 있을 때 건설적인 변화가 일어날 것이라고 믿고 있다.

3) 상담기법

인간중심 상담에서는 상담자의 말이나 행동보다 상담관계가 중요한 변인이다. 인간중심적 체계에서의 기법들은 경청, 수용, 존중, 이해, 진솔한 표현 등으로 이루어져 있어 특정 기법을 강조하거나 내세우지 않는다. 왜냐하면 상담자가 기법을 사용하는 데 집중하다보면 관계를 비인간적으로 만들게 될 것이라고 보기 때문이다. 따라서 인간중심 상담에서 강조하는 것은 단지 상담자의 정직한 표현이다. 그렇다고 해서 이를 의식적으로 사용하는 것도 상담자의 진솔성에 위배될 수 있다. 인간중심 상담 이론은 그 특성상 상담과정이 명확히 구분되지 않고 단지 편의상 구분지어 이해하는 것이다. 상담과정은 〈표 9-4〉와 같이 7단계로 나누어 볼 수 있다.

표 9-4. 상담과정의 7단계

구분	내용
1단계	내담자는 친밀한 의사소통을 원하지 않으며 대화가 피상적이고 자신의 감정과 그에 대한 개인적인 의미는 거의 인식되지 않고 있으며 인정하려 들지도 않는다. 이 단계에서 개인은 자발적으로 치료받으려는 의지가 부족하다.
2단계	첫 번째 단계에서 내담자가 충분히 수용되고 있음을 경험하게 되면 내담자는 자신에 관하여 말하고 표현하기를 시작한다. 자신이 어떤 문제나 갈등을 갖고 있다는 인식을 보이기는 하지만 그 문제나 갈등이 하나의 객관적인 다른 사람의 문제처럼 지각되고 있다.
3단계	자기에 관해, 대상으로써 자기에 관련된 경험에 대해 그리고 타인에 주로 존재하는 반영된 대상물로서 자아에 관해 자유롭게 표현함으로써 마음이 풀린다. 과거 감정과 특히 부정적인 감정이 수용되지 않은 채 표현된다. 대부분의 내담자는 이 단계에서 문제가 개인의 내부에 있다는 사실을 점점 인정하며 치료를 시작한다.
4단계	자신이 지속적으로 이해받고 수용되고 있음을 느낄 때 내담자는 현재의 느낌이나 경험과 함께 보다 강한 감정들이 표현된다. 감정분화가 증가하면서 모순에 관심을 갖게 되고 자기책임을 느끼기 시작하며 치료자와의 관계가 시작되지만 아직까지 극렬한 감정들은 드러나지는 않는다.
5단계	수용적인 분위기 속에서 감정들이 지금 여기서의 느낌으로 표현된다. 전에 부인되었던 감정들이 두려움을 가지면서 의식 속으로 흘러나온다. 자신이 갖고 있는 문제들에 대하여 자신에게 분명한 책임이 있음을 인정하고 내담자는 자기의 유기체적 존재에 가까워지면서 자기의 감정을 쉽게 나타내게 되며 경험은 분화된다.

구분	내용
6단계	전에는 부인되었던 감정들이 현재의 경험들로 수용되며 대상으로서의 자기는 사라진다. 모순은 조화를 이루며 내담자는 주관적으로 자기문제를 직면하며 살아간다.
7단계	이 단계는 상담시간 이외에 이루어질 수 있으며 상담과정에서 보고될 수 있다. 내담자는 새로운 감정을 직접적으로 경험하고 자기가 누구이고 자기가 무엇을 원하며 자기의 태도가 무엇인지를 알기 위한 참조물로서 새로운 경험을 이용한다.

4 인지주의 상담이론

인지주의 상담에서는 개인이 느끼고 행동하는 방식과 자신에 대해서, 그리고 자신의 미래세계에 대한 예견을 하는 방식 사이에는 하나의 본질적인 상호작용관계가 존재한다고 보기 때문에 상담자는 내담자의 인지에 초점을 두고 내담자의 행동변화를 돕고 현실에 보다 기능적으로 적응하고 좋은 감정을 느끼도록 돕는 것이다. 즉, 상담자는 내담자가 겪는 정서적 고통이나 부적절한 행동에 영향을 미치는 그가 인식하지 못하는 생각인 부정적 자동적 사고나 비합리적 신념체계를 찾아서 변화시키는 데 관심을 둔다.

인간은 합리적으로 사고할 잠재력뿐만 아니라 왜곡된 사고를 할 잠재력도 함께 가지고 태어난다. 인간은 비합리적 신념의 희생물이 될 가능성도 있으나, 이 신념은 스스로 학습하기도 한다. 이로 인해 개인의 성격은 개인이 학습해서 형성한 가치와 지각에 의해 형성된다고 본다. 개인의 인지를 포함하고 도식으로 조직화되어 있는 가치와 지각은 자신, 타인, 세계에 대한 견해를 구성한다. 이러한 가치와 지각은 개인이 갖는 심리적 장애에 대한 유전적 취약성에 의해 영향을 받기도 하지만 잘못된 전제와 가정에 근거할 수도 있다. 잘못된 가정에 기초한 인지는 역기능적 도식발달을 초래한다. 만약 개인이 미래에 대한 부정적 견해를 갖는 도식을 가지면 그에게 진행되는 경험에 대한 지각은 부정적일 것이다. 따라서 상담은 인지 · 행동 · 활동을 중요시하고, 사고 · 판단 · 분석 · 행동 · 재결정 등을 강조한다. 심리적 고통에 의해 그릇된 가정 및 잘못된 개념화로 이끄는 인지적 왜곡은 〈표 9-5〉와 같다.

표 9-5. 인지적 왜곡

구분	내용
양분논리적 사고	한 가지 사건에 대해서 단지 두 가지 방향의 평가만이 허용되는 것으로 선과 악, 진실과 거짓 등의 흑백논리를 전개하기 때문에 다른 적절한 평가를 하지 못하는 경우이다.
과잉일반화	한 가지 단순한 사건이나 경험을 가지고 부당하게 일반적 법칙을 세우려고 하는 경우이다.
독단적 추리	비논리적인 사고라고도 말하는데, 결론을 내리기에는 부족하거나 전혀 반대되는 근거를 가지고 결론을 내리는 경우를 말한다. 즉, 사실에 의해서 정당화되지 않거나 그 사실과는 모순되는 비논리적이고 부정적인 결론으로 비약되는 일과 관련이 있다.
정서적 추론	정서적 경험에 의해서 자신이나 세계 또는 미래를 추리하는 경우를 말한다. 이는 자기 자신의 정서적 경험을 근거로 실제로 그렇다고 생각하는 것에 연관이 있다.
선택적 축약	사람들이 사건을 해석할 때는 중요한 것을 배제하고 선택적으로 인지하는 경우가 있다. 이런 경우에는 생활 관련 경험적 지식에 주의집중이 되기 때문에 제대로 종합하고 이용하지 못하게 된다. 결국에는 어떤 상황에서 부정적인 측면들을 꼬집어 내어서 그것들을 배타적으로 강조하여 상황 전체를 부정적으로 결론짓게 되는 것이다.
긍정적 격하	긍정적인 측면들을 능동적으로 무력화시키는 것으로 선택적 축약과는 반대가 된다.
완곡한 진술	완곡한 표현에는 죄의식, 압박감, 원망감 등을 야기하게 되는 잠재력을 가지고 있다. 완곡한 진술은 부정적인 정서나 행동적 반응을 유발하고 종종 분노를 야기하며 문제 자체를 수용하지 않음으로써 문제를 해결하려는 노력을 차단하기 때문에 부적응적이 된다.
극대화 및 극소화	이는 어떤 사건에 대한 의미를 과장하는 경향을 보이는 경우로서 극대화와 극소화는 개인이 걸맞지 않게 사실을 과장하거나 아니면 축소시키는 일로서 쌍안의 왜곡이라고 불린다. 사람들은 자신의 실수나 결점 또는 타인의 재능을 바라 볼 때는 실제보다 좀 더 큰 것으로 보게 되는 경향이 있는 반면에, 자신의 장점이나 다른 사람의 문제를 대할 때는 축소하여 사건들을 작고 멀게만 본다. 이처럼 불완전한 점들을 극대화하고 좋은 점들을 극소화하기 때문에, 결국 자신이 부적절하며 타인들보다 열등하다고 생각하고 우울하게 느끼게 된다.
파국화	자신을 계속 파국화시키는 사람은 광명천지에서도 먹구름만 바라보거나 그것을 창조해 낸다. 사회적으로 불안한 사람은 사람들이 그에게서 멀어지도록 만드는 어떤 것을 말하거나 행할지도 모른다는 이유 때문에 사회적 접촉에 대한 두려움 속에서 살아간다.
인격화	인격화는 사람이 사건이나 상황을 자신에 관한 어떤 일에 대한 부정적인 신호로서 받아들일 때 발생한다. 이것은 사건을 자기로서는 어떻게 해 볼 수 없는 것으로 보는 것이 하나의 예이다.

구분	내용
진단적 명명	개인이 자신의 오류나 불완전함에 근거해서 하나의 부정적 아이덴티티를 창조하여 마치 진실한 자기인 것처럼 단정을 짓는 일에 연관이 있다. 명명은 과일반화의 극단적인 형태의 한 가지로 그 기저의 신념은 '개인이 범하는 실수가 곧 그의 척도이다'라는 것이다. 어떤 사람이 자신에 대해서 '나는 ……이다'라는 식으로 기술할 때는 항상 자기명명에 연루될 기회를 갖는다. 명명에서는 한 사람의 행동이나 상황의 특징을 갖고서 그 사람이나 상황을 부정확하고 정서적으로 부담되는 용어로써 명확하게 기술한다. 이 같은 명명은 부정적인 감정을 야기하고 문제해결을 방해한다.

1) 상담목표

인지주의 상담이론의 기본적 목표는 내담자가 보다 효과적으로 기능하도록 사고와 편견이나 인지 왜곡을 제거하는 것이다. 따라서 상담자의 관심은 부적응 행동이나 감정을 유지시키는 내담자의 정보처리 방식이다. 또한 상담자는 내담자가 자신의 정보처리의 오류를 확인하여 수정하도록 조력한다. 즉, 상담자는 내담자의 인지 왜곡에 도전하고, 검증하고, 논의해서 보다 긍정적인 감정, 행동, 사고를 갖도록 한다.

2) 상담관계

상담자와 내담자는 치료적 동맹관계의 발달을 증진하고, 현실적 희망과 낙관주의를 격려하면서 신뢰와 협동적 태도를 형성한다. 상담자와 내담자는 사제지간과 같다. 인간적 관계는 중요하지 않다. 치료적 관계는 협동적이다. 치료자는 고통과 역기능의 근원을 평가하고 내담자가 목표를 명료화하도록 돕는다. 협동의 일부로서, 내담자는 사고에 수반되는 정서와 행동뿐 아니라 다양한 상황에서 일어나는 사고, 심상 및 신념을 제공한다. 치료자는 내담자가 어떻게 신념과 태도가 정서와 행동에 영향을 주는지 이해하도록 돕는 안내자로서 기능한다. 치료자는 또한 인지적 변화와 기술습득을 유도하는 교정적 경험을 증진시키는 촉매자이다. 치료자는 신념과 행동을 검토하고 수정하는 데 있어서 전문적 위상을 지니지만, 수동적인 전문가의 역할을 채택하지는 않는다.

3) 상담기법

인지이론가들은 다양한 인지적 · 정서적 · 행동적 기법을 사용하며, 각각의 내담자에게 맞추어 기법을 만든다. 인지적 방법에는 비합리적 신념에 대한 반박, 인지적 숙제, 언어양식이나 사고방식을 바꾸는 것 등이 있다. 정서적 기법에는 역할놀이, 심상화, 수줍음 타파 연습 등이 있다. 내담자가 상담에 필요한 힘든 과제에 참여할 수 있도록 하기 위해 적극적 · 실제적 행동기법을 사용한다. 구체적인 인지상담 기법은 〈표 9-6〉과 같다.

표 9-6. 인지주의 상담기법

구분	내용
인지적 기법	• REPT(Rational Emotive Behavior Therapy)의 자조양식을 사용한다. • 기회가 있을 때마다 합리적인 자기 진술을 읽게 한다. • REPT와 관련된 서적을 읽게 한다. • 재정의 기법을 활용하여 부정적 언어의 의미를 변화시킨다.
정서적 기법	• 유머를 사용하여 내담자의 불안을 감소시킨다. • 상담자 자신이 비슷한 문제로 고통을 당한 경험을 솔직하게 표현한다. • 비유나 우스꽝스러운 노래를 사용한다. • 수치심을 극복하는 어떤 행동을 시도해 보도록 한다.
행동적 기법	• 행동과제를 부여한다. • 새로운 경험을 통해 비능률적인 습관을 버리도록 한다. • 합리적인 인간이 된 것처럼 연출하여 매사에 합리적으로 생각하고 행동하도록 지시한다.

(1) 내담자에게 이론적 근거를 설명하기

상담자는 처음에 내담자가 자신의 심리적인 문제를 규정하고 풀어나가려는 시도를 살펴보고, 문제영역에 관련된 역기능적이거나 왜곡된 관념을 바꾸기 위해서 상담자는 내담자 문제의 인지모형을 간단하게 설명한다. 설명에는 내담자 자신, 환경, 미래에 대한 사고방식과 감정, 동기, 행동 간의 밀접한 관계를 포함한다. 인지상담에서 요구되는 핵심정보는 자신의 삶에서 일어나는 일들에 대해서 내담자의 이해 혹은 오해와 해석이다. 따라서 결정적인 단계는 내담자가 그의 인지를 관찰하고 기록하는 훈련을 하는 것이다. 인지적 관찰과 기록훈련은 내담자로 하여금 심상과 자기 말을 인식하게 하므로 왜곡되고 역기능적인 인지를 확인할 수 있도록 훈련시키는 것이다. 이 훈련을 통해서 내담자는 자신의 생각과 실제 사건들을 변별하는 학습이 필요할 수 있고 그의 인지, 정서, 행동 그리고 환경적인 사건들 간의 관계를 이해할 필요가 있다.

(2) 재귀인 기법

재귀인 기법은 내담자가 혐오적인 사건을 비현실적으로 자신의 능력이나 노력 부족과 같은 개인적인 부족함에 귀임할 때 사용된다. 자신을 비난함으로써 내담자는 많은 죄의식을 느끼거나 심한 우울을 느낄 수 있다. 상담자와 내담자는 사용 가능한 정보에 논리적인 법칙을 적용하여 내담자가 가져야 할 책임을 지도록 사건들을 검토한다. 이러한 검토과정을 통해서 내담자는 객관성을 얻음으로써 부적절한 귀인으로 인해 받고 있는 고통에서 벗어날 뿐만 아니라 열악한 상황을 이겨내는 방법을 찾을 수 있고 재발을 방지할 수도 있다. 이와 같은 재귀인은 자기 비난이 지나친 사람이나 어떠한 부정적인 사건에 대해서도 자기책임으로 돌리는 사람에게 유용하다.

(3) 역기능적 사고들의 기록

인지와 반응을 횡선에 평행하게 기록하는 것은 인지의 검토 및 평가와 수정하기를 시작하는 한 방법이다. 내담자에게 한 칸에 그의 인지를 쓰고 그 옆의 칸에 합리적인 반응을 적도록 가르친다. 나머지 칸에는 내담자의 감정과 행동 그리고 인지에 선행하는 상황이나 사건의 구체적인 내용을 적도록 하는 과제를 줄 수도 있다. 이로 인해 내담자가 역기능적인 사고와 심상을 인식하는 데 도움이 될 수 있다. 상담자의 주요 과제는 내담자가 그의 부정적 인지에 대한 합리적인 반응을 생각하도록 돕는 것이다. 상담자의 목표는 내담자의 인지에 대한 객관성을 증가시키는 것과 부정적 인지와 불쾌한 감정 그리고 비생산적인 행동 간의 관계를 설명하는 것, 그리고 무엇보다도 중요한 것은 사건에 대한 현실적인 설명과 독자적인 개인적 의미에 의한 왜곡된 설명을 구분하도록 하는 것이다.

4) 상담전략

(1) 질문하기

인지상담에서 내담자의 사고변화를 위해서 가장 많이 다루는 것이 질문하기이다. 왜냐하면 질문은 내담자로 하여금 스스로 자신의 사고를 검토하도록 해서 설득이나 설명보다 더 지속적인 상담의 효과를 지니게 되기 때문이다. 구체적인 상황에 대한 논의는 추상적 논의보다 좀 더 실감 있게 와 닿으며, 최소한의 실감 있는 경험은 상담작업을 위해서 필요하다.

(2) 과제부과하기

과제부과는 내담자가 상담 중에 경험하게 되는 통찰과 자각을 현실생활에서 인지적 · 행동적 변화를 돕기 위한 것으로 사례공식화의 중심적인 역할을 담당한다. Persons(1989)는 인지상담에서 과제를 부과하는 몇 가지 이유로 첫째, 과제부과는 내담자에 대한 상담작업을 상담회기 밖에서도 지속적으로 진행시킴으로써 상담장면에서 가져오기 어려운 변화를 증진시키기 위한 기회의 제공이다. 둘째, 과제부과는 내담자에게 변화의 주체가 상담자의 노력보다는 내담자의 노력에 의한 산물이라는 것을 이해시키게 되며, 상담회기의 단축을 가져올 수 있다. 셋째, 과제부과는 내담자가 상담회기에 학습한 기능을 회기 밖에서 연습할 수 있는 하나의 틀을 제공함으로써 문제가 재발될 가능성을 줄인다. 넷째, 인지상담에서는 내담자의 협조가 중요한데, 협조의 중요한 부분은 가정과 사회에서 자조적인 일을 행하는 것이기 때문이다.

5 의사교류분석 상담이론

1) 상담목표

의사교류분석 상담(Transactional Analysis, TA)은 1950년대 미국의 정신의학자인 번(Berne)에 의해 발전된 이론이다. 그에 의하면 의사교류분석 상담의 주된 목적은 개인이 자신의 삶에 대해 책임지고 스스로 지도할 수 있는 자율성을 갖도록 하는 것이다. 또한 자율성을 갖기 위해서는 각성, 자발성, 친밀성을 대단히 중요한 개념으로 보았다(표 9-7).

표 9-7. 자율성을 갖기 위한 개념들

구분	내용
각성	각성이란 어떤 가르쳐진 양식이 아니고 자기 자신의 양식으로 보고 들을 수 있는 능력을 말한다. 따라서 각성적인 사람은 성인자아가 혼합에서 벗어나 독립적으로 보고, 듣고, 접촉하고, 맛보고, 평가할 수 있다.
자발성	자발성이란 선택의 자유, 즉 선택이 가능한 여러 유형(부모자아, 성인자아, 아동자아)으로부터 자신의 감정을 선택하고 표현할 수 있는 자유를 말한다. 이는 게임으로부터 해방되어서 어릴 때 배운 감정에 집착하는 강박관념으로부터의 해방을 말한다.
친밀성	친밀성은 순수한 직관적 지각을 지니고 지금-여기에 살고 있는 오염되지 않은 아동자아의 자유를 의미한다. 다시 말해 숨김없이 남과 사랑을 나누고, 친숙한 관계를 맺을 수 있는 수용능력을 말한다.

이상의 목적, 즉 각성, 자발성, 친밀성을 유지하여 결국 자율적인 각본을 갖도록 하는 의사교류분석 상담의 구체적인 목적은 〈표 9-8〉과 같다.

표 9-8. 의사교류분석 상담의 목적

- 혼합이 없이 성인자아가 정상적으로 기능할 수 있도록 한다.
- 배타가 없는 상황에 따라 부모자아, 성인자아, 아동자아가 적절히 기능할 수 있도록 한다.
- 부모의 금지령에 따라 내린 초기 결단을 각성시켜 게임에서 벗어나게 한다.
- 초기 결단 및 이에 근거한 생활각본을 새로운 결단에 근거한 자기긍정-타인긍정의 생활 각본으로 바꾸게 한다.

2) 상담과정

상담과정의 핵심은 자아상태를 분석하는 구조분석, 의사교류의 유형을 분석하는 의사교류분석 그리고 각본분석이다.

(1) 계약(상담관계의 구조화)

의사교류분석은 내담자의 의도와 개인적인 목표를 진술하도록 요구하는 상담의 계약을 이해하고 설계하는 데 있어서 내담자의 능력과 자발성에 기초를 둔다. 계약은 모든 의사교류분석 상담의 열쇠가 된다. 계약은 내담자가 획득하려고 의도하는 목적을 구체적으로 진술하는 것을 포함하며, 개별적이고 측정 가능한 것이어야 한다. 계약은 내담자들이 변화를 어떻게, 무엇을, 언제 원하는지를 명백하게 정의하기 위해 내담자의 책임감을 요구하게 된다. 그래서 처음부터 내담자는 상담의 책임을 서로 나누는 것이며, 상담자가 지시하는 것을 가만히 수동적으로 기다릴 수 없다는 사실을 배운다. 다시 말해 내담자의 계약은 상담활동의 출발점을 확립하는 활동이다.

(2) 구조분석

구조분석은 자아상태의 인지구조와 특성을 개인이 이해하는 데 도움을 주도록 설계되어 있다. 즉, 자신의 부모자아, 성인자아, 아동자아의 내용이나 기능을 이해하는 방법이라고 할 수 있다. 내담자들은 자신의 자아상태를 인식하는 방법을 학습한다. 구조분석은 내담자가 난처하다고 느끼는 것을 해결할 수 있도록 한다. 또한 내담자가 자기 행동의 기초가 되는 자아상태를 파악하도록 한다. 따라서 구조분석의 핵심적인 내용은 내담자의 행동특징, 갈등과 관련된 내적 대화 또는 자아 기능 그래프 등을 기초로 내담자의 자아상태에 혼합이나 배타현상이 있는지 등을 분석하고 확인하는 것이다.

(3) 의사교류분석

내담자가 다른 사람과의 의사교류 과정에서 어떤 형태의 의사교류를 하고 있는지를 분석함으로써 의사소통이나 인간관계의 과정에서 문제점이 무엇인지를 확인하여 문제해결을 돕고자 하는 것이다.

① 의사소통유형 분석

의사소통유형을 상보적 상호교류(complementary transaction), 교차적 상호교류(crossed transaction), 암시적 상호교류(ulterior transaction) 3가지로 나뉜다고 주장하고 있다(김현주 외, 2014).

가. 상보적 상호교류

상보적 의사교류는 자극과 반응이 평행을 이루는 의사교류이다(그림 9-1). 예를 들어 자녀가 "아빠, 저는 아빠가 좋아요" 하면 아빠도 "그래, 나도 네가 좋고 사랑스럽단다"라고 대답하는 경우 부모자아와 아동자아 간의 상호교류인 것이다.

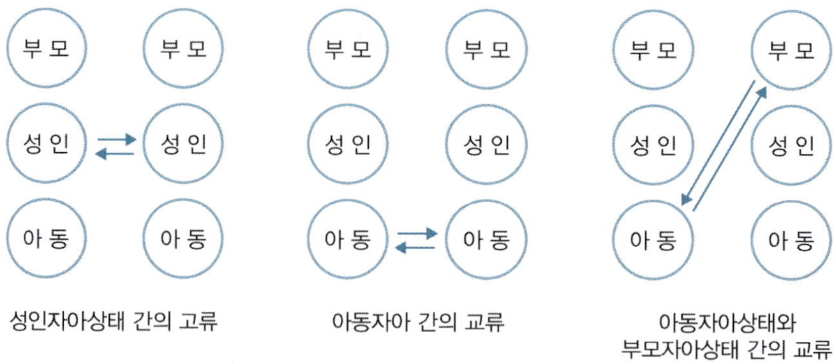

그림 9-1. 상보적 상호교류의 형태

나. 교차적 상호교류

교차적 상호교류(crossed transaction)는 상보적 상호교류와 달리 서로 다른 자아상태로 자극과 반응의 화살표는 교차된 의사소통을 주고받는 것으로 갈등을 유발한다(그림 9-2). 예를 들어 아내가 "여보, 리모콘 어디에 있어요?"라고 물었을 때 남편이 "소파 위에 있어요"라고 대답하지 않고 "왜 그런 것을 나한테 물어보고 그래, 정신을 어디 두고 다니는 거야"라고 한다면 성인자아상태로 상호작용하기를 원하는 아내에게 통제적 부모자아상태에서 아동자아상태를 향해 꾸짖는 방식의 반응을 하는 것이다. 이런 경우 갈등을 경험하게 된다.

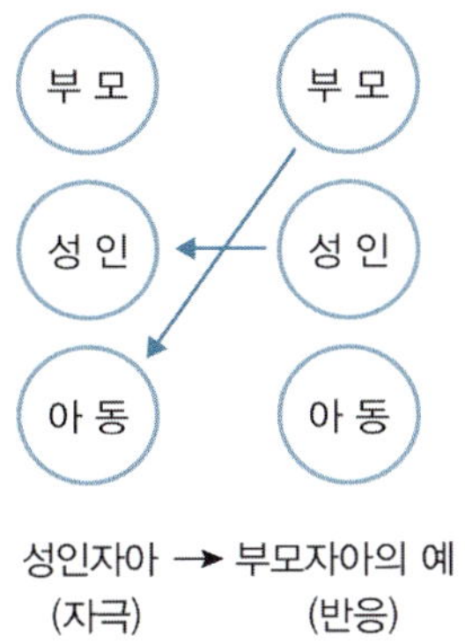

그림 9-2. 교차적 상호교류 형태

다. 암시적 상호교류

암시적 상호교류(ulterior transaction)는 이면적 교류라고도 하는데 겉으로 보기에는 상보적 교류나 교차적 교류처럼 보이지만 속마음을 감추고 겉으로 드러난 메시지와 심리적 메시지가 서로 다른 의사소통을 말한다. 암시적 상호교류는 각이 진 상호교류(angular ulterior transaction)와 이중적 상호교류(duplex ulterior transaction)로 구분된다(그림 9-3). 전자는 주로 성인들이 사용하는 심리적 방법으로 두 사람 간의 교류하는 자아상태에서 세 가지 다른 자아상태가 참여하는 형태이다. 예를 들어 "이 옷은 저 옷보다 좋지만, 손님의 사정으로는 좀 어려울 것 같네요"라고 했을 때 "이 옷을 사겠어요"라고 하는 경우이다. 후자는 두 사람 사이에 네 가지의 자아상태가 관여하여 발생하는 것이다. 예를 들어 "저 옷 좀 보세요. 참 예쁘지요?"라고 하면서 손님에게 주인이 아기 옷을 보여줄 때 "어렸을 때 저도 저런 옷을 가지고 싶었어요"라고 말하는 경우이다. 이는 아동 옷에 대한 객관적인 정보를 나누고 있지만 심리적으로는 아동자아 대 아동자아로 교류하고 있는 것으로서 외현적인 것과 내면적인 느낌과 요구는 달라 상호작용이 단절될 수 있다. 따라서 이러한 심리적 교차에서 나온 단절예방을 위해 외현적인 언어나 태도보다 내면적 메시지를 이해하고 반응해야 한다.

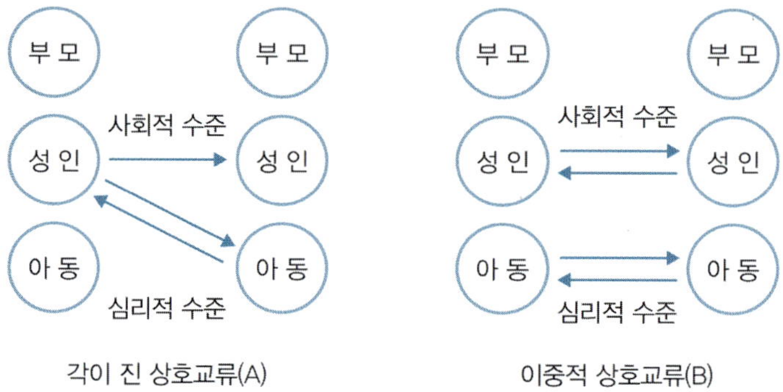

그림 9-3. 암시적 상호교류의 형태

의사교류분석은 내담자가 타인과 실제로 맺고 있는 상호 교류작용 상태를 파악하도록 한다. 즉, 어떤 유형의 의사교류를 하고 있는가를 이해하고 이러한 의사교류가 의사소통이 인간관계에서 일으키고 있는 문제점이 무엇인지를 분석하고 확인하여 문제를 해결하도록 한다. 구체적인 절차를 살펴보면 다음과 같다.

표 9-9. 의사교류분석

• 의사교류의 의미와 유형을 내담자에게 파악하도록 한다. • 내담자의 부모, 형제자매 등 내담자와 의미 있는 타인과의 관계를 가진 사람과의 의사교류를 분석한다. • 의미 있는 사람과의 의사교류에서 어떠한 인정자극을 받고 있는지를 이해한다. • 내담자의 문제행동과 관련된 의사교류, 즉 내담자의 자아구조 중 혼합과 배타에 의한 의사교류와 암시적 의사교류에 초점을 두어 분석한다. • 내담자의 문제행동과 관련된 의사교류에서 성인자아의 기능을 검토하여 내담자의 혼합을 해결하도록 한다. • 내담자의 자아상태(부모자아, 성인자아, 아동자아)가 적절히 기능해야 할 장면을 설정하여 각 상황에서 내담자가 최대한 기능하는 의사교류를 함으로써 배타를 해제한다.

② 스트로크

상호교류분석 이론에서 인간은 누구나 인정을 받고자 하는 욕구를 갖고 있으며, 이러한 욕구를 충족시키기 위해 스트로크를 주고받는다고 주장한다. '스트로크(stroke)'란 쓰다듬기라는 뜻으로 교류분석에서는 자극을 주고받는 교류의 기본 단위로 보았다. 인간은 다른 사람의 존재를 인식하게 되면 스트로크를 보낸다. 쓰다듬기는 긍정적 쓰다듬기와 부정적 쓰다듬기로 나눌 수 있다. 긍정적 쓰다듬기를 받은 사람은 유쾌하고 활기차며 자신이 중요하다는 느낌을 갖는다. 안정감이 증진되고 활동이 촉진되며 기뻐할 때가 많다. 내면의 느낌은 선의의 감정이고 "나는 OK이고, 당신도 OK이다"라는 느낌을 전달한다. 만일 그 쓰다듬기가 진솔하고 정직하며 사실에 근거해서 이루어진다면, 또 지나치지 않는다면 이는 한 개인에게 영향을 주어 인생에서 성공할 가능성을 증진시킨다. 부정적 쓰다듬기란 "너는 안 좋아(You are not OK)"라는 메시지를 보내는 것으로, 무시하고 조롱하며 차별하거나 웃음거리로 만들고, 비난하며 신체적으로 못살게 군다든가 별명을 부르며 놀리는 등의 행동을 말한다. 즉, 자신의 실제 가치보다 상대방을 '깎아내리는' 것이다. 깎아내리기는 항상 잠재적 비난을 수반한다. 상호교류분석이론에서는 긍정적 쓰다듬기를 통하여 삶의 자세를 변화 시키는 것이다. 쓰다듬기는 각본 이론에서 진행될 수 있다.

③ 시간의 구조화

인간의 행동은 타인으로부터 자극과 인정을 받고 싶은 의도에서 비롯된다. 인간은 타인과의 상호작용에서 받은 스트로크를 극대화하기 위해 시간을 구조화하려는 욕구를 가지고 있으며, 시간을 구조화하는 데는 〈표 9-10〉과 같이 여섯 가지 방법이 있다(Harris, 1991).

표 9-10. 시간의 구조화 방법

구분	내용
철회	철회(withdrawal)는 스트로크를 교환하는 것에 대해 불안감을 가지고 있는 경우 상태방과의 상호교류를 중단하고 자신만의 생각에 잠기는 방법이다. 이는 대부분의 시간을 공상이나 상상으로 지내며 자기 스스로 스트로크를 주려고 하는 자기애적인 특성이 강하다.
관습	관습(ritual)은 타인을 만나면 의례적인 이야기를 하는 것과 같이 누구에게나 통용되는 안전한 시간 구조화 방법이다. 철회와의 차이점은 외부 대상이나 관습적 행동을 통해 스트로크를 한다는 점이다. 전통이나 관습에 따르기 때문에 비교적 안전한 시간의 구조화 방법이다.
활동	활동(activity)은 자기 스스로 외부의 대상에 접근하여 구체적인 형태로 스트로크를 교환하는 생산적이고 창조적인 시간구조화 방법이다. 활동을 통해 얻을 수 있는 자극의 수준은 중간수준으로서 비교적 안전한 시간의 구조화 방법이라고 할 수 있다.
잡담	잡담(pastime)은 큰 부담이 없는 주제에 대한 정보를 상호교환하며 스트로크를 추구하는 시간구조화 방법이다. 이는 취미생활이나 스포츠 등과 같이 일상적인 주제를 중심으로 스트로크를 추구하기 때문에 상당히 안정적인 형태의 스트로크를 구하게 된다.
게임	게임(game)은 타인이 자신의 욕구를 알아차리지 못하도록 이중적인 교류로 시간을 구조화하는 방법이다. 이는 일상생활에서 잡담 이상의 스트로크를 추구하기를 원할 때 사용하는 것으로 일종의 필요악이라고 볼 수 있다.
친교	친교(intimacy)는 상호 간에 신뢰하며 배려하는 관계에서 이루어지는 스트로크를 극대화시킬 수 있는 방법이다. 이는 상호교류분석에서 추구하는 가장 이상적인 방법으로 상호 간의 감정교환이 자유롭게 이루어지며 상호 간에 방어적 자세가 아니라 수용적 자세를 가지게 된다.

출처: 정옥분 · 정순화(2016). 부모교육. 학지사. pp.312-314.

이상과 같은 시간구조화 방법 가운데 철회는 스트로크를 가장 적게 얻는 반면 친교로 갈수록 스트로크를 많이 얻게 된다.

(4) 각본분석

인간은 스트로크를 극대화하기 위해 시간을 구조화하고자 하는 욕구를 가지고 있으며, 부모로부터 어떤 스트로크를 받았는가에 따라 특정한 인생태도를 형성하게 되고 여러 다양한 인생각본을 형성하게 된다.

상호교류분석에서 말하는 각본이론이란 인간의 삶을 진행시키는 프로그램이라고 말할 수 있다. 인간의 성격은 각본을 분석함으로써 가능해진다. 인간은 의식적으로든 아니면 무의식적으로든 각본 된 프로그램대로 행동하게 되어 있다. 번(Berne, 1970)은 [그림 9-4]와 같이 각본 법칙을 소개하고 있다.

그림 9-4. 각본 법칙

어린 시절 부모의 부재 혹은 사랑을 받지 못하고 성장하여 결국 고독한 최후를 맞게 된 사람의 각본 법칙을 살펴보면 다음과 같다. 첫째, 초기 부모 영향(EPI)으로 부모가 일찍 돌아가시거나 양육자로부터 차가운 대우를 받아 애정 결핍 등 외상체험을 한다. 둘째, 프로그램(Pr)으로 쓸 데 없는 역할을 연출하거나 돈을 몽땅 잃고 마는 등 패자 각본의 연출을 한다. 셋째, 순응(C)으로 주어진 각본 줄거리를 연출할 것을 승인하는 것을 말한다. 아무리 부모의 영향하에 인생 프로그램이 작성되어도 그것에 따르겠다는 결심이 서지 않으면 각본으로 되지 않는다. 넷째, 중요한 행동(IB)으로 인생의 중요한 상황에서 행하는 행동의 중재 방식을 말한다. 구체적으로 결혼, 직업, 육아, 죽는 방식 등에서 곧 잘 나타난다. 다섯째, 결말(P)로 결과적으로 빈털털이가 되어 자기 멸시를 하면서 재기 불능 상태에 빠지고 건강까지 해쳐 복지시설에서 고독한 최후를 맞게 되는 등과 같다. 교류분석에서 인간은 모두 어린 시절에 자기 자신의 인생 이야기를 쓴다고 가정한다. 이에 번(Berne)은 상호교류와 생애 각본을 바탕으로 〈표 9-11〉과 같이 네 가지의 삶의 자세를 발달시킨다고 보았다.

표 9-11. 기본적 인생태도

구분	내용
자기긍정-타인긍정 (I'm OK-You're OK)	이 형태는 아동에게 있어 쉽게 볼 수 있는 삶의 자세이다. 자신과 타인에 대해 만족하며 평안감을 느끼는 건전한 상태를 말한다. 아무런 거리낌 없이 느끼고 표현하며 수용하기 때문에 건강하게 성장할 수 있으며 활동 동기 또한 높다.
자기부정-타인긍정 (I'm not OK -You're OK)	이 형태의 삶의 자세는 부모에게 애정적인 양육을 충분히 받지 못한 아동들에게 주로 나타난다. 이 형태는 자신 스스로를 타인에 비해 열등하다고 느끼거나 부적절하다고 느낀다. 이러한 사람의 자신에 대한 느낌은 타인이 OK해 줄 때만 긍정적이어서 좌절감과 함께 무가치감을 느끼게 된다.
자기부정-타인부정 (I'm not OK -You're not OK)	부모에게서 자신의 가치에 대해 부정적인 자극을 받았기 때문에, 자신도 부모의 가치에 대해 부정적인 반응을 보이는 것이다. 이 형태는 자신에 비해 타인을 부적절하고 가치 없는 사람으로 본다. 이러한 사람은 스스로 두려움을 느껴 불안정하며 타인을 신뢰하지 못하면서도 타인 위에 군림하려고 한다. 이러한 형태의 사람은 분노를 쉽게 나타내며, 타인을 무시하는 태도를 보인다.
자기긍정-타인부정 (I'm OK -You're not OK)	이 형태는 인간관계에 대해 근본적으로 부정적이며 자신을 포함하여 어느 누구도 믿지 않는다. 이 자세를 가진 성인은 자신을 희생자라고 생각한다. 흔히 잔인하고 호전적이며, 독선적인 태도를 보이기 때문에 문제행동을 보이는 경우가 많다. 자기주장만을 내세우기 때문에 원만한 사회적 관계를 형성하기 힘들며, 심각한 경우에는 범죄를 저지르거나 정신병리적 성격을 갖기도 한다.

위의 네 가지 삶의 자세를 살펴보면 건강한 사람들이 갖는 삶의 자세로 자신의 가치와 타인의 가치를 모두 인정하는 것이 바람직한 태도이다. 이는 '승리자'의 자세(자기긍정-타인긍정)로, 현실적인 기대를 갖고, 타인과 좋은 유대 관계를 맺으며, 문제가 생기면 건설적으로 해결책을 모색한다. 삶의 태도는 어린 시절의 부모 태도에 크게 영향을 받는다. 즉, 어린 시절 부모가 아동이 보이는 자율성, 자발성, 호기심, 탐색 등에 긍정적인 태도로 신뢰와 사랑을 보여주면 자아가치를 높게 갖게 된다. 또한 승자적 자세는 개인적으로 그리고 사회의 구성원으로 믿을만하고 신의가 있으며 쉽게 감응하고 성실한 사람이 가지는 자세이다. 즉, 승자적 자세란 자율적이며 기본적으로 자신감을 지니고 있어 자신의 인생에 대한 책임감을 확신하며 살아가는 사람의 자세이다. 이것이 어머니의 자아개념과 대인관계능력에도 긍정적 영향을 미치게 되는 것이다.

(5) 재결단

내담자가 생활각본을 변화시키는 것을 재결단이라고 한다. 내담자는 어린 시절에 부모의 각종 금지령에 기초하여 생활각본을 형성하여 부정적인 생활자세, 게임, 만성 부정 감정, 혼합과 배타와 같은 부적응적인 현상을 나타낸다고 할 수 있다. 그러나 재결단을 통해 내담자는 새로운 생활각본을 형성하고 자율적인 인간으로 변화할 수 있다. 즉, 내담자의 현재의 생활이 어린 시절의 초기 결단에 의해 이루어지듯이 내담자는 재결단을 통해 새로운 삶을 살아갈 수 있다. 구체적으로 내담자는 자아상태가 강화됨으로써 정상적인 자아를 회복하고 긍정적인 생활자세(자기긍정-타인긍정)를 취하게 된다.

3) 상담기법

(1) 상담분위기 조성 기법

의사교류분석 상담이론에서 상담분위기 조성 기법으로 허용, 보호 및 잠재력을 강조하고 있는데, 구체적인 내용은 〈표 9-12〉와 같다.

표 9-12. 상담분위기 조성 기법

구분	내용
허용	대부분의 내담자는 부모의 많은 금지령에 의해 행동하고 있는 것이다. 상담자는 내담자로 하여금 부모가 지금까지 하지 말라고 했던 일들을 허용해야 한다. 내담자는 허용을 받을수록 긍정적인 생활자세와 생활각본을 선택할 수 있다. 또한 상담자는 내담자로 하여금 자신의 모든 자아상태를 경험할 수 있는 분위기를 허용해야 한다.
보호	내담자가 부모의 금지령을 버리고 성인자아를 활용하도록 허용을 받게 되면 자신 속에 있는 아동자아가 놀라는 경험을 할 수 있다. 그동안 부모의 금지령에 억눌려 있던 내담자의 아동자아가 자유롭게 기능을 함으로써 스스로 당황하게 될 수 있는 것이다. 상담자가 내담자의 그런 반응에 대해 안심시켜 주고 지지함으로써 바람직하게 이들을 변화시킬 수 있는 상담기술을 소지하고 있어야 한다.
잠재력	잠재력은 적당한 시기에 적절한 상담기법을 사용할 수 있는 상담자의 능력이다. 상담자는 자아상태, 의사교류, 각본 등과 관련된 내용을 분석하고 바람직하게 이들을 변화시킬 수 있는 상담기술을 소지하고 있어야 한다.

(2) 조작기법

조작기법이란 구체적인 상담자의 행동, 즉 상담기법을 말하는데 모두 여덟 가지가 있다. 이를 구체적으로 살펴보면 〈표 9-13〉과 같다.

표 9-13. 조작기법

구분	내용
질문	많은 내담자가 성인자아를 사용하는 데 어려움을 갖는다. 상담자는 내담자가 성인자아로 반응할 때까지 질문을 한다. 질문은 강압적인 측면이 있으므로 심한 질문 공세는 피하는 것이 바람직하다.
특별 세부반응	내담자가 자신의 특별한 행동의 원인에 대해서 어떤 반응을 했을 때, 그 반응에 대해 상담자가 동의함으로써 내담자로 하여금 그 반응을 보다 분명하게 해 주기 위해 사용하는 기법이다. 이는 특히 내담자로 하여금 세 가지 자아상태의 기능을 완전히 이해할 수 있도록 돕는 데 활용된다.
직면	내담자의 행동이나 진술 가운데서 일관성이 없거나 모순을 발견할 때 상담자가 지적해 주는 기법이다. 이런 과정에서 상담자는 내담자의 아동자아, 부모자아, 혼합된 성인자아를 자유롭게 해 준다. 또한 부정적인 생활자세, 생활각본에 대해 각성하고 이들로부터 벗어날 수 있게 한다.
설명	상담자가 성인자아 대 성인자아의 입장에서 내담자에게 가르치는 기법이다. 설명은 특별히 내담자가 현실을 잘 직면하지 못할 때 효과적이다.
예시	상담자가 내담자에게 긴장을 풀고 무언가를 가르쳐 주는 방법이다. 주로 직면 다음에 사용되는 기법으로서 일화 또는 비교 등의 방법을 많이 사용한다. 이 기법은 유머를 담고 있기 때문에 내담자의 아동자아를 즐겁게 해 주는 반면에 성인자아는 새로운 통찰을 얻도록 해 준다.
확립	직면으로 사라졌던 내담자의 행동이 원래의 행동으로 재발할 때 상담자가 내담자에게 과거 행동을 아직도 완전히 버리지 못했으니 더욱 열심히 노력하라고 지적해 주는 기법이다.
해석	상담자가 내담자의 행동 이면에 숨어 있는 원인을 각성할 수 있도록 도와주는 것이다. 해석은 정신분석의 해석 과정과 유사하다.
구체적 종결	상담자가 내담자의 생활 자세를 성인자아 대 성인자아의 입장에서 명료화할 때 사용되는데 내담자가 인정자극을 얻기 위해여 게임을 더 이상 하지 않고 정상적으로 행동할 수 있음을 설명해 주는 것이다.

PART

3

부적응 생활지도의 실제

Chapter 10

사회적 부적응 생활지도

배울내용

1. 공격성
2. 고립
3. 거짓말

학습목표

1. 공격성의 원인 및 구체적 상황에 따른 생활지도 기법을 익힌다.
2. 고립에 대한 이해를 바탕으로 상황에 따른 생활지도 기법을 익힌다.
3. 거짓말의 원인 및 구체적 상황에 따른 생활지도 기법을 익힌다.

1 공격성

봉준이는 현재 7세로 어린이집을 이용하고 있다. 봉준이는 너무 거칠고 폭력적이기 때문에 부모와 교사는 걱정이 많다. 특히 교사는 봉준이로 인해 교사 생활이 너무나 힘들다는 표현을 원장과 동료교사에게 자주 한다. 봉준이는 원에서 하루가 멀다 하고 친구들과 싸움을 한다. 싸울 때 보면 얼굴표정 하나 변하지 않고, 울지도 않고, 깨물고, 할퀴고... 등등 그런 상황에서 봉준이는 자기 정신이 아닌 것처럼 행동한다. 봉준이의 이런 행동으로 반 친구들은 봉준이와 어울리는 것을 싫어하고 부모들의 항의 전화가 많아 원장을 비롯한 교사 모두 골치를 아파하고 있다. 부모와 상담을 하면 집에서도 자주 자기 동생에게 폭력을 행사한다고 하면서 엄마도 너무 힘들어 하고 있다. 따라서 교사는 무슨 말을 할 수 없는 상황이리고 판단되이 내년에 봉준이가 자기 반만 되지 않았으면 하고 기도를 하고 있다고 호소한다.

1) 공격성의 개념

아이의 공격성은 가정을 벗어나 새로운 유아교육기관에 적응하면서 가장 많이 발생하는 발달적 경향성이다. 특히 아동 공격성은 아동의 사회관계에서 이루어지는 상호작용에 어려움을 주는 부정적인 행동 속성으로 사회·정서적 부적응을 나타내는 지표로 또래관계를 판단하는 주요한 지표 중의 하나이다.

공격행동은 다른 사람이나 동물에게 상처를 주거나 재산 상의 손실이나 파괴를 가져오는 행동으로 정의되고 있다. 공격성에 대한 개념 정의는 많은 학자의 견해에 따라 다르지만 반두라와 월터(Bandura & Walter, 1963)에 따르면 일반적으로 두 가지 접근방법이 있다. 첫째는 단지 관찰할 수 있는 특성이나 행동 등 우발적인 사고로 인한 상해까지 공격적 행동에 포함시켜 정의하는 접근방법이고, 둘째로는 상해를 끼치지 않지만 행위자의 의도나 동기를 포함시켜 정의하는 방법이다(조은하, 2017). 즉, 아동의 공격성의 정의는 외현적 행동뿐만 아니라 의도나 동기까지도 포함되어 사용되고 있고, 이에 대한 공격성의 유형도 다양하게 정의되고 있다. 공격성이 높은 아동들이 흔히 보이는 공격적 행동은 〈표 10-1〉과 같다.

표 10-1. 아동들이 흔히 보이는 공격적 행동

• 괴성 지르기	• 소리 지르기
• 교사의 지시 무시하기	• 숙제 안 하기
• 기물 파손하기	• 욕하기
• 다른 사람의 일에 끼어들어 방해하기	• 울기
• 놀리고 비웃고 조롱하기	• 지시 어기고 대들기
• 떼쓰고 따지기	• 징징거리기
• 말대꾸하기	• 짜증내기
• 맡겨진 일 끝마치지 않기	• 정리 안하기
• 물건 집어 던지기	• 또래 친구와 싸우기
• 반항하기	• 또래 친구를 모욕 주고 괴롭히기
• 불평하기	• 또래 친구 때리기

2) 공격성의 발달

아동의 공격성은 미성숙한 아이가 아직 자신의 감정을 완벽하게 조절하기 힘들고 자기중심적인 사고에서 벗어나지 못하였기 때문에 발생하는 경우가 많다(박윤조, 2007). 캠벨과 워커(Campbell & Walker, 1995)는 아동들은 유아교육기관에서 또래와의 사회적 관계를 본격적으로 시작하게 되는 3세에서 6세 사이에 친사회적 행동이 두드러지게 발달할 때 이에 반한 공격성의 행위가 두드러지게 외현화되고 발달된다고 하였다(문혜영, 2015). 아동의 공격성의 발달에 대한 학자들의 일반적인 견해는 〈표 10-2〉와 같다(이순화, 2013; 조은하, 2017).

표 10-2. 공격성의 발달

구분	특징
생후 7개월경	욕구좌절의 상황에 놓이면 거친 행동을 하기 시작함
만 1세~6개월 전후	공격적 행동이 시작됨
만 2~4세 사이	던지고, 물고, 꼬집고, 때리고, 밀치거나 당기는 등 물리적인 공격 행동을 주로 나타내고, 이것은 주로 신체적인 불편을 호소하거나 주의를 끌기 위한 것임
만 4~5세 사이	또래 친구들과의 갈등과 사물의 소유에 대한 욕구 및 갈등이 주요 원인이 되어 욕하거나 짜증내기, 흉보기, 상대방에게 언어적으로 모욕주기 등의 언어를 사용한 외현적 공격행동을 보임

아동의 공격성은 특히 유아기 동안 계속 증가하여 만 4세경이 되면 절정에 이른다. 이 시기는 유아들이 역할놀이 등 사회적 놀이를 보다 많이 하는 시기로 서로 간에 상호작용을 할 기회가 많기 때문에 나타난다고 볼 수 있다(이영애, 2002; 이지연, 2010; Maccoby, 1980). 따라서 만 4세경에는 자신의 분노를 표현하기 위해서나 다른 유아들의 물건을 빼앗기 위해서 신체적 공격성을 많이 나타내는 경향이 있다. 이러한 신체적인 공격성은 점차적으로 언어적 공격으로 바뀐다. 예를 들어 또래 친구에게 소리를 지르거나 모욕주기, 비속어 사용 등 자신의 자존감을 회복하려는 언어적인 공격성이 증가하게 된다. 이처럼 유아들이 만 2~3세에는 신체적 공격이 많다가 만 3~5세에는 점차 신체적 공격이 줄어드는 이유는 유아 주변의 성인들, 즉 부모, 교사, 친척 및 이웃 등이 신체적 공격에 대하여 물리적인 제재와 부정적인 반응을 보이기 때문이다(이지연, 2010). 또한 유아들이 성장해 가면서 목적을 달성하는 데 타협하는 것이 고통이 적고 훨씬 효율적인 방법이라는 것을 터득하게 되기 때문이다.

3) 공격성의 원인

최근 저출산으로 인해 가정 내 아이가 한 명밖에 없는 가정이 증가하면서 가정에서 아이를 소황제처럼 대우하는 현상이 나타나게 되었다. 더불어 이들이 가정을 벗어나 유아교육기관에 다니게 되면서 다양한 공격적 행위를 나타내는 현상이 증가되고 있는 실정이다. 아동의 공격성은 가정과 유아교육기관이 지속적으로 연계활동을 전개해야만 감소될 수 있는 대표적인 아동의 사회성과 반대되는 발달적 특성이다. 공격성이 지속적으로 증가하는 이유, 즉 공격성 행동의 원인을 살펴보면 〈표 10-3〉과 같다.

표 10-3. 공격성의 원인

- 가정 내의 여러 문제들을 영향으로, 예를 들어 불안정한 애착형성, 가정 내의 불화, 부모의 이혼, 경제적 결핍 등 유아를 둘러싼 가정환경의 불만족스러움에 대한 불만이 공격적 행동으로 표출되는 경우가 있다(서선이, 2012).
- 대중매체로부터 공격성, 폭력성 등을 학습하는 경우가 있다. 영화 속 공격적인 인물이나 폭력으로 문제가 해결되는 TV 프로그램을 시청하고 모방하여 공격적 행동이 증가한다.
- 좌절이 공격성의 원인이 되기도 한다. 부모가 평소에는 자녀에게 무심한 태도를 보이다가 자녀가 공격적인 행동을 할 때 많은 관심을 보인다면 아동은 부모의 관심과 사랑을 얻기 위한 방법으로 계속 공격적인 행동을 반복한다. 또한 부모의 감정에 따라 아동에게 허용의 여부가 달라지는 등 비일관적인 양육태도를 보이게 되면 아동은 이러한 과정에서 좌절을 경험하고 이것이 공격적인 행동을 보이기도 한다.
- 때로는 아동에게 문제상황을 공격적으로 해결하라는 직접적인 가르침이 아동의 공격성을 증가시키기도 한다.
- 공격적인 행동을 하였을 때 상대방이 바라던 대로 갈등상황에서 물러나거나 양보하면 공격적인 행동에 대한 강화가 작용하므로 이러한 일은 공격적인 행동을 금지하기보다는 더욱 강화해 준다.
- 하고 싶은 것을 못 하게 되었거나 상대방에게 공격을 받았을 때 어떻게 해결해야 하는지 모르기 때문에 공격성이 발생하기도 한다. 이러한 지식과 기술의 부족으로 오는 공격성은 유아의 미성숙함이나 경험의 부족에서 영향을 받는다.

4) 공격성 유형에 따른 지도방법

아이들이 공격적인 행동을 하는 경우는 매우 다양한 원인과 상황에 의해 발생하게 된다. 상황에 따른 아이들의 공격성의 원인과 지도방법에 대해 살펴보면 다음과 같다(오은영, 2010).

(1) 하고 싶은 대로 못하게 되면 때린다

아이들이 사람을 때리는 원인은 〈표 10-4〉와 같다.

표 10-4. 아이들이 사람을 때리는 원인

구분	내용
화가 나서	아이들은 무언가 자신이 고통스럽거나 마음이 힘들거나 또는 이러한 것들을 조절하지 못했을 때 화라는 형태로 표현을 하게 된다. 그 결과 다른 사람을 때리는 것으로 표현하게 된다.
호기심 때문에	만 18개월에서 3세 사이의 아이들은 자신의 신체기능을 사용하는 것에 대한 호기심으로 때리는 행동을 보이는 경우가 있다.
좌절과 스트레스 때문에	아이는 좌절감을 느낄 때나 스트레스를 받을 때, 혼이 많이 났을 때, 너무 해야 할 일이 많아 답답하다고 느낄 때, 지켜야 할 규칙이 너무 많고 지나치게 엄격할 때 때리는 행동을 할 수 있다.
자기중심적 사고 때문에	어린 아이들은 자신을 세상의 중심이라고 생각하기 때문에 자신이 누군가를 때렸을 때 상대의 기분을 이해하지 못한다. 또한 감정 분화가 아직 충분히 이루어지지 않은 상태라 다른 사람들을 자신이 노는 데 필요한 장난감 정도로 생각하는 경우도 있다. 그래서 아무렇지 않게 때리는 행동을 하기도 한다.
충동조절을 못해서	다른 사람을 때려서는 안 된다는 것을 알고 있지만 충동을 잘 조절하지 못해서 때리는 경우도 있다.
공격성이 강해서	공격성이 원인인 경우도 있다. 즉, 공포심이나 경쟁심을 느꼈을 때 다른 사람을 때리는 경우가 있다. 이러한 공격성은 대부분의 아이들이 자라면서 이를 조절하는 법을 배워 조절이 가능하지만 몇몇 아이에서는 보다 구체적이고 집중적인 교육이 필요할 경우도 있다.
관심을 받기 위한 수단으로	아이들이 부모와 교사의 관심을 받기 위해 부정적인 방법으로 때리는 행동을 나타낼 수 있다.
표현방법이 미숙해서	아이들은 아직 의사소통능력이 발달되지 않아 자신의 의사를 정확하게 전달을 하지 못하고 이런 의사표현으로 때리는 행동을 보이기도 한다.
부모와 교사를 시험해 보기 위해서	가끔 소수의 아이들은 부모 혹은 교사가 정해 놓은 여러 가지 훈육의 원칙들을 시험해 보기 위해 다른 사람을 때리는 행동을 보이기도 한다.

아이들이 이런 행동을 했을 때 지도방법으로는 첫째, 공격적인 아이를 때려서는 안 된다. 아이가 남을 때렸을 때 부모와 교사가 그 벌로 아이를 때리는 것은 똑같이

공격적인 방식으로 해결하는 것밖에 안 되기 때문이다. 둘째, 아이의 긍정적인 행동에 대해서 칭찬해 주고 상을 주는 것이 좋다. 특히 관심 받고 싶어서 다른 사람을 때리는 경우 이 방법은 효과적이다. 셋째, 아이가 다른 사람을 때릴 때는 일단 때리는 행동을 즉시 멈추게 하고, 아이의 감정을 이해해 주는 것이 좋다. 그리고 때리는 행동보다는 말을 통해 자신의 감정을 표현하는 습관을 가질 수 있도록 지도해야 한다. 넷째, 공격적인 행동을 하는 아이의 상태를 잘 알아야 한다. 예를 들어 아이가 아프거나, 피곤하거나, 배고프거나, 지나치게 흥분하는 때를 미리 알아 두어 그런 상황이 되면 다른 아이와 마찰이 있을 수 있는 놀이나 활동을 하지 않는 것이 좋다. 또는 부모나 교사의 감독하에 다른 활동을 하게 하는 것도 도움이 된다.

(2) 부모와 교사 및 친구들에게 아무 이유 없이 욕을 한다

아이가 나쁜 말이나 욕을 하지 않게 하기 위해서는 우선 부모와 교사가 아이 앞에서 욕을 사용하지 않는 것이다. 아이는 부모와 교사를 모델로 삼기 때문에 항상 올바른 언어를 사용하는 데 유의해야 한다. 만약 아이가 세 살 이하라면 아이는 자신이 하는 말이 욕인지 아닌지도 잘 모를 수 있다. 따라서 아이가 혹시 욕을 하더라도 부모와 교사는 지나치게 반응하지 말고 무시하는 것이 좋다. 하지만 아이가 사용해도 되는 말과 안 되는 말을 구분할 수 있는 나이가 되었음에도 불구하고 계속 욕을 한다면 단호하게 "그런 말은 네가 사용해서는 안 되는 거야. 듣는 사람이 불편하고 불쾌할 수 있거든"이라고 설명해 준다. 그런데도 계속 사용한다면 타임아웃을 사용하거나 좋아하는 장난감을 가지고 놀지 못하게 하는 방법을 사용한다.

(3) 고함을 지르면서 반항을 한다(원하는 것을 해 주지 않으면 소리를 지른다)

아이들은 부모와 교사를 화나게 하거나 난처하게 하려고 소리를 지르는 것은 아니다. 매우 기분이 좋고 행복할 때 소리를 지르기도 하고, 자신이 소리를 질렀을 때 그 소리가 미치는 영향력을 탐색하고 그 결과를 보기 위해 소리를 지르기도 한다.

또한 소리를 지르는 것으로 무엇을 할 수 있고, 무엇을 얻을 수 있는지를 알아보기 위해 소리를 지르는 경우도 있다.

아이가 소리를 지를 때 "목소리를 낮추고 조용히 해라"라고 말하는 것은 별로 도움되지 않고 효과적이지도 않다. 아이들이 소리를 지르는 것을 줄이는 방법 중의 하나는 부모와 교사가 평소에 아이를 잘 관찰해서 아이가 어떤 상황에서 소리를 지르면서 화를 내고 떼를 쓰는지 잘 파악해 놓는 것이다. 그런 다음 아이가 소리를 지를 수 있는 상황을 피하는 것이다. 그리고 아이가 소리를 지를 때 아이의 관심을 다른 곳으로 돌리거나 아이를 무시하는 것도 하나의 방법이다.

(4) 부모와 교사가 조금만 야단을 쳐도 벽에 머리를 박는다

아이가 특별한 이유가 없음에도 불구하고 머리를 벽이나 바닥에 박는 행동을 하면 부모와 교사는 아이가 혹시 어떻게 될까 봐 노심초사하게 된다. 그러나 아이가 만 6개월에서 4세 사이라면 이런 행동도 성장 · 발달 과정에서 일어날 수 있는 정상적인 행동일 수도 있음을 알아야 한다. 왜냐하면 이 시기의 아이들은 아직 이성적으로 또는 합리적으로 생각하는 것이 충분히 형성되지 않았을 뿐만 아니라 언어 발달도 충분하게 발달하지 않았기 때문이다. 아이들이 머리를 박는 행동을 하게 되는 이유는 〈표 10-5〉와 같다.

표 10-5. 아이가 머리를 박는 이유

구분	내용
자기 자신을 안정시키기 위해서	아이가 스스로의 마음을 안정시키고 긴장을 이완시키기 위해서 머리를 박는 경우가 있다. 이런 경우 그런 행동이 매우 걱정스럽고 당장 중지시켜야 할 것처럼 보이지만 아이들은 불안할 때 또 자기의 긴장을 완화시키기 위해 손가락을 빠는 것처럼 한편으로는 자기 스스로를 진정시키고 안정시키는 기능을 가지고 있기 때문에 꼭 나쁘다고는 할 수 없다. 즉, 이런 이유로 머리를 박는 것은 아이가 자기감정을 스스로 잘 조절하는 과정을 도와주는 행동이므로 보기와 달리 긍정적인 측면도 지니고 있다는 것을 알아야 한다.

구분	내용
화나 좌절감 같은 감정을 표현하는 방법을 몰라서	아직 언어가 충분히 발달하지 못한 아이들은 자기 마음속에 있는 화나 좌절감 같은 감정을 언어로 충분히 표현하지 못하기 때문에 이것을 머리 박는 행동으로 표현하기도 한다. 이런 경우 아이가 속상해하는 이유를 정확하게 파악해서 설명해 주고, 긍정적인 방식의 대화를 나누는 것이 효과적이다. 또한 아이 스스로 마음을 가라앉힐 수 있는 충분한 시간을 주어야 한다.
부모와 교사의 관심을 얻기 위해서	머리를 계속 박고 있는 순간, 이 행동 자체가 부모와 교사의 관심을 끌어낼 수 있는 하나의 방법이 된다. 이런 경우 부모와 교사는 이런 행동에 관심을 보이지 않아야 하며, 머리 박는 행동을 그만 두고 올바른 행동을 했을 때 관심과 칭찬을 해 줌으로써 부모와 교사로부터 관심을 얻고 싶을 때 머리를 박는 행동보다는 올바른 행동을 통해 관심을 받으려고 하게 된다.
발달장애나 여러 가지 질병의 증상으로	어떤 특정 질병이나 발달장애가 있을 때 이런 행동을 보이기도 한다. 예를 들어 자폐스펙트럼장애가 있는 경우 이런 행동을 반복해서 나타낼 수 있다. 또한 청력을 잃었거나 시력을 상실한 후 인지적 발달이 늦어져서 외부에서 오는 감각적인 자극이 많이 부족하여 자기 스스로를 자극하기 위해 머리를 박기도 한다. 또한 다른 아픈 곳이 있어 그 고통을 잊기 위해 이런 행동을 보이기도 한다.

때로는 이런 행동을 보이는 곳에서 부모와 교사가 아이를 남겨 두고 벗어나야 하는 경우도 있다. 이런 경우 부모와 교사는 이런다고 아이의 행동이 좋아질까 싶지만 실제로 이렇게 하면 머리를 박는 행동이 급격하게 줄어드는 경우가 많다. 혹은 부모와 교사 앞에서 더 심하게 머리를 박을 수 있는데, 이때에도 마찬가지로 관심을 주지 않는 것이 좋다. 그런 행동에 대해 부모와 교사가 확실하게 무시하고 관심을 주지 않는다는 것을 아이에게 분명하게 각인시키는 것이 필요하다.

(5) 동물을 때리고 괴롭힌다

동물을 괴롭히거나 때리는 행동은 아이의 마음 깊은 곳에 있는 적대감이나 공격성을 표출하는 것으로 볼 수 있다. 그리고 이런 적대감이나 공격성은 부모에게 방임되어 자랐거나 신체적·성적인 학대를 받은 것에서 유래되었을 가능성이 높다.

아이가 동물을 괴롭히는 것을 목격했을 때는 우선 아이와 어떤 이유에서 그런 행동을 했는지에 대해 이야기를 나누어야 한다. 그런 다음 아이에게 생명의 존엄성을 알려주고, 동물에 대해 동정심을 갖도록 가르쳐 주어야 한다. 그리고 이것에 대해 부모와 교사 및 같은 친구들과 같이 이야기를 나누어 보는 것이 도움이 된다. 단순히 호기심에서 동물을 괴롭히고 있다면 위의 방법이 도움이 될 수 있다. 그러나 동물이 고통스러워하는 모습을 보고 즐거워하거나 이런 행동에 대해 무감각할 때는 계산된 동물학대와 다르지 않기 때문에 반드시 개입을 통해 엄중하게 대처할 필요성이 있다.

동물을 때리고 괴롭히는 경우, 집에서 애완동물을 직접 기르거나 동물원을 찾아 아이와 함께 동물들에게 먹이를 주면서 동물과 빈번하게 접촉하도록 하는 것이 좋다. 좀 더 적극적인 방법으로는 위험에 빠진 동물을 도와주는 단체에 가입하여 활동을 해 보는 것도 많은 도움이 될 수 있다.

(6) 자주 깨물거나 꼬집고 할퀸다

돌 전의 영아, 특히 유치가 나오는 때의 아이들은 흔히 깨물기를 한다. 이가 날 때 잇몸이 근질근질하고 예민해지기 때문에 이 시기의 아이들은 아무것이나 입으로 가져가 빨고 깨문다. 18~30개월 사이의 아이들에게도 깨무는 행동을 자주 관찰할 수 있는데, 이 시기의 아이들은 자신이 다른 사람을 깨물었을 때 그 사람이 아프다는 것을 이해하지 못한다. 그러나 이와 같은 깨무는 행동은 점점 나이가 들어가면서 자연스럽게 없어지는 것이 일반적이다. 그러나 몇몇 상황에서는 이렇게 다른 사람을 무는 행동이 지속되기도 한다. 특히 또래 아이들이 많이 모여 있는 유치원 혹은 어린이집에서 이런 무는 행동들이 종종 발생하게 된다. 더구나 이런 행동은 깨물린 아이에게 아픔을 주기 때문에 잘못하면 더 큰 싸움으로 발전될 수 있고, 이런 행동이 반복되면 또래 사이에서 이상한 아이로 취급받을 수 있기 때문에 문제가 될 수 있다.

아이들이 사람을 깨무는 이유로는 첫째, 아이들도 어떤 상황에서는 공포를 느끼기도 하고, 화가 나기도 하며, 좌절감을 느끼기도 하는데, 이런 것들을 아직 능숙하게 극복하거나 대처하지 못해 무는 행동이 나오게 된다. 그래서 어떤 경우에는 자기가 좋아하는 사람을 깨물기도 하고, 아주 흥분이 되었을 때나 과하게 자극되었을 때 물기도 한다. 둘째, 아직 자신의 충동을 잘 조절하기 못하기 때문에 물기도 한다. 다른 아이가 자기를 때렸을 때, 또 어떤 아이가 자기를 깨물었을 때 똑같이 무는 행동을 할 수 있다. 이것은 일종의 자기방어로 볼 수 있다. 셋째, 공격성의 표현으로 물기도 한다. 자신의 생활에서 아주 중요한 변화가 생겼을 때 아이들은 마음이 불편해지면서 공격적인 행동으로 다른 사람을 물기도 한다. 넷째, 부모나 다른 사람의 관심을 받으려고, 또는 다른 사람을 떠보기 위한 수단으로 물기도 한다. 그리고 아이가 성장 발달해 가는 과정에서 세상에 대한 호기심을 갖고 탐험을 해 나가는데, 그 방법으로 무는 행동을 보이기도 한다.

깨무는 아이의 행동에 잘 대처하기 위해서는 무엇보다 아이의 마음을 제대로 이해해 주는 것이 필요하다. 친구를 깨무는 아이의 마음을 들여다보면, 그 친구가 싫어서라기보다는 같이 놀고 싶고, 함께 어울리고 싶어 할 때가 많다. 즉, 상대에게 관심이 많은데, 그런 감정을 어떻게 표현해야 할지 몰라서 자기 방식대로 하다 보니 그런 행동이 나타나게 되는 경우가 흔하다. 아이가 부모 혹은 교사를 깨무는 행동에 대해 단호하게 대처하는 방법은 〈표 10-6〉과 같다.

표 10-6. 깨무는 행동에 대한 단계별 대처방법

단계	내용
1단계	아이의 눈을 바라본다.
2단계	"물면 안 돼. 다쳐"라고 단호하게 말한다. 아이가 깨물 때 장난스럽게 반응하면 아이는 부모와 교사가 재미있어 한다고 잘 못 받아들이게 된다. 따라서 깨물리는 것을 좋아하지 않는다는 것을 아이에게 확실하게 인식시켜 주어야 한다.
3단계	"그만 깨물게 하기 위해서 이렇게 하는 거야"라며 아이를 부드럽게 밀어낸다. 이때 부모나 교사가 화를 내면서 아이를 밀어내면 아이는 부모나 교사가 자기를 거절하고 미워한다고 생각하고 상처를 받을 수 있다.
4단계	부모와 교사가 똑같이 아이를 깨물면 절대로 안 된다. 이것은 아이에게 깨무는 것과 같은 폭력이 감정을 표현하는 데 적합한 수단이라고 가르쳐 주는 것과 같기 때문이다.

단계	내용
5단계	감정을 절제하고 조용하고 차분하게 가르친다. 그리고 모든 과정은 반드시 교육적이어야 한다. 부모와 교사의 마음속에 아이에게 화를 내고 있다거나 벌을 준다는 생각을 가지면 안 된다.
6단계	아이는 부모와 교사를 깨물었을 때 부모와 교사의 마음을 알지 못한다. 그렇기 때문에 미안해해야 한다는 것도 알지 못한다. 만약 부모와 교사가 언성을 높인다면, 아이는 단지 시끄럽다고 생각하거나 부모와 교사가 화난 것으로 생각해서 울어 버린다. 그러므로 차분하고 분명하게, 부모와 교사도 아픔을 느끼고, 그래서 속상하다는 점을 알게 해 주어야 한다.

2 고립

재규는 현재 만 4세로 유치원에 다니고 있다. 그는 모두들 즐겁게 놀고 있는데, 혼자서 동떨어져 있는 아이이다. 즉, 교사의 그늘에 숨어서 남몰래 친구들이 놀고 있는 것을 바라보고 있거나 친구들의 권유로 함께 어울려도 그런 놀이가 계속되지 못하고 혼자서 지내는 경우가 흔하다. 이런 일이 반복되다 보니 이제는 같은 반 아이들도 재규와 어울려 놀려고 하지 않고, 재규를 따돌리는 것으로 보여 교사의 마음이 아프다.

1) 고립아동의 개념

인간은 성장하는 과정에서 끊임없이 다른 사람들과 사회적 관계를 맺으며 살아가고 있으며, 살아가야만 하는 존재이다. 이처럼 유아기가 되면 사회적 관계를 맺는 대상은 부모와 형제뿐 아니라 또래 친구들로 그 대상이 확대되고 또래의 중요성이 커지며 또래와의 관계형성이 중요한 발달 과제가 된다(박진재, 2002).

고립아동은 일반적으로 사회적 기술이 부족하거나 공격성 등의 이유로 한 집단에서 또래들로부터 다양한 활동에서 선택되지 못하거나, 또래 집단의 대인 접촉에서 빈도가 매우 낮은 아동을 말한다. 고립아동의 행동 특징은 인기아로 분류된 아동의 행동특성 및 여러 변인과의 비교를 통해 분석될 수 있다. 즉, 인기아동은 많은 또래들이 좋아하며 그를 싫어하는 또래들이 거의 없는 아동으로서, 인기아동은 사회성이 뛰어나며, 또래의 감정을 잘 이해하고, 또래와의 상호작용에 필요한 사회적 기술과 지식을 가지고 있으며(최선란, 2001), 비교적 친사회적 행동과 긍정적 언어를 많이 사용하며 지도력이 있다(김나림, 1995). 반면 또래로부터 거부되거나 고립되는 비인기아동은 정서적 · 행동적인 측면에서 취약하고 집단 적응이 어려운 경향이 있으며, 대체로 부정적인 언어를 많이 사용하고 공격적인 행동을 보인다(조향희, 2002). 또한 또래로부터 인기가 있는 아동은 또래 갈등의 발생 빈도가 낮으며, 갈등을 해결하기 위하여 비언어적인 저항보다는 언어적 저항을 더 많이 사용하고, 갈등이 종결되었을 때 더 긍정적인 정서를 보인다. 반면 또래로부터 인기가 없는 아동은 또래 갈등을 자주 경험하고, 갈등을 해결하기 위해서 비언어적인 저항과 통제적인 저항을 더 많이 사용하고, 갈등이 종결되었을 때 부정적인 정서를 더 많이 보이게 된다(Dodge, 1983).

2) 고립아동의 원인

최근 연구에 의하면 고립아동의 원인은 일반적으로 또래와의 사회적 기술이 부족하고 그에 관련된 지식을 알지 못하고 있는 것으로 나타났다. 즉, 고립아동들은 친구를 사귀는 데 필요한 기술이 부족하기 때문에 또래관계에서 소외당하고 있다는 사실이다(Coie & Koeppl, 1990). 또한 고립아동은 교사나 또래에게 무시되는 경향이 있다. 그들은 종종 교사로부터 더욱 주목받지 못한다. 무시되는 아동은 고립적인 행동을 한다. 그들은 타인과의 접촉을 거의 시작하지 않는 고독자인 경향이 있고, 종종 그들에게 주도권이 주어졌을 때 후퇴한다. 그리고 혼자 있기를 원한다. 대부분 이러한 아동들은 수줍어하고 또래와의 상호작용에서 적절하지 못함을 발견하게 된다. 무시되는 아동은 또래와의 놀이에 마지못해 반응하고, 놀 때 비우호적이거나 비사회적이다. 친구가 없는 아동들의 대부분은 또래로부터 고립되어 있으며, 새로운 경험을 억제하고 예측할 수 없는 상황에서 말이 적으며, 또 그들의 제한된 경험은 또래와 사회적 이해를 나누고 사회적 행동을 하는 것을 제한하게 한다. 그리고 또래와의 사회화를 감소시킨다.

3) 고립아동의 행동 특징

친구가 있는 아동과 친구가 없는 아동 간의 차이에 관한 문헌들을 살펴보면, 친구가 없는 아동의 특징은 다섯 가지 정도로 요약될 수 있다.

첫째, 아동의 행동이 또래와의 상호작용을 감소시키거나 방해하게 되는 경우이다. 친구가 없는 아동들은 또래로부터 거부되거나 무시되는 경우로 나뉘는데, 거부되는 아동은 신체적·언어적으로 공격적이며, 갈등해결을 적절히 하지 못한다. 무시되는 아동은 또래와의 상호작용의 시도가 느리고 놀이 권유에 적극적이지 않으며 놀 때도 다정하거나 우호적이지 않고 괴롭힘을 당하면 과민하게 반응한다.

둘째, 사회인지의 제한이다. 친구가 없는 아동의 제한된 사회인지는 여러 가지로 지적되었다. 다른 사람의 행동에 대하여 사회적 단서와 의도를 정확히 파악하지 못하고(Dodge & Feldman, 1990), 하나의 사회적 문제에 다양하고 적절한 해결책을 제시하지 못하며(Asnsrow & Callan, 1985), 친구관계의 의미를 이해하지 못하거나 어떤 행동이 친구관계를 유지하거나 훼손시키는지에 대한 인식이 부족하다.

셋째, 감정이입의 제한이다. 타인의 감정을 공유함으로써 단순한 타인의 조망수용이 아닌 타인의 입장에 대한 진정한 이해가 가능하게 된다. 타인에 대한 감정이입을 더 잘하고, 보다 표현적인 아동은 또래에게 더 많은 도움과 지원을 한다. 또래에게 도움을 준다는 것은 친구관계에 대한 이정표가 된다. 따라서 감정이입은 친사회적 행동을 촉진하여 아동의 친구관계의 질을 증진시키는 데 유의미한 역할을 하므로,

아동에게 친구가 없는 것은 여러 가지 이유로 친사회적인 행동보다 반사회적 행동과 비사회적인 행동을 많이 함으로써 또래로부터 거부되거나 무시된 결과이다(정계숙 · 박명화, 2000).

넷째, 친구가 없는 아동 중 일부는 또래와의 상호작용 기회와 친구관계를 스스로 배제한(self-isolation) 경우로 초기 연구에서는 이들이 혼자 많은 시간을 보내는 것으로 보고 되었으며, 후속 연구에서는 생의 초기에 스스로 혼자 있기를 원하는 아동은 추후 발달과정에서 또래로부터 배척당하기 쉬운 것으로 나타났다(Hyme & Rubin, 1985; Rubin & Asendorpf, 1993).

다섯째, 상호작용 기회의 제한 문제이다. 친구관계는 같이 놀고 재미있게 지내는 시간을 통하여 돈독해진다. 그러나 어린 아이들은 자신들이 통제할 수 없는 여러 가지 조건에 의해 친구와의 상호작용에 제약을 받는다. 예를 들어 오늘날 우리 사회의 급속한 변화로 인한 심리적 · 물리적 상황의 변화 결과로서 아이들은 일찍부터 재능과 학습 능력의 개발을 위한 다양한 생활 및 학습 스케줄에 얽매여 놀 시간을 내지 못하는 경우가 허다하다. 또한 놀 시간이 있어도 아이들이 안전하게 놀 수 있는 놀이 공간이 제대로 없거나 컴퓨터나 TV, 전자오락 등으로 건전하게 또래 간 상호작용할 수 있는 기회가 제한되어 아이의 놀이 문화가 심각하게 훼손되고 있는 실정이다. 이러한 외부 환경 조건들은 또래와의 놀이가 무엇보다 필요한 아이들에게 또래와의 상호작용을 충분히 할 수 있는 놀이 기회를 제약한다. 어릴 때부터 더불어 사는 사회적 관계를 배우지 못하고 혼자놀이에 익숙한 아이들, 그 중에서도 특히 기질적으로 까다롭거나 사회 · 정서 또는 인지 능력에 어떤 어려움이 있는 경우에는 또래집단 속에서 오히려 불편함을 느끼게 되어 스스로를 고립시킬 가능성이 매우 높게 된다(정계숙 · 박명화, 2000).

4) 지도방법

부끄러움은 아이와 성인 모두 누구나 경험하는 정상적인 감정이다. 그러나 때로는 이런 감정이 문제가 될 때가 있다. 즉, 부끄러워서 친구들과 잘 어울려 놀지 못하고,

유아교육기관 혹은 학교에서는 늘 혼자 떨어져 앉아 있는 등 일상생활에 부정적인 영향을 미치게 된다. 부끄러움은 만 3세 이후에 주로 두드러지게 보이기 시작하는데, 수줍음이나 부끄러움도 일종의 불안이라는 감정이라고 할 수 있다. 즉, 다른 사람과 같이 있는 것을 불편해하고, 사회적인 상황에 노출되는 것을 두려워하는 불안한 마음이 수줍음과 부끄러움으로 표현되고, 그것에 익숙해지면 고립된 생활을 할 가능성이 높아지게 된다. 수줍음이 많은 아이의 상황별 대처와 지도방법에 대해 구체적으로 살펴보면 다음과 같다(오은영, 2010).

(1) 낯선 상황이나 사람을 만나면 말수가 적어진다

낯설다는 것은 새롭고 한 번도 접해 보지 않았던 것을 대할 때 느끼는 감정으로, 누구나 새롭고 낯선 것을 보면 일단 불안해지고 경계심을 갖게 되는 것이 일반적이다. 다시 말해 낯선 상황이나 사람을 만날 때 말수가 적어진다는 것은 그만큼 긴장하고 있고 불안한 상태라는 것을 의미한다. 이때 아이에게 빨리 말하라고 재촉하거나 강요해서는 안 된다. 왜냐하면 현재 아이의 상태는 매우 긴장하고 불안을 경험하고 있는 상태이므로 옆에서 누군가가 강요를 하게 되면 더 불안해지고 입을 열기가 더 힘들어지기 때문이다. 그리고 "얘는 원래 그래요" 등과 같이 아이를 규정짓는 말도 하지 말아야 한다. 이렇게 아이를 규정지으면 아이가 말을 하려고 하다가도 안 하는 것이 자기 모습인 것 같아 못하게 된다.

또한 아이가 말을 하지 않는다고 해서 아이가 해야 할 말을 부모나 교사가 대신해 주는 것은 바람직하지 않다. 왜냐하면 이러한 태도는 결국 아이가 스스로 해결해 나갈 수 있는 기회를 빼앗아 버리는 것이 되기 때문이다. 따라서 아이가 낯선 상황이나 사람 앞에서 말수가 적어지는 것은 불안해하고 긴장하고 있는 것임을 부모와 교사는 알고 있어야 한다. 그리고 아이가 어느 정도 적응되기까지 부모나 교사가 옆에서 힘이 되어 주고, 편안해지도록 도와주는 것이 좋다.

(2) 모르는 사람이 많은 곳이나 낯선 장소에 선뜻 들어가려고 하지 않는다

진화론적 관점에서 6만 년 전부터 우리는 자신을 보호하려는 기제를 발달시켜 왔다. 따라서 우리는 모르는 사람을 보면 본능적으로 안전하지 않다는 생각을 하게 되고, 그 낯선 사람에게서 자신을 보호하기 위해 긴장감과 불안이 높아지며 경계심을 갖게 된다. 이런 경우 모르는 사람과 상황에 아이가 적응할 수 있는 시간적 여유를 제공하는 것이 좋다. 그리고 그런 상황이 발생하기 전에 아이와 잠시 놀아 주는 것도 하나의 방법이다. 아이와 놀면서 잠시 뒤 누구를 만나서 무슨 일이 발생하게 될 것인지에 대해 이야기하거나 관찰을 통해 익숙해지도록 하는 것이 효과적이다. 즉, 아이가 그 상황을 이해하고 그곳에 있는 사람들이 위험하게 하는 사람들이 아니라는 생각이 들 때까지 시간을 주면, 다소 시간은 걸리겠지만 아이는 편안하게 적응할 수 있다.

(3) 아이가 너무 소극적이다

사람의 성향을 보면 적극적인 사람도 있고 소극적인 사람도 있다. 지나치게 소극적인 사람이 극복해야 할 문제가 있듯이 지나치게 적극적인 사람도 해결해야 할 문제점을 지니고 있다. 소극적이라는 것은 그 사람이 가지고 있는 특성 중의 하나이다. 따라서 먼저 부모와 교사는 소극적인 특성이 좋지 않은 것이라는 생각을 바꾸는 것이 필요하다. 더불어 아이가 적극적이고 열심히 참여할 수 있는 취미 활동이나 체육 활동을 찾아내어 참여할 수 있도록 유도하는 지도가 필요하다. 이때 혼자서 하는 활동보다는 두서너 명이라도 같이 그룹으로 하는 활동이 좋다. 어떤 그룹이든 아이가 좋아하고 열심히 지속적으로 활동을 하다보면 조금씩 자기를 표현하는 데도 익숙해지고 자신감도 가질 수 있다.

3 거짓말

어린이집에 다니고 있는 해경이의 엄마는 얼마 전 교사와 면담 후 고민이 생겼다. 교사의 말이 해경이가 거짓말을 자주 하고, 그것에 대해 깊이 있게 물어보면 말도 안 되는 핑계로 또 거짓말을 한다는 것이다. 그것도 아주 자연스럽게 한다는 것이다. 그런 일이 있고 며칠 후 해경이가 집에 귀가하면서 예쁜 인형을 가방에 넣어 집으로 돌아왔다. 엄마는 혹시나 싶어 "이 인형 어디서 났니?"라고 물었더니 "응, 그 인형 친구 혜진이가 나에게 줬어"라고 대답하였다. 다음날 혹시나 싶어 교사에게 전화를 했더니 전날 혜진이가 자신의 인형이 없어졌다고 울고 난리가 났다고 하였다. 그 말에 엄마는 창피하면서도 화가 났다.

1) 거짓말의 개념

거짓말이라고 하면 일반적으로 "늑대와 양치기 소년"이라는 동화를 떠 올리는 경우가 많다. 이 동화는 양을 치는 소년이 심심풀이로 "늑대가 나타났다!"라고 거짓말을 하고 소란을 일으킨다. 그 동네의 어른들은 소년의 거짓말에 속아 무기를 가져오지만, 헛수고로 끝난다. 소년이 두세 번 반복해서 거짓말을 했기 때문에, 어느 날 정말로 늑대가 나타났을 때 어른들은 그 소년의 말을 믿지 않았고, 아무도 도우러 가지 않았다. 그 결과 마을의 모든 양이 늑대에 의해 죽어 버렸다는 이솝우화이다. 이 동화에서 거짓말쟁이 양치기 소년도 처음부터 거짓말쟁이였던 것은 아니다. 단지 심심해서 거짓말을 시작했을 뿐이다.

거짓말은 양심 및 도덕성의 하위요소로서, 허위의 발언에 대해 그것이 사실과 다르다는 것을 알고, 그 사실이 허위라는 것을 믿으며, 상대방을 속이고자 하는 의도가 있을 때 거짓말로 간주된다(Stern & Stern, 1909). 지금까지의 거짓말 연구자들은 영유아기부터 성인기까지의 각기 다른 발달단계를 고려하지 않고 위의 개념을 동일하게 인용해 왔다. 즉, 상대방을 속이고자 하는 의도가 없을 경우에는 거짓말의 범주에 포함되지 않는다고 보았다. 그러나 아이의 발달적 특성상, 아이의 거짓말을 청소년 및 성인과 같은 방식으로 정의하는 것은 문제가 따른다. 이는 속이고자 하는 의도를 포함한 거짓말의 개념은 청소년기에 들어서야 분명해지며(Gervais et al., 2000), 아이는 현실과 공상(fantasy)을 잘 구분하지 못하고, 이로 인해 아이들이 허위의 말을 하더라도 속이려는 의도가 있는지의 여부를 판단해내기가 어렵다는 데 기인한다. 실제로 아이의 거짓말에 대한 개념 연구에 따르면, 아이는 상대방을 속이고자 하는 의도가 없더라도 사실과 다른 발언을 하는 것을 거짓말로 간주한다(Engles et al., 2006). 만 3세도 의도성을 구분하여 도덕적 판단을 할 수 있음(김시은 · 정영숙, 2000)에도 불구하고, 거짓말 여부의 판단에 대하여는 의도성을 중요시하는 청소년 및 성인의 태도와 구별된다.

유아기에 들어서면서 거짓말을 하기 시작하는데, 만 3세에 거짓말을 할 수 있고 의도를 가지고 타인을 속일 수 있는 능력이 있다고 주장한다(김현정 · 조숙자, 2003). 즉, 유아기 때 최초로 거짓말을 하며, 시간이 지남에 따라 본격적으로 거짓말을 할 수 있게 되는 중요한 시기라고 볼 수 있다. 만 3세 이후에는 연령의 증가에 따라 거짓말이 증가되고, 보다 속이려는 의도를 가지며, 정교한 속임 능력을 가지게 되어 만 4~5세에는 만 3세의 거짓말과 질적으로 다른 양상을 보이게 된다(오유리 외, 2008).

2) 거짓말의 원인에 따른 지도방법

아이들이 거짓말을 하는 데는 성인들과 마찬가지로 여러 가지 이유가 있다. 즉, 자신이 곤경에 빠졌다고 느끼거나, 정말로 갖고 싶은 것이 있는데 부모가 사주지 않을 것이 뻔하다고 생각하거나, 처벌이 두렵거나, 거짓말하는 것이 재미있거나, 습관이 되어 버린 경우이다. 거짓말을 하는 이유와 대처방법에 살펴보면 다음과 같다(오은영, 2010).

(1) 무섭고 불안할 때 거짓말을 한다

공포심은 거짓말의 가장 흔한 원인이다. 선생님이나 부모에게 혼이 날 것이 두려워 거짓말을 하는 경우이다. 이때 아이는 자신이 잘못을 저지르고 있다는 것을 알고 있는 경우가 대부분이다. 따라서 잘못을 알고 불안해하고 있는 아이에게 그 잘못을 지적하여 불안감을 더 크게 만드는 것은 효과적인 방법이 아니다. "선생님에게 사실대로 말을 하면 혼날까 봐 걱정돼서 그래? 선생님은 네가 왜 그렇게 말했는지 알고 싶어. 선생님이 도와줄게"라고 하면서 아이의 거짓말 뒤에 숨어 있는 마음을 헤아려 주고, 받아 주는 것이 필요하다. 아이는 선생님 혹은 부모가 화내는 것을 두려워한다는 것을 잊어서는 안 된다.

(2) 습관이 되어 거짓말을 한다

거짓말을 계속 하다 보면 습관이 된다. 말 그대로 양치기 소년이 되어 버리는 것이다. 이에 대한 효과적인 대응 중 하나는 아이가 있는 사실 그대로 말하기를 바란다는 것을 부드럽게 설명해 주고, 아이에게 사실대로 말할 기회를 주는 것이다. 거짓말을 한 결과에 대해 겁을 주거나 지나치게 민감하게 반응하면서 협박하거나 강요하면 점점 더 거짓말을 하게 되어 거짓말에 익숙해지고 무뎌지게 된다. 양치기 소년의 마을 사람들 중 한 사람이라도 양치기 소년이 처음 거짓말을 했을 때 그 마음을 헤아려 보듬어 주고 달래 주었다면 진짜 늑대를 피할 수 있었을 것이다.

(3) 보고 배우거나 따라 하다 보니 거짓말을 한다

아이는 집이나 밖에서 다른 사람이 거짓말하는 것을 많이 접할 수 있다. 친구들과 우연히 거짓말을 할 수도 있고, 장난삼아 거짓말을 했는데 재미를 느껴 계속해서 거짓말을 하기도 한다. 아이가 성장하면서 유아교육기관, 학원 등 집 밖에서의 활동이 많아지게 되므로 거짓말을 막기란 현실적으로 불가능하지만 집이나 유아교육기관에서 아이가 거짓말을 접하는 것을 최대한 줄여주는 것이 중요하다. 그것이 이유가 있는 거짓말이라고 하더라도 거짓말을 하는 것은 안 된다고 인식시켜 주어야 한다. 왜냐하면 아이가 거짓말하는 재미를 느끼게 되고, 거짓말을 정당화하는 방법을 배울 수 있기 때문이다.

(4) 선생님 혹은 부모의 반응을 미리 넘겨짚어 판단할 때 거짓말을 한다

아이들은 어른들의 반응을 미리 넘겨짚어 거짓말을 하기도 한다. 예를 들어 장난감이나 다른 것을 갖고 싶은 것이 있을 때, 친구들과 다른 놀이를 하고 싶은데 사실대로 이야기를 하면 어른들이 안 된다고 할 게 뻔하다고 생각하여 거짓말을 하게 되는 경우이다. 실제로 어른들(선생님 혹은 부모)은 몇 가지를 더 물어본 후 쉽게 허락을 해 주기도 하는데, 아이 스스로 혹시나 하는 생각에 미리 앞서 가는 것이다. 부모 혹은 선생님으로부터 거절당한 경험이 있거나, 아이가 납득이 되지 않는 상태로 일방적으로 부모(선생님)가 말을 번복한 경험이 있는 경우 더 심하게 나타날 수 있다. 이런 경우 허락되는 일의 명확한 경계선을 두고, 일관성 있게 반응하는 것이 좋다. 그렇다고 아이에게 안 된다는 말을 자주 해서는 곤란하다. 그리고 한번 정한 규칙은 되도록 번복하지 않는 것이 바람직하다.

3) 거짓말하는 아이에 대한 올바른 태도

(1) 아이를 '거짓말쟁이'라고 부르지 말아라

아이에게 "너 거짓말쟁이구나", "너는 거짓말쟁이야"라고 말을 하면 안 된다. 그 말이 부모 혹은 선생님 입을 통해 나오는 순간 아이에게 거짓말쟁이라는 꼬리표를 붙여 주는 것이 되기 때문이다. 그렇게 되면 아이는 다음에 또 거짓말해야 하는 상황이 되었을 때 '난 원래 거짓말쟁인데 뭐!'라고 생각하면서 사실대로 말하는 것을 포기하게 된다.

(2) 지나치게 흥분하거나 화내지 말아라

아이가 거짓말을 했을 때 부모 혹은 선생님이 지나칠 정도로 심하게 혼을 내는 경우가 많이 있다. 그러면 아이는 그 상황을 모면하려고 또 거짓말을 하거나 무안하여 어떻게 해야 할지를 몰라 당황하게 된다. 이럴 때는 머리끝까지 화가 치밀더라도 우선 꾹 참고, 아이에게 "엄마(선생님)가 너무 심하게 했구나. 미안하다"라고 사과를 하는 것이 좋다. 이런 과정을 통해 사람은 누구나 실수할 수 있다는 것을 아이가 알게 되고, 다른 사람이 무언가 잘못을 했을 때 지나치게 비난하지 않으면서 용서하는 방법을 배우게 되기 때문이다. 부모와 교사는 아이의 인생 모델이라는 점을 항상 명심해야 한다.

Chapter 11

정서적 부적응 생활지도

배울내용

1. 분리불안장애
2. 감정 조절을 못하는 아이
3. 적대적 반항장애
4. 미디어 중독

학습목표

1. 분리불안장애의 증상 및 개입방안을 숙지한다.
2. 감정 조절을 못하는 아이의 상황별 대처방안을 모색해 본다.
3. 적대적 반항장애의 진단기준과 지도방안을 숙지한다.
4. 미디어 중독에 대한 이해와 예방방법을 모색해 본다.

1 분리불안장애

유치원에 다니고 있는 상헌이는 엄마에 대한 애착이 매우 심하다. 그는 엄마와 떨어져 유치원에 등원하는 것을 매우 싫어하고 유치원에 가서는 불안으로 인해 집중하지 못하고 친구들과도 어울리는 데 어려움을 보인다. 또한 악몽을 자주 꾸고 어두운 밤이나 혼자 있을 때 무서운 것이 나타난다며 무서워하는 등 일상적인 생활에 어려움을 보여 엄마를 매우 힘들게 하고 있다.

1) 분리불안장애의 증상과 진단

분리불안은 부모 혹은 다른 양육자로부터 분리되는 것에 대해 심한 불안과 고통을 경험하는 것이다. 보통 만 1세 정도의 모든 아이들에게 나타나고, 그 후 점차 사라지지만 일부에서는 학교에 다닐 때까지 분리불안이 지속되거나 분리불안이 사라졌다가 다시 강하게 나타나기도 한다. 분리불안은 아이들이 발달하는 과정에서 일정 시기 동안 경험하게 되는 정상적인 현상이다. 하지만 그 정도가 너무 심하고, 분리불안이 사라질 만한 나이가 되었는데도 지속적으로 그런 현상이 보이면 치료가 필요하다. 아이들이 분리불안을 경험할 때 나타나는 대표적인 증상은 〈표 11-1〉과 같다.

표 11-1. 분리불안을 경험할 때 나타내는 대표적인 증상

- 울거나 칭얼거린다.
- 항상 부모에게 매달리고 자기를 계속 안아 달라고 조른다.
- 지나칠 정도로 수줍어하고 부끄러워한다.
- 침묵을 지키거나 반대로 끊임없이 재잘거리기도 한다.
- 다른 사람과 관계 맺은 것을 싫어하고 거부한다. 심지어는 이전에 친숙하게 지냈던 사람들과도 이야기를 하지 않으려고 하고, 어울리려고 하지 않는다.

분리불안은 심한 불안이 특징이다. 부모, 특히 어머니나 중요한 사람, 집같이 익숙한 환경과 떨어지거나 변화가 있을 때 그 불안은 더욱 심해진다. 아동은 클수록 캠프에 가거나 친구 집에서 자는 것, 여행하는 것을 거부하고, 심지어 학교 가기를 거부하기도 한다. 또한 집에서도 혼자 있기를 거부하고 한 집에서도 벽을 두고 떨어져 있지 못해 부모를 그림자처럼 따라다니게 된다. 부모와 떨어졌을 때 자신이나 부모에게 사고, 실종, 죽음, 괴물의 공격 등 일어날지도 모르는 무서운 일에 대한 두려움 때문에 괴로워한다. 대개 분리불안을 경험하는 아이들은 수면에 있어서도 어려움을 겪는다. 혼자 못자고, 어둠에 공포를 보이며 자더라도 악몽을 꾸기도 한다. 불안 증상과 관련된 신체적인 증상도 흔히 관찰된다. 이와 같은 분리불안이 아이들의 생활에 미치는 영향을 구체적으로 살펴보면 〈표 11-2〉와 같다.

표 11-2. 분리불안이 아이의 생활에 미치는 영향

- 소외감과 고립감을 느끼게 된다. 아이가 부모와 분리될 때마다 불안을 심하게 느끼기 때문에 활동하는 것도 소극적이고 제한적일 수밖에 없다. 그 결과 친구들과 잘 어울리지 못하게 되고, 친구들 사이에서 고립되어 소외감을 느끼게 된다.
- 다른 사람에게서 떨어져 나가게 된다. 아이는 나이가 들면서 자기가 느끼는 불안감이 일반적이지 않다는 것을 알게 된다. 그러면서 그에 대한 열등감과 부끄러움, 남에게 들키기 싫은 마음 등이 복합적으로 작용하여 점점 사람들을 멀리하게 된다. 따라서 사람들과 단절되어 외롭게 살게 된다.
- 광장공포증, 공황장애, 학교공포증 등 치료를 받아야 하는 문제들이 분리불안과 동반되어 나타날 수 있다.
- 다른 사람과 친근한 관계를 맺고 유지하는 것이 어렵다. 안정감을 느끼지 못하고 다른 사람들을 신뢰하지 못하기 때문에 다른 사람과 친근한 관계를 맺는 데 상당한 어려움을 경험하게 된다. 그 결과 친구들을 사귀는 것은 물론이고 심지어는 친척이나 선생님과도 편안한 관계를 맺지 못한다.

분리불안은 대부분 어린이집이나 유치원에 입학을 하면서 나타나지만, 가까운 사람이 죽었거나 사고를 당했을 때 아이가 심하게 병을 앓고 난 후에도 생길 수 있다. 이런 경험으로 인해 아이는 엄마와 함께 집에 있으려고 하고 학교나 유치원에 갈 때 엄마와 떨어져야 하는 상황에서 화를 내거나 심하게 울면서 떨어지지 않으려 애원하기도 한다. 때로는 갑자기 배가 아프거나 머리가 아프다고 호소하기도 한다. 이는

결코 꾀병이 아니며 엄마와 떨어지는 것이 실제로 고통스럽기 때문에 엄마와 떨어지는 것보다 아픈 것이 낫다는 무의식적 바람이 작용해서 신체증상을 만들어 낸 것이다. 분리불안장애의 진단기준은 〈표 11-3〉과 같다.

표 11-3. 분리불안장애의 진단기준

A. 애착 대상과의 분리에 대한 공포나 불안이 발달 수준에 비추어 볼 때 부적절하고 지나친 정도로 발생한다. 다음 중 3가지 이상이 나타나야 한다.

1. 집 또는 주 애착 대상과 떨어져야 할 때 과도한 고통을 반복적으로 겪음
2. 주 애착 대상을 잃거나 질병이나 부상, 재앙 혹은 죽음 같은 해로운 일들이 그에게 일어날 것이라고 지속적으로 과도하게 걱정함
3. 곤란한 일(예를 들어 길을 잃거나, 납치당하거나, 사고를 당하거나, 아프게 되는 것)이 발생하여 주 애착 대상과 떨어지게 될 것이라고 지속적으로 과도하게 걱정함
4. 분리에 대한 공포 때문에 집을 떠나 학교, 직장 혹은 다른 장소로 외출하는 것을 지속적으로 거부하거나 거절함
5. 집이나 다른 장소에서 주 애착 대상 없이 있거나 혼자 있는 것에 대해 지속적으로 과도하게 두려워하거나 거부함
6. 집을 떠나 잠을 자는 것이나 주 애착 대상 곁이 아닌 곳에서 자는 것을 지속적으로 과도하게 거부하거나 거절함
7. 분리 주제와 연관된 반복적인 악몽을 꿈
8. 주 애착 대상과 떨어져야 할 때 신체증상을 반복적으로 호소함(예를 들어 두통, 복통, 오심, 구토)

B. 공포, 불안, 회피 반응이 아동·청소년에서는 최소한 4주 이상, 성인에서는 전형적으로 6개월 이상 지속되어야 한다.

C. 장애가 사회적, 직업적 또는 다른 중요한 기능 영역에서 임상적으로 현저한 고통이나 손상을 초래한다.

D. 장애가 다른 정신질환으로 잘 설명되지 않는다. 예를 들어 자폐증에서 변화에 대한 저항으로 인해 집 밖에 나가는 것을 회피하는 것, 정신병적 장애에서 분리에 대한 망상이나 환각이 있는 경우, 광장공포증으로 인해 믿을 만한 동반자 없이는 밖에 나가기를 거부하는 경우, 범불안장애에서 건강문제나 다른 해로운 일이 중요한 대상에게 생길까 봐 걱정하는 것, 질병불안장애에서 질병이 발생할까 봐 걱정하는 것

출처: 권준수 외(2013). 정신질환의 진단 및 통계 편람. 학지사. p.201.

2) 분리불안장애의 원인

분리불안은 집이나 애착 대상과의 분리에 대한 과도한 공포와 불안을 의미하며, 이러한 불안은 발달 수준을 고려할 때 기대되는 정도보다 지나치다. 불리불안장애의 원인은 크게 환경적 요인과 유전적 · 생리적 요인으로 구분할 수 있다. 먼저 환경적 요인은 특히 상실(예를 들어 친척이나 애완동물의 죽음, 본인이나 친척의 질병, 전학, 부모의 이혼, 다른 환경으로의 이사, 이민, 애착대상으로부터 분리를 경험하게 한 재앙)과 같은 스트레스 상황 이후에 종종 발생한다. 또한 부모의 과잉보호와 과도한 참견도 분리불안의 원인이 되기도 한다. 둘째, 유전적 · 생리적 요인으로는 유전적일 가능성이 있다는 것이다. 지역사회의 6세 쌍둥이에서 유전성은 73%로 나타났으며, 소녀의 경우 유전성이 더 높게 나타났다. 분리불안장애의 원인을 구체적으로 살펴보면 〈표 11-4〉와 같다.

표 11-4. 분리불안장애의 원인

구분	내용
부모와의 불안정한 애착형성	부모와의 애착형성이 부족하며 대략 3세까지 부모로부터 개별화되는 과정을 원만히 지나지 못하게 된다. 즉, 부모와의 초기 애착형성을 토대로 세상에 대한 신뢰를 쌓아야 하는데, 이 과정에서 문제가 생기면 아이는 엄마에게서 분리되어 세상에 나가는 것을 어려워하게 된다. 어머니와 떨어져 또래나 세상에 관심을 갖는 시기를 만 3세 정도로 보는데, 간혹 독립적인 아이로 키우려는 욕심에 너무 이르게 강제로 아이를 떼어 놓는 것도 불안의 원인이 될 수 있다.
아이의 기질이나 트라우마	아이가 기질적으로 예민하고 어렸을 때도 낯을 심하게 가렸거나 혼자 분리되어 심하게 두려웠던 경험을 가지고 있다면 분리불안으로 이어질 수 있다.
부모의 성격이나 양육태도	부모가 걱정과 불안한 마음으로 아이를 키우는 경우, 아이가 또래들과 놀거나 스스로 할 수 있는 능력이 있음에도 과잉보호하는 경우에도 아이는 새로운 상황에서 불안을 느끼게 된다. 또한 잘못된 훈육, 공포감을 주는 언어와 행동도 원인이 될 수 있다. 예를 들어 "너! 이러면 엄마 가버릴거야! 이러면 경찰이 잡아간다" 등의 말을 하거나 벌을 준다고 어두운 방에 가두는 등의 훈육태도는 문제가 될 수 있다.
가정의 불화	잦은 부부싸움으로 별거나 이혼에 대한 이야기가 부부 간에 오갈 때 아이는 나를 버리지 않을까 하는 불안으로 부모에게 떨어지지 않으려고 한다.

3) 분리불안장애의 지도방법

아동의 불안의 원인이 무엇인지 알고, 그 원인을 해결해 주는 것이 매우 중요하다. 치료는 놀이치료 및 인지행동치료를 하게 되고, 가족 전체가 참여하는 것이 효과적이다. 증상이 심한 경우 약물치료도 이루어질 수 있다.

분리불안을 해결하기 위해 가장 중요한 것은 점진적으로 분리시키는 훈련과 안정감 있는 가정 분위기를 만드는 것이다. 아이가 엄마와 떨어지지 않으려 하면, "며칠이면 이러다 말겠지"하는 생각에 아이를 무리하게 떼어 놓는 경우가 많다. 하지만 그 순간 아이가 두려움을 심하게 느낀다면 심리적 외상과 부모에 대한 분노를 불러올 수 있다. 따라서 아이가 스스로 분리될 때까지 충분히 기다려야 한다. 또한 불안할 때마다 아이에게 엄마가 곁에 있음을 항상 확인할 수 있도록 한다. 아이의 심리를 읽을 수 있는 역할놀이를 통해 의존대상이나 분리불안장애의 원인을 자연스럽게 알아볼 수 있다. 놀이하면서 아이가 야단치거나 분노를 표출하는 행동을 반복한다면 스스로 두려움을 극복하려는 것이므로 부모가 함께 역할놀이를 하며 아이의 자신감을 북돋을 수 있다. 어린이집이나 유치원에 입학하기 전 미리 교실이나 근처에서 부모와 시간을 보내거나 아이가 좋아하는 그림이나 사진을 가방에 넣어 주는 것도 아이를 안정시키는 방법 중의 하나이다.

2 감정 조절을 못하는 아이

유치원에 다니는 효성이는 처음에는 사소한 다툼을, 예를 들어 친구와 다툼이 있을 때 볼을 꼬집는다던지(상호 간에 큰 문제는 되지 않았음) 하는 행동을 보였지만 단체 생활에는 큰 문제없이 잘 지내는 편이었다. 그러나 최근 유치원에서 늘 말썽쟁이로 불리는 아이를 밀쳤는데 그 아이가 일어나면서 얼굴을 할퀴면서 싸움을 했다. 얼마 전에는 친구 집에 놀러가서 친구가 자기를 아는 척 안 하고 무시한다고 하면서 처음에는 과일을 누가 많이 먹었는가 하는 사소한 다툼으로 시작하더니 그 친구가 가지고 못 만지게 하는 자석블럭을 집어던지고 둘이 몸싸움을 시작하였다. 그 전에는 그렇치 않았는데 이제는 친구들이든 형들이든 걸리기만 해 봐라는 마음으로 매우 공격적으로 변해가고 있다.

1) 감정 조절

우리가 살면서 느끼는 희로애락을 감정이라고 한다. 감정은 인간의 삶에 있어 윤활유와 같은 역할을 하며, 동기유발의 원천이라는 점에서 매우 중요한 요소 중의 하나이다. 우리는 중요한 일이나 과제를 수행할 때 동기가 있어야 시작할 수 있다. 그런데 동기는 감정에서부터 시작된다. 또한 감정은 행복과 불행의 원천이기도 하다. 우리는 살면서 느끼는 여러 가지 감정이 충분할 때 행복하다고 느끼고, 반대로 충족되지 못했을 때 불행하다고 느낀다. 그래서 감정의 반응은 그 사람의 인격과 매우 밀접한 관련성을 지니고 있다.

정서적으로 건강한 사람은 여러 가지 변화에도 잘 적응하고 지속적으로 행복하다고 느끼기 때문에 감정적으로나 사회적으로 아주 건강하게 살아갈 수 있다. 건강한 정서의 발달, 감정의 발달은 한 개인의 행복을 결정짓는 잣대일 뿐 아니라 개인이 속해 있는 사회나 국가가 건강하고 행복한가를 결정짓는 잣대가 된다.

아이가 자기 자신의 기분이나 감정을 잘 알고 그것을 잘 조절할 줄 안다는 것은 성장하는 데 매우 중요하다. 자기감정을 잘 이해하고 잘 조절할 수 있어야 결국 건강하고 적응력 있는 성인으로 자랄 수 있기 때문이다. 감정적으로 우수한 사람이란 자기 자신의 기분이나 감정을 잘 이해하고 있고, 잘 다루는 사람을 의미한다. 이런 아이는 친구도 잘 사귀고, 여러 질병에 덜 걸리며, 학업 수행 능력도 우수하다.

2) 상황별 지도방법

(1) 화를 자주 낸다

화라는 것은 좌절감에 의한 아이의 일시적인 감정 상태이므로 심각한 문제행동이라는 시각으로 볼 필요는 없다. 따라서 화를 내는 이유를 잘 파악하여 그 상황에 맞게 다루고, 심각한 정도를 파악하는 것이 중요하다. 단 다른 사람을 다치게 하거나 기물을 파손하는 등의 의도적인 공격성을 드러내는 경우와는 구분할 필요가 있다.

(2) 늘 짜증과 신경질을 낸다

부정적인 감정이라고 할지라도 아이가 표현할 때는 우선 그 감정 그대로를 인정해 주고, 부모 혹은 교사에게는 표현해도 안전하다고 느끼게 해 주어야 한다. 그 다음에 그 감정을 처리하고 해결하는 방법을 알려주는 것이 효과적이다. 만약 이 순서가 바뀌어서 화내는 방법이 잘못되었다고 먼저 가르치려고 하면 아이는 마음의 문을 닫아 버리게 된다. 다시 말해 아이의 감정을 먼저 읽어 주고, 그 다음에 교육을 하는 것이 좋다.

(3) 감정 기복이 너무 심하다

별것 아닌 일에 화를 심하게 내다가도 금방 언제 그랬냐는 듯 웃고 까불고, 사소한 일에 짜증을 발끈 내기도 하고, 갑자기 눈물을 흘리는 경우이다. 이와 같이 감정이 풍부하다는 것은 다양한 종류의 감정을 느낀다는 증거이다. 감정이 풍부한 사람은 자기감정을 잘 조절해서 긍정적인 방법으로 표현하는 사람이다. 따라서 부모 혹은 교사가 해야 할 일은 아이가 다양한 감정을 정도에 맞게 느낄 수 있도록 감정 발달에 신경을 쓰면서 연령에 맞게 누구나 인정할 수 있는 방법으로 적절하게 감정을 표현할 수 있도록 지도해야 한다. 이때 확인해야 할 것은 주의력결핍 과잉행동장애가 있는 아이들은 감정 조절에 문제가 나타날 수 있으므로 그 기복이 너무 심하거나, 행동반경이 너무 크거나 집중력을 유지하면서 맡겨진 일을 제대로 처리하기가 어려운지를 구분해야 한다.

(4) 징징거리거나 너무 잘 운다

아이가 왜 징징거리고 우는지에 대해 알아보려고 노력하는 자세가 필요하다. 징징거리는 것이 듣기 싫고 성가시다고 야단치거나 윽박지르면 아이는 더욱 징징거리게 된다. 따라서 먼저 아이가 무엇을 요구하는지 친절하고 따뜻한 태도를 유지하면서 들어준 다음, 그 요구가 타당하면 바로 들어주고, 그렇지 않으면 아이가 납득할 수 있게 설명을 해 주어야 한다. 부모나 교사가 자신에게 애정과 관심을 갖고 있다는 것을 믿게 되면 지금 당장은 아니더라도 자신의 요구를 들어줄 것임을 알기 때문에 필요한 것을 얻기 위해 기다릴 줄도 알아야 한다는 것을 배우게 된다.

(5) 속상하면 벽이나 베개에 머리를 박고 있는다

이런 경우 부모나 교사는 양팔로 아이를 안아 주어 위로해 줌으로써 마음의 안정을 찾을 수 있도록 해 주어야 한다. 이것은 벽이나 베개가 아닌 부모나 교사의 따뜻한 품을 느끼게 해 주라는 의미이다. 그러면서 자신의 속상한 마음을 잘 표현하지 못하는 아이에게 화나거나 속이 상하다고 느끼는 것은 당연한 감정이기 때문에 끙끙거리며 마음에 담아 두지 말고 표현하도록 지도한다. 부모와 교사는 어떤 마음도 다 받아 줄 수 있는 존재라는 신뢰와 개념이 생기도록 평소 아이를 잘 관찰하고 마음을 읽어주는 것이 중요하다.

(6) 질투가 너무 심하다

질투는 인간이 가지고 있는 여러 가지 특성 중에서 부정적인 특성 중의 하나이다. 아이가 질투심이 심하면 그것을 스스로 조절하지 못할 정도로 가기 전에 바로 부모와 교사가 감정을 조절할 수 있도록 해 주어야 한다. 질투에 대한 개입은 어릴수록 효과적이다. 질투의 감정이 나타나지 않도록 부모는 형제 혹은 다른 집 아이와의 비교를 하지 말아야 하고, 교사도 말과 행동에서 차별한다는 느낌을 받지 않게 항상 주의를 해야 한다.

(7) 경쟁심이 너무 심하다

경쟁은 지나치면 해롭지만 그렇지 않다면 적당한 긴장을 유지시키면서 열심히 노력하게 되는 원동력이 되기도 한다. 살면서 경쟁은 불가피하다. 그것을 어떻게 하면 적당한 수준으로 유지하느냐가 중요한 관건이다. 아이가 운동경기나 학업에서 경쟁을 할 때, 부모나 교사는 아이가 승부에 집착해서 지나친 경쟁심이 유발되지 않도록 잘 조절해 주면서 평소 부모와 교사 스스로도 경쟁에 대한 건강한 자세를 보여 주는 것이 필요하다.

(8) 누군가를 미워한다

평소에 아이가 자신의 감정을 편안하게 표현할 수 있게 해 주는 것이 좋다. 그래야 부정적인 감정도 솔직하게 표현할 수 있기 때문이다. 또한 정서적으로 다른 사람을 공감할 수 있게 가르치는 것이 중요하다. 상대의 입장을 이해하고, 상대방의 안 된 점은 같이 안쓰럽게 생각하고 걱정할 수 있도록 사람을 배려하는 마음을 가질 수 있게 신경을 써 주어야 한다. 그렇게 하면 아이는 상대의 마음도 헤아릴 수 있게 되고, 상대를 미워하는 마음을 쉽게 갖지 않는 사람으로 성장할 수 있다.

3 적대적 반항장애

영희는 현재 만 7세이다. 영희가 집에서 엄마를 힘들게 하는 것은 식사 때가 되어 밥을 차려주면 배가 고프면서도 밥을 안 먹는다든지, 배가 고프다 해서 밥을 차려주면 엉뚱하게 딴 짓을 하고는 엄마가 먹여주어야 먹는다든지 하는 행동들이다. 그리고 원하는 것이 있을 때에도 심술 난 것처럼 말하고, 원하는 것이 달성되지 않으면 무조건 떼를 쓰거나 입을 다물어 버리는 행동이다. 그 밖에 모방할 것과 그렇지 않은 것을 가리지 않고 무작정 오빠를 따라하는 행동을 보인다. 영희의 이런 엉뚱한 행동은 마치 청개구리처럼 보였다. 그리고 영희는 주변 상황이 자기 뜻대로 되지 않으면 매우 불안해한다. 원하는 것을 얻기 위해 안간힘을 쓰지만 불안 때문에 많은 어려움을 경험한다. 때로는 안간힘을 써보기 이전에, 미리 단념해 버리는 경향이 있다. 이렇게 자기 나름대로 안간힘을 쓰는 행동과 미리 단념해 버리는 극단적인 행동 때문에 영희는 자신조차도 무엇을 원하는지, 왜 그렇게 행동하는지에 대해서 모호할 때가 많다. 물론 가족들도 영희의 행동을 이해하기가 어렵다.

1) 적대적 반항장애의 증상과 진단

적대적 반항장애의 핵심 특징은 분노/과민한 기분, 논쟁적/반항적 행동 또는 보복적 특성이 빈번하고 지속적으로 나타난다는 것이다. 적대적 반항장애에서는 부정적 기분 문제가 수반되지 않고 행동문제만 보이는 경우도 종종 있다. 그러나 이 장애가 있는 아이들은 전형적으로 행동 문제뿐만 아니라 분노/과민한 기분 증상도 함께 보이는 것이 특징이다.

적대적 반항장애의 증상들은 한 가지 상황에서만 제한적으로 나타날 수도 있으며, 집에서만 문제를 보이는 경우가 흔하다. 집에서만 이런 문제를 보인다 하더라도 진단적 역치를 충족하는 충분한 증상이 있다면 현저한 사회적 기능의 손상이 있을 수 있다. 그러나 좀 더 심한 경우에는 이러한 증상을 다양한 상황에서 보이게 된다. 증상이 여러 상황에 만연된 정도가 장애의 심각도 지표가 된다는 점을 고려할 때, 개인의 다양한 상황이나 대인관계에서 반항행동을 보이는지를 평가하는 것이 중요하다. 반항행동은 형제자매 간에서 흔히 볼 수 있기 때문에 형제자매가 아닌 다른 사람들과의 상호작용에서도 관찰되는지 확인해야 한다. 또한 이 장애의 증상은 전형적으로 성인과의 상호작용이나 개인적으로 잘 아는 또래들과의 관계에서 나타나는 경향이 있으므로 주의해야 한다. 적대적 반항장애의 진단기준은 〈표 11-5〉와 같다.

표 11-5. 적대적 반항장애의 진단기준

A. 분노/과민한 기분, 논쟁적/반항적 행동 또는 보복적인 양상이 적어도 6개월 이상 지속되고, 다음 중 적어도 4가지 이상의 증상이 존재한다. 이러한 증상은 형제나 자매가 아닌 적어도 한 명 이상의 다른 사람과의 상호작용에서 나타나야 한다.

분노/과밀한 기분

1. 자주 욱하고 화를 냄
2. 자주 과민하고 쉽게 짜증을 냄
3. 자주 화를 내고 크게 분개함

논쟁적/반항적 행동

4. 권위자와의 잦은 논쟁, 아동이나 청소년의 경우는 성인과 논쟁함
5. 자주 적극적으로 권위자의 요구나 규칙에 무시하거나 거절
6. 자주 고의적으로 타인을 귀찮게 함
7. 자주 자신의 실수나 잘못된 행동을 남의 탓으로 돌림

보복적 특징

8. 지난 6개월 안에 적어도 두 차례 이상 악의에 차 있거나 앙심을 품음

주의점: 진단에 부합하는 행동의 지속성 및 빈도는 정상 범위 내에 있는 행동과 구별되어야 한다. 다른 언급이 없다면, 5세 이하의 아동인 경우에는 최소한 6개월 동안 거의 매일 상기 행동이 나타나야 한다. 5세 이상의 아동인 경우에는 6개월 동안 일주일에 최소한 1회 이상 상기 행동이 나타나야 한다. 이런 빈도에 대한 기준은 증상을 기술하기 위한 최소 기준을 제공한 것일 뿐이며, 반항적 행동이 동일한 발달 수준에 있고, 성별이나 문화적 배경이 같은 다른 사람들에게서 전형적으로 관찰되는 것보다 더 빈번하고 강도가 높은지와 같은 요인들을 고려해야 한다.

B. 행동 장애가 개인 자신에게, 또는 자신에게 직접적으로 관련 있는 사회적 맥락(예를 들어 가족, 또래 집단, 동료)내에 있는 상대방에게 고통을 주며, 그 결과 사회적 · 학업적 · 직업적 또는 다른 중요한 기능 영역에서 부정적인 영향을 준다.

C. 행동은 정신병적 장애, 물질관련장애, 우울장애 또는 양극성장애의 경과 중에만 국한해서 나타나지 않는다. 또한 파괴적 기분조절부전장애의 진단기준을 충족하지 않아야 한다.

출처: 권준수 외(2013). 정신질환의 진단 및 통계 편람. 학지사. pp.506-507.

적대적 반항장애를 가지고 있지 않은 아이들도 이러한 증상을 어느 정도 보일 수 있기 때문에 그러한 행동이 적대적 반항장애 증상에 부합하는지를 결정하기 위해 고려해야 할 몇 가지 중요한 사항은 〈표 11-6〉과 같다.

표 11-6. 적대적 반항장애 진단 시 고려해야 할 사항

- 지난 6개월 동안 적어도 진단적 역치를 넘어서는 4개 이상의 증상이 존재해야 한다.
- 그 행동은 연령, 성별, 문화적 조건이 같은 다른 사람들에게서 전형적으로 관찰되는 것보다 더 지속적이고 빈번해야 한다. 예를 들어 미취학 아동들이 분노발작을 보인다면 이는 유별난 것은 아니다. 미취한 아동들의 분노발작을 적대적 반항장애의 증상으로 간주하려면, 분노발작이 지난 6개월 동안 거의 매일 관찰되며, 적어도 3개 이상의 다른 진단기준에 부합되고, 장애와 관련된 현저한 손상(예를 들어 분노발작 동안 재산 파괴가 있어, 그로 인해 유치원을 그만두라는 요구를 받는 경우)을 초래해야 한다.

적대적 반항장애의 첫 증상은 보통 취학 전에 나타나며, 초기 청소년기 이후에 나타나는 경우는 매우 드물다. 이 장애의 증상은 종종 부적응적인 상호작용 양상으로 나타나기도 한다. 게다가 대개 이 장애를 가진 아이들은 자기 자신이 화를 잘 내거나 반항적이라고 생각하지 않는다. 그 대신 자신의 이런 행동을 부당한 요구나 분위기에 대한 반응이라고 합리화한다. 따라서 이 장애와 관련된 개인적 요인과 그 개인이 경험하는 부적응적인 상호작용 간의 상대적인 기여도를 구분하는 것이 어려울 수도 있다. 예를 들어 적대적 반항장애가 있는 아동은 적대적인 양육을 경험해 왔을 수 있다. 이런 경우 아동의 행동 때문에 부모가 아이에게 적대적으로 대하게 된 것인지, 부모의 적대감이 아동의 문제행동을 유발한 것인지, 아니면 이 2가지 요인이 복합적으로 작용했는지를 결정하는 것은 불가능하다. 만일 아동이 방임이나 학대를 당하는 열악한 조건에서 살아온 경우라면 임상적으로 그러한 환경적 영향을 감소시키는 방향으로 주의를 기울이면 도움이 된다.

2) 적대적 반항장애의 지도방법

적대적 반항장애의 치료에는 인지 · 행동치료가 가장 많이 사용된다. 바람직한 행동에 대한 보상과 자기 감시, 자기 지시 등을 훈련하여 규칙을 따르는 법이나 분노와 감정을 통제하는 법을 배울 수 있다. 아울러 다른 사람과 원만한 관계를 유지하는 데 필요한 사회적 기술도 익힌다. 아이 주변에 역할 모델이 있다면 효과가 매우 높다. 또한 적대적 반항장애의 원인이 가족에게 있는 경우가 많으므로, 근본적으로 치료하려면 아이 자신뿐 아니라 부모도 변해야 한다. 따라서 부모교육을 통해 부모들은 적대적이고 반항적인 아이를 대할 때 필요한 구체적이고 효과적인 기술을 익힐 수 있다. 부모교육 가운데 한 종류인 부모-자녀 상호작용 치료는 왜곡된 부모-자녀 관계를 바로잡는 프로그램으로, 효과적인 대화법, 교육법, 여가 활용법 등을 배우게 된다. 이 프로그램은 적대적 반항장애를 치료하는 데 효과가 매우 좋은 것으로 알려졌다.

약물치료는 적대적 반항장애가 ADHD와 함께 나타날 때만 시행한다. 이 장애가 오래 지속되면 학교생활에 문제가 생기고, 친구도 안 생기며, 열등감에 빠지고, 우울증과 불안에 시달리는 등 심각한 정서적인 문제를 보이므로 적극적으로 치료에 임하는 것이 좋다.

4 미디어 중독

현숙이는 28개월 된 유아다. 현숙이는 유난히 엄마에 대한 애착이 심하다. 디지털 기기를 좋아하고 디지털 기기 사용에 익숙한 아빠는 아이를 엄마에게서 떼어낼 때 울지 않도록 하기 위해 현숙에게 스마트폰을 주기 시작했다. 그 뒤 아이에게 스마트폰을 보여주는 횟수가 점점 늘어났고, 현숙이도 스마트폰에 노출되는 시간이 점점 늘어갔다. 현숙이가 24개월이 지날 무렵 원하는 콘텐츠가 빨리 다운로드 되지 않는다고 현숙이가 스마트폰을 쾅쾅 치고 집어던지는 행동을 보여 부모 모두 당황스러웠다.

개인의 건강, 정신 상태, 사회적 상태에 해로운 결과를 유발하는데도 어떤 개인이 특정한 활동에 몰두하게끔 하는 반복적인 충동을 중독이라고 한다. 중독의 종류로는 도박 중독, 약물 중독, 쇼핑 중독, 텔레비전 중독, 인터넷 중독, 휴대전화 중독, 카드나 딱지 중독, 충동적 과다 섭식 등이 있으며, 원인으로는 유전적 · 생물학적 · 약리학적 · 사회적 요인들의 영향을 미치게 된다.

1) TV 중독의 지도방법

TV는 이제 우리 생활의 일부분이라고 할 정도로 매우 익숙한 매체 중의 하나이다. TV가 아이의 생활에 미치는 영향은 매우 큰 것으로 나타났다. 통계에 의하면 아이들은 하루에 4시간 정도 TV를 시청한다고 한다. 뿐만 아니라 전체 가정의 65%가 식사 중에 TV를 보며, 50%는 하루 종일 TV를 켜고 생활한다고 보고하고 있다.

TV와 비디오가 전 가정으로 확산되면서 부정적인 영향도 함께 나타나기 시작하였는데, 그 예가 유사 자폐증, 이상한 형태의 언어장애, 애착장애, 전반적 발달장애, 정서장애 및 사회적 관계를 잘 하지 못하는 아이들이 늘어나기 시작했다는 것이다. 아이들이 TV에 중독되지 않도록 하기 위해서는 부모와 교사의 역할이 매우 중요하다. TV 중독에 있어 먼저 선행되어야 할 것이 TV의 심각성에 대한 정확한 지식을 가지는 것이다. TV에 대한 잘못된 태도와 그것이 미치는 영향을 구체적으로 살펴보면 〈표 11-7〉과 같다(오은영, 2010).

표 11-7. TV가 아이의 생활에 미치는 영향

태도	영향
많은 부모와 교사는 아이들이 TV나 비디오를 보는 것을 대수롭지 않게 생각한다.	TV 연속극을 아이와 같이 보거나 꼭 보지 않아도 하루 종일 켜 놓고 지내는 집도 많다. 비디오로 조기 영어 교육이나 한글 교육, 숫자 교육을 시키는 사람들도 많다. 주의할 점은 부모가 TV나 비디오에 관대할수록 아이가 중독될 가능성이 높다.
부모가 집안일이나 자신의 일을 하기에 바빠 아이에게 TV나 비디오를 보여준다.	이것 역시 아이가 TV나 비디오에 익숙해지게 하고 중독에 빠지게 되는 잘못된 태도이다.
아이를 조부모에게 맡기는 맞벌이 부부의 경우, 조부모가 TV나 비디오의 유해성을 잘 알지 못해서 제한 없이 시청하게 할 수 있다.	이런 경우 아이가 TV나 비디오에 빠져 들 수 있으므로 부모의 보다 세심한 보호와 관찰이 필요하다.

부모와 교사가 항상 기억해야 할 것은 TV가 아이의 삶에 많은 영향을 미친다는 사실이다. 물론 TV를 많이 시청한다고 해서 모든 아이가 TV 중독자가 되는 것은 아니다. 예를 들어 알코올에 노출된 모든 사람이 다 알코올중독자가 되지 않는 것처럼 말이다. 따라서 아이의 TV 시청에 대한 지도방법으로는 첫째, 부모와 교사는 아이의 TV 시청을 감시하고 지도하면서 통제해야 한다. 아이 마음대로 TV를 시청하게 하거나 아이들 방에 TV를 놓아주어서는 안 된다. 특히 걸음마 단계의 아이는 누구보다 모방을 잘 하기 때문에 더욱 더 세심한 보호가 필요하다. 둘째, 아이를 제대로 통제하고 지도하려면 부모와 교사가 먼저 자신의 TV 시청 습관을 생각해 보아야 한다. 아이는 늘 부모와 교사 가까이 있으므로 TV를 보고 있으면 아이도 자연스럽게 TV에 노출될 수 있기 때문이다. 셋째, 아이가 볼 내용을 부모나 교사가 미리 보거나 파악

하여 아이의 TV 시청 여부를 결정하는 것이 좋다. 무섭거나 폭력적인 장면이 나올 때에는 부모가 방송 내용에 대해 설명해 주고 의견을 말해 주는 것이 좋다. 그래서 아이를 편하게 안심시켜 주고, TV에서 나온 행동을 모방할 때, 격려해 주거나 억제시켜서 문제행동이 일어날 수 있는 소지를 줄일 수 있다.

2) 컴퓨터 중독(인터넷 게임, 채팅, 개인 홈페이지 등)의 지도방법

최근 아이의 컴퓨터 중독에 대해 걱정을 하는 경우가 많다. 아이가 컴퓨터 게임 또는 채팅 등에 빠져 주의를 다른 것에 신경을 쓰지 않게 되는 현상이 늘어나고 있기 때문이다. 컴퓨터 게임을 적정한 선에서 즐기면 판단력과 결단력을 익히고 연습하는 데 도움이 될 수도 있고, 여러 가지 개념을 배우고 익히는 데 도움이 되기도 한다. 또한 컴퓨터를 다루는 능력이 향상되고, 규칙을 준수하는 법도 배울 수 있고, 무엇보다 스트레스 해소를 통해 정서를 안정시키는 이점도 있다. 그러나 컴퓨터 게임 역시 TV와 마찬가지로 중독성이 강하다는 것이 문제이다. 게임은 하면 할수록 게임에 빠지게 만들어서 어지간한 의지가 아니면 벗어나기가 쉽지 않다. 더욱이 아직 의지력이 약하고 자기 통제가 어려운 아이들은 쉽게 컴퓨터 게임에 중독될 가능성이 매우 높다.

아이의 컴퓨터 중독에 대한 지도방법으로는 첫째, 아이가 컴퓨터에 중독되었다는 사실을 먼저 인정하고 받아들이는 자세가 필요하다. 그래야 적극적으로 치료를 위한 방법을 모색할 수 있기 때문이다. 아이의 컴퓨터 중독을 받아들이지 않고, 그저 아이에게 나쁜 습관이 하나 생겼다고 생각하고 그냥 넘어간다면 정말 심각한 정도의 중독에 빠지게 될 가능성이 높아지게 된다. 둘째, 아이의 컴퓨터 중독이 심한 경우 전문기관에서 전문가의 도움을 받는 것이 좋다. 많은 부모는 자녀의 이런 문제로 전문가의 도움을 받는 것에 대해 거부하는 경향이 있다. 왜냐하면 정신적인 문제로 간주하고, 정신병적인 치료에 대해 거부감을 가지고 있기 때문이다. 하지만 이런 이유로 치료를 거부하면 아이는 점점 더 심한 정도의 중독으로 빠지게 되고, 나중에는 그만큼 치료를 하는 데 더 힘이 들게 된다. 마지막으로 부모와 교사가 아이들의 컴퓨터 중독에 대한 위기의식을 가지고 지속적으로 세심하게 관찰하고, 통제하면서 아이가 컴퓨터 게임에 중독되지 않게 미리 예방하려는 노력이 필요하다.

3) 휴대전화 중독(문자송수신, 게임 등)의 지도방법

휴대전화는 거의 모든 연령층에서 사용하고 있으며, 우리 생활이 거의 휴대전화 중심으로 이루어지고 있다고 해도 과언이 아니다. 즉, 휴대전화로 일상적인 대화를 하고, 게임을 하며, TV 시청이나 인터넷에도 접속한다. 또한 휴대전화만 있으며, 사진이나 동영상도 언제 어디서나 찍을 수 있다. 이제 휴대전화가 없으면 상당히 불편감과 불안감을 가지게 되는 사회가 되었다. 다시 말해 휴대전화에 대한 중독 증상들이 점차 더 많이 발생하고 있다. 특히 유아들은 외부환경에 취약하고, 수용성이 높기 때문에 더 쉽게 휴대전화 중독을 경험할 가능성이 매우 높다.

사람들이 휴대전화에 빠져 드는 이유로는 휴대전화의 간편성, 이동성, 독점성 및 즉각성을 들 수 있다. 휴대전화는 장소에 구애받지 않고 언제든 간편하게 사용할 수 있고, 철저하게 혼자 쥐고 사용하며, 무엇보다도 상대방에게서 즉각적인 반응을 얻을 수 있기 때문에 자기표현 욕구를 쉽게 해소할 수 있다. 인터넷 중독이나 TV 중독처럼 어느 한 장소에 머물러 있으면서 장시간 매달려 있는 것보다 이동하면서 언제든지 자연스럽게 할 수 있는 휴대전화의 중독성은 그 위험 수준을 본인은 물론 상대방도 인식하지 못한 채 만연되어 있어서 다른 여러 중독들에 비해 상당히 더 위험한 중독이 될 수 있다.

아이의 휴대전화 중독에 대한 지도방법으로는 무엇보다 휴대전화 중독에 빠지지 않게 예방을 하는 것이 중요하다. 아이들이 휴대전화 중독에 빠지지 않거나 중독에서 벗어날 수 있는 방법에 대해 구체적으로 살펴보면 다음과 같다(오은영, 2010).

(1) 휴대전화 사용 시기 늦추기

먼저 휴대전화 중독을 피하기 위해서는 휴대전화를 접하는 시기를 가능한 한 늦추는 것이 필요하다. 어릴 때부터 휴대전화에 빠지면 정상적인 뇌 발달이 이루어지지 못하고 주의력결핍 과잉행동장애로 이어질 가능성이 높다. 실제로 유아기 때부터 휴대전화를 사용했던 아이들이 다른 아이들보다 휴대전화 이용 시간도 더 길다고 한다. 아이 자신의 휴대전화를 갖는 순간부터 사용 시간은 급격히 증가하기 때문에 어느 정도 자제력과 자기조절능력을 발휘할 수 있는 초등학교 고학년부터 휴대전화를 접하도록 하는 것이 좋다.

(2) 천천히 절제하도록 하기

휴대전화 중독이었던 아이에게 당장 사용을 그만두라고 하면 오히려 아이에게 역효과를 보일 수 있다. 휴대전화를 사용할 때 얼마 동안 사용할지 약속을 미리 정하고 사용하도록 하고, 하루에 몇 시간을 사용할지 미리 정해두는 것이 좋다. 아이의 수준과 연령을 고려해서 '한 번만 하고 그만하자', '이 영상만 보고 그만하자'와 같이 구체적인 약속을 잡는 것이 중요하다. 무엇보다도 아이 스스로 절제할 수 있도록 돕는 것이 가장 중요하다. 아이가 약속 시간을 넘어서 사용하겠다고 고집을 부려도 단호하게 끊는 것이 필요하다. 또한 아이가 약속을 잘 지켰을 때 아낌없는 칭찬을 해 준다면 더욱 효과적이다. 그렇게 꾸준히 약속을 지키다 보면 아이는 자기조절능력을 기르고 성취감 또한 느낄 수 있다.

(3) 부모와 교사의 모범

'자녀는 부모의 거울이다'라는 말이 있는 것처럼, 부모와 교사의 휴대전화 사용 습관을 아이들이 보고 그대로 배울 수 있다. 혹시라도 아이 앞에서 무심결에 휴대전화를 계속 들여다보고 있지는 않은지, 아이와 놀아주는 시간보다 휴대전화의 사용시간이 더 많은 건 아닌지 주기적으로 체크해 보고 개선할 필요가 있다.

(4) 다른 것에 흥미 찾기

휴대전화가 아닌 다른 것에 흥미를 찾는 것도 아주 좋은 방법이다. 블록이나 보드게임과 같이 친구들과 어울려 할 수 있는 놀이를 한다든지, 자기 전 휴대전화를 보고 자는 습관을 고치고 엄마, 아빠와 함께 동화책을 읽는 등 그 나이대에 맞는 적절한 놀이 활동으로 아이들의 발달과 창의력에 도움을 주는 활동을 하는 것이다. 다른 활동에 더 큰 즐거움과 흥미를 느끼고 그것이 계속 쌓여간다면 아이는 휴대전화 중독에서 벗어날 수 있다.

Chapter 12

신체적 부적응 생활지도

배울내용

1. 식습관 문제
2. 대소변 가리기
3. 수면, 청결 및 안전습관
4. 성적행동

학습목표

1. 식습관 문제를 이해하고 개입방안을 모색해 본다.
2. 대소변 가리기 훈련 시 가져야 할 기본 상식을 습득한다.
3. 수면, 청결 및 안전습관에 대한 구체적인 개입 기법을 익힌다.
4. 성적행동의 원인을 이해하고 상황별 지도방안을 숙지한다.

1 식습관

현재 만 5세인 광식이는 매일 집에서 부모와 전쟁을 치르고 있다. 그 이유는 광식이가 밥을 먹지 않으려고 하기 때문이다. 광식이는 자기가 좋아하는 것 외에는 절대 다른 음식은 먹지 않으려고 한다. 또래보다 키는 작은데 체중은 오히려 더 많이 나가고, 먹는 양에 비해 비만인 것이 편식과도 관련이 있어 보여 부모는 걱정스럽다.

1) 식습관의 개념

식습관이란 음식의 기호, 음식에 대한 태도, 식사태도 등을 포함하는 개념이다. 즉, 식습관은 어떤 특정한 장소에서 가장 적절한 형태의 식품을 섭취할 수 있도록 학습과정을 통해 습득한 식생활 행동이 의식적이기보다는 거의 자동적으로 반복되는 것을 의미한다(복혜자, 2002). 그리고 식생활 행동은 식품을 취급하는 여러 가지 행동, 즉 먹는 행위와 이들 행동을 추진하는 능력 등의 형성이나 유지에 관련되는 여러 행동을 포함하는 것으로 어느 집단의 구성원이 공유하는 식생활의 방식과 내용을 의미한다(김두례, 2001).

유아기는 기본적인 생활습관 중에서, 특히 식습관을 길들이는 시기이므로 가정과 유아교육기관에서 식습관에 대한 교육이 필요하다(이정임, 2008). 즉, 유아기의 충분한 영양공급을 통해 유아가 올바른 발달에 도달할 수 있게 유아의 식습관 및 식생활의 올바른 구축에 힘써야 한다. 식사를 계획할 때는 영양뿐만 아니라 식사태도를 몸에 익혀 주기 위해 보다 경험적이고 행동적이며 무리 없이 자연스럽게 진행해야 하며, 좋지 않은 행동을 지적하여 지도하는 것이 필요하다(강난기, 1989).

2) 식습관의 중요성

유아기는 기본생활습관, 성격, 행동양식 등이 형성된다는 점에서 건강습관을 길러 주기 위한 건강교육의 최적기라 할 수 있다(이순형 외, 2013). 즉, 이 시기의 유아들은 신체적 · 정신적 성장으로 음식에 대한 감각과 경험이 발달할 뿐만 아니라 위생인식, 식사예절, 식사태도와 같은 식습관도 형성된다(신은수 외, 2012).

식습관은 하루아침에 이루어지는 것이 아니라 서서히 습관화되며, 특히 질병에 걸렸을 때 가장 큰 어려움을 겪게 되므로 바람직하지 못한 식습관을 변경하려는 시도는 필요하다(최정화, 2011). 이 시기에 균형 잡힌 영양섭취를 통하여 올바른 식습관이 형성된다면, 유아들은 각종 질병에 대한 저항력이 높아질 뿐만 아니라 원만한 성격의 소유자가 될 수 있다(신은수 외, 2012). 따라서 건강한 식습관 형성은 일생 동안의 적절한 성장과 발달을 돕고 건강을 증진시키며, 영양결핍, 빈혈과 같은 건강 문제의 발생을 예방해 주어 평생 건강의 기초가 된다(국민건강보험공단, 2012).

기본적으로 아이의 식사는 주로 가정이라는 환경 속에서 이루어지고 있으며 가족생활 형태, 부모의 식습관 등은 아이들의 식습관 형성에 중요한 영향을 미친다(이기열 · 문수재, 2002). 따라서 아이의 긍정적인 식습관을 형성하기 위해서는 가족사항, 식사환경, 아이의 식사상황, 식사의 자립성, 식사 전후 위생상태, 아이의 건강상태 등을 고려해야 한다(박지은, 2008).

3) 아동의 식사행동

식생활이란 음식을 먹는 일 또는 음식과 관련된 습관, 기호, 문화 등이 포함하는 개념이다. 유아기에는 식품에 대한 기호가 뚜렷해지는 시기로 이 시기에 바람직하지 못한 음식 기호 때문에 편식, 식욕부진, 빈혈, 비만증, 소아당뇨, 충치 등의 문제가 발생할 수 있다(민인자, 2009). 유아기 식생활 행동의 특징을 살펴보면 〈표 12-1〉과 같다(신은수 외, 2012).

표 12-1. 유아기 식생활 행동의 특징

• 식품에 대한 기호가 확립된다. 유아기는 자아가 발달함에 따라 취향이 현저하게 나타나는 시기이다. 이러한 유아기 발달적 특성은 유아의 식습관에서도 볼 수 있다.
• 기호의 변화에 따라 좋아하는 음식이 자주 바뀌고 섭취하는 양도 줄었다 늘었다 하는 식욕의 변화가 나타난다.
• 혼자서 숟가락과 컵을 사용할 수 있게 되면서 식사 시간도 빨라지고 어른의 도움 없이 식사를 할 수 있는 식사태도가 형성된다. 즉, 대 · 소근육의 발달로 수저 사용이 용이해지면서 음식물도 영아기에 비해 덜 흘리고, 먹고 싶은 반찬도 스스로 먹을 수 있다.
• 부모 또는 가족의 식생활에 동화되거나 모방을 통해 식사기호가 형성되면서 음식을 선택한다. 엄마의 음식에 대한 긍정적 · 부정적 태도는 아이가 어떤 음식을 좋아하고 싫어하게 되는가를 결정하는 데 영향을 준다.
• 특정 종류의 식품만을 좋아하거나 다른 식품을 거부하는 편식의 모습이 두드러지게 나타난다.

이와 같이 아이에게 올바른 식습관을 형성하도록 하는 것은 매우 중요하다고 할 수 있다. 이를 위해 몇 가지 고려해야 할 점(김아름, 2011)으로는 첫째, 아이의 식품에 대한 미각을 고려해야 한다. 둘째, 아이들의 흥미를 이끌 수 있는 식품으로 호기심을 자극시켜 주어야 한다. 셋째, 아이에게 적절한 그릇, 적절한 의자 등을 제공해 주어 편안한 식사 환경을 준비 해 주어야 한다. 넷째, 아이는 적절한 방식으로 자율성을 표현하므로 아이에게 직접 선택할 기회를 주어 결정할 수 있는 능력을 길러 주어야 한다. 다섯째, 규칙적인 식사시간과 음식의 양을 조절할 수 있게 하여 긍정적인 식습관을 형성할 수 있도록 해야 한다. 여섯째, 아이의 발달에는 순서가 있으므로 연령과 신체 발달 능력을 고려하여 식습관 지도를 해야 한다. 일곱째, 아이의 식습관은 아이의 장래의 건강과 인성에 밀접한 관계가 있으므로 바람직한 식생활습관을 형성하도록 지도해야 한다.

영유아의 올바른 식습관 형성을 위한 구체적인 지도방법은 〈표 12-2〉와 같다(문혁준 외, 2013; 전남련 외, 2014).

표 12-2. 올바른 식습관 형성을 위한 지도방법

구분	내용
음식을 먹기 전	• 식사 전에는 반드시 손을 씻도록 한다. • 식탁과 의자를 바르게 놓고 주변 환경을 깨끗이 한다. 교사는 영유아들이 식사를 하는 테이블을 깨끗하게 닦고 식기 등을 바르게 정리할 수 있도록 한다. • 식사 준비와 상차림을 돕는다. 영유아가 자신의 식기를 스스로 준비할 수 있도록 하고 가능하면 상차림에 참여할 수 있도록 하여 식사 시간에 즐겁게 참여할 수 있도록 한다. 예를 들어 연령이 높은 유아의 경우 배식을 할 때 도우미로 참여하여 친구들에게 반찬을 나눠 주는 등의 활동을 진행할 수 있다. • 식탁에 앉을 때는 바른 자세로 앉도록 한다. 영유아들이 식사를 하는 식탁이 너무 높은 것은 아닌지 점검하고 바르게 자리에 앉을 수 있도록 지도한다. • 식사를 하기 전 감사하는 마음을 표현하도록 한다. 음식이 우리에게 오기까지 많은 분의 수고가 있었음을 기억하며 감사한 마음을 가지고 식사할 수 있도록 감사기도 등의 방법으로 지도하도록 한다.
음식을 먹을 때	• 웃어른이 먼저 식사를 한 후 식사를 한다. 식사예절 중 하나로 어른이 먼저 식사를 한 후 영유아들이 음식을 섭취할 수 있도록 지도한다. • 식사 도중에도 바른 자세로 앉아서 먹도록 한다. 식사를 하는 과정 중 돌아다니거나 뛰어다니지 않고 바른 자세로 앉을 수 있도록 지도한다. • 영유아의 신체발달에 적합한 식사도구를 제공하고 바르게 사용하도록 한다. 어린 영아의 경우 아직 소근육의 발달이 미숙하기 때문에 도구의 사용이 서투르기 마련이다. 따라서 영유아의 발달에 적합한 식사도구를 제공하고 적절하게 숟가락과 포크 등을 사용할 수 있도록 지도한다. • 점진적으로 음식을 제공한다. 영유아마다 선호하는 음식이 있으며 먹기 힘들어하는 음식이 있기 마련이다. 따라서 교사는 영유아마다 다른 특성을 이해하고 지도하는 것이 필요하다. 특히 특정 음식을 먹기 힘들어할 경우 억지로 권하기보다는 조금씩 맛을 볼 수 있도록 하며 양을 늘려가는 방법으로 지도하는 것이 바람직하다. • 융통성 있게 식사지도를 한다. 영유아들의 식사시간은 건강과 기분에 따라서 다를 수 있다. 따라서 교사는 융통성 있게 식사시간을 운영하는 것이 필요하다. 또한 영유아의 기호와 양을 파악하여 적절한 양만큼을 배식하고 필요할 경우 더 먹을 수 있도록 도와준다. 점심식사 시간은 약 30분 내외를 계획하여 진행하는 것이 좋으나 영유아의 연령 및 개인차를 고려하여 융통성 있게 운영하도록 한다. 식사를 일찍 마친 영유아는 정리 후 책읽기와 같은 조용한 놀이를 하도록 지도한다. 음식을 잘 먹지 않는 영유아의 경우 식사 후 즐겁게 놀이를 할 수 있음을 알려서 놀이에 대한 기대감을 갖을 수 있도록 하고 다른 친구들과 먹는 속도를 맞추도록 한다. • 음식을 꼭꼭 씹어서 먹고 음식을 먹을 때 소리를 내지 않도록 한다. 영유아가 음식을 먹을 때 꼭꼭 씹어 먹을 수 있도록 하고 음식을 입에 물고 이야기하지 않도록 한다. 또한 음식을 먹는 과정 중 지나치게 큰 소리를 내지 않도록 지도하는 것도 필요하다.

구분	내용
	• 모델링을 제공한다. 영유아의 바른 식습관을 형성하기 위해서는 교사가 바른 모델링을 제공하는 것도 중요하다. 따라서 교사가 음식을 즐겁게 골고루 먹는 모습을 보여주고 식사 후에는 바르게 정리하는 모습을 자연스럽게 보여주는 것이 필요하다. • 가정과의 연계를 통해 식사 지도를 한다. 최근 음식에 대한 알레르기를 가진 영유아가 많기 때문에 반드시 사전에 부모를 통해 정보를 파악하고 적절한 음식을 제공하는 것이 필요하다.
음식을 먹은 후	• 입가에 묻은 음식물은 휴지나 수건으로 깨끗이 닦는다. • 식사 후에도 감사하는 마음을 표현하도록 한다. 식사 후 "잘 먹었습니다" 등과 같이 인사를 할 수 있도록 지도한다. • 식탁과 주변의 자리를 깨끗이 정리한다. 음식을 먹는 과정 중 음식을 흘렸을 경우 영유아가 스스로 정리할 수 있도록 지도한다. • 자신이 사용한 식사도구는 스스로 정리할 수 있도록 한다.

4) 편식이 심한 아이

편식이란 영유아가 좋아하는 특정한 식품만을 선호하고 다른 식품은 거부하는 것으로서 영양의 불균형을 초래하여 영유아의 성장과 발달에 장애를 일으키게 되는 경우를 의미한다. 영유아기는 음식에 대한 선호가 형성되는 시기로 다양한 음식을 섭취하도록 하여 편식이 일어나지 않도록 지도하는 것이 필요하다.

아이의 식생활 실태에 관한 선행 연구들을 살펴보면, 부모는 자녀가 편식하는 습관을 가지고 있으며(신은경·이연경, 2005), 이는 자녀의 식생활 태도에서 가장 큰 문제라고 지적한다. 유아기에는 좋아하는 음식과 싫어하는 음식에 대한 음식 기호가 뚜렷하게 나타나고 이에 따라 편식하는 습관이 형성되기 쉽다. 또한 식사의 속도와 양이 일정하지는 않지만 수저를 사용해 아이 스스로 식사를 할 수 있는 식사태도가 형성된다.

편식을 하거나 자주 과식을 하며, 식성이 까다로운 아이의 부모들은 걱정을 많이 하게 된다. 편식은 어느 정도 아이의 체질에 영향을 받지만 대개의 경우 환경의 영향을 많이 받는다. 아이를 편식하게 만들고, 입맛을 까다롭게 만들거나 과식을 하게 하는 원인은 〈표 12-3〉과 같다.

표 12-3. 편식의 원인

원인	내용
가족이 편식을 하면 아이도 따라하게 된다.	편식이 심한 아이의 가족은 대개 편식을 한다. "내가 편식을 해서 좋지 않으니 우리 아이만큼은 편식하게 하고 싶지 않다"라고 말하는 부모가 있지만 부모나 가족이 함께 고치려고 노력하지 않으면 아이의 편식은 고쳐지기 어렵다.
간식을 불규칙하게 하면 입맛이 까다롭고 허약해진다.	바쁜 가정에서는 아이가 조르는 것이 싫어서, 아무 때나 과자를 주거나 아이가 멋대로 간식하는 것을 내버려 두고, 입이 까다롭다고 걱정하는 부모가 있다. 일반적으로 우리나라 가정은 식생활이 규칙적이지 못하다고 하는데, 간식시간이나 음식량을 분명히 정해서 주지 않으면 위장은 늘 활동해야 함으로 피로하게 되고 쇠약해지게 된다.
운동부족도 입맛을 까다롭게 하고 식사가 고르지 못하게 한다.	아이의 몸은 움직이면서 자라나게 된다. 너무 피로해도 안 되지만 움직이는 것은 아이에게 필요하다. 너무 책에 열중하여 밖에서 놀지 않거나 운동을 하지 않는 아이는 입맛이 까다로워지고 식사를 고르게 하지 않는 경우가 많다. 식단의 변화나 영양가 측정과 함께 밖에서 운동하고 뛰어놀게 할 필요가 있다.

편식이 심한 아이나 식사가 고르지 못한 아이를 바라보고 있으면, 그 가정의 아이에 대한 태도가 문제라는 생각이 든다. 건강하고 튼튼한 몸을 만들기 위해서는 편식이 나쁘다는 것, 불규칙한 식사가 몸에 해롭다는 것을 충분히 알면서도 아이의 비위를 맞추거나 아이의 고집을 허용하는 등 식사에 관한 나쁜 습관을 길들이는 경우가 많다. 어린아이일수록 이러한 나쁜 버릇을 고치기 쉬우므로 엄격한 습관을 길러 주는 것이 필요하다. 예를 들어 싫다고 어떤 반찬을 먹지 않더라도 절대로 다른 것을 주지 말고, 아무리 떼를 써도 정해진 시간 이외에 간식을 주지 않으며, 정해진 양 이상의 것을 주지 않는 등 양보해서는 안 되는 사항을 실행하는 것이다. 조부모는 손자가 귀여워서 무분별하게 과자를 주어 나쁜 버릇을 만드는 일도 있다. 이런 측면에서는 유아의 올바른 식습관을 형성하도록 가족 구성원이 잘 협조해야 한다.

일반적으로 우리나라 부모는 아이에게 지나치게 부드럽고, 또한 이러한 근시안적 애정 때문에 우리나라 아이는 적리(赤痢)라는 급성 전염병[1]에 많이 걸리며, 귀한 생명

1) 갑자기 배가 아프고 뒤가 무직하며 피가 섞인 설사를 하면서 온몸에 증상이 나타나는 급성 장내성 전염병이다. 민간에서는 흔히 붉은 배앓이라고도 한다. 적리균이 옮아서 생긴 것을 세균성 적리라고 하고 아메바성 원충에 의하여 생긴 것을 아메바성 적리라고 한다. 적리균, 아메바원충은 환자의 대변에 있는데 이에 의하여 오염된 손, 음식물, 물, 일용품,

을 잃는 일도 있다. 식생활을 규칙적으로 하는 사회적 분위기를 만들어 내기 위해서 각 가정에서도 다 같이 노력해야 한다. 편식을 하는 아이에 대한 구체적인 지도방법은 〈표 12-4〉와 같다.

표 12-4. 편식의 지도방법

- 편식의 원인을 정확하게 파악하고 원인을 제거하도록 한다.
- 음식을 강제로 먹이지 않고 즐거운 식사 환경을 조성한다.
- 다양한 조리법을 통해 음식을 조리하고 음식을 만드는 과정에 직접 참여하도록 한다.
- 부모나 교사가 편식을 하지 않고 음식을 골고루 먹는 모습을 보여준다.
- 식사 시간을 규칙적으로 실시하고 식사 전에는 충분한 시간과 운동 등을 통해 공복감을 느낄 수 있도록 한다.

5) 비만인 아이

비만은 영유아가 성장하고 발달하는 데 필요한 열량보다 많은 음식을 섭취하여 남은 것이 지방으로 축적되어 몸이 비대해지는 것을 말한다. 비만은 고혈압, 고지혈증, 동맥경화, 당뇨 등 성인병을 유발할 수 있다. 또한 이러한 신체적인 문제 외에도 또래들에게 놀림을 받거나 심리적으로 위축되는 등의 문제까지 발생할 수 있기 때문에 적절한 지도가 필요하다. 비만의 원인은 〈표 12-5〉, 비만을 지도하기 위한 구체적인 방법은 〈표 12-6〉과 같다(문혁준 외, 2013; 임미혜 · 이혜정, 2017; 허혜경 · 김성희, 2015).

표 12-5. 비만의 원인

- 유전적 요인으로 가족들 중에 비만증이 있을 경우 비만이 될 가능성이 높다.
- 잘못된 식습관이 원인이 된다. 즉, 음식을 한 번에 많이 섭취하는 과식이나 과자나 음료수 등을 통해 지나치게 당질을 많이 섭취할 경우 비만이 되기 쉽다. 이 외에도 불규칙한 식습관 역시 원인이 될 수 있다.
- 식사량이 적당하다 하더라도 운동량이 부족하면 비만이 될 수 있다. 최근에는 신체놀이보다는 TV을 보거나 핸드폰, 컴퓨터 등을 활용하여 게임을 하는 시간이 증가하여 운동량이 부족한 경우가 많다. 게다가 TV에 나오는 다양한 식품 광고 및 방송이 식욕을 자극해서 먹고 싶은 충동을 유발하기도 한다.

놀잇감, 파리 등에 의해 간접적으로 전염된다. 3~7일의 잠복기를 거쳐 열이 나고 으슬으슬 춥고 떨리는 증상이 나타나면서 병이 시작된다. 아랫배가 아프고 농이나 또는 농이 섞인 설사를 하루 5~10번, 때로는 수십 번하여 뒤가 몹시 무직하다. 애써 뒤를 보려고 해도 잘 되지 않고 그 양이 매우 적다.

표 12-6. 비만 지도 방법

구분	내용
식사요법	지나치게 체중을 감소하기보다는 체중을 현 상태로 유지하는 데 필요한 칼로리보다 200~300Kcal 정도를 적게 섭취할 수 있도록 한다. 단기간에 효과를 올리려는 목적으로 식사를 제한한다면 유아가 견디지 못하기 때문에 장기간의 계획을 세우도록 한다. 또한 단백질 · 무기질 · 비타민 등의 영양소는 부족하지 않도록 하고 상대적으로 탄수화물과 지방의 섭취를 제한하도록 한다.
운동요법	실내에 앉아서 움직임이 적은 놀이 습관을 줄이고 신체활동을 할 수 있도록 격려하여 많은 에너지를 소모하도록 한다.
심리적 원인에 대한 대처	유아가 지나치게 음식을 많이 섭취하는 것이 관심이나 사랑의 결핍으로도 나타날 수 있다. 따라서 그 원인을 파악하여 대처해 주도록 한다.
바른 식습관 형성	TV를 보면서 음식이나 간식을 먹을 경우 포만감을 느끼지 못하고 계속 음식을 먹어 살이 찌기 쉽다. 따라서 TV를 보면서 음식이나 간식을 섭취하지 않도록 하고 정해진 시간에 규칙적으로 식사를 하도록 지도한다.

2 대소변 가리기

만 4세가 안 된 진욱이는 대소변에 문제가 있어 상담센터를 찾았다. 대변은 동동거리며 다니다가 변기에 하기도 하고 그냥 싸기도 한다. 소변은 두 달 전까지만 해도 완전히 가렸는데 요즘은 계속 옷에다 싼다. 병원에서는 방광에 이상이 없다고 한다. 소변 문제가 해결이 안 되니 놀이방이나 어린이집에도 갈 수가 없다고 어머니는 호소한다.

대소변 가리기 훈련은 영아가 스스로 배설을 변기에서 행하며 대소변 후의 처리과정과 옷을 입고 손을 씻기까지의 행동을 의미한다. 이 과정에서 영아는 실수와 좌절을 경험하기도 하고 성공하게 되었을 때는 성취감을 느끼게 되며 자율성을 증진시킬 수 있다. 하지만 지나치게 일찍 배변훈련을 시작하게 되면 영아에게 심리적인 압박감을 주게 되어 부정적인 영향을 미칠 수 있기 때문에 주의가 필요하다. 영유아가 올바른 배변습관을 형성하는 것이 왜 중요한지를 살펴보면 〈표 12-7〉과 같다(주영은 외, 2016).

표 12-7. 대소변 가리기 훈련의 중요성

- 대소변 가리기는 영유아의 성격발달에 영향을 미치게 된다. 프로이트에 따르면 영아들은 배설을 한 후 이를 통해 쾌감을 느끼는 항문기를 보내게 된다. 이 시기 영아의 발달과업은 배변훈련을 무난하게 해내는 것이며 만약 배변훈련이 잘 이루어지지 않거나 강압적으로 이루어지면 이후 성격발달에 부정적인 영향을 미칠 수 있다.
- 대소변 가리기는 건강을 나타내는 중요한 신호이다. 영유아가 언제 배변을 했으며 어떤 배변을 했는지는 영아의 건강상태를 알려준다. 만약 아동이 오랜 시간 배변을 보지 못하거나 설사를 하는 경우, 소변을 참는 등의 모습이 나타난다면 건강의 문제가 없는지를 확인해야 한다.

대소변을 가리는 시기는 개인차가 크기 때문에 교사는 관찰을 통해 적절한 시기를 파악해야 한다. 또한 소변을 보는 간격이 2시간 이상 되어야 하며 대소변에 대한 느낌을 알고 배변 욕구를 표현할 수 있어야 한다. 그리고 무엇보다 가정과 연계하여 일관성 있게 배변훈련을 시작하는 것이 필요하다. 바른 배변습관 지도의 구체적인 방법은 〈표 12-8〉과 같다(문혁준 외, 2013; 이순형 외, 2013; 전남련 외, 2014).

표 12-8. 대소변 가리기의 지도방법

- 영아가 배변의 욕구를 언어로 표현할 수 있도록 지도한다. 또한 하루 일과 중에 규칙적으로 대소변을 보는 습관을 가질 수 있도록 지도한다. 일반적으로 식사 후, 잠을 자기 전후, 외출하기 전, 영아들이 원할 때 화장실에 갈 수 있도록 한다.
- 영아 쉽고 빠르게 벗을 수 있는 옷을 입힌다. 배변훈련을 위해서는 단추가 많거나 걸쇠가 달린 바지나 치마보다는 고무줄로 된 옷을 입히는 것이 좋다.
- 배변과 관련된 장소, 기구 등에 익숙해지고 사용하는 방법을 익힐 수 있도록 반복해서 지도한다. 영아가 안정감을 느낄 수 있는 영아용 변기, 영아용 깔개, 다리 받침대 등 배변용품을 사용하도록 한다.
- 영아가 쉽게 배변할 수 있도록 근육이완을 할 수 있도록 도와준다. 대소변 활동을 원활히 하기 위해서는 근육을 적절히 이완하고 수축할 수 있어야 한다. 따라서 영아가 소변을 볼 때 '쉬~'라는 말을 길게 발음해 주고

대변을 볼 때는 '응가'라는 말을 해 주거나 힘을 주는 표정과 몸짓을 보여주어 주도록 한다.
- 영아가 스스로 배변을 시도하거나 노력할 때 교사는 긍정적으로 반응해 주고 결과에 상관없이 적절한 칭찬과 격려를 해 준다. 혹시 실수를 했을 경우 벌을 주거나 면박을 주지 않도록 한다.
- 지나치게 길게 변기에 앉아 있지 않도록 한다. 영아가 변기에 앉아 있는 시간은 5분 이내가 적당하다. 변기에 앉아 있는 동안 긴장을 풀도록 격려해 주고 배변훈련에 자신감을 갖도록 한다.
- 교육과정 내에 자연스럽게 배변 관련 책을 보거나 인형을 이용하여 변기사용법을 익혀 보게 하는 등의 활동을 계획하여 지도한다.

이 외에도 유아교육기관에서 영아들의 배변습관을 돕기 위한 지침은 〈표 12-9〉와 같다(조경자 · 이현숙, 2006).

표 12-9. 대소변 가리기를 위한 유아교육기관의 지침

- 화장실은 깨끗하고 매력적이며 영아의 발달에 적합하게 시설한다. 화장실은 채광과 통풍이 잘 되며 깨끗하고 바닥이 미끄럽지 않아야 한다. 특히 영아가 사용하기에 알맞은 변기를 설치해야 하고 벽면에 영아들이 좋아할 만한 그림 등을 붙여 영아들이 안정감을 느낄 수 있도록 해야 한다.
- 배변 시간을 충분히 제공한다. 영아에게 대소변을 재촉할 경우 영아들은 불안해하거나 배변에 대해 부정적으로 인식하기 쉽다. 영아들이 대소변을 볼 수 있는 충분한 시간을 제공하되 억지로 긴 시간을 앉아 있는 것은 피하도록 한다.
- 배변 시 교사의 도움을 필요로 하는 영아가 누구인지를 사전에 파악해 둔다. 배변은 영아마다 개인차가 있기 때문에 배변을 할 때 교사의 도움이 특별히 필요한 영아는 미리 파악하고 지도한다.
- 여벌의 옷을 준비해 두도록 한다. 영아들은 여러 가지 이유로 배변훈련 중 또는 배변훈련이 끝나고 나서도 실수를 할 수 있다. 따라서 교사는 항상 여벌의 옷을 준비해 놓고 실수를 했을 경우 갈아입히도록 한다.
- 배변 실수를 했을 경우 수용적인 분위기에서 신속하게 도와주도록 한다. 영아들은 언제든지 실수를 할 수 있다. 이때 교사들이 다른 친구들 앞에서 영아의 실수를 이야기할 경우 영아는 수치심을 느끼게 된다. 따라서 영아들이 실수할 경우 영아가 안심할 수 있도록 따뜻한 반응을 보여준다.
- 화장실 가는 시간을 융통성 있게 운영한다. 유아교육기관에서 화장실을 다녀오는 시간은 일정한 시간을 정해 놓고 일관적으로 다녀오게 지도할 수 있으나 개별 영아의 요구에 따라 언제든 다녀올 수 있도록 한다. 영아들이 자유롭게 화장실을 다녀올 수 있도록 허용적이고 안정된 분위기를 제공하도록 한다.

대소변 가리기 훈련은 누구나 예외 없이 반드시 거쳐야 하는 과정이고, 대부분 무리없이 무난하게 넘어가게 된다. 일반적으로 대부분의 아이는 만 24~30개월 사이에 대소변 가리기를 할 준비가 이루어진다. 즉, 24개월 이전의 아이들은 대부분 자기 스스로 대장이나 방광을 지속적으로 통제하고 조절하는 것이 어렵다. 따라서 24개월 이전에 너무 빨리 대소변 가리기 훈련을 시작한다면 신체적으로도 준비가 안 되어 있을 뿐만 아니라 마음의 준비도 안 되었기 때문에 아이가 크게 저항할 수도 있다.

대소변 가리기 기간도 아이마다 다르게 나타난다. 어떤 아이는 대소변 가리기를 시작하고 며칠 내에 빠르게 습득하기도 하고, 또 어떤 아이는 그 과정이 수주 내에서 수개월씩 걸리기도 한다. 그리고 대소변을 가리는 것에는 일정한 순서가 있다. 대개 밤에 대변을 가리는 것이 먼저 이루어지고, 대변을 가리고 나면 그 다음으로 낮에 대변을 가릴 수 있게 되며, 그 다음 낮에 소변을 가리게 된다. 그리고 가장 늦게 가리는 것이 밤 동안에 소변을 가리는 일이다. 그래서 4~5세 정도 된 아이들이 밤에 가끔 소변을 누는 것을 흔히 볼 수 있다. 그렇지만 평균적으로 대소변 가리기 훈련을 시작해서 완전히 습득하는 데에 걸리는 기간은 3~6개월 사이이다. 대소변 가리기 훈련에서 부모와 교사가 알고 있어야 할 기본 상식은 〈표 12-10〉과 같다.

표 12-10. 대소변 가리기 훈련 시 부모와 교사가 알아야 할 기본 상식

- 아이가 정서적으로나 신체적으로 대소변 가리기 훈련을 시작할 준비가 되고 난 후에 훈련을 시작하는 것이 좋다.
- 아이가 가지고 있는 능력에 대해 확신을 가지고 믿어 주어야 한다. 또한 대소변 가리기 훈련 과정을 성공적으로 해 나갈 있다는 것을 믿어야 한다.
- 아이가 자신의 기저귀가 젖었다는 사실을 알 수 있을 정도로 이해력이 갖추어졌고, 혼자서 화장실에 갈 수 있을 만큼 운동 기능이 갖추어졌을 때 대소변 가리기 훈련을 시작하는 것이 좋다. 또한 갑자기 대소변이 마려울 때 아이가 재빠르게 화장실에 가서 바지를 내리고 다시 입을 수 있는 기본적인 능력이 이루어지고 나서 대소변 가리기 훈련을 시작하는 것이 좋다.
- 대소변 가리기 훈련을 하는 과정에서 아이가 저항을 한다면 일단 중지하는 것이 좋다. 그런 다음 아이가 먼저 대소변 가리기 훈련에 관심을 보이기 전까지는 수주간 변기 이야기를 하지 않는 것이 좋다.
- 훈련 과정에서 대소변 실수를 해도 침착하게 대해 주어야 한다. 그리고 아이에게 "괜찮아. 누구나 실수를 하기도 한단다. 그렇지만 이것은 하지 않을 수 없으니까 다음에 다시 한 번 해 보자"라고 이야기한다. 절대로 과잉반응을 보이거나 체벌을 해서는 안 된다.
- 대소변 가리기 훈련을 시작하기에 적합한 신체적인 발달, 신경계의 발달이 이루어져 있다 하더라도 아이의 마음 상태가 중요하다. 스트레스에 의한 갈등이 발생했을 때 아이는 흔히 퇴행을 보일 수 있으므로 너무 좌절하지 말고 아이의 마음 상태를 존중해 주면서 아이의 속도에 맞추어 주어야 한다. 그러면 비교적 편안하게

이 과정을 해결해 나갈 수 있다.

- 일부 부모는 자신의 아이가 대소변 가리기 훈련을 어린 나이에 빠르게 성공적으로 마친 것이 부모로서의 자신이 유능하기 때문이라고 착각하는 경우가 있다. 대소변 가리기 훈련은 아이에게 반드시 필요한 것이고, 그 성취감은 아이의 것이어야 한다. 부모를 우월하게 하기 위해서, 부모를 기쁘게 하기 위해서 이루어지는 것은 아니다. 대소변 가리기 훈련의 과정과 결과는 절대적으로 아이의 것이지, 부모의 것이 되어서는 안 된다는 것을 명심해야 한다.

1) 배설장애의 정의 및 특성

배설장애는 소변 또는 대변의 부적절한 배설을 포함하며 대개 아동·청소년기에 처음으로 진단되는 장애이다. 이 장애군에는 부적절한 장소에서 반복적으로 소변을 보는 유뇨증과 부적절한 장소에서 반복적으로 대변을 보는 유분증이 포함된다. 유뇨증과 유분증 모두 최소 연령에 대한 진단적 요구가 있지만 오로지 생활연령만을 기준으로 하는 것이 아니라 발달연령에 근거해서도 진단해야 한다. 두 장애 모두 의도적일 수도 있고 불수의적일 수도 있다. 이 장애들은 대개 개별적으로 발생하지만 두 장애가 공존하는 경우도 있다. 배설장애의 종류와 구체적인 특징은 〈표 12-11〉과 같다.

표 12-11. 배설장애의 종류와 특징

종류	특징
유뇨증 (enuresis)	배변훈련이 끝나게 되는 5세 이후에도 아동이 신체적인 이상이 없음에도 불구하고 옷이나 침구에 반복적으로 소변을 보는 것을 의미하며, 적어도 연속 3개월 동안 주 2회 이상의 빈도로 소변조절이 되지 않아야 한다. 이러한 유뇨증은 밤에만 나타나는 야간형 유뇨증(야뇨증), 낮에만 나타나는 주간형 유뇨증, 밤과 낮 구분없이 나타나는 주·야간형 유뇨증이 있다.
유분증 (encopresis)	4세 이후로 적어도 연속 3개월 동안 최소한 매달 1회 이상 대변 조절이 되지 않는 경우이다. 즉, 4세 이상의 아동이 대변을 적절치 않은 곳(옷이나 마루)에 반복적으로 배설을 하는 경우를 말한다.

2) 배설장애의 지도방법

유뇨증은 복합적인 원인에 의해 나타나므로 적절한 평가를 통해 다양한 치료방법이 적용되어야 한다. 유뇨증의 치료에는 행동치료적 기법이 매우 효과적인 것으로 알려져 있다. 잠자리 요나 기저귀에 전자식 경보장치(bell and pad)를 하여 소변이 한 방울이라도 떨어지면 경보음이 울려 잠자는 아동을 깨우게 하는 방법이 가장 안전하고 효과적인 방법으로 알려져 있다. 일반적으로 약물치료는 유뇨증 치료에 잘 적용하지 않지만 다른 치료법이 효과를 거두지 못할 경우에 마지막 방법으로 드물게 사용하기도 한다.

유분증은 다양한 심리사회적 스트레스(예를 들어 입학이나 동생의 출산, 부모의 불화, 부모와의 이별, 병에 걸리거나 입원경험 등)에 의해 촉발될 수 있다. 또한 대체로 주의가 산만하고 집중력이 낮으며 과잉행동을 보인다는 점에서 유분증이 뇌신경 발달의 지연과 관련된다는 주장도 제기되고 있다. 유분증 치료에는 대변가리기 훈련, 행동치료, 심리치료가 적용된다.

3 수면, 청결 및 안전습관

사례 1 : 철수는 1세 남자아이이다. 철수는 교사가 얼굴에 물을 묻히려고 하면 울음을 터뜨린다. 거울을 보여주며 음식을 먹어서 얼굴이 지저분해졌음을 충분히 설명해 주고 천천히 씻어주려고 해도 물만 닿으면 자지러진다. 그래서 얼굴이 깨끗해지기보다는 다시 눈물과 콧물로 더 지저분해지기 일쑤다.

사례 2 : 영희는 4세 여자아이이다. 영희는 매우 활동적인 유아로 겨울에도 온몸에 땀이 흠뻑 나도록 뛰어다니며 놀이하는 것을 좋아한다. 그런데 문제는 영희가 잘 씻지 않고 어린이집에 온다는 것이다. 여름은 물론이거니와 겨울에도 머리에서 냄새가 나고 끈적끈적해서 낮잠 후에 머리를 묶어주고 나면 교사의 손에서도 냄새가 날 정도이다. 한참 예쁜 것과 공주 옷을 좋아하는 일부 여자 친구들은 영희에게 냄새가 난다며 잘 놀지 않으려고 할 때도 있다.

1) 수면습관

수면은 신체적 · 심리적으로 피로한 몸을 회복시켜 줄 뿐 아니라 몸을 회복시켜 질병에 걸리지 않도록 하여 건강한 생활을 유지할 수 있도록 돕는다. 또한 수면을 하는 시간 동안 활발한 뇌 활동이 이루어지고 기억력이 증진되며 성장 발육에 필요한 호르몬 등의 분비로 성장 발달에도 도움이 된다. 하지만 영유아는 스스로 휴식이나 수면을 취하기 어려우며 놀이에 몰두할 경우 수면을 거부하는 등의 모습이 나타날 수 있다. 따라서 교사는 하루 일과 중 적절한 시간을 배정하여 영유아가 휴식이나 수면을 할 수 있도록 지도하는 것이 필요하다. 생활지도 측면에서 볼 때도 영유아가 적절한 수면을 취하지 못하고 문제가 있을 경우 과잉행동이나 과민반응을 유발하여 영유아의 전반적인 생활에 영향을 미칠 수 있다(Foreman & Wykle, 1995).

영유아의 수면은 개인차에 따라 다르지만 일반적으로 0~1세의 경우 하루 중 18시간 이상, 2~3세 영아는 10~12시간 이상을 수면을 취해야 한다. 유아들 역시 8~10시간 정도 방해받지 않고 충분한 수면을 취해야 한다. 낮잠의 경우 2세 미만의 영아들은 하루에 3시간 정도 잘 수 있도록 계획하고, 2~5세 유아들은 하루에 1~2시간 정도의 낮잠시간을 배려하도록 한다. 수면습관이 잘 형성된 영유아의 경우 쉽게 잠들고 잘 깨지만 수면에 어려움을 가진 영유아는 여러 원인이 있을 수 있다. 따라서 교사는 수면의 문제를 가진 영유아의 원인을 파악하기 위해 노력해야 한다(황현주 외, 2012).

표 12-12. 수면 문제의 원인

- 캄캄한 방에 혼자 남겨질 것에 대한 두려움이 있을 경우 잠을 자는 데 어렵다.
- 영유아가 잠든 후 다른 가족들이 재미있고 즐거운 시간을 가지게 될까 봐 염려하여 잠자기를 거부할 수 있다.
- 부모가 갈등이 있을 경우 자신이 잠든 사이 생길 변화에 대한 불안감으로 잠을 자기 어려울 수 있다.
- 발달상의 이유로 상상력, 활동성이 뛰어나며 현실과 환상에 대한 구분이 없는 3~6세 유아들은 절반 정도가 악몽을 경험하게 되는 데 이러한 악몽으로 인해 잠자는 것을 두려워 할 수 있다.
- 수면과 관련된 문제행동(야경증, 몽유병 등)이 수면을 어렵게 한다.

영유아의 올바른 수면습관 형성을 위한 지도방법을 낮잠 시간을 중점으로 살펴보면 〈표 12-13〉과 같다(이순형 외, 2013).

표 12-13. 수면습관 지도방법

- 낮잠을 위한 장소와 준비물을 마련한다. 낮잠을 자기 위하여 교실의 공간을 확보하고 개인의 침구류를 준비하도록 한다. 연령이 높은 유아의 경우 스스로 자신의 침구류를 준비하고 정리할 수 있도록 지도한다.
- 물리적·정서적으로 낮잠 시간을 준비한다. 소음을 차단하고 조명, 온도, 습도를 적절하게 맞추고 조용한 음악을 틀어 주도록 한다.
- 낮잠을 자기 전 이를 닦도록 하며 화장실에 다녀오도록 한다.
- 낮잠 시간을 규칙적이고 융통성 있게 운영한다. 하루 일과 중 낮잠 시간을 규칙적으로 운영하여 영유아가 낮잠 시간을 예측할 수 있도록 하며 낮잠을 자고 일어나는 일이 규칙적인 습관이 되도록 지도하는 것이 필요하다. 또한 낮잠을 자지 않으려는 영유아에게는 잠자기를 강요하기보다는 조용히 휴식을 취할 수 있도록 하는 등 융통성 있게 운영하도록 한다.
- 개인적인 수면 욕구를 고려한다. 영유아의 경우 잠들기 위해 인형이나 애착 물건이 필요로 할 수도 있다. 교사는 가정과의 연계를 통해 영유아의 수면 습관을 파악하여 편안한 마음으로 잠자리에 들 수 있도록 한다.
- 낮잠 후에는 침구류 등을 스스로 정리정돈하고 머리나 옷차림 등을 정돈할 수 있는 시간을 제공한다.

표 12-14. 잠자는 시간을 행복하게 하기 위한 10가지 지침

1. 규칙적인 시간에 잠자리에 들게 한다.
2. 수면시간을 결정할 때는 유아교육기관의 활동 종류와 낮잠의 양을 고려하도록 한다.
3. 잠자리에 들 때가 되었음을 유아가 알 수 있도록 정규적이고 규칙적인 활동들을 일관되게 설정한다(예를 들어 조용한 게임, 목욕, 책 읽어주기, 노래하기, 조용한 음악 틀어주기, 화장실 다녀오기, 물 마시기, 이부자리에 들어가기, '잘자'라고 말하기 등). 이와 같은 활동은 잠잘 시간이 다가오고 있음을 느끼게 하는 활동이므로 일과의 한 부분으로 순서대로 진행하게 되면 유아가 안정감 있게 잠잘 시간을 받아들일 수 있다.
4. 잠자리에 들기 직전의 시간에는 자극이 적은 활동을 계획한다.
5. 빛과 어둠의 정도, 조명은 유아가 선택하게 한다. 즉, 불을 켜놓은 채 잠이 들기를 원한다면 그것을 받아들인다.
6. 유아가 느긋해질 수 있도록 돕고 안정감을 느끼게 하는 유아들만의 습관을 받아들인다(예를 들어 엄지손가락 빨기, 머리 꼬기, 담요를 끌어안기, 인형 안고 자기 등).
7. 유아가 잠이 들기까지 30분이나 그 이상이 걸릴 수도 있다는 점을 받아들인다.
8. 유아에게 이불을 덮어 준 뒤 방을 나오는 것보다 유아가 긴장을 풀고 느긋해질 때까지 곁에 앉아서 자장가를 불러준다.
9. 유아에게 잠자리에 들 때 오줌을 싸서 이부자리를 적시는 일이 없도록 하라는 훈계를 하지 않는다.
10. 유아가 잠잘 시간이 되거나 자고 있는 동안에는 가능하면 주변의 소음을 줄인다.

출처: 전남련 외(2014).

수면과 관련하여 발생할 수 있는 문제행동의 유형과 지도방법을 살펴보면 〈표 12-15〉와 같다(강문희, 2005).

표 12-15. 수면과 관련된 문제 행동

구분	내용
야경증	야경증이란 수면 중 반복적으로 갑자기 깨서 소리를 지르거나 심한 불안을 느끼며 우는 것을 말한다. 주로 4~12세 중 1~6%의 유아에게서 발생하며, 특히 여아에게 흔히 나타난다(임미혜 · 이혜정, 2017). 이러한 문제는 유아의 정서불안이나 심리적 갈등이 문제일 수 있는데 이러한 경우는 성장하면서 횟수가 감소하는 것이 보통이다. 하지만 이러한 문제가 지속적으로 반복되고 횟수가 감소하지 않는다면 심각한 병적인 문제이기 때문에 전문적인 치료가 필요하다.
악몽	상상력이 풍부하고 주변 환경에 대해 민감한 시기를 보내고 있는 영유아의 경우 밤에 잠을 자다가 깜짝 놀라 깨어 울거나 심한 두려움과 공포 반응을 보이게 되는 경우가 있다. 대개 수면의 후반부에 일어나며 아침에 일어나면 간밤에 있었던 꿈을 기억하고 말할 수 있다. 낮 시간에 영유아가 흥분한 사건이 있었을 경우 더욱 잘 나타나기도 한다. 악몽은 스트레스나 불안감과 밀접한 관련이 있기 때문에 영유아를 잘 관찰하여 원인을 파악하고 이를 감소시켜 줄 수 있도록 배려하는 것이 필요하다.

2) 청결습관

청결한 습관을 형성하는 것은 자기 몸에 대한 청결을 유지하는 것과 주변 환경을 깨끗하게 보전하는 것까지를 포함한다. 또한 영유아가 스스로 청결의 필요성을 깨닫고 청결한 습관을 형성하도록 지도한다. 영유아의 경우 면역력이 약하기 때문에 주변 환경이 청결하지 않을 경우 질병에 감염될 위험이 높기 때문에 영유아기부터 청결습관을 기를 수 있도록 해야 한다. 하지만 영유아들은 청결에 대한 특별한 욕구가 없는 경우가 있기 때문에 청결습관을 인식하고 지도하는 데 어려움이 있을 수 있다(김경희, 2007). 청결습관의 문제는 지나치게 청결하거나 반대로 잘 씻지 않으려는 경우가 있을 수 있다. 따라서 교사는 영유아의 청결 상태를 확인하고 적절한 방법으로 지도할 수 있어야 한다.

영유아가 습득해야 할 청결습관과 관련된 내용은 자기 몸에 대한 청결과 주변 환경에 대한 청결로 나누어서 생각해 볼 수 있다(유효순·이소은, 2012; 최혜순, 2012). 구체적인 지도내용은 〈표 12-16〉과 같다.

표 12-16. 청결습관과 관련된 내용과 지도방법

구분	지도내용
자기 몸에 대한 청결	• 밖에서 놀다가 실내로 들어왔을 때 손을 씻는다. • 식사 전후와 용변 후에 손을 씻는다. • 화장실의 올바른 사용법을 익힌다. • 식사 후와 잠자기 전에 이를 닦는다. • 매일 아침, 저녁으로 세수한다. • 정기적으로 목욕을 한다. • 콧물이나 침을 바르게 처리하도록 한다. • 정기적으로 손톱, 발톱을 깎는다. • 옷차림을 단정하고 깨끗이 한다. • 머리를 단정히 손질한다.
주변 환경에 대한 청결	• 자신의 물건은 스스로 정리하도록 하고 사용한 물건은 제자리에 두는 것을 습관화한다. • 벗은 옷과 양말을 정해진 장소에 두도록 지도한다. • 휴지를 함부로 버리지 않는다. • 벽이나 공용 물품에 낙서를 하지 않는다. • 화장실 등 공공 시설물을 깨끗하게 사용한다. • 여러 가지 해로운 곤충(파리, 모기, 바퀴벌레 등)에 주의하도록 한다. • 약물의 오용과 남용을 금한다.

영유아의 청결습관 형성을 위한 구체적인 지도방법은 〈표 12-17〉, 〈표 12-18〉과 같다(권정윤 외, 2016; 이순형 외 2013).

표 12-17. 영유아의 청결습관 형성을 위한 지도방법

- 청결한 모습을 격려한다. 씻는 것을 싫어하는 영유아에게는 청결함에 대해 격려하고 칭찬해 주도록 한다. 손을 씻거나 양치질을 스스로 했을 때 칭찬해 주고 깨끗해진 자신의 모습을 거울로 확인할 수 있도록 한다.
- 규칙적으로 씻고 정리하는 경험을 제공한다. 화장실에 다녀온 뒤와 간식 및 식사 전에 손을 씻기, 식사 후 양치질하기, 놀이 후 정리정돈하기 등의 일과를 제공하여 규칙적으로 씻고 정리할 수 있도록 한다.
- 적절한 세면도구를 제공한다. 영유아들이 사용하기에 적합한 비누, 칫솔, 치약 등을 제공하고 올바른 사용법을 알려 준다.

- 바르게 씻을 수 있도록 지도한다. 영유아들이 바른 손 씻기를 실천할 수 있도록 구체적으로 지도한다.
- 영유아 개인의 발달수준을 고려하여 지도한다. 어린 영아의 경우 처음에는 교사가 씻겨 주고 양치질도 교사가 직접 해 주는 것이 좋다. 이후 만 2세경이 되면 스스로 손 씻기를 할 수 있게 되고, 만 3세 이후에는 스스로 몸을 닦고 서툴지라도 혼자 양치질을 할 수 있다. 교사는 이러한 영유아의 특성을 고려하여 적절한 도움을 제공해 주고 스스로 해나갈 수 있도록 지도한다.

표 12-18. 바른 손씻기 방법

- 흐르는 물에 손을 적시고 비누를 사용하여 씻는다.
- 약 15초간 손가락 사이, 손톱 주위, 손등, 손목까지 골고루 문지른다.
- 흐르는 물에 약 10초 이상 손목에서부터 손가락 끝의 방향으로 손을 완전히 헹군다.
- 개인수건이나 종이수건을 사용하여 물기를 닦는다.
- 계절에 따라 손에 로션을 발라 손이 건조되거나 갈라지는 것을 막는다.

출처: 전남련 외(2014).

3) 안전습관

영유아는 발달 특성상 주변의 환경을 적극적으로 탐색하며 호기심이 많은 반면 신체운동능력은 충분하지 않고 상황 판단 및 대처 방법은 미숙하여 사고에 노출될 위험이 많다. 따라서 영유아가 위험한 상황을 인지하고 사고를 미연에 방지하며 자신을 위험에서 지킬 수 있는 구체적인 방법을 인식할 수 있도록 하는 안전교육이 필요하다. 또한 사고가 발생했을 때 어떻게 대처하는 것이 적합한지를 이해할 수 있도록 지도하는 것도 중요하다. 영유아의 발달적 특성과 안전사고의 유형을 살펴보면 〈표 12-19〉와 같다(문혁준 외, 2013).

표 12-19. 영유아의 발달적 특성과 안전사고의 유형

연령	발달특성	발생하기 쉬운 안전사고
만 0~1세	기기, 앉기, 서기, 입을 통한 탐색	추락, 충돌 사고, 흡입 사고
만 1~3세	걸음마기로 운동능력은 미흡하나 호기심이 강하고 활발하게 활동	화상, 위험물 흡입, 놀잇감에 의한 사고
만 3~6세	활동범위가 넓어지고 모험놀이와 같은 대근육 활동을 즐기나 상황에 대한 대처능력은 부족	추락, 교통사고, 위험물에 의한 사고 등 위험이 큰 사고가 발생

교사들은 영유아의 발달특성에 따른 안전사고 유형을 이해하고 안전사고를 미연에 예방하도록 하며 영유아들이 안전하게 지낼 수 있는 적절한 환경을 제공하고 지도하도록 한다. 「아동복지법」에는 안전교육기준에 따라 매년 안전교육계획을 수립하여 실시하고 계획 및 교육실시 결과를 관할 시장 · 군수 · 구청장에게 매년 1회 보고하도록 되어 있다(아동복지법 제31조 3항). 또한 안전교육기준 역시 법령으로 정하여 〈표 12-20〉과 같이 실시하도록 되어 있다(아동복지법 시행령 제28조 1항).

표 12-20. 법령에서 정하는 안전교육기준

구분	성폭력 및 아동학대 예방 교육	실종 · 유괴의 예방 · 방지 교육	감염병 및 약물의 오용 · 남용 예방교육	재난대비 안전교육	교통안전 교육
실시주기 (총 시간)	6개월에 1회 이상 (연간 8시간 이상)	3개월에 1회 이상 (연간 10시간 이상)	3개월에 1회 이상 (연간 10시간 이상)	6개월에 1회 이상 (연간 6시간 이상)	2개월에 1회 이상 (연간 10시간 이상)
교육 내용	1. 내 몸의 소중함 2. 내 몸의 정확한 명칭 3. 좋은 느낌과 싫은 느낌 4. 성폭력 예방법과 대처법	1. 길을 잃을 수 있는 상황 이해하기 2. 미아 및 유괴 발생 시 대처방법 3. 유괴범에 대한 개념 4. 유인 · 유괴 행동에 대한 이해 및 유괴 예방법	1. 감염병 예방을 위한 개인위생 실천 습관 2. 예방접종의 이해 3. 몸에 해로운 약물 위험성 알기 4. 생활 주변의 해로운 약물 · 화학제품 그림으로 구별하기 5. 모르면 먼저 어른에게 물어보기 6. 가정용 화학제품 만지거나 먹지 않기 7. 어린이 약도 함부로 먹지 않기	1. 화재의 원인과 예방법 2. 뜨거운 물건 이해하기 3. 옷에 불이 붙었을 때 대처법 4. 화재 시 대처법 5. 자연재난의 개념과 안전한 행동 알기	1. 차도, 보도 및 신호등의 의미 알기 2. 안전한 도로 횡단법 3. 안전한 통학버스 이용법 4. 날씨와 보행안전 5. 어른과 손잡고 걷기

구분	성폭력 및 아동학대 예방 교육	실종 · 유괴의 예방 · 방지 교육	감염병 및 약물의 오용 · 남용 예방교육	재난대비 안전교육	교통안전 교육
교육 방법	1. 전문가 또는 담당자 강의 2. 장소 · 상황별 역할극 실시 3. 시청각 교육 4. 사례 분석	1. 전문가 또는 담당자 강의 2. 장소 · 상황별 역할극 실시 3. 시청각 교육 4. 사례 분석	1. 전문가 또는 담당자 강의 2. 시청각 교육 3. 사례 분석	1. 전문가 또는 담당자 강의 2. 시청각 교육 3. 실습교육 또는 현장실습 4. 사례 분석	1. 전문가 또는 담당자 강의 2. 시청각 교육 3. 실습교육 또는 현장실습 4. 일상생활을 통한 반복 지도 및 부모 교육

영유아의 안전습관을 지도하기 위해서는 적절한 교육 내용 및 다양한 지도 방법을 활용하도록 하며, 무엇보다 안전한 환경을 제공하는 것이 중요하다. 구체적인 안전습관 지도방법에 대해 살펴보면 〈표 12-21〉과 같다(이순형 외, 2013).

표 12-21. 안전습관 지도방법

- 안전습관의 지도내용과 실천과정을 일관성 있게 교육하도록 한다. 안전교육은 지식중심의 교육뿐 아니라 구체적인 행동요령을 습득하고 실제 상황에서 실천할 수 있도록 지도하는 것이 중요하다. 따라서 교사는 영유아가 실제 상황에서 자신의 안전을 도모할 수 있도록 하는 데 중점을 두고 지도한다.
- 반복적으로 교육한다. 영유아가 다양한 상황에서 실천해야 하는 대처행동을 어떤 순간에라도 그 행동을 취할 수 있도록 반복적으로 교육하는 것이 중요하다.
- 시설 설비의 안전을 정기적으로 점검한다. 교사는 교실 및 각종 공간의 안전점검표 등을 정기적으로 작성하여 놀잇감 및 놀이기구, 교실 환경, 시설물 등의 안전 상태를 수시로 점검하는 것이 필요하다. 이를 통해 사고를 미연에 예방할 수 있다.
- 영유아의 발달적 특성을 고려하여 이야기 나누기, 동화, 훈련, 견학 등 다양한 방법을 활용하여 안전교육을 실시한다.

일반적인 안전사고 예방을 위하여 교사가 점검하고 실천해야 할 내용은 〈표 12-22〉와 같다(문혁준 외, 2013).

표 12-22. 안전사고 예방을 위한 교사의 점점과 실천 내용

- 위험물이나 약품은 영유아의 손에 닿지 않는 곳에 비치하거나 잠금장치를 둔다. 또한 유효기간, 개봉날짜 등을 표기하고 유효기간이 지난 약품은 안전하게 처리한다.
- 콘센트 커버, 안전장치 등을 비치하고 전기 제품은 사용하지 않을 때에도 안전하게 비치한다.
- 놀잇감의 파손을 매일 점검하여 보수하거나 제거하며 날카로운 부분이나 상해 위험을 확인하여 안전한 것을 사용한다.
- 창문은 추락방지를 위한 철창이나 안전장치를 한다.
- 위험한 상황에 처하게 되면 지체 없이 성인에게 도움을 요청하도록 하며 비상 시에는 교사의 지시에 따라 행동하도록 평소에 지도한다.
- 비상대피 훈련을 할 때는 사전에 영유아들이 놀라지 않도록 연습하는 상황임을 알려 주고 미리 비상 신호를 알고 대피요령에 맞게 대피하도록 한다.
- 훈련을 알리는 신호가 울리면 하던 일을 멈추고 교사를 따라서 신속히 대피하도록 한다.

4 성적행동

승훈이는 올해 초등학교 1학년에 입학한 학생이다. 그는 6~7세 때 화장실 변기에 앉아서 볼일을 보면서 성기를 만지며 노는 모습을 자주 보였다. 부모는 다소 당황스러웠지만 크게 혼내지는 않고 소중한 곳이니 함부로 만지거나 장난치면 안 된다고 설명해 주었다. 그런데 얼마 전 초등학교 1학년이 된 승훈이를 재우려고 옆에 누워 눈만 감고 있었는데 엄마가 자는 줄 알았는지 자위행위를 하는 것을 보았다. 너무 놀라서 자는 척 하고 있었는데 10분 넘게 2~3차례 자위행동을 하다가 잠이 들었다. 엄마는 아직도 가슴이 두근거리고 아이의 반응에 어떻게 대처해야 할지를 몰라 혼란스럽다.

1) 성적행동의 이유

아이들의 성적행동은 부모와 교사의 눈에 띄어서 아는 것이지 실제 이런 행동은 극히 자연스럽고 정상적인 발달과정 중의 하나이다. 즉, 누구나 경험을 하고 지나가는 행동이라는 것이다. 그러나 그것에 대해 어떻게 대처하느냐에 따라 건강한 마음과 몸으로 성장하느냐, 아니냐가 결정된다. 아이들의 성적행동은 대개 18개월 무렵부터 시작되고, 만 3~5세 사이에 가장 빈번하게 관찰되다가 사춘기 이전까지 계속 줄어들게 되고, 사춘기에 다시 빈도가 높아지게 된다.

아이들의 성적행동은 대부분 우연히 어떤 자극을 받아서 시작되는데, 그때 기분이 묘해지고 좋은 느낌 때문에 스스로 중단을 하지 못하게 된다. 따라서 거기에서 얻은 즐거움과 재미를 다른 곳으로 분산시켜 주고, 아이를 지속적으로 관찰하면서 아이가 깊이 탐닉하지 않도록 하는 것이 좋다. 아이가 성적행동을 하는 이유는 〈표 12-23〉과 같다.

표 12-23. 아이가 성적행동을 하는 이유

원인	내용
재미를 느껴서	아이는 성적행동을 하면 기분이 좋아진다는 사실을 생각보다 빨리 배운다.
스스로를 진정시키고 위로하기 위해	쉽게 긴장하는 아이의 경우 성적행동이 긴장을 완화시켜 주는 기능을 한다. 아이는 흔히 화가 나거나, 피곤하거나, 지루하고 따분할 때 성적행동을 한다.
탐색하기 위해	아이는 자신의 신체에 대해 호기심이 많은데, 호기심이 발동하여 자기 몸을 이곳저곳 살펴보고 만지면서 성적행동을 하기도 한다.
심심해서	대부분의 아이가 놀거리가 있거나 무언가에 몰두하고 있을 때보다는 심심할 때 성적행동을 하곤 한다.

가장 중요한 것은 아이의 이런 행동에 무슨 큰 문제라도 발생한 것처럼 아이를 닦달하거나 공포감을 주는 것은 피해야 한다. 자기 신체의 존귀함과 특별함을 잘 설명해주고 혹시라도 다치거나 아플 수 있으니 소중하게 아껴야 한다는 것을 잘 설명해주는 것이 필요하다. 이때 "너 그런 행동을 하면 키도 안 크고 나중에 바보가 된다"는 식의 표현이나 꾸지람은 그렇지 않아도 마음이 불편한 아이에게 죄책감을 심어주는 결과를 낳게 되기 때문에 삼가야 한다. 또한 아이의 성적행동에 대해 부모나 교사 스스로가 부끄러워하고 비정상적인 행동이라고 생각해서는 안 된다. 이런 태도는 아

이가 성적행동을 한다는 것을 알게 되면 강압적으로 못하게 하거나 아예 말도 못 꺼내게 하는 경우가 많기 때문이다. 이런 행동은 결국 부모 혹은 교사와 아이와의 신뢰를 깨는 원인이 될 수 있다. 전문가의 도움을 받아야 할 성적행동은 〈표 12-24〉와 같다.

표 12-24. 전문가의 도움을 받아야 할 성적행동

• 아이가 성적행동에 너무 탐닉해서 친구를 사귀거나 또래관계를 맺은 데 소홀할 때
• 아이가 공공장소에서 성적행동을 자주 하는데, 여러 가지 방법을 다 써 봐도 이런 행동이 멈추어지지 않을 때
• 단순한 호기심 충족을 넘어서 다른 중요한 문제들에 의해 자위행위를 한다고 판단될 때, 즉 불안이나 우울 등의 정서적인 문제, 친구를 잘 사귀지 못해 외톨이로 있는 대인관계의 문제, 또래들 사이에서 적응하기 어려워하는 등의 사회성 발달의 문제, 언어 능력이나 이해력 같은 지적 발달상의 문제 등이 의심되거나 걱정될 때
• 부모나 교사가 보기에 아이가 성적행동을 하는 것이 아니라 뭔가 불편해서 성기 주변을 긁거나 문지르는 것으로 판단될 때(이는 감염이나 발진의 문제일 수 있음)
• 자위행위가 지속될 때
• 어른들의 성행위 장면을 흉내 낼 때

2) 성적행동 지도방안

(1) 심심하면 성기를 만지기도 하고, 다리를 꼬고 힘을 주기도 한다. 책상 모서리에 비빌 때도 있다

아이는 주로 심심할 때 성적행동을 한다. 이럴 때는 무조건 야단치거나 수치심을 느낄 정도로 혼내지 말고, 아이가 심심하지 않도록 도와주는 것이 좋다. 아이가 혼자 있거나 심심할 수 있는 시간을 줄여주고, 성적행동을 하는 것을 보았을 때, 아이와 이야기를 나누면서 놀아 주거나 아이의 주의를 전환시키기 위해 밖으로 데리고 나가거나, 부모 혹은 교사의 일을 도와 달라고 하는 것도 하나의 효과적인 방법이다.

(2) 긴장하면 엎드려서 팔다리를 쭉 펴 위로 올리고 성기 부위를 방바닥에 대고 비빈다. 그런 경우 진땀을 흘리면서 숨을 할딱거리기도 한다

긴장감이나 불안감이 높은 아이는 어떤 방법으로든지 이런 감정을 해소하려고 한다. 긴장이나 불안은 사람을 불편하게 만들고, 불편함이 계속되면 불쾌해질 수 있기 때문이다. 아이가 불안을 줄이려는 의도에서 성기를 만지는 행동을 한다면, 먼저 아이를 잘 관찰하는 것이 중요하다. 그런 다음 아이를 불안하게 하는 요소(가정 혹은 유아교육기관)가 존재하는지, 아니면 어떤 문제가 있는지 알아보아야 한다. 그리고 안 그러던 아이가 갑자기 불안을 많이 느낀다면 최근에 부부 싸움을 자주 목격하였는지 혹은 최근에 아이와의 관계가 갑자기 나빠지지는 않았는지 살펴볼 필요성이 있다.

(3) 어린아이인데 질 주위를 만져서 빨개지기도 하고, 가끔씩 손가락을 넣기도 한다. 왜 그러냐고 물으면 재미있어서라고 한다

아이는 성장 과정에서 성적행동을 한다. 이것은 매우 자연스러운 현상이다. 유아기와 아동기에도 그렇지만 사춘기 때는 훨씬 더 많이 하게 된다. 자위행위와 같은 성적행동은 매우 정상적인 행동이다. 그러면서 자기 자신이나 친구의 몸에 대한 호기심을 충족시키고 알아가게 된다. 성기를 자극하거나 만지면 누구라도 본능적으로 기분이 좋아진다. 결국 성기를 자극하거나 만지는 것은 이런 본능에 충실한 행동이다. 하지만 유난히 이런 행동을 자주 한다면 아이가 어떤 성적인 환상에 노출되어 있는지 확인해 볼 필요성이 있다. 즉, 음란 서적이나 영상물 등에 노출되어 있지는 않는지 살펴보고 부모가 성적인 행위를 하는 것이 본의 아니게 아이에게 노출된 것은 아닌지 살펴볼 필요성이 있다.

(4) 유아교육기관에서 성교육을 받고 나서부터 자꾸 성기 주변을 만지고, 가끔은 손가락을 넣어 보는 것 같다

아이는 유아교육기관이든, 학교에서든, 집에서든 늘 많은 교육을 받는다. 교육을 받아서 무엇인가를 알고 나면 그것을 정확한 자기 지식으로 만들기 위해 실습을 해 보는 과정은 필요하다. 같은 맥락에서 보면 성교육을 받고 나서 관심과 흥미가 생겨 아이가 이런 행동을 할 수 있다. 이런 경우 무조건 꾸짖거나 야단부터 치지 말고, 성기 부위에 상처나 염증이 생기지 않았는지 먼저 확인부터 하는 것이 필요하다. 그런 다음 "이러한 것들이 꼭 네가 알아야 하는 것은 맞지만, 이렇게 실제로 해 보는 과정에서 감염이 되거나 상처가 날 수 있으니 조심해야 해"라고 말해 준다.

(5) 못하게 야단쳤더니 부모 혹은 교사 눈을 피해 성기를 만진다

아이는 호기심이 많기 때문에 궁금한 것에 대해서는 탐색을 통해 알고자 하는 욕구를 지니고 있다. 더군다나 자기 자신이나 친구의 성기에 대해서는 호기심과 관심이 많다. 그래서 그것을 어떻게 해서든 구경하고 싶어 하고, 실제로 만졌을 때 쾌감을 느끼게 된다. 그런데 이런 것들에 대해 특별한 설명없이 야단만 치게 되면 아이는 그런 욕구를 충족시키기 위해 부모 혹은 교사의 눈을 피해 할 수밖에 없게 된다. 따라서 무조건 야단치기보다는 아이의 호기심과 궁금증에 대해 열린 마음으로 잘 설명을 해 주는 것이 필요하다. 부모 혹은 교사의 설명으로 부족하다 싶으면 시중에 나와 있는 성교육 관련 책이나 우리 몸에 대한 정보가 나와 있는 책을 아이와 같이 읽고 이야기 나누어 보는 것이 도움이 된다.

(6) 공공장소(유치원, 어린이집, 친구 집, 학교 등)에서 성기를 만지고 비빈다

어린 아이는 자신의 성기에 대해 수치심을 느끼기보다는 호기심을 먼저 느낀다. 즉, 아이들은 성과 관련된 다양한 행동이 다른 사람에게 노출되었을 때 수치심이 유발된다는 것을 아직 모른다. 아이들에게는 단지 재미있고 궁금할 뿐이다. 이런 경우 대부분 부모나 교사의 교육을 통해 해결할 수 있다. 그러나 가끔 불안이나 우울 같은 정서적인 문제가 있는 아이나 또래와 잘 어울리지 못해서 늘 외톨이인 아이, 지적 발달이나 언어 발달의 문제 때문에 또래 수준에 맞춘 교육을 잘 따라갈 수 없는 아이는 공공장소 같은 곳에서 자신의 마음을 달래기 위해서 또는 지루하거나 따분한 시간을 보내기 위해 그런 행동이 나타날 수도 있다.

아이가 공공장소에서 자위행위를 하고 있는 모습을 봤을 때, 아이의 주의와 관심을 다른 곳으로 돌려주는 것이 좋다. 예를 들어 "○○야 저기 가 볼까? 재미있을 것 같은데"라고 주의를 돌리거나 아니면 놀이를 하자고 제안하는 것도 좋은 방법이다. 또한 "네가 네 몸에 대해 관심을 가지고 재미있어 하는 것은 당연해. 하지만 지금 하는 행동은 나중에 어른이 되어서 사랑하는 사람과 남의 눈에 띄지 않게 하는 것이 원칙이란다"라고 말해 준다. 그리고 이런 성적인 행위가 공공장소에서 이루어질 경우에는 보는 사람들이 수치심을 느낄 수 있다는 점을 알려주는 것이 필요하다. 이렇게 함으로써 성적행동은 사람이 보는 장소에서는 하지 않도록 아이 스스로가 조심해야 하고, 예의를 지키는 것이 중요하다는 것을 알게 할 수 있다. 이런 사실을 알려줄 때 아이가 수치심이나 죄책감을 느끼지 않도록 기본적인 체면은 세워 주면서 마음을 어루만져 주는 태도가 무엇보다 중요하다.

Chapter 13

언어 · 인지 부적응 생활지도

배울내용

1. 선택적 함구증
2. 고함치는 아이
3. 주의력결핍 과잉행동장애

학습목표

1. 선택적 함구증의 증상을 이해하고 개입방안을 모색해 본다.
2. 고함치는 아이의 원인과 대처방안을 숙지한다.
3. 주의력결핍 과잉행동장애를 이해하고 주의력을 높이기 위한 다양한 기법들을 익힌다.

1 선택적 함구증

다혜는 7세로 현재 유치원의 무지개반 소속이다. 그녀는 6세 때도 말을 하지 않는 아이로 교사들끼리는 나름 알려진 아이이다. 다혜는 집 앞의 슈퍼나 문구점에 가면 말을 잘 하였으나 유치원에 들어오면 일체 말을 하지 않는다. 그렇다고 유치원에서 멍하게 혼자 있는 것은 아니고 같이 다니는 친구도 있고 교실에서 자기가 참여하고 싶은 활동이 있으면 종이에 글로 적어가며 참여하기도 한다. 담임 교사는 다혜의 행동을 보면서 가끔 다혜가 자신을 무시해서 그런 행동을 하는 것은 아닌지 속상하고 괴롭다.

1) 선택적 함구증의 진단

선택적 함구증은 친숙한 환경이나 가까운 사람과 있을 때는 말을 잘하다가도 특정한 상황에서는 전혀 말을 하지 않는 문제행동을 의미한다. 즉, 사회적 관계에서 사람을 만났을 때, 선택적 함구증을 가진 아이는 먼저 말을 꺼내지 못하거나 사람들 말에 대답을 하지 못하는 경우이다. 이런 행동을 보이는 아이는 가족과 함께 있을 때는 아무런 문제가 없고 말도 잘한다. 그런데 낯선 사람이 옆에 있거나, 낯선 장소에 가면 입을 열지 않는다. 이러한 문제는 높은 수준의 사회불안과 매우 밀접한 관련이 있다. 선택적 함구증의 진단기준은 〈표 13-1〉과 같다.

표 13-1. 선택적 함구증의 진단기준

A. 다른 상황에서는 말을 할 수 있음에도 불구하고 말을 해야 하는 특정 사회적 상황(예를 들어 학교)에서 일관되게 말을 하지 않는다.
B. 장애가 학습이나 직업상의 성취 혹은 사회적 소통을 방해한다.
C. 이러한 증상이 최소 1개월 이상 지속된다(학교생활의 첫 1개월에만 국한되지 않는 경우).
D. 사회적 상황에서 필요한 말에 대한 지식이 부족하거나 언어가 익숙하지 않은 것으로 인해 말을 하지 않는 것이 아니다.

E. 장애가 의사소통장애(예를 들어 아동기 발병 유창성 장애)로 더 잘 설명되지 않고, 자폐스펙트럼장애, 조현병 또는 다른 정신병적 장애의 경과 중에만 발생되지는 않는다.

출처: 권준수 외(2013). 정신질환의 진단 및 통계 편람. 학지사. p.206.

선택적 함구증을 가진 아이들은 종종 학교에서 말하기를 거부하여 선생님들이 아이들의 읽기 능력을 평가하기 힘들어지기 때문에 학업 및 학습 영역에 문제를 보인다. 비록 때때로 비언어적 방법(예를 들어 중얼그림, 가리킴, 쓰기 등)을 이용하여 의사소통을 하려고 하거나 말이 필요 없는(예를 들어 학교 놀이에서 말이 필요 없는 부분 등) 사회적 상황에는 참여하려고 노력하지만 말이 거의 없기 때문에 사회적 소통에 부정적인 영향을 미치게 된다. 선택적 함구증의 구체적인 특징을 살펴보면 〈표 13-2〉와 같다.

표 13-2. 선택적 함구증의 특징

- 평소에는 말을 잘하다가도 낯선 장소, 낯선 사람 앞에서는 말을 하지 않는다.
- 그런 선택적 침묵이 학습이나 학교생활에 부정적인 영향을 미친다.
- 말을 하지 않는 기간이 1달 이상 지속된다.
- 언어 사용에 대한 지식과 기술이 없어서 말을 못하는 것이 아니다.
- 이런 문제행동이 다른 정신질환이나 발달장애, 언어장애에서 비롯된 것이 아니다.

선택적 함구증은 주로 5세 이전에 발병하지만 아이들이 학교에 들어가서 사회적 관계가 증가하고 읽기 같은 수행 과제가 증가하기 전까지는 선택적 함구증이 있는지에 대해 구분하기가 다소 어렵다. 그리고 선택적 함구증을 보이는 아이라 하더라도 증상은 매우 다양하다. 즉, 다른 사람 앞에서 별다른 경계심을 보이지 않고 잘 놀면서 말만 하지 않는 아이가 있는가 하면, 자신을 대신해서 이야기해 줄 친구와 다니는 아이도 있다. 고개를 끄덕거리거나 흔드는 정도의 의사 표현을 하는 아이가 있는 반면, 어떤 아이는 아무런 행동이나 몸짓도 하지 않는 아이도 있다. 초등학교 3학년 동안 학교에서 한마디도 하지 않는 아이도 있으며, 이런 행동이 중 · 고등학교에 갈 때까지 이어지는 경우도 있다. 드물지만 학교에서는 이야기하면서 집에서는 입을 다무는 아이도 있다. 흔한 병은 아니지만 일단 발병이 되면 아이의 사회성과 학습에 나쁜 영향을 미치기 때문에 세심한 주의가 필요하다.

2) 선택적 함구증의 원인

선택적 함구증이 있는 아이는 어렸을 때부터 낯선 사람들이 많은 상황에 놓이게 되면 매우 불안해한다. 이런 아이는 대체로 어렸을 때부터 낯가림이 심하고 고집이 강했다는 공통점이 있다. 어렸을 때의 큰 사고나 좋지 않은 경험에 대한 기억과는 크게 상관이 없는 것으로 나타났으며, 선택적 함구증이 있는 아이 중에 분리불안 증세를 보여주는 아이도 꽤 있지만, 학교거부로까지 발전하는 경우는 많지 않다.

최근 연구에 따르면, 선택적 함구증은 사회공포증의 한 종류로 분류되고 있다. 사회공포증은 사람들 앞에 서거나, 사람들의 평가를 받는 상황에 대한 불안과 두려움으로 사회생활에 어려움을 겪는 불안장애의 일종이다. 따라서 다른 사람을 보고 있으면 목이 막히는 것 같은 느낌이 든다고 호소하는 아이도 있다. 이런 증상은 내성적이고 수줍음이 많은 아이에게서 주로 발견된다. 대략 5% 정도의 아이는 새로운 환경을 극도로 불편해하거나, 심지어 거부하는 성향이 있다고 한다.

유아기에서 볼 수 있는 기질 혹은 성격은 학교에 입학하는 시기까지 남아서 아이에게 영향을 미친다. 불안장애는 그런 내성적인 아이에게서 자주 발견된다. 그런 아이는 자신의 불안이나 공포를 극복하는 데 어려움을 겪는다. 선택적 함구증은 이런 내성적인 면이 특이하게 표현되는 것으로 이해할 수 있다. 낯선 환경이나 사람, 사회적인 상황에 대한 긴장감이나 불안을 제대로 다스리지 못해서 침묵하게 된다.

선택적 함구증의 위험 및 예후 인자(risk and prognostic factors)로는 크게 세 가지, 즉 기질적 요인, 환경적 요인 및 유전 · 생리적 요인으로 구분할 수 있다. 첫째, 기질적 요인은 아직까지 잘 알려져 있지는 않지만 부정적 정서성(신경증적 경향성)이나 행동 억제, 부모의 수줍음, 사회적 고립 및 사회불안이 영향을 미치는 것으로 보고되고 있다. 선택적 함구증 아이는 정상 범위 이내이기는 하지만 또래에 비해 수용성 언어에서 약간의 어려움을 보이는 경우가 흔하다. 둘째, 환경적 요인은 선택적 함구증 아이가 말을 안 하는 행동은 그들의 부모에 의한 사회적 억제 때문일 수 있다. 또한 선택적 함구증 아이의 부모가 다른 불안장애 아이나 장애가 없는 아이의 부모보다 더 과잉보호적이고 지시적인 경향을 가지고 있는 것으로 보고되고 있다. 셋째, 유전 · 생리적 요인은 선택적 함구증과 사회불안장애는 많이 겹쳐지기 때문에 아마도 두 장애 사이에 공유하는 유전적 요인이 있을 것으로 간주되고 있다.

3) 선택적 함구증의 지도방법

아이가 입을 닫고 아무 말도 하지 않는 상황이 되면 어떤 부모는 아이를 대신해서 말을 하기도 한다. 이렇게 하는 것도 어느 정도까지는 문제가 되지 않는다. 그런데 이런 상황이 오랫동안 계속되는 것은 바람직하지 않다. 선택적 함구증이 발견되는 시점에서는 아이는 이미 몇 년 동안 낯선 환경에서 말을 하지 않는 데 익숙해져 있다. 그럴 때 억지로 말을 시키게 되면 분노발작을 일으키거나 반항적인 태도를 보이기도 한다. 선택적 함구증은 내성적인 아이의 성향과 부모의 과잉허용이 함께 만든 것이라고 할 수 있다. 따라서 낯선 상황에서 말을 하지 않는 것을 오랜 시간 동안 내버려두는 것은 좋지 않다.

선택적 함구증은 보통 몇 주일, 몇 개월 정도 지속되는데 심하면 몇 년 동안 지속되는 경우도 있다. 선택적 함구증을 앓았던 아이 가운데 30% 정도는 별다른 도움 없이도 좋아지는 것으로 보고되고 있다. 학교를 졸업할 때가 되면 어느 정도 호전되는 경우도 많다. 선택적 함구증을 보이는 아이에게 나타나는 문제는 〈표 13-3〉과 같이 세 가지로 요약할 수 있다.

표 13-3. 선택적 함구증의 문제

- 사람들 앞에 서는 것을 매우 두려워한다.
- 가족들 외에 다른 사람들 앞에서 말을 하는 데 익숙하지 않다.
- 누군가 자신을 대신해서 말해 주거나 그런 상황을 묵인하는 것에 익숙해져 있다.

이런 문제점을 해결하기 위해 놀이치료, 행동치료, 약물치료를 종합적으로 시도하여, 사회적인 상황에 대한 불안감을 낮추고 의사소통기술을 높이는 데 주력한다. 선택적 함구증을 치료하는 데는 부모의 역할이 매우 중요하다. 우선 아이가 언제 말하고, 언제 말하지 않는가를 주의 깊게 관찰하여 가능한 한 불안이 적은 상태에서부터 서서히 대화를 유도하는 것이 필요하다. 이때 평상시 이야기를 잘 나누던 사람이 함께 있다면 부담을 많이 줄일 수 있다. 필요하다면 말을 잘할 때의 모습을 동영상으로 찍어두고, 아이가 있는 자리에서 다른 사람에게 보여주는 것도 도움이 된다. 사람이나 낯선 환경에 대한 불안을 조금씩 없애주는 것으로 선택적 함구증은 상당히 좋아질 수 있다.

2 고함치는 아이

5세인 지현이는 떼를 쓰고 소리를 너무 지른다. 식당이나 마트에 가면 그곳에 있는 사람들에게 민망할 정도로 소리를 지른다. 이런 지현이를 엄마가 억제시키려고 하면 아이는 울분을 참지 못하고 소리를 더욱더 지르고 여러 사람이 있는 앞에서 엄마를 때리고 심지어는 바닥에 누워서 앙탈을 부린다. 엄마와 주변의 어른들이 타일러도 듣지 않고 자기가 하고자 하는 일을 다 하고 난 뒤에 조용해지곤 한다.

1) 고함치는 행동의 원인과 예방

아이가 소리를 지르는 것은 극심한 좌절이나 분노의 감정 조절을 하지 못한 경우와 소리 지르는 행동 자체를 즐기면서 노는 경우로 나누어 생각해 볼 수 있다. 아이가 화가 난 표정이라면 전자에 해당되며 재미있어 한다면 후자의 경우이다. 또한 엄마의 관심을 끌려는 심리적 동기가 강하게 내재되어 있는 경우나 최근 동생이 태어났다든지, 어린이집에 가게 되었든지 하는 환경적 변화 요인으로 인한 스트레스로 소리를 지를 수 있다. 아이의 타고난 기질 자체가 순했음에도 불구하고 갑자기 소리를 지른다면 최근의 스트레스에 기인했을 가능성이 높다. 그러나 원래부터 까다로운 성격의 아이라면 자연스런 발달과정에서 보이는 현상으로 이해할 수 있다. 그리고 한 가지 다른 원인으로 생각해 볼 수 있는 것은 언어 표현이다. 언어 발달이 제대로 이루어지지 않은 상태라면 아이와 엄마와의 의사소통이 잘 이루어지지 않아서 소리를 지르는 횟수가 늘어날 수 있다. 아이들이 소리를 지르는 원인을 구체적으로 살펴보면 〈표 13-4〉와 같다.

표 13-4. 소리를 지르는 원인들

1. 자신의 부정적인 감정을 표현하는 수단, 즉 자신의 화난 감정, 억울한 감정, 좌절의 감정을 발산하는 것이다.
2. 부모의 관심을 끌려고 하는 것, 즉 조용하고 차분하게 말하면 별로 주목을 받지 못한다고 생각해서 관심을 끌기 위해서 소리를 지른다.
3. 주변 환경의 영향으로 인해서 부모나 주변 어른들을 그대로 흉내 내서 소리를 지른다.
4. 언어능력의 부족으로 아이는 자신이 느끼는 것을 언어로 잘 표현하지 못하기 때문에 주장을 펼치는 방법으로 소리를 지르기도 한다. 즉, 답답한 마음에 소리를 지르게 된다. 그리고 공격적인 행동이 함께 나타나기도 한다.

아이가 소리를 지를 때 조용히 하라고 같이 소리를 지르는 것은 별다른 도움이 되지 않는다. 오히려 목소리 큰 사람이 이긴다는 인식을 심어줄 뿐이다. 가장 좋은 방법은 아이가 소리 지를만한 상황을 미리 피하고, 아기가 소리를 지를 때 다른 곳으로 주의를 돌리는 것이다. 아이가 고함치는 것을 예방할 수 있는 방법을 살펴보면 〈표 13-5〉와 같다.

표 13-5. 고함치는 행동의 예방법

구분	내용
아이의 스케줄에 맞춰 하루를 계획하라	모든 것을 아이 위주로 하는 것이 쉽지는 않지만, 가능하면 외출 전에 아이가 충분히 먹고 휴식을 취한 뒤 화장실을 다녀오도록 해 주어야 한다. 아이도 어른들과 마찬가지로 지치고 배가 고프면 밖에 나갔을 때 쉽게 짜증을 낸다.
조용한 장소는 되도록 피하라	아이와 함께 외출할 경우 연인들이 즐겨 찾는 조용한 장소나 격식 있는 레스토랑 등에 가는 것은 되도록 피하고, 가족단위의 손님들이 많이 찾는 장소를 택하는 것이 좋다. 시끌벅적한 장소에서는 아이가 소리를 질러도 덜 민망하고, 아이를 달래느라 진땀 뺄 일이 적기 때문이다.
아이에게 실내에서는 조용히 말하라고 부탁하라	물론 아이가 기뻐서 소리를 지를 때는 혼내지 말아야 한다. 하지만 아이의 목소리가 너무 커서 신경 쓰이는 경우에는 아이에게 소리 지르지 말고 실내에서는 목소리를 낮춰 달라고 해야 한다. "엄마는 큰 소리를 들으면 머리가 아파서 싫어요"라고 조용히 말해 주어야 한다. 엄마가 먼저 목소리를 낮추면 아이는 엄마가 무슨 말을 하는지 듣기 위해 조용히 할 것이다.
놀이를 통해 소리를 지르면서 소리 지르고 싶은 욕구를 충족시켜 주어라	"자, 누가 더 크게 소리를 지를 수 있는지 힘껏 소리 지르기 시작!"이라고 말하고 아이와 함께 소리를 질러 보는 것도 좋다. 그러고 나서 "이제 누가 더 작게 말할 수 있나 시합해 볼까?"라고 말해 보는 것도 좋다. 그리고 여러 가지 놀이를 제안해서 소리 지르기 말고도 재미있는 놀이가 많다는 것을 알려주어야 한다.
아이의 감정을 헤아려 주어라	아이가 부모 혹은 교사의 관심을 받기 위해 소리를 지른다면, 아이에게 불편한 점은 없는지, 또는 불안해 하고 있는 건 아닌지 생각해 보아야 한다. 만약 주변 환경이 아이를 힘들게 한다고 판단된다면 서둘러 그 곳을 벗어나는 것이 좋다. 예를 들어 사람이 가득 찬 마트에서 아이가 나가고 싶어 한다면 최대한 빨리 필요한 물건만 사고 마트를 떠나야 한다. 아이가 사람들이 북적이는 마트를 싫어한다면 되도록 한산한 시간대에 방문하거나 당분간 집 앞의 작은 마트를 이용하는 것이 좋다.
	아이가 단순히 심심해서 소리를 지르는 경우에는 아이의 감정을 이해해 주어야 한다. "집에 가고 싶지? 이제 거의 다 됐으니 조금만 기다려 줄래?"라고 부드럽게 말하고 서둘러 쇼핑을 끝내는 것이 좋다. 아이는 엄마가 자신의 마음을 알아준다는 사실에 위안을 느낄 뿐만 아니라 자신의 감정을 말로 표현하는 방법을 배울 수 있기 때문이다.
	아이가 무언가를 얻기 위해 소리를 지르는 경우라면 절대로 원하는 것을 해 주면 안 된다. 아이가 원하는 대로 해 줄 경우, 아이는 소리를 지르면 원하는 것을 얻을 수

구분	내용
	있다는 생각을 갖게 된다. 대신 "과자 먹고 싶은 거 알아. 엄마가 얼른 일 다 보고 집에 가서 줄게"라고 부드럽게 말해 주어야 한다. 착하게 행동하면 나중에 과자를 준다고 말해서 아이를 화나게 할 필요는 없다. 나중에 과자를 먹을 때 아이는 자신이 어떻게 행동했는지 기억도 못할 테니 그저 소리 지를 때 과자를 주지 말고 나중에 집에 와서 주는 것도 하나의 방법이다.

아이와 외출할 때는 다음의 두 가지 방법을 이용해 아이를 놀이에 참여시키면서 관심을 끌어보는 것이 좋다. 이렇게 하면 아이가 소리 지르는 상황을 예방하는 데 많은 도움이 된다. 첫 번째 방법은 아이와 놀이를 하는 것이다. 쇼핑을 하는 중간에 아이와 계속 대화를 하면서 지금 엄마가 무엇을 하고 있는지 주위에 어떤 물건이 있는지 이야기해 주는 것이 좋다. 그리고 아이에게 선반에서 물건을 집어 달라고 부탁하거나 쇼핑을 주제로 한 노래를 만들어 함께 부르는 등 아이를 즐겁게 해 주면 소리 지르는 행동을 예방할 수 있다.

두 번째 방법은 장난감과 간식을 활용하는 것이다. 장난감이나 간식을 줄 때는 아이가 소리 지르기 전에 미리 주는 것이 중요하다. 아이가 소리를 지를 때 과자나 장난감을 주면, 아이는 소리를 지르면 원하는 것을 얻을 수 있다고 생각하고 추후 과자나 장난감을 얻기 위해 소리를 더 지르게 되기 때문이다. 아이가 조용히 잘 있을 때 장난감이나 간식을 주는 것이 필요하다. 차 안에도 아이가 좋아하는 장난감을 준비해서 이동 중에 지루해 하지 않도록 배려해 주는 것이 필요하다.

또한 사람들의 시선에 너무 신경 쓰지 않는 것이 좋다. 물론 소리 지르는 아이를 둔 부모와 교사들의 최대 고민은 바로 사람들의 시선이다. 조용한 도서관이나 레스토랑에서 아이가 소리를 지른다면 잠시 아이를 밖으로 데리고 나가는 것도 도움이 된다. 하지만 야외나 대형 마트처럼 시끌벅적한 곳이라면 사람들의 시선에 너무 민감하게 신경 쓰지 말아야 한다. 아이를 한심한 눈으로 쳐다보는 사람이 있다고 해도 너무 의기소침해 할 필요는 없다. 아이를 키우고 가르치는 교사와 부모라면 누구나 한번쯤은 경험하게 되는 상황이라고 생각하는 것이 좋다.

2) 고함치는 아이의 지도방법

(1) 원인을 파악한다

아이가 왜 소리를 지르는지에 대한 이유를 알아내는 것이 가장 중요하다. 스트레스에 기인한 것인지, 표현 방법인지 등 가능한 원인을 파악한 후 각각의 원인에 따라서 적절한 대응을 한다.

(2) 환경적 스트레스를 줄여준다

만약 아이가 급격한 환경적 변화로 인해 소리를 지른다고 파악이 되면 스트레스의 원인을 줄인다거나 엄마와의 의사소통을 증진시키기 위해서 당분간 여러 번 확인하는 대화습관을 갖는 노력이 필요하다. 아이와 차근차근 대화하는 습관은 평소에도 자연스럽게 이루어져야 하며 아이의 입장에서 생각하는 노력은 꾸준히 이루어져야 한다.

(3) 무시한다

아이가 소리를 지를 때 부모와 교사는 낮고 조용하지만 단호한 어조로 "소리 지르지 마!", "조용히 말해!"와 같이 얘기한다. 그럼에도 불구하고 아이가 계속 소리를 지른다면 아예 그 자리를 피하고 아이를 무시하는 방법을 사용한다. 아이가 소리를 지른다고 해서 감정적으로 같이 화를 내거나 아이를 때리면 아이의 감정이 더 격해질 수 있고 버릇을 고치기 더 힘들어 질 수 있으므로 부모와 교사의 감정 표출은 자제하여야 한다.

3 주의력결핍 과잉행동장애

승환이는 만 6세이다. 승환이는 외동아들로 현재 부모와 같이 살고 있으며, 부모님 중 주양육자는 어머니이다. 부모는 늦게 본 자식이라 훈육보다는 감싸주는 양육형태를 보이고 있다. 승환이는 또래 친구들과 쉽게 잘 어울리지 못하는 편이다. 그나마 승환이가 친하게 지내는 친구 2명은 승환이와 비슷하게 산만하고, 집중하지 못하는 성향을 지니고 있다. 이 두 명의 친구들과 놀 때를 제외하고는 승환이는 다른 친구들과 어울려 놀지 못하고 혼자 놀이를 많이 하는 편이다. 승환이는 보통 영역별로 나누어져 있는 교구들을 갖고 노는 또래 아이들과는 달리 혼자 몸으로 놀거나 아니면 종이를 이용해 다른 아이를 괴롭히는 장난을 많이 해 승환이를 불편해하거나 같이 놀기 꺼려하는 친구들이 많다. 또한 승환이는 또래 아이들과 마찰이 생겨서 물건을 빼앗기거나 맞았을 경우 때린 아이에게 다시 보복하는 행동을 보인다. 그리고 수업 중 수업에 집중하지 못하고 복도에 누가 지나가면 복도로 나가서 왜 왔는지, 무엇을 하는지에 대해 관심을 가지곤 한다.

1) ADHD의 진단

주의력결핍 과잉행동장애(Attention Deficit/Hyperactivity Disorder, ADHD)의 필수 증상은 기능 또는 발달을 저해하는 지속적인 양상의 부주의 또는 과잉행동-충동성이다. 부주의는 ADHD의 행동적 측면에서 과제를 수행하지 않고 돌아다니기, 인내심 부족, 지속적인 집중의 어려움, 무질서함과 같은 행동으로 나타나며, 이는 반항이나 이해의 부족에 기인한 것은 아니다. 과잉행동은 적절하지 않은 상황에서 과도한 운동 행동(아이들이 여기저기 뛰어다니는 것과 같은)이나 과도하게 꼼지락거리거나 두드리는 행동 또는 수다스러운 말과 연관이 있다. 성인에서 과잉행동은 과도한 좌불안석이나 그들의 행동으로 인해 다른 사람을 지치게 하는 식으로 나타날 수 있다. 충동성은 심사숙고 없이 순간적으로 일어나는 성급한 행동과 연관이 있으며, 이러한 행동은 타인에게 해를 끼칠 가능성이 높다(예를 들어 주위를 둘러보지 않고 차도로 뛰어들기). 충동성은 즉각적인 보상

욕구나 만족을 지연시키지 못하는 것에 영향을 미친다. 충동적 행동은 사회적 참견(예를 들어 타인에 대한 지나친 방해)과 장기적 결과를 고려하지 않고 중요한 결정을 내리는 것(예를 들어 적절한 정보없이 취직하기)과 같은 양상으로 나타날 수 있다. ADHD의 진단기준은 〈표 13-6〉, 〈표 13-7〉과 같다.

표 13-6. 부주의에 대한 진단기준

1. 종종 세부적인 면에 대해 면밀한 주의를 기울이지 못하거나 학업, 작업 또는 다른 활동에서 부주의한 실수를 저지름(예를 들어 세부적인 것을 못보고 넘어가거나 놓침, 작업이 부정확함)
2. 종종 과제를 하거나 놀이를 할 때 지속적으로 주의집중을 할 수 없음(예를 들어 강의, 대화 또는 긴 글을 읽을 때 계속해서 집중하기가 어려움)
3. 종종 다른 사람이 직접 말을 할 때 경청하지 않는 것처럼 보임(예를 들어 명백하게 주의집중을 방해하는 것이 없는데 마음이 다른 곳에 있는 것처럼 보임)
4. 종종 지시를 완수하지 못하고, 학업, 잡일 또는 작업장에서의 임무를 수행하지 못함(예를 들어 과제를 시작하지만 빨리 주의를 잃고 쉽게 곁길로 샘)
5. 종종 과제와 활동을 체계화하는 데 어려움이 있음(예를 들어 순차적인 과제를 처리하는 데 어려움, 물건이나 소지품을 정리하는 데 어려움, 지저분하고 체계적이지 못한 작업, 시간 관리를 잘 하지 못함, 마감 시간을 맞추지 못함)
6. 종종 지속적인 정신적 노력을 요구하는 과제에 참여하기를 기피하고, 싫어하거나 저항함(예를 들어 학업 또는 숙제, 후기 청소년이나 성인의 경우에는 보고서 준비하기, 서류 작성하기, 긴 서류 검토하기)
7. 과제나 활동에 필요한 물건들(예를 들어 학습과제, 연필, 책, 도구, 지갑, 열쇠, 서류 작업, 안경, 휴대폰)을 자주 잃어버림
8. 종종 외부자극(후기 청소년과 성인의 경우에는 관련이 없는 생각들이 포함될 수 있음)에 의해 쉽게 산만해짐
9. 종종 일상적인 활동을 잊어버림(예를 들어 잡일하기, 심부름하기, 후기 청소년과 성인의 경우에는 전화 회답하기, 청구서 지불하기, 약속지키기)

출처: 권준수 외(2013). 정신질환의 진단 및 통계 편람. 학지사. p.61.

〈표 13-4〉의 부주의 진단에서는 제시된 9개 증상 가운데 6개 이상이 적어도 6개월 동안 발달 수준에 적합하지 않고 사회적·학업적·직업적 활동에 직접적으로 부정적인 영향을 미칠 정도로 지속되어야 한다. 그러나 이러한 증상은 단지 반항적 행동, 적대감 또는 지시 이해의 실패로 인한 것이 아니어야 한다. 후기 청소년이나 성인(17세 이상)의 경우에는 적어도 5가지 증상을 만족해야 한다.

표 13-7. 과잉행동–충동성에 대한 진단기준

1. 종종 손발을 만지작거리며 가만두지 못하거나 의자에 앉아서도 몸을 꿈틀거림
2. 종종 앉아 있도록 요구되는 교실이나 다른 상황에서 자리를 떠남(예를 들어 교실이나 사무실 또는 다른 업무 현장 또는 자리를 지키는 게 요구되는 상황에서 자리를 이탈)
3. 종종 부적절하게 지나치게 뛰어다니거나 기어오름(주의점: 청소년 또는 성인에서는 주관적으로 좌불안석을 경험하는 것에 국한될 수 있음)
4. 종종 조용히 여가 활동에 참여하거나 놀지 못함
5. 종종 '끊임없이 활동하거나' 마치 '태엽 풀린 자동차처럼' 행동함(예를 들어 음식점이나 회의실에 장시간 동안 가만히 있을 수 없거나 불편해함. 다른 사람에게 가만히 있지 못하는 것처럼 보이거나 가만히 있기가 어려워 보일 수 있음)
6. 종종 지나치게 수다스럽게 말함
7. 종종 질문이 끝나기 전에 성급하게 대답함(예를 들어 다른 사람의 말을 가로챔, 대화 시 자신의 차례를 기다리지 못함)
8. 종종 자신의 차례를 기다리지 못함(예를 들어 줄 서 있는 동안)
9. 종종 다른 사람의 활동을 방해하거나 침해함(예를 들어 대화나 게임, 활동에 참견함. 다른 사람에게 묻거나 허락을 받지 않고 다른 사람의 물건을 사용하기도 함, 청소년이나 성인의 경우 다른 사람이 하는 일을 침해할 수 있음)

출처: 권준수 외(2013). 정신질환의 진단 및 통계 편람. 학지사. p.61-62.

〈표 13-5〉의 과잉행동-충동성 진단에서는 제시된 9개 증상 가운데 6개 이상이 적어도 6개월 동안 발달 수준에 적합하지 않고 사회적 · 학업적 · 직업적 활동에 직접적으로 부정적인 영향을 미칠 정도로 지속되어야 한다. 그러나 이러한 증상은 단지 반항적 행동, 적대감 또는 지시 이해의 실패로 인한 것이 아니어야 한다. 후기 청소년이나 성인(17세 이상)의 경우에는 적어도 5가지 증상을 만족해야 한다.

2) ADHD의 특징

많은 부모는 걸음마기에 처음으로 과도한 운동 활동을 관찰하지만 4세 이전에는 정상적인 행동과 이를 구별해 내기는 어렵다. ADHD는 초등학교 기간 동안에 흔히 식별되며, 부주의가 더욱 뚜렷해지고 손상을 유발하게 된다. 학령전기에 보이는 주요 양상은 과잉행동이다. 부주의는 초등학교 시기에 더욱 두드러진다. 청소년기에는

과잉행동의 징후(예를 들어 뛰기, 기어오르기)는 덜 흔하게 나타나며, 만지작거림이나 내적인 신경과민, 좌불안석 또는 참을성 부족과 같은 증상으로 제한되는 것이 일반적이다.

이와 같은 특징을 가지고 있는 ADHD는 학업 수행, 학업 성취를 저하시키며, 사회적 거부와도 밀접한 관련성을 지닌다. ADHD가 있는 아동은 ADHD가 없는 또래에 비해 나중에 품행장애 및 성격장애가 나타날 가능성이 높다. 또한 ADHD가 있는 경우에는 또래에 비해 부상을 입을 확률이 높고, 교통사고나 법규 위반의 가능성과 비만의 가능성이 증가하게 된다.

지속적인 노력이 필요한 과제에 대한 부적절하고 다양한 노력은 종종 다른 사람들에게 나태하고 책임감이 부족하며 협동심이 없는 것처럼 보이기도 한다. 가족 간의 불화, 부정적 상호작용이 가족관계의 특징이다. 또래관계에서도 배척, 무시, 놀림을 당하는 식으로 방해를 받는다. 평균적으로 ADHD가 있는 경우에는 학교 생활에 실패할 가능성이 높아 학교 생활에 중도 탈락할 확률이 높다. 그리고 또래에 비해 지능지수가 낮으나 개인차가 많다. ADHD는 학업적 결함, 학교 관련 문제와 또래들의 무시는 부주의 증상과 높은 관련성이 있고, 또래들의 배척과 그 정도가 심하지 않더라도 우발적인 가해는 과잉행동 또는 충동성 증상이 있을 때 가장 두드러진다.

3) ADHD의 원인 및 예후

ADHD의 위험 및 예후 인자로는 크게 세 가지, 즉 기질적 요인, 환경적 요인 및 유전적 · 생리적 요인으로 구분할 수 있다. 첫째, 기질적 요인은 ADHD는 행동 억제의 감소, 애를 써야 하는 조절이나 통제, 부정적 감정성, 새로운 것을 추구하는 행동 증가와 매우 밀접한 관련성이 있다. 일부 ADHD 아동이 이러한 성향을 갖지만 장애에 특이적인 것은 아니다. 둘째, 환경적 요인은 저체중 출생(1.5kg 미만)에서 ADHD의 위험이 2~3배 증가하지만 대부분의 저체중 출생아가 ADHD가 되는 것은 아니다. 비록 ADHD가 임신 중 흡연과 관련이 있다고 알려져 있지만 이러한 연관성 중 일부는 공통된 유전적 위험을 반영하는 것이다. 아동학대, 방임, 다수의 위탁 양육, 신경독성 물질에 대한 노출(예를 들어 납), 감염(예를 들어 뇌염) 또는 태아기 알코올 노출의 과거력과 관련이 있는 것으로 보고되고 있다. 셋째, 유전적 · 생리적 요인은 ADHD는 생물학적 일차 친족에서 흔하다. 즉, ADHD의 유전성은 높은 편이다. 필수불가결하고 충분한 인과 요인은 아니지만 특정 유전자가 ADHD와 연관이 있는 것으로 밝혀졌다. 시각 또는 청각 손상, 대사 이상, 수면장애, 영양결핍 그리고 뇌전증이 ADHD 증상에 영향을 미칠 수 있다.

4) ADHD의 지도방법

환경치료, 특수교육, 약물치료, 행동치료, 정신치료 등의 방법을 시도할 수 있다. 이러한 아동들은 자극에 아주 민감하기 때문에 환경을 차분하게 만들어 줄 필요가 있다. 놀이를 할 때도 한꺼번에 여러 명과 있으면 산만해지고 따돌려지기 쉽기 때문에 한두 명과 우선 놀이에 익숙해지도록 한다. 모든 자극에 반응하는 특성이 있으므로 교육할 때도 이 점을 고려해야 한다. 교과과정은 짧게 시작하여 점차 시간을 늘려 나가도록 한다. 약물치료 시 중추신경 흥분제가 가장 흔히 사용되는데 효과도 양호하고 부작용이 적은 메칠페이네이트나 페몰린 등을 의사의 지시에 따라 복용한다. 문제행동의 목록을 만들어 아동과 미리 약속을 하고 바람직한 행동에는 상을, 그렇지 못한 행동에는 벌을 주는 행동치료도 효과적이다. ADHD는 심리적인 요인으로 생기는 것은 아니지만 따돌림, 학습부진에 의해 불안, 우울증 등이 이차적으로 나타날 수 있으므로 필요한 경우 정신치료를 할 수 있다. 부모-자녀관계가 질환을 생기게 하지 않지만 아이의 지속적 문제행동으로 부모와의 관계가 나빠질 수 있으므로 부모상담을 통하여 이러한 아동을 다루는 법에 대한 교육을 하는 것도 좋은 방법 중의 하나이다.

고 있다.

셋째, 구화법이다. 구화법은 청각구어법과 비슷할 수 있지만 다르다. 구화법은 다른 사람의 말을 이해하기 위해 청각장애 아동들이 시각 정보를 사용하도록 가르치는 것을 포함한다. 말하는 사람의 입술, 턱, 제스처, 얼굴표정 등의 단서를 활용하여 청능훈련과 독화지도 등을 통해 정상적인 구어를 발달시키는 것을 강조한다.

넷째, 수화법이다. 수화법은 손의 움직임을 통해 의사소통할 수 있도록 사인을 사용하는 것이다. 구어발달이 어려운 청각장애 아동의 의사소통 수단이다. 수화는 자연수화와 문법수화로 분류할 수 있으며, 자연수화는 농인 사회에서 전통적이고 역사적으로 자연스럽게 전해져 온 것으로 문법 수화와는 다른 체계를 가지고 있다. 문법수화는 국어의 문법에 맞도록 만들어진 것으로 건청인과의 의사소통을 원활하게 하도록 돕는 것으로 주로 청인 교사가 사용한다.

2 아동학대

1) 아동학대의 정의

아동학대는 영아 살해와 같은 인류의 역사와 맥락을 같이 해 온 것으로 볼 수 있다. 즉, 아동학대의 유형과 빈도, 정도에는 차이가 있을 수 있지만 부모의 교육 정도, 사회경제적 상황, 연령, 종교 등에 따른 차이가 없이 거의 모든 사회에서 발생되고 있다는 특징을 지닌다. 특히 아동학대는 1960년 켐페 등(Kempe et al., 1962)이 '피학대 증후군(Battered Child Syndrome)'을 발표하면서 아동학대를 성인의 의도에 의한 아동의 심각한 신체적 손상에 초점을 둔 협의적 개념으로 정의한 이후 형성되기 시작하였으며, 최근에는 다각적으로 확대, 발전되어 온 개념이다. 즉, 이제까지 아동학대 및 방임은 가정 내 문제 혹은 부모가 자기 자식을 어떻게 하든 제 3자가 관여할 바가 아니다라는 생각에서 최근에는 부모를 포함한 주 양육자가 역할을 하지 못할 경우에는 사회나 국가가 개입하여 이를 해결해야 한다는 인식을 가지게 되었다.

「아동복지법」 제3조 제7항에 따르면 아동학대란 보호자를 포함한 성인이 아동의 건강 또는 복지를 해치거나 정상적 발달을 저해할 수 있는 신체적 · 정신적 · 성적 폭력이나 가혹 행위를 하는 것과 아동의 보호자가 아동을 유기하거나 방임하는 것으로 정의된다. 즉, 아동에게 해로운 행위를 가하는 행동으로서의 학대와 아동에게 주어야 할 것을 주지 않는 행동인 방임을 포함한다. 학대의 유형은 학대받은 부위에 따라 크게 신체학대, 정서학대, 성학대로 나누며, 학대가 일어난 장소를 중심으로 가정 내 학대와 가정 외 학대로 나눈다. 방임은 보호자가 고의적 · 반복적으로 아동에 대한 양육 및 보호를 소홀히 하여 아동의 건강이나 복지를 해치거나 정상적인 발달을 저해하는 행위로 신체방임, 정서방임, 교육방임, 의료방임, 성방임으로 구분된다. 아동학대의 유형에 따른 영향을 살펴보면 다음과 같다(김이영 외, 2017).

2) 아동학대의 유형

(1) 신체학대

신체학대는 문화에 따라 다양하게 정의되고 있지만 보편적으로 아동에 대한 양육자의 의도적인 신체적 상해를 의미하고 최근에는 아동에 대한 부당한 노동력 착취를 포함하기도 한다. 즉, 보호자를 포함한 성인이 아동에게 우발적인 사고가 아닌 상황에서 신체손상을 입히거나 신체손상을 입도록 허용한 모든 행위를 말한다. 구체적으로 신체에 가해지는 행위(예를 들어 손, 발 등으로 때림, 꼬집어 물어 뜯는 행위, 조르고 비트는 행위, 할퀴는 행위 등), 도구를 사용하여 신체를 가해하는 행위(예를 들어 도구로 때림, 흉기 및 뾰족한 도구로 찌름 등), 힘을 사용하여 신체를 위협하는 행위(예를 들어 강하게 흔듦, 신체부위 묶음, 벽에 밀어붙임, 떠밀고 잡음, 던짐, 거꾸로 매닮, 물에 빠뜨림 등), 유해한 물질로 신체에 가해지는 행위(예를 들어 화학물질 혹은 약물 등으로 신체에 상해, 화상을 입힘 등)가 대표적이다.

신체학대의 결과로 나타날 수 있는 대표적인 것이 신체적 상해이다. 신체적 상해란 구타나 폭력에 의한 멍이나 화상, 찢김, 골절, 장기파열, 기능의 손상 등을 말하며 또한 충격, 관통, 열, 화학물질이나 약물과 같은 다른 방법에 의해 발생된 손상을 포함한다. 어떤 이유에서도 생후 12개월 이하의 영아에게 가해진 체벌은 학대로 간주한다. 신체학대를 당한 아동들의 뇌손상으로 목 근육이 발달되지 않은 어린 아동들을 흔들어서 발생한 치명적인 상해인 '흔들린 아이증후군' [그림 14-1], 신체학대의 구체적인 징후는 〈표 14-3〉과 같다.

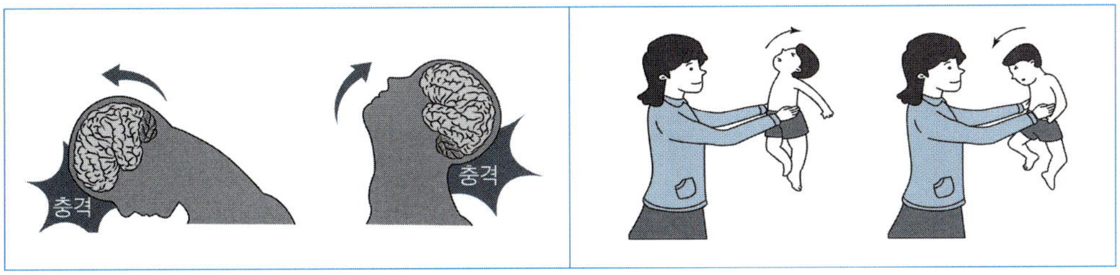

그림 14-1. 흔들린 아이 증후군

출처: 국가건강정보포털/송준만 외(2012). 지적장애교육. 학지사.

표 14-3. 신체학대의 징후

• 사고로 보기에는 뭔가 미심쩍은 상흔
• 발생 및 회복에 시간차가 있는 상처, 골절(계속해서 학대가 일어나고 있을 가능성이 있음)
• 신체적 상흔으로 자주 병원에 가는 경우
• 사용된 도구의 모양이 그대로 나타나는 상처
• 담뱃불 자국, 뜨거운 물에 잠겨 생긴 화상 자국
• 겨드랑이, 팔뚝, 허벅지 안쪽 등 다치기 어려운 부위의 상처
• 다른 아동이 접근할 때 공포를 보임
• 공격 또는 위축된 극단적 행동
• 부모에 대한 지나친 두려움
• 집으로 돌아가는 것에 대한 지나친 두려움

(2) 정서학대

정서학대란 보호자를 포함한 성인이 아동에게 행하는 언어적 모욕, 정서적 위협, 감금이나 억제, 기타 가학적인 행위를 말하며 언어적 · 정신적 · 심리적 학대라고도 한다. 구체적으로 원망, 거부, 적대적 또는 경멸적인 언어폭력, 잠을 재우지 않는 것, 발가벗겨 내쫓는 행위, 형제나 친구 등과 비교, 차별, 편애, 가족 내 왕따, 아동이 가정폭력을 목격하도록 하는 행위, 아동을 시설 등에 보내버리겠다고 위협하거나 짐을 싸서 쫓아내는 행위, 미성년자 출입금지 업소에 아동을 데리고 다니는 행위, 아동의 정서발달 및 연령상 감당하기 어려운 것을 강요하는 행위(예를 들어 감금, 약취 및 유인, 아동 및 청소년 노동 착취), 다른 아동을 학대하도록 강요하는 행위가 포함된다. 정서학대의 구체적인 징후는 〈표 14-4〉와 같다.

표 14-4. 정서학대의 징후

- 수면부족으로 인한 후유증
- 언어장애, 비행, 기행(퇴행, 반사회적 행동 등)
- 스트레스로 인한 원형탈모 등
- 특정물건을 계속 빨고 있거나 물어뜯음
- 갑작스러운 폭력성향과 행동장애
- 히스테리, 강박, 공포 등 정신신경성 반응
- 극단행동, 과잉행동, 발달지연, 자살시도

(3) 성학대

성학대는 보호자를 포함한 성인이 자신의 성적 욕구 충족을 목적으로 18세 미만의 아동에게 행하는 모든 성적 행위를 의미한다. 구체적으로 자신의 성적 만족을 위해 아동을 관찰하거나 아동에게 성적인 노출을 하는 행위(예를 들어 옷을 벗기거나 벗겨서 관찰하는 등의 관음적 행위, 성관계 장면을 노출, 나체 및 성기노출, 자위행위 노출 및 강요, 음란물을 노출하는 행위 등), 아동을 성적으로 추행하는 행위(예를 들어 구강 추행, 성기 추행, 항문 추행, 기타 신체 부위를 성적으로 추행하는 행위 등), 아동에게 유사 성행위를 하는 행위(예를 들어 드라이 성교 등), 성교를 하는 행위

(예를 들어 성기 삽입, 구강성교, 항문성교), 성매매를 시키거나 성매매를 매개하는 행위를 말한다. 성학대의 구체적인 징후는 〈표 14-5〉와 같다.

표 14-5. 성학대의 징후

- 걷거나 앉는 데 어려움
- 회음부의 통증과 가려움
- 찢기거나 손실된 처녀막
- 아동의 질에 있는 정액
- 질에 생긴 상처나 긁힌 자국 또는 홍진
- 항문 주변의 멍이나 찰과상
- 입천장의 손상, 성병 감염 및 임신, 인두임질
- 나이에 맞지 않는 성적 행동, 해박하고 조숙한 성지식
- 타인, 동물, 장난감을 대상으로 하는 성적인 상호관계
- 위축, 환상, 퇴행행동, 혼자 남아 있기를 거부
- 특정 유형의 사람들 또는 성에 대한 두려움

성학대를 경험한 아동을 위해서는 조기 치유가 최선의 대안이다. 성학대의 후유증에서 벗어나는 데는 많은 시간이 소요되므로 부모와 상담자는 인내를 가지고 접근해야 한다. 아동이 성폭력을 당한 이후 야단치거나 혼을 낼 경우는 좌절감이나 자책, 우울증에 빠질 가능성이 높은 반면, 잘 달래 주면서 "너의 책임이 아니니 너무 걱정하지 말라, 이제는 아무 일도 없을 테니 안심해라"고 위로해 주면서 빨리 안정을 회복하도록 해 주면 곧 잊어버리고 본래의 정상적인 생활로 돌아갈 수 있는 확률이 높다(김영화 외, 2002).

(4) 방임 및 유기

방임은 보호자가 아동에게 위험한 환경에 처하게 하거나 아동에게 필요한 의·식·주, 의무교육, 의료적 조치 등을 제공하지 않는 행위를 말한다. 즉, 방임이란 보호자가 고의적·반복적으로 아동에 대한 양육 및 보호를 소홀히 함으로써 아동의 건강이나 복지를 해치거나 정상적인 발달을 저해할 수 있는 모든 행위를 의미한다. 유

기란 보호자가 아동을 보호하지 않고 버리는 행위를 말한다. 유기로는 아동을 보호하지 않고 버리는 행위, 아동을 병원에 입원시키고 사라진 경우, 보호자가 아동을 시설 근처에 두고 사라진 경우, 보호자가 친족에게 연락하지 않고 무작정 아동을 친척집 근처에 두고 사라진 경우 등에 해당한다. 아동방임을 유형별로 살펴보면 〈표 14-6〉, 방임 및 유기의 구체적인 징후는 〈표 14-7〉과 같다.

표 14-6. 유형별 아동방임

구분	내용
신체적 방임	양육자와 주위 환경이 아동의 신체적 건강과 안전보호를 저해할 수 있는 내용으로서 건강보호의 거부 및 지연으로 인한 영양 결핍과 비위생적 상태, 아동유기, 집 밖으로의 아동 축출, 부적절한 지도 감독 등을 의미함
정서적 방임	아동이 양육자나 주위 환경으로부터 적절한 정서적 양육과 관심 있는 사랑을 받지 못하는 상태로서, 즉 아동이 가정에서 부부간의 학대에 노출되고 아동에게 술이나 약물이 허용되며 다른 부적응 행동이 허용되는 심리적 보살핌이 소홀히 제공되는 경우에 해당함
교육적 방임	양육자가 아동의 교육에서 요구되는 정신적 · 경제적 지원을 수행하지 못하는 상태를 의미함
의료적 방임	양육자가 아동의 건강유지에 필수적인 의료 서비스 제공을 하지 않는 상태로서 아동의 정기건강검진 및 예방접종, 질병치료 등의 기회를 갖지 못하는 것을 의미함
성적 방임	아동에게 성인의 성관계나 성관련 시청각 프로그램 및 자료가 노출된 상태로서 아동의 심리적 충격과 성적 호기심이 자극되어 아동 성문제를 유발할 수 있는 상황을 의미함

표 14-7. 방임 및 유기의 징후

- 발달지연, 성장장애
- 기아, 영양실조, 적절하지 못한 영양섭취
- 계절에 맞지 않는 옷, 청결하지 못한 외모
- 지속적 피로 · 불안정한 호소, 수업 중 조는 태도
- 학교에 일찍 등교하고 집에 늦게 귀가
- 예방접종 등 의학적 치료 불이행, 건강상태 불량
- 음식을 구걸하거나 훔침
- 비행 또는 도둑질
- 아동에게 머릿니, 빈대, 회충 등이 있음
- 특정한 사유 없이 무단 결석

3) 아동학대 신고와 처리과정

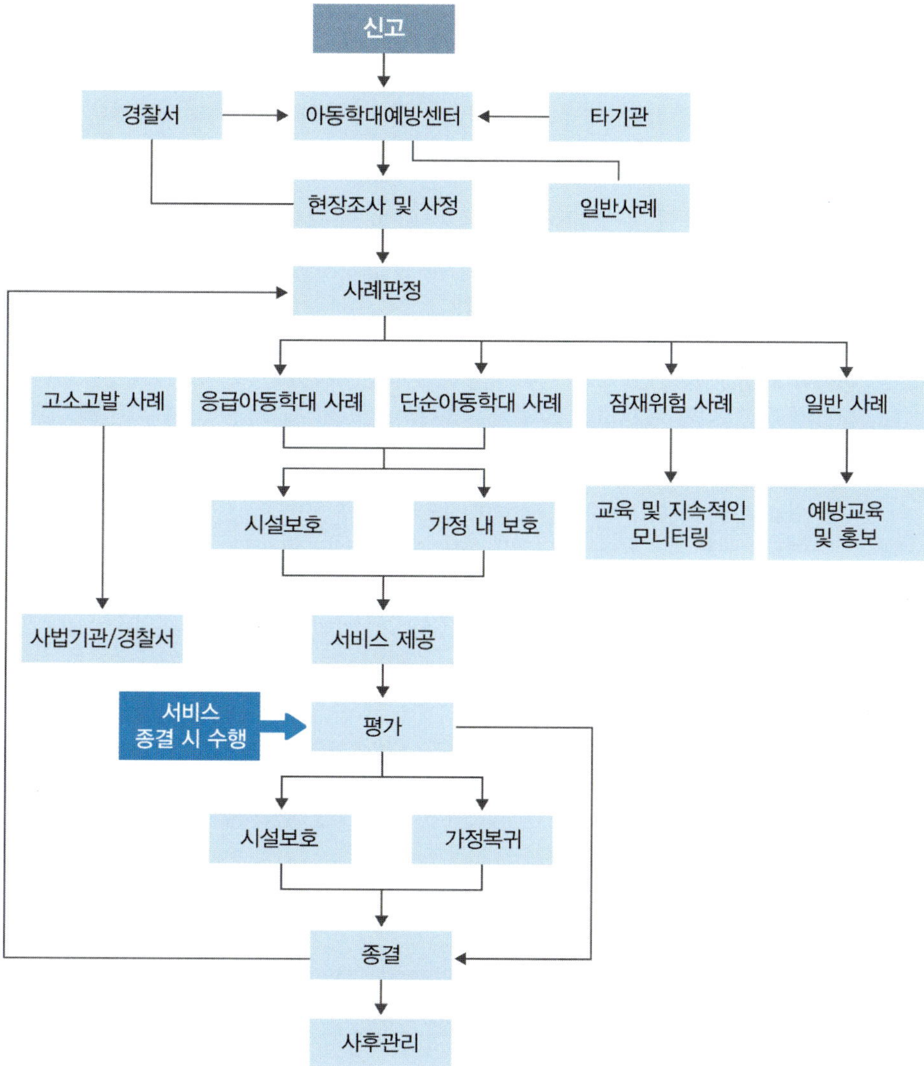

그림 14-2. 아동학대 처리과정

출처: 국가건강정보포털(http://health.mw.go.kr). 아동학대 신고 후 진행 흐름도.

(1) 신고

아동학대 예방 및 상담기관이나 경찰에 신고된 학대아동은 [그림 14-2]에 제시된 흐름에 따라 필요한 도움을 받을 수 있다. 심각한 아동학대 사례로서 경찰의 조사가 진행될 때는 신고자가 관찰한 내용으로 진술서를 작성하게 되는데, 이것은 아동학대를 입증하기 위한 참고자료로 매우 중요한 가치를 지닌다. 그리고 조사결과 학대가 아니라는 판정이 나더라도 신고자에게는 불이익이 돌아가지 않는다. 아동학대 신고 시 〈표 14-8〉을 참조하여 신고를 하는 것이 효과적이다.

표 14-8. 아동학대 신고 방법

구분	내용
언제	• 아동이 울음소리, 비명, 신음소리가 계속 되는 경우 • 아동의 상처에 대한 보호자의 설명이 모순되는 경우 • 계절에 맞지 않거나 깨끗하지 않은 옷을 계속 입고 다니는 경우 • 뚜렷한 이유 없이 지각이나 결석이 잦은 경우 • 나이에 맞지 않은 성적 행동을 보이는 경우
무엇을	• 신고자의 이름, 연락처 • 아동의 이름, 성별, 나이, 주소 • 학대행위자로 의심되는 사람의 이름, 성별, 나이, 주소 • 아동이 위험에 처해 있거나 학대를 받고 있다고 믿는 이유 * 아동이나 학대행위자의 정보를 파악하지 못해도 신고는 가능하며, 가능한 한 많은 정보를 제공하도록 한다.
어떻게	• 전화: 국번없이 112, 국번없이 1391 • 방문: 관할 지역아동보호전문기관 • 스마트폰: 목격자를 찾습니다 앱 내의 아동학대 신고 코너 * 신고자의 신분은 「아동학대범죄의 처벌 등에 관한 특례법」 제10조, 제62조에 의해 보장된다.

(2) 현장 조사 및 위기사정

현장 조사 및 위기사정은 충분한 자료와 정보의 수집 · 분석과 학대 사실 및 위급성 여부의 확인 그리고 사례 개입 및 프로그램 제공을 계획하기 위해 필수적인 과정이라고 할 수 있다. 긴급한 사례는 12시간 이내에, 경미한 단순아동학대 사례인 경우에는 48시간 내에 현장조사를 통해 서면으로 조사내용을 작성하여야 한다. 아동학대는 학대행위자의 개인적 특성과 더불어 사회 환경적인 영향에 의해 유발되는 경우가 흔하기 때문에 분야별 전문가 팀을 구성하여 개입할 때 효과적으로 문제를 해결할 수 있다.

(3) 개입

위급상황 아동학대 사례가 발생한 경우에 아동과 가족의 욕구를 확인하고 그에 맞는 가장 바람직한 개입 전략 및 서비스를 제공해야 한다.

① 학대 피해 아동의 개별 치료

아동학대는 가족 및 양육의 역기능에 의한 것이기 때문에 전통적으로 아동에 대한 직접적인 접근보다는 가정 환경이나 가족의 기능, 역할을 변화시켜 주는 것이 강조되어 왔다. 이러한 가정환경의 변화, 즉 부모상담 및 치료, 아동을 부모로부터 격리하여 일시 보호, 배치가 가장 중요한 것은 사실이지만 학대받은 아동의 정서 및 행동 반응이나 문제를 호전시키는 데는 이것으로 충분하지 않다. 또한 부모로부터 아동을 격리하여 보호시설에 배치할 경우에는 부모 혹은 가족과의 이별에서 초래되는 또 다른 스트레스가 가중될 수 있다. 경우에 따라서 아동이 보호시설이나 위탁가정을 전전할 수 있기 때문에 이별, 거부의 악순환이 반복되어 상황을 더욱 나쁘게 만들 수도 있다. 따라서 최근에는 아동을 직접 치료하는 것이 매우 중요하고 절실한 문제로 인식하고 있다.

② 놀이정신치료

놀이정신치료의 목표는 반복된 학대와 방임에 따라 누적된 스트레스를 극복하고 심리사회적인 발달의 왜곡, 지연, 일탈을 교정하거나 예방하는 것이다. 적응증은 학대로 인해 정서적 혼란을 보이는 학령 전 혹은 학령초기 아동에게 해당될 수 있다. 가장 좋은 것은 가정환경이 학대의 재발 위험성이 충분히 낮아졌다고 할 정도로 안정되면 치료를 시작하는 것이다.

③ 상담정신치료

많은 학대 피해 아동은 성인과 같이 언어적 표현을 통해 정신치료도 가능하지만 그림이나 음악, 연극 등의 매체가 치료에 상당히 유용하게 사용할 수 있다. 왜냐하면 상징물을 이용하여 괴로웠던 기억이나 부모에 대해 표현할 수 있기 때문이다. 정신치료와 더불어 불안, 우울, 정서, 행동 문제 등에 대한 약물치료가 필요한 경우가 많다.

(4) 평가, 종결 및 사후관리

상담 및 지원 프로그램 종결을 위해 아동의 안전성, 사례 개입의 목표달성, 학대 위험성의 감소, 아동과 그 가족의 욕구충족 여부 등을 평가하게 된다. 아동이 일시 격리된 상태에서 또는 가정에 머물면서 아동 및 부모에 대한 상담과 교육 프로그램을 진행하면서 학대 상황이 더 이상 일어나지 않는다는 평가를 하게 되면 사례를 종결하고 격리된 아동은 가정으로 복귀하게 된다. 아동 및 부모상담이 진행되는 과정에도 학대가 지속되고 부모가 아동을 양육할 능력이나 의지가 없다고 판단되면, 아동을 장기 격리할 수 있는 절차를 진행해야 하며, 이때 아동복지 담당 공무원의 도움을 받아 필요한 행정절차를 진행하게 된다. 종결된 사례는 필요에 따라 1~2개월에 1회 정도 대면 혹은 전화접촉을 통한 사후관리를 실시하게 된다.

3 다양한 가족유형

가족은 결혼, 출산 또는 입양을 통해 맺어진 두 사람 이상의 집단으로, 사회를 이루는 가장 기본적인 단위이자 우리 삶과 가장 가까운 사회 집단이다. 가족은 다음과 같은 기능을 수행한다(권화숙 외, 2018). 첫째, 사회 구성원의 재생산을 담당한다. 이것은 가족의 가장 본질적인 기능에 해당한다. 가족은 자녀 출산을 통해 새로운 사회 구성원을 충원하여 사회의 영속성을 보장한다. 둘째, 양육과 보호기능을 수행한다. 어린이와 노인과 같이 도움이 필요한 가족 구성원의 성장과 안정적 삶의 유지를 위해 가족은 필요한 존재이다. 셋째, 사회화 기능을 담당한다. 가족은 구성원에게 기본적인 욕구 충족 방법을 가르치고 인성과 태도를 형성시켜 주는 1차적 사회화를 담당한다. 넷째, 구성원에게 정서적 안정을 제공한다. 가족은 구성원 간 애정과 신뢰를 바탕으로 친밀한 유대 관계를 형성하여 심리적 만족과 정서적 안정을 느낄 수 있도록 한다. 이 밖에도 전통 사회에서의 가족은 재화를 생산하고 소비하는 경제적 기능, 제사 등을 통한 조상 숭배와 같은 종교적 믿음을 수행한다.

그러나 사회 변동과 함께 사회가 분화·전문화되면서 현대사회에서 가족의 기능은 조금씩 변화하고 있다. 과거 가족의 주된 기능이었던 양육과 보호 및 사회화 기능은 전문화된 사회화 기관과 대중 매체로 이전하고 있다. 또한 재화를 생산하는 경제적 기능은 생산을 기업에서 주로 담당함에 따라 가족의 기능은 소비 중심으로 변화하였다. 최근에는 저출산 현상과 같은 사회 문제가 나타나 사회 구성원을 재생산하는 기능도 약화하고 있다. 더불어 최근에는 가족의 유형이 다양화되었다. 다양화된 가족유형을 구체적으로 살펴보면 다음과 같다.

1) 이혼가족

이혼가족이란 이혼한 부모의 어느 한쪽과 그 자녀로 구성된 가족을 의미한다. 우리나라의 경우 2000년에 들어오면서 이혼률이 급속히 증가하고 있는 것으로 나타났다. 이혼은 부부만의 문제가 아니다. 즉, 이혼한 부부에게도 영향을 미치지만 자녀에게도 영향을 미치게 된다. 이혼으로 인해 아이는 부모의 어려움으로부터 분리될 수 없으므로 아이 또한 많은 어려움을 경험하게 된다. 따라서 이혼가족에서는 자녀에 대한 대책과 부모 당사자에 대한 대책이 동시에 강구되어야 한다. 이혼가족 자녀에 대한 부모와 교사의 지도방안은 〈표 14-9〉와 같다(고정곤 외, 2014).

표 14-9. 이혼가족 자녀에 대한 부모와 교사의 지원

구분	역할
부모의 이혼에 아이를 적응시키기	• 가족의 문제를 유아와 토의한다. • 유아의 수준에 맞게 간단하고 정직하게 설명한다. • 이혼 전에 앞으로 일어날 상황을 말해 준다. • 부모 모두 아이를 사랑하고 앞으로도 계속 사랑할 것이라는 확신을 갖게 해 준다. • 이혼을 누구의 탓으로 돌리지 않는다. • 미래에 대해 긍정적인 느낌과 확신을 갖게 해 준다. • 이혼의 이유를 정직하게 말해 준다. • 어떤 부모와 같이 살 것인지를 강요하지 말고 자녀가 스스로 선택하게 한다. • 돈, 양육권, 방문에 관한 이야기를 자녀에게 성급하게 꺼내지 않는다. • 같이 살지 않는 부모와 주변 확대가족과 계속적인 관계가 유지되는 방안을 강구한다.
이혼 시 자녀를 대하는 방법	• 이혼이 무엇인가를 분명하게 이야기해 주는 것이 좋다. • 결혼생활을 유지하기 위하여 부모가 노력해 왔다는 것을 설명한다. • 부모는 여전히 자녀를 사랑하고 잘 보살필 것이라는 것을 이해시킨다. • 자녀 앞에서 배우자를 비난하지 않는다. • 이혼 후 일상생활에서 어떤 변화가 있을 것인가를 자녀에게 이야기한다. • 부부가 이혼하는 것이지 자녀와 헤어지는 것이 아님을 이해시킨다. • 자녀들이 자유롭게 부와 모를 사랑할 수 있다는 것을 이해시킨다. • 부모가 합리적이고 이성적인 의사결정을 하였다는 점을 자녀에게 이해시킨다. • 부모가 이혼에 대하여 합리적으로 의사결정을 했으나 심리적으로는 슬프다는 것을 표현한다.

2) 한부모가족

한부모가족은 부모 중 한쪽이 사망했거나 이혼 또는 별거하여 한쪽 부모와 그 자녀로 이루어진 가족을 의미한다. 즉, 부(父)나 모(母) 중 한 사람이 단독으로 부모의 역할을 수행하는 경우이다. 예전에는 사별에 의한 한부모가족이 많았지만 최근에는 이혼에 의한 한부모가족이 증가하게 되었다.

한쪽 부모의 부재가 자녀양육에 문제가 되는 것이 아니라 부모의 애정, 관심의 표현, 일관성 있는 훈육 등을 통한 부모-자녀 간의 상호작용이 더 중요하다. 한부모가족의 부모와 교사의 지도방안은 〈표 14-10〉과 같다(고정곤 외, 2014).

표 14-10. 한부모가족의 부모와 교사의 지원

구분	내용
부모 죽음에 대한 수용	아이의 생애에 있어 가장 큰 위기 중의 하나가 부모의 죽음이다. 가정생활이 붕괴되며 아이는 부모의 상실뿐만 아니라 자신이 보호되기를 원하는 요구를 빼앗김으로써 고통을 받는다. 따라서 부모와 교사는 아이가 부모의 죽음에 대하여 사실 그대로 수용되도록 도와주어야 한다.
올바른 양육태도 정립	한부모가족의 어머니나 아버지는 부모 자신이 올바른 양육태도를 정립해야 한다. 지나치게 통제적이거나 과잉보호하는 등의 양육방식은 지양해야 한다.
심리적 안정	부모는 갑작스런 가족구조에서 오는 심리적 불안감을 빨리 떨쳐버리고 자신의 입장과 역할을 수용하면서 자녀와 긍정적인 관계를 유지하도록 도와 주어야 한다.
부모자신의 자아존중감 갖기	부모 자신이 자아존중감이나 자신감을 갖는 것이 제일 중요하다. 부모 자신이 박탈감이나 상실감 또는 패배감을 가지면 자녀도 자신감을 잃게 된다.
독립심 배양해 주기	부모의 통제적인 양육태도는 오히려 많은 문제를 유발한다. 따라서 자녀에게도 자신의 일을 스스로 알아서 하도록 독립심을 키워 주어야 한다.
사회적 지원망 이용하기	친구나 친척, 인터넷 동호회 등을 통해 상호간에 정보를 교환할 수 있도록 하는 것도 도움이 된다.

3) 재혼가족

재혼가족이란 이미 결혼하여 가정을 이루었던 남성이나 여성이 배우자와의 사별이나 이혼을 통하여 다시 결혼을 해서 가정을 갖게 되는 것을 말한다. 재혼이 증가하는 이유는 개인주의 성향, 여성의 지위향상, 경제적으로 혼자 살아가기 힘든 점 등 때문이다. 재혼가족의 구성원은 서로 다른 가족의 역사를 갖는다는 특징이 있다.

재혼가족의 자녀들은 부재된 부모역할이 보완되어 새로운 가족이라는 울타리와 인간관계를 형성하게 된다. 또한 재혼한 부모들의 모습을 통해 세상을 터득하거나 신중함의 지혜를 배우는 계기도 되어 새로운 가족공동체 탄생을 경험하게 된다. 재혼가족의 부모와 교사의 지도방안은 〈표 14-11〉과 같다(고정곤 외, 2014).

표 14-11. 재혼가족의 부모와 교사의 지원

• 이전 가족에 대한 감정을 빨리 정리하고 가족 간의 새로운 관계 정립에 노력한다. • 부모는 새로운 친척과 자녀들은 새로운 부모-형제에 좋은 관계 형성이 원활히 진행될 수 있도록 서로 노력한다. • 친부모와 혼합가정의 부모는 협동 양육을 통해 부모들 간의 적개심을 없애고 친부모와 양육문제로 경쟁하지 않는다. • 부부 간의 강한 사랑과 유대를 자녀들에게 보여 주어 자녀들이 안정감을 갖도록 한다. • 자녀들의 과거 가정 역사와 상실감을 인정하고 수용하여 지도한다. 자녀에게 같이 살지 않는 친부모는 현실 또는 기억 속 어디에든 있다는 사실을 인정해 준다. • 재혼에 대한 비현실적인 기대를 버리고 재혼으로 인하여 나타나는 변화를 인정하려고 노력한다. • 계부모역할에 대하여 부부가 서로 합의하여 일관성 있게 역할을 수행한다.

4) 다문화가족

다문화가족이란 국제결혼이나 입양 등에 의해서 가족 구성원 간에 여러 문화가 존재하게 된 가족을 말한다. 즉 우리와 다른 민족의 사람들로 구성된 가족을 말한다. 요즘에는 한국인 남성과 결혼한 이주여성가족, 한국인 여성과 결혼한 이주남성가족, 이주노동자, 유학생, 북한이탈주민 등을 포함해 그 범위를 확대하여 사용하고 있다.

우리나라의 경우 1990년대 이후, 세계화의 물결을 타고 유학, 여행, 취업 등으로 인해 국제결혼이 성행하고, 외국인 근로자의 유입이 지속적으로 늘면서 다인종, 다문화사회로 접어들기 시작했다. 국제결혼의 비율은 2002년부터 점점 증가하다가 최근에는 다소 감소하는 경향을 보이고 있으며, 이혼 건수도 사회적 문제도 대두되고 있다. 다문화가족의 부모와 교사의 지도방안은 〈표 14-12〉와 같다(고정곤 외, 2014).

표 14-12. 다문화가족의 부모와 교사의 지도방안

- 자녀양육에 필요한 한국양육법, 한국어 학습, 한국문화를 이해하도록 돕는다.
- 아버지의 양육태도는 자녀의 인지, 언어, 인성, 도덕성, 성역할 발달에 중요한 영향을 주므로 아버지의 협력과 지원을 받아야 한다.
- 다양한 다문화 자녀교육 프로그램에 참여하여 한국인으서의 문화 정체감을 함양시킨다.
- 가족 구성원 간에 상대방의 문화를 존중하는 평등한 가족문화가 정착되도록 한다.
- 민주적이고 양성평등한 가족생활이 영위될 수 있도록 돕는다.
- 수시로 다문화가족 모임을 가져 다양한 지식과 정보를 교환한다.

참고문헌

강난기(1989). 유아의 식습관과 인성특성에 관한 연구. 숙명여자대학교 교육대학원 석사학위논문.

강란혜(2008). **아동발달**. 창지사.

강문희(2005). **유아생활지도**. 교문사.

강문희, 김매희, 유정은(2009). **아동발달론**. 공동체.

강문희, 김매희, 유정은(2011). **아동발달론(개정판)**. 공동체.

강혜경, 김광자, 김승옥, 김이영, 김익균, 김정신, 문성숙, 신세니, 임경옥, 장정옥, 조준오, 조진형, 최경환, 최명희, 최현정, 한혜경(2017). **원장일반직무교육(심화)**. 양성원.

고정곤, 김미진, 김재현, 이영희, 이은희, 전대성(2017). **아동생활지도**. 양성원.

고정곤, 김소영, 김의석, 손현숙, 시옥진, 이정순, 임영심, 최철용(2014). **부모교육**. 양서원.

공석영, 이규명, 이은상, 방인옥, 김명숙(2000). **유아생활지도**. 양서원.

곽금주, 박혜원, 김청택(2001). **K-WISC-Ⅲ 검사**. 도서출판 특수교육.

교육과학기술부(2009). **유아 선진화 추진 계획**. 교육과학기술부.

교육과학기술부, 보건복지부(2013). **3-5세 연령별 누리과정 교사용 지침서**. 교육과학기술부 · 보건복지부.

교육과학기술부, 보건복지부(2013). **3-5세 연령별 누리과정 해설서**. 교육과학기술부 · 보건복지부.

국가건강정보포털(http://health.mw.go.kr). 아동학대 신고 후 진행 흐름도.

송준만, 강경숙, 김미선, 김은주, 김정효, 김현진, 이경순, 이금진, 이정은, 정귀순(2012). **지적장애교육**. 학지사.

국민건강보험공단(2012). 영유아 건강검진 상담의사 매뉴얼.

권정윤, 안혜준, 송승민, 권희경(2016). **유아생활지도**. 학지사.

권준수(2013). **정신질환의 진단 및 통계 편람**. 학지사.

권태환, 홍두승, 설동훈(2006). **사회학이해**. 다산출판사.

권화숙, 김선, 남현주, 박현숙, 윤혜영, 임미혜(2018). **부모교육**. 수양재.

김경희(2007). **아동생활지도-사례를 중심으로**. 창지사.

김나림(1995). 유아의 또래간 인기도에 따른 스트레스 행동 연구. 이화여자대학교 대학원 석사학위논문.

김나영, 이경열, 정옥호, 홍계옥(2005). **영유아발달**. 양서원.

김두례(2001). 유아교육기관의 식습관 지도 프로그램 개발을 위한 기초연구. 경희대학교 대학원 석사학위논문.

김성원, 박영신, 석은조, 오성숙, 최효정(2017). **아동생활지도**. 양성원.

김승국, 김옥기(1985). **사회 성숙도 검사**. 중앙적성출판사.

김시은, 정영숙(2000). 도덕판단에서 취학전 아동의 의도사용과 의도성 구분의 발달. 한국심리학회지: 발달, 16(3), 21-36.

김아름(2011). 어머니의 식습관 및 통제유형와 유아의 식습관 및 자기통제간의 관계. 한양대학교 교육대학원 석사학위논문.

김연희, 홍유나, 이승숙, 송나리(2018). **영유아를 위한 아동관찰 및 행동연구**. 교육아카데미.

김영미, 신민희, 한혜원(2010). 유아의 신체활동 전담교사와의 상호작용과 문제행동 및 놀이행동의 관계. 한국체육학회지, 49(5), 37-47.

김영화, 이진숙, 이옥희(2002). **성인지적 가족복지론**. 양서원.

김용숙(2008). **보육과정**. 서현사.

김이영, 곽은복, 김태인, 김현정, 윤정임, 이경희, 장기덕, 장정애(2018). **아동관찰 및 행동연구**. 양성원.

김이영, 김운삼, 김소윤, 이은희, 최윤희, 현영렬(2017). **아동권리와 복지**. 양성원.

김이영, 김지영, 김태강, 김현정, 성연승, 정순주, 정종화(2017). **특수교육학개론**. 양성원.

김이영, 오성숙, 이시진, 이우언, 이은미, 채혜선(2017). **영유아발달**. 양성원.

김지은, 김경희, 김현주(2007). **보육과정**. 창지사.

김현정, 조숙자(2003). 3세 아동의 전략적 속임 행동에 관한 연구: 창 과제를 중심으로. 한국심리학회지: 발달, 16(3), 21-36.

김현주, 손은경, 신혜영(2014). **부모교육**. 공동체.

김희수, 조은정, 최정선, 홍성훈(2011). 유아가 지각한 교사행동과 유아의 애착안정성이 유아교육기관 적응에 미치는 영향. 열린유아교육연구, 16(4), 339-355.

도미향, 남연희, 박건실(2015). **인간행동과 사회환경**. 신정.

문수백, 변창진(1997). **K-ABC 해석요강**. 학지사.

문용린(1995). **종합학습능력검사**. 대구교육과학연구소.

문혁준, 김정희, 안선희, 양성은, 임연진, 한세영(2013). **아동발달**. 창지사.

문혁준, 서서정, 이주연, 정지나, 하지영, 김민희(2013). **아동생활지도**. 창지사.

문혜영(2015). 부모의 언어표현방식과 유아의 공격성의 관계. 국민대학교 교육대학원 석사학위논문.

민인자(2009). 영유아 식생활습관, 식품기호도 그리고 교사와 부모의 영양지식 및 영양태도와 영유아 발달 및 문제행동에 관한 연구. 경희대학교 교육대학원 석사학위논문.

박가희, 정계숙(2011). 유아-교사 간 애착안정성 정도에 따른 유아의 스트레스 및 대처행동 연구. 교육혁신연구, 21(2), 103-117.

박경숙, 윤점룡, 박효정(1989). **기초학습기능검사(실시요강)**. 도서출판 특수교육.

박선환, 박숙희, 이주희, 정미경, 김혜숙(2010). **정신건강론**. 양서원.

박성희(2001). **상담의 도구**. 학지사.

박세랑(2006). 반성적 교수활동을 통한 만 3세 기본생활습관 형성과정 탐색. 중앙대학교 교육대학원 석사학위논문.

박영아(2010). **아동발달**. 창지사.

박윤조(2007). 부모의 일상적 스트레스가 유아의 일상적 스트레스와 유아의 공격성에 미치는 영향. 성균관대학교 생활과학대학원 석사학위논문.

박주영(2010). Bayley 영유아발달검사(III)를 이용한 고위험군 영아의 발달검사. 인제대학교 대학원 석사학위논문.

박지은(2008). 초등학교 특수학급 학생과 학부모의 식습관에 관한 연구. 한양대학교 교육대학원 석사학위논문.

박진재(2002). 아동의 또래관계증진을 위한 사회적 기술 중재 프로그램의 효과. 연세대학교 대학원 박사학위논문.

박찬옥, 구수연, 이옥임(2014). **영아-교사 상호작용의 이론과 실제**. 정민사.

박찬옥, 김낙흥, 구수연, 이옥임, 노희연, 이선영, 이예숙(2015). **보육과정**. 정민사.

박찬옥, 정남미, 임경애(2010). **유아놀이지도**. 학문사.

보건복지부(2013). **어린이집 표준보육과정에 기초한 영아보육프로그램 운영의 이해**. 보건복지부.

보건복지부(2014). **2014년 보육사업안내**. 보건복지부.

보건복지부, 육아정책연구소(2013). **제3차 어린이집 표준보육과정 해설서**. 보건복지부, 육아정책연구소.

복혜자(2002). 남녀초등학생의 간식섭취와 주의력 결핍 과잉행동과의 관계. 충북대학교 교육대학원 석사학위논문.

서선이(2012). 동화를 매개로한 정서표현 활동이 공격성향 유아의 공격성에 미치는 영향. 우석대학교 교육대학원 석사학위논문.

서의정, 전연주, 박지영, 유지은, 김용숙(2012). **유아생활지도 및 상담**. 양서원.

송나리(2011). 유아 문제행동 지도에 대한 초임교사들의 인식과 어려움. 성신여자 대학교 대학원 석사학위논문.

송인섭(1994). **유아성격검사**. 학지사.

송진숙, 권희경(2003). 유아교육기관에서의 유아의 적응과 유아의 사회적 능력 및 문제행동에 대한 연구. 열린유아교육연구, 8(3), 207-225.

신은경, 이연경(2005). 보육시설 유아들의 식행동과 식품 기호도 조사를 통한 식단개발 및 평가. 한국식생활문화학회, 20(1), 1-14.

신은수, 강금지, 유희정(2012). **영유아를 위한 영양과 건강 교육**. 창지사.

신희선, 한경자, 오가실, 오진주, 하미나(2002). 한국형 DENVER2 검사지침서. 현문사.

안동현(2005). 아동 및 청소년 정신병리의 진단평가. 학지사.

안영진(2009). 새아동상담. 동문사.

오유리, 도현심, 최미경(2008). 연령과 어머니의 언어통제유형이 유아의 거짓말에 미치는 영향. 한국가정관리학회지, 26(3), 191-201.

오은영(2010). 엄마표 마음처방전. 중앙books.

유효순, 이소은(2012). 아동생활지도. 한국방송통신대학교출판부.

이기열, 문수재(2002). 최신영양학. 수학사.

이동렬, 박성희(2001). 상담과 심리치료. 교육과학사.

이순천(2012). 유치원에서 기본생활습관교육이 아이의 일상생활습관 형성에 미치는 영향. 경상대학교 대학원 석사학위논문.

이순형(2013). 영유아 건강교육. 학지사.

이순형, 김유미, 김은영, 김진경, 김태연, 서주현, 안혜령(2013). 아동생활지도. 학지사.

이순화(2013). 유아부모의 스마트기기 사용정도와 유아의 공격성. 울산대학교 교육대학원 석사학위논문.

이영애(2002). 집단미술요법이 유아의 공격성 및 자아존중감에 미치는 효과. 대구가톨릭대학교 대학원 박사학위논문.

이영호(2001). 2001년 공동교육 자료집. 임상심리학회.

이영훈, 주연희, 김성수(2017). 유아문제행동의 이해 및 지도. 태영출판사.

이원영, 방인옥, 박찬옥(1992). 유치원의 기본생활 교육에 관한 연구. 유아교육연구, 12, 71-89.

이장호(1986). 상담심리학 입문. 박영사.

이장호(1994). 상담심리학. 박영사.

이재창(1995). 생활지도. 문음사.

이정임(2008). 보육시설 유아를 대상으로 영양교육 여부에 따른 영양지식 및 식습관 비교연구. 한양대학교 교육대학원 석사학위논문.

이지연(2010). 그림책을 활용한 독서치료 프로그램이 유아의 주의집중 및 공격성에 미치는 효과. 동국대학교 대학원 석사학위논문.

임미혜, 이혜정(2017). 아동건강교육. 양성원.

장휘숙(2001). 아동발달. 박영사.

전경원(2000). 유아종합창의성검사 요강. 학지사.

전남련, 권인양, 한혜선, 송영선, 황연옥, 김경신, 홍은미, 김선애, 엄영숙(2014). 아동건강교육. 정민사.

전남련, 서은숙, 김기선, 이은임, 남궁기순, 이효수, 김재환, 박은희, 이선영, 김연옥, 엄은옥, 백향기,

나현행, 강은숙, 엄영숙(2014). **유아발달**. 양서원.

전남련, 이은임, 김기선, 이효수, 남궁기순, 신미선, 김연옥, 이선영, 권인양, 박정희, 조동구(2015). **보육학개론**. 정민사.

전정민, 진경희, 강순미(2017). **영유아발달**. 학지사.

정계숙, 박명화(2000). 놀이 중심 사회적 능력 향상 프로그램의 효과 연구: 친구가 없는 유아를 대상으로. 영유아보육연구, 6, 129-158.

정동화(2003). **유아생활지도와 상담**. 서현사.

정옥분(2002). **아동발달의 이해**. 학지사.

정옥분(2005). **아동발달의 이해**. 학지사.

정옥분, 정순화(2016). **부모교육**. 학지사.

조경자, 이현숙(2006). **유아건강교육**. 학지사.

조성연, 이정희, 천희영, 심미경, 황혜정, 나종혜(2009). **아동발달의 이해**. 신정.

조은하(2017). 어머니의 양육스트레스와 유아의 스마트폰 과몰입이 공격성에 미치는 영향. 가천대학교 교육대학원 석사학위논문.

조향희(2002). 유아의 또래지위와 정서지능의 관계. 한국교원대학교 대학원 석사학위논문.

주영은, 성영화, 이숙자(2016). **아동건강교육**. 공동체.

진정민(2017). **영유아발달**. 학지사.

최선란(2001). **어린이의 또래관계**. 다음세대.

최윤희, 고은희, 김성경, 김혜영, 남궁선혜, 류하나, 시옥진, 오새니(2018). **보육교사인성론**. 양성원.

최정화(2011). 유아 및 어머니의 배경변인에 따른 유아의 식습관과 생활태도에 관한 연구. 동아대학교 교육대학원 석사학위논문.

최혜순(2012). **유아생활지도**. 신정.

통계청(2016). 2015년 혼인 · 이혼통계.

통계청(2017). 경제활동인구조사.

통계청(2017). 인구로 보는 대한민국.

통계청(2015). 사회조사 각 연도.

하수연, 정재은, 김명지, 김연옥, 김보경(2015). **유아사회교육**. 공동체.

한임순(1999). **최신유아교육개론**. 동문사.

허혜경, 김성희(2015). **영유아를 위한 건강과 영양**. 창지사.

홍계옥(2006). 교사, 유아의 기질 및 교사-유아간 애착안정성과 유아의 자기효능감의 관계. 한국가족복지학, 11(2), 25-41.

황현주, 유은정, 박혜정, 신현정, 이찬숙, 정다운(2012). **영유아생활지도**. 파란마음.

Asnsrow, J. R., & Callan, J. W.(1985). Boy with peer adjustment problems social cognitive processes. Journal of Consulting and Clinical Psychology, 53, 80-87.

Bandura, A.(1977). *Social learning theory.* Englewood Cliffs, NJ: Prentice-Hall.

Bandura, A.(1986). *Social Foundations of Thought and Action. A social cognitive theory.* Englewood NJ: Prentice Hall.

Baumrind, D.(1966). Effect of authorities parent control on child behavior. *Child Development.*

Baumrind, D.(1972). Current patterns of parental authority. *Developmental Psychololy Monographm, 4(*1), 43-88.

Baumrind, D.(1984). Child care practices anteceding three patters of preschool behavior. *Genetic Psychology Monographs, 75*, 43-88.

Bellak, L.(1986). *The Thematic Apperception Test, The Children's Apperception Test and The Senior Apperception Technique in Clinical Use.* NY: Grune & Stratton.

Burns, R., & Kaufman, S.(1970). *Kinetic Family Drawings(K-F-D): An introduction to understanding children through kinetic drawings.* New YorkL Brunner/Mazel.

Coie, J. D., & Koeppl, G. K.(1990). *Adapting intervention to the problems of aggressive and disruptive rejected children*. In R. Asher & J. D. Coie(Eds.), Peer rejection in children. New York: Cambridge University Press.

Corey, C.(1998). *Case Approach to Counseling and Psychotherapy*. California: Brooks/Cole Publishing Company.

Dodge, K. A.(1983). Behavioral anlecedents of peer social status. *Child Development*, 51, 162-170.

Dodge, K. A., & Feldman, E.(1990). *Issues in social cognition and sociometric status*. In S. R. Asher & J. D. Coie(Eds.), Peer rejection in childhood(pp. 119-155). Cambridge, MA: Camberidge Unversity Press.

Foreman, M. D., & Wykle, M.(1995). Nursing standard of practice protocal: Sleep disturbances in elderly patients. The NICHE Faculty. *Geriatric Nursing, 16*(5), 238-243.

Gervais, J., Tremblay, E. R., & Desmarais-Gervais, L.(2000). Children's persistent lying, gender differences and disruptive behaviors: A longitudinal perspective. *International Journal Behavioral Development*, 24(2), 213-221.

Gnepp, J.(1983). Children's social sensitivity: Inferring emotions from conflicting cues. *Developmental Psychology, 19*, 805-814.

Harter, S.(1990). Issues in the assessment of the self-concept of children and adolescents. In A. LaGreca(Ed.), *Through the eyes of a child*(pp. 292-325). Boston: Allyn & Bacon.

Hyme, S., & Rubin, K. H.(1985). Children with peer relationship and social skills problems: Conceptual, methodological and developmental issues. In G. J. Whitehurst(Ed.), *Annuals of Child Development 2*. Greenwich, CT: JAL press.

Izard, C.(1994). Innate and univeral facial expression. Evidence from developmental and crosscultural research. *Psychological Bulletin, 115,* 288-299.

Jones, M. C.(1924). A laboratory study of fear: The case of Peter. *Pedagogical Seminary, 31,* 308-315.

Kaiser, B., & Rasminsky, J. S.(2012). *Challenging behavior in young children: Understanding, preventing, and responding effectively* (3rd ed.). Boston, MA: Allyn & Bacon.

Kaiser, B., & Rasminsky, J. S.(2012). *Challenging behavior in young children: Understanding, preventing, and responding effectively*(3rd ed.). Boston, MA: Allyn & Bacon.

Maccoby, E. E.(1998). *Two sexes*. Cambridge. MA: Harvard University Press.

Maxwell, L. E.(2007). Competency in child care settings: The role of the physical wnvironment. *Environment and Behavior, 39*(2), 229-245.

Paulhus, D. L.(2008). Birth order. In M. M. Haith & J. B. Benson(Eds.), *Encyclopedia of infant and early childhood development.* Oxford, UK: Elsevier.

Perry, D. G., & Bussey, K.(1984). *Social Development,* NJ: Prentice-Hall.

Piaget, J.(1954). *The construction of reality in the child*. New York: Basic Books.

Rubin, K. H., & Asendorpf, J. B.(1993). Social wihdrawl, inhibition and shyness in childhood: Concettual and definitional issues. In K. H. Rubin & J. B. Asendorpf(Eds.), *Social withdrawl, inhibition and shyness in childhood*(pp. 3-17). Hillsdale, NJ: Lawrence Erlbaum.

Schaffer, H. R., & Emerson, P. E.(1964). The development of social attachments in infancy. *Monographs of the Society for Research in Child Development, 29*, 3, Serial No. 94.

Shaffer, D. R.(1993). *Developmental psychology: Childhood and adolescence*(3rd ed.). CA: Brooks/Cole.

Shaffer, D. R.(1999). *Developmental Psychology: Childhood and Adolescence* (5th ed.). CA: Books/Cole.

Shaw, D. S., Gilliom, M., Ingoldsby, E. M., & Nagin, D. S.(2003). Trajectories leading to school-age conduct problems. *Developmental Psychology, 39*(2), 198-200.

Shertzer. B., & Stone, S. C.(1981). *Fundamentals of Counseling.* Boston: Houphton Mifflin.

Stern, C., & Stern, L. W.(1909). *Testimony and lying in early childhood*. Washington, DC: American Psychological Association.

Thomas, A., & Chess, S.(1977). *Temperament and development.* New York: Brunner /Mazel.

Thomas, A., & Chess, S.(1986). The New York Logitudinal Study. From infancy to early adult life. In R. Plomin & J. Dunn(Eds.), *The study of temperament: Changes, continuities, and challenges.* Hillscale, NJ: Erlbaum.

Trivers, R. L.(1974). Parent-offspring conflict. *American Zoologist, 14,* 24-264.

Wintre, M. G., & Vallence, D. D.(1994). A developmental sequence in the comprehension of emotions: Intensity, multiple emotions, and valence. *Developmental Psychology, 30*, 509-514.

Wolpe, J.(1958). *Psychotherapy by reciprocal inhibition*. Stanford, CA: Stanford University Press.

Wolpe, J.(1969). *The practice of behavior therapy*. Oxford: Pergamon.

Wolpe, J.(1976). Behavior therapy and its malcontents: Multimodel eclecticism, cognitive exclusivism and "exposure" empiricism. *Journal of Behavior Therapy and Experimental Psychiatry, 7*, 109-116.

http://news1.kr/articles/?3453958

http://www.metroseoul.co.kr/news/newsview?newscd=2018112200027

http://www.seoul.co.kr/news/newsView.php?id=20180928500043&wlog_tag3=daum

KBS NEWS(http://news.kbs.co.kr/news/view.do?f=o&ncd=3657020&ref=D)

찾아보기

저 / 자 / 소 / 개

■ 김이영

계명대학교 대학원 심리학박사(임상 및 상담심리 전공)
현, 수성대학교 유아교육과 교수
〈논문 및 저서〉 영유아발달, 정신건강론, 교육심리학 외 다수

■ 박남수

이화여자대학교 대학원 교육공학박사(뉴미디어 기반교육)
현, 인천재능대학교 유아교육과 외래교수
　　놀이터연구소 소장
〈논문 및 저서〉 유아교육현장에서의 문제중심학습법(PBL)의 이론과 실제,
　　유아 소프트웨어 교육과 컴퓨팅사고력 외 다수

■ 송나리

성신여자대학교 대학원 문학박사(유아교육학과)
현, 성신여자대학교 유아교육학과 외래교수
〈논문 및 저서〉 아동관찰 및 행동연구 외 다수

■ 시옥진

대구가톨릭대학교 대학원 철학박사
현, 구미대학교 사회복지과 교수
〈논문 및 저서〉 보육학개론, 보육과정 외 다수

■ 이찬숙

성균관대학교 대학원 철학박사(유아교육, 아동문학 전공)
현. 경민대학교 아동보육과 교수
〈논문 및 저서〉 영유아발달, 아동미술, PBS를 활용한 독서치료

■ 최윤지

계명대학교 대학원 교육학박사 수료(유아교육 전공)
현, 수성대학교 사회복지과 외래교수, 아이행복연구소 소장
〈논문 및 저서〉 유아사회교육,
　　영유아의 연령에 따른 보육교사의 모바일 알림장 의미연결망 분석 외 다수

아동생활지도

1판 1쇄 인쇄 ― 2019년 2월 11일
1판 1쇄 발행 ― 2019년 2월 15일

저 자 - 김이영 · 박남수 · 송나리 · 시옥진 · 이찬숙 · 최윤지
발 행 인 - 강성민
발 행 처 - 수양재
주 소 - 경기도 파주시 검산로 173번길 29-20
전 화 - 031-946-3863(代)
팩 스 - 031-946-3864
이 메 일 - syjpub@naver.com
출판등록 - 2016년 6월 3일 제 406-2016-000069 호

ISBN 979-11-89457-04-4

정가 19,000원